经营的智慧

用人

智　道◎著

哈尔滨出版社
HARBIN PUBLISHING HOUSE
中国环境出版集团

图书在版编目（CIP）数据

经营的智慧. 用人 / 智道著. -- 哈尔滨 : 哈尔滨出版社 ; 北京 : 中国环境出版集团, 2022.11
ISBN 978-7-5484-6945-2

Ⅰ. ①经… Ⅱ. ①智… Ⅲ. ①企业经营管理 Ⅳ. ①F272.3

中国版本图书馆CIP数据核字(2022)第217743号

书　　名：**经营的智慧．用人**
JINGYING DE ZHIHUI. YONGREN

作　　者：智道　著
责任编辑：韩金华
装帧设计：艺友品牌

出版发行：哈尔滨出版社（Harbin Publishing House）
中国环境出版集团
社　　址：哈尔滨市香坊区泰山路82-9号　**邮编**：150090
北京市东城区广渠门内大街16号　**邮编**：100062
经　　销：全国新华书店
印　　刷：北京鑫益晖印刷有限公司
网　　址：www.hrbcbs.com　www.cesp.com.cn
E－mail：hrbcbs@yeah.net
编辑版权热线：（0451）87900271　87900272
销售热线：（010）67125803，（010）67113405（传真）

开　　本：787mm×1092mm　1/16　**印张**：57.25　**字数**：616 千字
版　　次：2022 年 11 月第 1 版
印　　次：2022 年 11 月第 1 次印刷
书　　号：ISBN 978-7-5484-6945-2
定　　价：192.00 元(全四册)

人尽其才，才有所用

《资治通鉴》中有这样的观点：驭将之方，在乎操得其柄；有非常之功，必待非常之人；官在得人，不在员多；同言而信，信在言前；取其所长，弃其所短；不能独治，必择人而用之……

从古至今，用好人才都是历代君王及各个时期领导人治好国家的关键，贤明之君善于用人，则社会安定，国家富强；昏庸之君，滥用人才，则国破家亡，朝代更替。

人才能决定一个国家的生死存亡，更能决定一个企业的兴衰沉浮。在当今社会中，人才已经成为国家经济和社会发展的核心动能，对于中小企业而言，人才往往决定着企业的走向，甚至主宰着企业的成败。

正因如此，现如今的许多企业领导者都在努力寻找人才，同时也在不断地抱怨“招人难、留人难、用人难”。面对如此难题，我们不禁会思考，难道真是人才变得“稀缺”了吗？

其实不然，在如今的社会环境中，最不缺少的就是人才。许多企业领导者感觉“招人难、用人难”，其实与人才本身并无关系，而是领导者缺少用人、识人、管人的本领，一个不会驾驭人才的领导者，在人才使用与管理上必然会觉得很吃力。

用人之道，博大精深，我们在不断总结前人的用人智慧时，更需要结合当前社会环境不断改变用人之术。

如今社会发展迅速，企业对人才的要求在不断提升，人才自身的素质、能力也在不断提高。社会环境的改变直接影响着企业用人的方式，同时导致企业与人才之间产生显著“矛盾”。

能否平衡好企业与人才之间的关系，是关乎一个企业能否合理使用人才的关键所在。这就要求企业领导者们不断与时俱进，以最前沿的理念和方式去管理、使用人才，只有这样企业才能获得源源不断的发展动力。

为此，我们编撰了《用人》一书。本书从思维、理论、机制、方法等方面对企业用人进行了详细的阐述，结合近年来国内外的企业用人理论，系统性地对中小企业用人难题进行解析，希望本书能帮助企业领导者们解决用人难题，助力企业发展。

智　道

目　录

CATALOGUE

开篇　观念改变，问题便迎刃而解

上篇　领导者的自身修养决定用人程度

中篇　人尽其才、才尽其用

下篇　合理授权与技术支持

开篇

OPENING

观念改变，问题便迎刃而解

企业从无到有的过程是漫长而艰难的，企业领导者在这一过程中会积累属于自己的经验，形成独有的经营企业的观念。当外部环境开始改变的时候，这些过往的观念会成为阻碍企业发展的因素，此时唯一的抉择就是改变观念，为企业赢得发展空间。

中小微企业的用人弊病

许多企业领导者倾向于鼓励员工成长为“全才”。他们认为，若不断有员工成长为“全才”，企业便能雇用最少的人解决更多的问题，并且被雇用者会因为自我价值提升而得到满足，这样的用人对双方来说可谓“一举两得”。

领导者的用人观，决定着企业如何用人。领导者面对用人难题时，通常会迫切地寻求解决方法，殊不知，观念若错误，再精妙的方法也是徒劳。

对于中小企业来说，企业规模尚小，与资源丰富的大企业相比，用人资本明显不足。最大限度地发挥企业中人才的价值与效能，对中小企业的发展至关重要。

企业中可以担任重要职位、以突出的能力承担更多责任的人往往凤毛麟角，大多数人需要通过在工作中长时间的磨炼，不断地提升自己。企业领导者也往往着重于员工的全面发展。

为了得到更多的“全才”，领导者通常会将员工的工资、奖金、头衔、晋升与员工的表现和职业素养相关联，使处在高阶层的员工得到更高的报酬和荣誉，以此激励员工努力在自己当前的岗位上做出好的成绩。

然而越来越多的领导者发现，他们不遗余力地促进员工全面成长，但企业中可用的人才依旧是青黄不接，现有员工很难满足自己的用人需求。

求贤若渴的领导者，面对草盛豆苗稀的团队，经常会有一种无力感：员工的成长速度跟不上企业对人才的需求，那些高端的人才需要巨大的成本维护，为了提升员工素质，自己累到精疲力竭，愁到白发三千丈，最终也只能安慰自己：大概这批员工素质过低。

在用人上的无力感，其实来源于领导者不懂如何发力。不是所有人都适合发展为“全才”，也不是所有人都会被“进入更高职业阶层”所吸引。

在成立切斯尼之前，达伯兹在一家软件公司做程序员，当时这家软件公司经营不善，公司效益低下，一度濒临破产。达伯兹开发的软件操作系统投放市场后，反响热烈，公司凭借这款操作系统带来的效益得以起死回生。

达伯兹的上级十分欣赏这个才华横溢的年轻人，他认为对达伯兹最好的奖励就是升职加薪，使达伯兹成为部门经理，接下来自己好好栽培，不久的将来这名年轻人将会为公司带来更高的收益。

令人意外的是，面对晋升，达伯兹不为所动。他向总经理反映，人事管理自己并不擅长，没有信心带领好部门，做好电脑程序才是他乐意从事的工作。在拒绝出任部门经理之后，达伯兹潜心做程序设计，在这条路上越走越远。

做一名普通的程序员已无法使他得到满足，当达伯兹进一步发展自己，世界著名的软件公司——切斯尼就诞生了。若出任部门经理，达伯兹也许会因为不擅长人事管理，事业难有起色，而坚持发挥自己的优势，世上便多了一家实力强劲的软件公司。

结果证明，不是所有人都适合发展为“全才”，如果人的突出优势得不到发展，对企业和个人来说都将是巨大的损失。

有些人对自己有明确的规划，当企业不能满足他们的发展需求时，或早或晚，这些人终将会离开。有些人被企业发展“全才”的人才规划引领着，最终走上一条泯灭自身优势的职业发展道路。

当员工的意愿得不到满足、优势得不到发挥，自身的发展便会受挫，企业也会因为现有人员效率低下而苦恼不堪。

发展“全才型”员工，其实是背离了使人才发挥出自己价值和效能的初衷。正如爱因斯坦所说：每个人都身怀天赋，但如果用会不会爬树来评判一条鱼，它会终其一生以为自己愚蠢。企业需要的是更多的人发挥出自身价值，即使他们的能力并不全面。

奢求人的全面成长，等待全才的出现，其实是无形中延长了人才产出的周期，并阻碍员工发挥自身优势，导致企业用人效率低下。

可见，观念的错误对于领导者用人效率的影响是多么巨大。

领导者产生错误的用人观，一方面是由于迫切的用人需求所致，另一方面也是由于领导者缺少对问题的深度分析，在探索解决方案上不断试错，难以形成适合自己的用人观。

中小微企业的头等任务是快速发展，积聚生存的实力，在这个过程中不可避免地要吸纳更多的人才。令许多企业领导者头疼的问题是，企业在最初只有几个人的时候工作效率很高，但随着规模的扩大，员工效率反而降低。

他们往往会将此归结于人多事杂、员工没有共同的目标。基于这样的分析，领导者通过各种方式向员工强调集体利益，以此引导员工多为企业出力。

症结是否在此？我们可以通过一则古老的故事，来思索企业快速发展状态下员工工作效率低的根源。

从前，一座小庙中，只有一个小和尚在修行，他每天挑水、念经、打扫寺庙、提防来偷东西的老鼠，每天的生活很充实，寺庙因为他的勤恳才不至于破败。

不久，寺里来了一个瘦和尚，他本是来寺中讨水喝，看到被打理得井井有条的寺庙，就决定留下来。两个人一起用水，水缸里的水很快被用光，小和尚便招呼瘦和尚下山打水。

两人共同挑水上山，为了避免自己吃亏，他们时刻注意着水桶是否放在扁担的正中央，挑水速度虽慢，但两人都心照不宣地维持着这种平衡。其他的工作同样也是如此分配。小庙因为瘦和尚的加入初具规模。

之后，一个胖和尚路过，对两人在庙中的生活比较向往，便决定留下来修行。有了胖和尚的加入，他们又多了一个人分担劳动，但与此同时，挑水的负担也更加重了。本来每个人需要做的任务和得到的水资源被平均分为三等份，但是三个人都觉得自己吃了亏。

于是三人劳动时便开始相互推诿，谁也不愿意多干活，寺庙一天天破败下去。直到有一天，老鼠打翻油台，庙中失火，三人发现水缸中无水可用，情急之下，顾不上计较，开始合力救火，寺庙因灭火不及时遭受巨大损失。

寺庙的命运好比企业的命运，企业中人越来越多，矛盾也越来越多。

有人说和尚们是有了维护寺庙的共同利益才开始齐心协力的，其实不然，他们是否维护寺庙的经营，归根结底取决于自己的愿望和利益是否得到满足，寺庙损毁暂时降低了他们对集体的要求，为了避免失去而更愿意付出。

“三个和尚没水喝”的症结在于“责任分散效应”，人一多，大家都想多收获一些利益、少承担一些责任。

倘若三个和尚在打理寺庙的过程中，建立融洽的关系，不过多猜忌和计较，由个人需求决定劳动强度，由付出多少决定获取回报的多少，遇到共同责任平均分配，结果想必大不相同。

企业用人亦是如此，人员增加不可避免，当人越来越多，员工在集体工作时个人的意愿容易被忽视。看清楚问题背后的本质，才能有效地解决问题，在不断解决问题的过程中，才能形成适合中小微企业自身的用人观，解决企业用人效率低下的弊病。

我们分析了企业领导者“发展全才”的用人观，得知发展“全才”无形中给人发挥自身优势会造成极大阻力，很容易导致人才的浪费。同时，剖析了领导者面对“人越多效率越低”束手无策的原因，明白在思考用人问题、寻求解决方案的时候，清楚背后的原因方可药到病除。

其实低效率用人体现在企业经营的方方面面，当领导者的观念改变了，一切问题都将变得简单。

企业用人是问题也是机遇

用人对于企业领导者来说是一把“双刃剑”，用人得当，人才能为企业排忧解难，用人不当，层出不穷的矛盾会使企业经营难上加难。

当问题频发，真正的高手不会想要将问题彻底清除，而是致力于将问题变成机遇。

其实问题本就代表着机遇，只不过我们看问题的角度不同而已。把问题当问题，问题层出不穷，我们永远会被问题困扰。当我们转换看问题的角度，把问题当机遇，便能从困惑中脱离，获得更多机会。

通常我们很难将问题当作机遇。严峻的用人问题使领导者觉得诸事不顺，处处存在的阻力也会消耗宝贵的精力。问题越棘手，领导者对快速解决问题的渴望就会越强烈。基于这种强烈渴望，当问题接踵而至，领导者往往疲于应付，陷入极大的压力之中。

问题对人最大的折磨在于，被问题困扰时的挫败感、无力感，以及被问题打败后的一蹶不振。

把问题当作机遇，关键在于自己面对问题时的态度，如果把问题带来的困境当作一种磨炼，将所有的磨炼看作成长中的必然，以积极的心态去面对，问题便会成为自己成长的机会。

1990年，中专毕业的小张被分配到一家国有棉纺厂上班，在那个年代讲究“铁饭碗”，能以工人的身份在纺织厂上班，意味着后半生将会衣食无忧。

小张工作三年后，棉纺厂的经营出现严重危机，在工人之间流传一些谣言，大家都说工厂要改制，如果改制不成功，将会面临倒闭。这个消息让小张很恐慌，他辛苦读完中专，为的是一个安稳的工作，若是工厂倒闭，那他的后半生该何去何从。

不久后，工厂宣布倒闭，小张成了一名无业游民，虽然失去经济来源，但生活依旧得继续。其他工友都在寻找新工作，只有小张依旧惦记着棉纺织厂，他在思考是什么原因让工厂倒闭，有没有什么办法把工厂盘活。

这一天，小张来到棉纺厂大门前，往昔热闹的厂区变成了“无人区”，只有一个老爷子在门卫处看门。小张跟他聊起来，说着往昔的繁荣，又感叹如今的凄凉，在聊天的过程中，小张得到一个消息：工厂积压的棉布被封存在库房内，若是找不到销路，只能统一销毁。

小张的脑海里冒出一个大胆的想法：去卖布！可是回头一想又觉得不现实，偌大的工厂都没把棉布卖出去，单凭自己的力量又怎么能做到？但眼下的处境异常艰难，即便明知不可行，也得去试试。

第二天一早，小张拿着厂房内的布料去省城参加了一场展销会，以每米 1.2 元的价格将布料销售给一家公司。他带着对方给的定金找到原棉纺厂负责人，并且以 0.6 元的价格成功收购所有库存棉布，一买一卖间，小张获利 8 万元。

有了本钱后，小张承包了棉纺厂，后经过企业改制，彻底将棉纺厂变成私有企业。小张又购进了新的生产设备，开拓了北方市场，棉纺织厂从一家倒闭企业变成当地的支柱企业。

多年以后，每当回忆起当年这段经历，小张不由得感叹，如果没有当初棉纺厂倒闭的困境，恐怕自己依旧会是一名普通的纺织工人。

经营企业如同经营人生，问题总是无法避免的，当自己被困难折磨的时候，稳住心态，换个角度看待问题，机遇就会慢慢展现。

小张把自己的困境当作宝贵的经历，每当遇到难题的时候，就会想想当时的经历，不把问题当成困扰，积极地面对问题，做事的时候难题就会变得越来越少，身边的支持者也越来越多。

拿破仑曾说过，最困难之时便是离成功不远之日。

看待问题的角度影响着我们是否能得到机遇，从解决问题的过程中得到的磨炼则是我们对自己的最好修炼。

问题总是相伴我们左右，想要立刻解决问题便会得到困扰，答案会随着时间在持续思考中突然显现出来。

小成者把解决问题的过程当作困扰，避之唯恐不及；大成者将解决问题的过程当作生活，与问题同行；智者遇到问题不会被困

住，并能一转身拿它来修炼自己的能力。

古今成大事者无不历经万难，他们在最初开展自己事业的时候所面对的外部环境与我们并没有多大区别，甚至可能更糟糕，但他们修炼自己的能力，在问题中成长，最终水到渠成，创造出非凡的功绩。

所谓万事开头难，想要做成一件事，需要开拓者付出巨大的努力。前人栽树后人乘凉，每一个繁荣昌盛的企业背后，必定有几位卓越的领导者，呕心沥血为后人铺路。他们在艰难困苦中修炼自己，创造出丰功伟绩。晋商乔致庸就是一个在磨难中取得成就的开拓者。

乔致庸出生在山西祁县，从小父母双亡，由兄嫂抚养长大。成年后的乔致庸热衷于科举，对经商不感兴趣，在他参加乡试的时候，其兄去世，他被迫放弃考试，回到祁县掌管家业。

此时乔家的生意已是危机四伏，同行的诋毁外加股东撤股，导致乔家不得不把18家商铺抵押，以维持现状。面对千疮百孔的家业，乔致庸想尽一切办法挽救，他四处找人借钱，奈何没有人愿意把钱借给一个即将衰败的乔家。

屋漏偏逢连夜雨，敌对商户为了彻底击败乔家，暗地里串通土匪威胁乔家。年轻气盛的乔致庸不惜抵押祖宅，花重金聘请镖局保护，土匪碍于镖局的势力，被迫放弃侵占乔家祖宅的想法。

但紧接着乔致庸面临的最大困难是，抵押出去的18家商铺若是不能在规定期间内还清债务，就会被收回，到时候乔家的产业便如洪水决堤般崩溃，延续百余年的家业将毁在乔致庸手中。

无奈之下，乔致庸不惜向陈氏家族借款，并签下合约，若不能按时还款，乔家产业将归陈氏所有。在得到陈氏家族的借款后，乔致庸带着20万两白银前往包头，试图赎回被抵押出去的商铺。

抵达包头后，乔致庸发现商号内存在许多问题，有不少掌柜仗着自己的老资历怠慢经营、假公济私，有些掌柜甚至背地里侵吞乔家资产。面对这种状况，乔致庸决定进行改革，把那些没有能力的老人全部撤掉，大胆起用一批有想法、有能力的年轻人，力图改变商铺经营现状。

经过这次改革之后，乔家的生意逐渐兴盛起来。其中以商铺伙计马荀最为代表，他本是商铺里的小伙计，年轻有为，但却迟迟得不到重用，在乔致庸改革期间，马荀成为商铺掌柜，帮助乔家打开内蒙古草原市场，为乔家的生意扩张做出了巨大贡献。

自此以后，乔致庸正式踏上经商之路，一路上崎岖坎坷，每一次困难都是对他的磨砺。在他的一生中，独创出“身股”“养老”等制度，使乔家的生意达到顶峰，即便在他去世后，乔家的生意依旧兴隆，其经商、用人、治家之道皆被后人学习，成为中国历史上鼎鼎有名的大商人。

一个人的功成名就离不开困难对他的磨炼。最初的乔家危机四起，年轻的乔致庸顶住各方面压力，不仅守住了乔家产业，还将乔家生意做得越来越大。

中小微企业领导者在经营企业的时候，同样也会遇到各种各样的问题，是问题还是机遇关键在于老板自身，一个人对待事情看得清楚、坚持得住，方能不受困惑。

没有谁的能力是与生俱来的，在提升个人能力的路途上会遇到无数的问题，化问题为机遇才是真正的高手。

走出用人的误区

有个富商，家族世代经商，他从小天资聪颖，在良好环境的熏陶下，年纪轻轻便气度不凡，做起生意来游刃有余。

富商的身边集结着一批优秀人才，他们个个精明能干。在这些人才的鼎力支持下，富商将家族生意经营得风生水起。心怀抱负的富商一心想扩展自己的生意。

一次他和一个外地商户谈合作，对方是一个二世祖，如果能够成功收购对方的股份，对他们渗透当地的市场很有帮助。富商十分不屑与对方打交道，打过几次照面后便将事情托给办事得力的伙计。

二世祖急需用钱且没有经商经验，富商预想这笔生意应该很顺利便能谈拢，但谈判很久也不见结果，富商叫来伙计询问，伙计却向他诉苦，这个二世祖好抽大烟，一天中多半的时间不清醒，并且反复无常，经常在签订合同的时候变卦，自己手段用尽，遇上对方耍无赖也只能耗着。

富商了解情况后，便找了一位特别能言善辩之人。这个人实际上没有太大本事，唯一的优点就是能言善辩，许多时候明明他理亏，却能把别人说得无地自容，甚至对方还会向他道歉。

很快，这个人找到二世祖，一番软磨硬泡之后，很顺利将二世祖的股份收购过来。当他向富商汇报自己的“战果”后，富商很满意。

这个人以为自己有了“功绩”，富商一定会给他一份不错的差事。没承想，富商不但没有给他奖励，还再次把他调回原来的工作岗位，只是口头嘉奖一番而已。而后，富商又把此前派去的第一个人放在从二世祖手里收购来的产业中，让那个人掌握经营大权。

原来，富商看人很准，他知道第一个人有经营产业的能力，而第二个只是嘴上功夫。富商如此做法，只是把有特长的人放到适合的岗位上，让他们发挥出更大的优势而已。

如故事中的富商一样，拥有一批可靠且实干的人才，是很多企业领导者心中理想的人力状态。为降低用人成本、提高用人效率，大多数领导者致力于拥有更多优秀人才，使用优秀人才办事。

但实际上，只使用优秀人才也是一种用人误区。人无完人，优秀人才并不能解决所有问题，再优秀的人也会有自己的短板。当领导者只使用优秀人才时，优秀人才将不得不处理自己不擅长的事情，做事效率和成果将会大打折扣。

现实中，企业的经营需要人才来支撑，领导者使用优秀人才、追求人才是一种惯性思维。

有时候人会走进思想的误区，陷入困惑，吃尽苦头。经历失败不可怕，可怕的是坚持用错误的方式做事，永远走不出误区。

下面这则故事中的蔡桓公因为陷入误区，始终坚持错误的观念，最终丢掉了性命。

蔡桓公时期有一名医扁鹊，游历四方，因医术高超又颇具仁心而受到世人追捧。他来到齐国后，蔡桓公召见了他。

扁鹊拜见蔡桓公，在他身边站了一会儿，说："大王，据我看来，您皮肤上有点小病，要是不治，恐怕会向体内发展。"蔡桓公对此十分不满，说道："我的身体很好，什么病也没有。"

当扁鹊离开后，蔡桓公对周围的人说："这些做医生的，总喜欢给没有病的人治病。医治没有病的人，才容易显示自己的高明！"他认为没有症状便不算有病，扁鹊不过是故弄玄虚、谋取名誉罢了。

过了十来天，扁鹊又来拜见蔡桓公，说道："您的病已经发展到皮肉之间了，要不治还会加深。"蔡桓公更加认定名医扁鹊徒有虚名，没有理睬他。扁鹊又退了出去。

十几天后，扁鹊再一次来拜见，对蔡桓公说："您的病已经发展到肠胃里，再不治会更加严重。"蔡桓公听了非常不高兴。扁鹊连忙退了出来。

又过了十多天，扁鹊远远望见蔡桓公，看了几眼后发现，蔡桓公的病已经深入骨髓，只要发作起来，药石无医，于是不再劝说蔡桓公。

五六天之后，蔡桓公浑身疼痛，派人去请扁鹊给他治病。扁鹊预料到蔡桓公会来请他，为了活命，早就跑到秦国去了。不久，蔡桓公病死了。

蔡桓公的死亡源于他过度自信而听不进专业人士的建议。领导者陷入误区无法自拔，常常是由于意识不到误区的存在，或者碍于一些客观原因不愿意从误区中走出来。

过于坚持错误的想法，在错误的观念指导下做事，将走入更大的误区。问题不断积累却被隐藏起来，很容易发展到无法解决的地步，一旦爆发，往往令人束手无策。

当一个新观点出现，无论它本身是否正确，无论自己是否真正地认同，都值得保持警觉。理性看待与自己经验相反的观点，时刻准备学习新的知识，方能使自己常变常新，立于不败之地。

走出误区，变革自己的观念，战胜那些阻碍我们的客观因素是很重要的一步。领导者只使用优秀人才的惯性思维，一部分源自对其他领导者做法的效仿，一部分源自自己的惰性。

领导者常常将一些有瑕疵的人，视作难以成才的人，认为他们的力量太过微不足道，在用人时会尽量避免使用，甚至不能接纳他们。

高手做事总是会关注事情该不该做，而不是难不难做。尺有所长寸有所短，优秀人才无法解决的问题，或许那些平凡之人就能完成。

管理大师德鲁克曾说："今天的组织需要的是由一群平凡的人，做出不平凡的事。"克服自己的惰性思维，合理去使用每一个人，发挥他们的力量，对企业经营发展极为重要。

阿姆科公司是一家钢铁企业。钢铁行业逐渐成为“夕阳产业”之后，企业经营变得不容易。在企业资金不断流失、走向衰落的时候，吉姆·威尔走马上任，他大力改革，采取合理使用每一个人的策略成功扭转了危局。

改革之前，吉姆·威尔同样也只重视那些极为优秀的人才，改变源于一次出人意料的企业咨询结果。

资金流失是企业当时最为棘手的问题，吉姆·威尔请心理学家去那些业绩十分出色的工厂，找出工厂中那些优秀的带头人和做出优秀业绩的人才，那么，解决资金问题便有人可用。

令吉姆·威尔惊奇的是，心理学家的反馈是，那些业绩十分突出的工厂中，并不存在极为优秀的带头人。在工厂中每个人都有自己的不足，但是所有人相互配合，弥补短板的同时发挥出优势。严格来说，这些不够优秀的人组成了一个极为优秀的团体。

自那之后，吉姆·威尔对用人有了新的看法，以前他总是想方设法挑选出极为优秀的人才加以重用，现实告诉他，还有很多可用之人被忽视，他们的力量也是巨大的。

于是，吉姆·威尔决定致力于培养一种新型领导者，这些领导者能帮助自己的员工实现自身价值，最大限度地激发他们的才能。“使用每一个具备价值的员工，让每一个人参与战斗”成为阿姆科公司的用人战略。

自从吉姆·威尔改变用人战略，公司的亏损局面得到遏制，不久之后便开始盈利，并且盈利的数额越来越大。

面对不合常理的调查结果，吉姆·威尔虽然意外，但能从客观情况进行分析，尊重事实使他很快认识到自己的错误。

面对自己的失误，吉姆·威尔直面问题，以极大的魄力推进改革，放弃旧的用人方式，为企业注入新的活力，最终企业转亏为盈。

企业的用人效率很大程度上受到领导者用人观念的影响，领导者走入误区，整个企业难有好的发展，及时走出误区才能引领企业健康发展。

我们的思想本是一片肥沃的土地，而思想的误区就像野蛮生长的杂草，野火烧不尽春风吹又生。去除杂草的最好方式不是毁灭而是在其中种满稻谷，待到收获之时，便是杂草除尽之日。

人人皆可为人才

每个人都有自己的长处，每个人的力量都很重要，往往越有才能，可贡献的力量也就越大。我们不断寻找人才，努力甄别人才，却总是求而不得，其实人才就在你身边，人人皆可为人才。

人才的定义是比较抽象的，是指人力资源中能力和素质较高的劳动者。而现实中我们在理解抽象概念时会将其具体化，比如想要理解“水果”的概念，需要借助苹果、香蕉、梨等看得见、摸得着的实物。

一旦将抽象的概念具体化，人们便很容易以偏概全，难以看到事物的全貌。当企业领导者在心中将人才具体的样子描绘出来，会发现可用的人才难求难得，其实是对人才的解读出现了错误。

在人才的定义中，“能力和素质较高”是一个宽泛的范围，每个人对“高度”的要求可能不同，但是能力和素质却是一个不会改变的前提。如果将人才的能力和素质理解为“是否对领导者存在用处”，将人才的样子描绘得相对更宽泛些，我们会发现人人皆可为人才。

将“有用处即为人才”这个概念代入用人中，往日那些“非人才”似乎也可以是极为优秀的人才。

1. 有缺点的人也可以是人才。

唐朝有一个年轻人，他在求职时屡屡碰壁，又不愿意托关系，只能赋闲在家，他的家人打听到有个名叫韩晃的大臣，十分善于用人，许多人愿意投到他的门下或是求他推荐职位，于是花重金托人介绍年轻人与韩晃面谈。

韩晃在家中接待前来求职的年轻人。年轻人的表现很不得体，他不善言谈，不通世故，总是发表一些不中听的言论，在与人接触时也不拘小节。短暂的接触中，年轻人古怪的脾气暴露无遗。

介绍人在一旁很着急，多次暗示年轻人注意自己的言行，也多次给年轻人打圆场、缓和气氛，可年轻人依旧我行我素，完全不理会介绍人的暗示。介绍人认为年轻人这次肯定不会被录用了。

令人意外的是，韩晃录用了这名年轻人，并委以重任。他派年轻人监管库房，令其全权处理库房事务。库房存有大量物资以及日常所需，还有许多贵重物品。掌管库房级别不高，但是却手握重要权力，涉及多方利益。

年轻人上任后，在调配物资时一切按规矩办事，他不会因为任何原因有所偏私，也从不借机谋利，物资总是能及时地按量发放。

很多时候人们会因为年轻人不通人情、不懂通融而愤愤不平，但很快库房管理变得公开透明，事务处理得井井有条，亏损的事少了许多。

原来韩晃看中的正是年轻人的铁面无私、耿直不阿。

韩晃在用人时，并没有因为年轻人不讨人喜欢，就把他剔除出人才的行列，相反，他看到了年轻人缺点的另一面，不通人情其实也代表着耿直不阿，而耿直不阿正是他所需要的。

仓库主管掌管集体资源，影响着绝大多数人的利益，法律和制度可以约束他的职业操守，但是却难以避免人情往来导致的工作效率低下，一个不惧人情世故的人反而可以放开手脚，只为集体做事。

以“有用处”定义年轻人，年轻人成为不可多得的人才。

2. 挑战权威的人也可以是人才。

刘邦有个同乡名叫雍齿，他出身士族，是当地的豪强。雍齿知道刘邦出身贫苦，为人又眼高手低不爱劳作，内心对刘邦十分轻视。

在投身刘邦的队伍后，雍齿言行间对刘邦一直很不尊重，但刘邦并不介意，他看中雍齿的才能，对他委以重任。

刘邦的重用并没有换来雍齿的忠心，或许出自对刘邦的嫉妒，或许他本来就是一个不守道义的小人，在往后的日子里，雍齿一直在挑战刘邦的权威，多次背叛刘邦，不断地以怨报德。

在得到重用的第二年，也是刘邦最为困难的时候，雍齿把自己所守的丰县献给了魏王，向敌军投诚。刘邦多次攻打丰县失败，只好投靠项梁，向项梁借兵才打败了雍齿。刘邦在众人的帮助下，最后还是做大了，而雍齿，在魏王被灭后又投奔了赵王，再次被刘邦打败，收服到其帐下。刘邦痛恨雍齿，但是他知道，雍齿有领兵之才，不被自己所用也会为他人所用。

很多人认为雍齿为刘邦所痛恨，在建立政权之后雍齿将会被杀掉，然而在刘邦看来，雍齿依旧有他的用处。

在建立政权之后，曾经一起打天下的人都在等待分封，刘邦知道这世间很难做到绝对的公平，尤其是在诱人的利益面前。这时候，他率先封雍齿为千户侯，让所有人看到，即使面对最痛恨的人，自己也不会忘记对方的功劳。

在分封雍齿之后，所有人都赞赏刘邦处事公平，在收到自己那份封赏之后，谁也没有心中不平。

面对不断挑战自己权威、背叛自己的雍齿，刘邦是冷静的，他始终以对方是否对自己有用、用处有多大去评判雍齿。最终刘邦得到的是一个可以上阵杀敌的将领和一个堵住众人之口的利器，雍齿的作用被发挥到极致。

我们通常会认为，那些挑战领导者权威，极有可能危害领导者利益的人是不可用的，对待这种人最好的方式就是请他离开自己的公司。

人人皆可为人才，那些总是挑战权威、容易背叛权威的人，只是使用起来比较困难而已。

有时候面对那些反对者和背叛者，领导者也难以控制个人情绪，被情绪掌控，最终沦为情绪的奴隶，放弃对这种人的使用。

当角度改变，那些挑战领导者权威的人也可以是人才。

3. 没有突出长处的人也可以是人才。

美国西华公司的创始人查理·萨耶最初做小生意起家，因为会用人，他的生意发展得越来越好。查理·萨耶的用人诀窍就是“用那些有用之人，即使他们看起来并不优秀”。

萨耶依靠自己的聪明才智很快将小生意做得很火爆，他想扩展规模但是苦于没有帮手，正当他为此而苦恼时，卢贝克出现了。

深夜，卢贝克已经一天都没有进食，整个人显得十分狼狈，像一个流浪者一般在街上徘徊。当卢贝克驻足一家茶餐厅的橱窗前，不停地向里面观望时，萨耶注意到了他，热心地提出请卢贝克喝一杯热茶。

两人同席而坐，萨耶发现卢贝克是一个极为腼腆的人。在交谈中他得知，卢贝克独自一人来当地购物，但却丢了钱包，并且迷了路，自己走在街上，不知该怎么办。

萨耶对他的愚笨感到好笑，试着向这个腼腆的陌生人倾吐自己生意上的烦恼，令他惊奇的是，对方与他的观念出奇地一致，两人相互欣赏对方的商业策划，谈话一直持续到天明。

萨耶果断邀请卢贝克加入自己的公司，并以两人的名字重新命名公司。在两人的默契配合下，公司开辟出许多新的经营渠道，很快生意越做越大。

后来萨耶用同样的观念找到强有力的助手路德华。路德华将他的工作热情和营销才能全部投入到萨耶的生意上，公司的营销额和利润在几年间持续快速地增长起来。

以三人为核心的公司越做越大，最终有了今天的西华公司。

有些人才就像璞玉，他们的才能暂时被隐藏，展现在外面的部分或许粗糙不堪，但是并不能抹去他们真正的价值。而璞玉一旦褪去遮盖它们的砂石，价值便会显现出来。

价值的显露往往需要外界的打磨，有些砂石经过漫长岁月的洗礼才有机会向世人展现它们的光彩。有些砂石足够幸运，遇到独具慧眼的人甄别出它们的价值，使它们得以用很短的时间熬过那段暗淡无光的日子。

那些看起来很普通的人，就好像还未被开发的璞玉一般，璞玉能否雕琢成大器，在于领导者对人才的看法，在于领导者在改变看法之后，积极地促成。不做伯乐就无法发现千里马，不去使用，永远难发挥千里马的潜力。

人尽其才，放大员工效能

看法决定人才的范畴，做法决定人才的效能，人的价值发挥到什么程度关键在于如何使用。用则立，不用则废，用而不得法，再好的人才也会被浪费。企业中人才能力的发挥，关键在于领导者的用人水平。

领导者在企业中居于上位，统筹全局，引领企业的发展。企业中人的特性各不相同，能力往往也参差不齐，当这些人来到企业中，要最大限度地释放自己的才能，需要领导者的协助。

1. 给人成才的机会。

不塞不流，不止不行。

一个人只有经过不断的历练才能不断完善自己，得到成长。不使用人才，舍不得放手，等到真正要用时，会发现人才的效能降低了。

诸葛亮谋略过人，料事如神，但他却只适合做一名军师。真正的领导者不会事必躬亲，而是善于用人。

刘备去世之前，诸葛亮负责统筹后方，自然工作越细致，给予前方的支持就越有力。刘备死后，诸葛亮变成主持大局之人，他依旧事无巨细，一一过问，最终不堪疲劳而死。

诸葛亮死前感叹，蜀中竟无一人可堪将帅之才，他并不知道，无人可用是因为他没有给人才历练自己、发挥优势的机会。

在诸葛亮的眼中，每个人都有不足之处，自己思虑周全，方法最为有用，所以不肯放权，大小事务都要亲自过问。比如，处罚有错之人，惩罚超过20军棍需要他过问之后才能实施。

有战役便会有伤亡，那些优秀的将领也终有一天会老去，不注重对人的培养使用，最终“蜀中无大将”。

2. 了解员工，分析他们的优势是人尽其才的前提。

我们想要发挥员工的效能，却并不了解他们的特点和长处，在安排使用员工时便很容易出现错误，最终南辕北辙，得不到理想的结果。

通常当我们越了解一个人，越容易对其心生不满，因为了解越深入，对方身上的问题便会暴露得越多。而这时候，人们常常会忘记自己的初衷，转而投进与对方无休止的争斗之中。

当初衷被忘记，领导与员工之间的关系就像恋爱中的情侣，“因误会而结合，因了解而分离”。用人是“用可用之人”，了解他们的可用之处，而不是盯着他们的缺点和不足。

通用电气公司前董事长兼首席执行官杰克·韦尔奇非常注重对企业中人才状态的把控，他认为只有清楚地了解自己企业中人的情况，才能更好地使用人才。在了解人才方面，杰克·韦尔奇付出了很大的心血。

杰克·韦尔奇发现，许多人来到企业之后，逐渐丧失活力，大多数人没有实现跨越式成长，这些人或是离开企业，或是留在企业浑浑噩噩度日。慢慢地，管理者发现，员工的问题变得越来越多。

韦尔奇将问题归结于领导者对企业中人的状态把控不足，他认为，那些来到企业的员工需要受到他人的不断鞭策，领导者如果不能帮助他们尽快地做出职业规划，员工和领导者都将陷入迷茫。

韦尔奇尝试评价员工的能力，将员工按能力进行区分，了解企业中都有哪些能力出众者、哪些能力欠佳者。掌控好每个人的能力情况之后，他再由整体到局部对人进行规划。

对于整体，韦尔奇了解了不同能力层级人员的比例，看一看是否需要调整人才结构。对于局部，他将个人的能力作为他们发展的起跑线，鞭策员工，不断向前冲刺，提升自己。

在具体评选时，韦尔奇尽量做到公正，他制定出专门的制度，并不断改进，最终发明出一种“活力曲线”法，要求自己的高管将所带团队进行能力分级，明确比例，信息细化到个人。

当杰克·韦尔奇有了详细的信息之后，他依据员工能力的不同级别，设计出具有针对性的奖励方案，员工的效能被大大激发。

通用电气公司因为员工的效能不断增强，利润持续增长。

3. 招揽强者，容忍比自己强的人。

当我们试图了解员工，发现对方不足的同时，也会发现对方身上的长处，甚至有些人在某些方面比领导者更优秀，拥有领导者无法企及的才能。

人总是会本能地忌惮强者，那些能力过于强悍的人才，通常会令领导者感到威胁，实力的对比也会消磨领导者的自信，很多领导者表示他们愿意使用优秀人才，但现实中往往会对这些人才敬而远之，或者暗中打压。

任用比自己强的人，是强者的风范，古今成大事者往往都善于将强者留在身边，并鼓励他们施展自己的才能。而那些选择比自己能力弱的人，打压比自己强的人的领导者，往往会失去优秀人才的助力。

刘邦少时家贫，为了秉承父命，光耀门庭，不事农桑，闭门读书，本身并不具备突出才能，最终却建立了大汉王朝。

刘邦曾这样评价自己的成功：夫运筹帷幄之中，决胜千里之外，吾不如子房。镇国家，抚百姓，给馈饷，不绝粮道，吾不如萧何。连百万之军，战必胜，攻必取，吾不如韩信。此三者，皆人杰也，吾能用之，此吾所以能取天下也。

擅用比自己强的人是刘邦成功的秘诀，他终成一代天骄。而打压比自己强的人，往往会因此吃尽苦头。

春秋战国时期有一个叫庞涓的人，师从鬼谷子，学艺多年后下山走入仕途。庞涓极力展现自己所学，受到当时统治者的欣赏和重用，统治者将大权下放，希望庞涓能够带领国家走向强盛。

庞涓是一个注重自己名声和地位的人，不能容忍身边有比他强的人才将他的光芒遮盖。

庞涓有一个师弟名叫孙膑，心性比庞涓沉稳许多，多在山上学习了几年，本领超出庞涓，却不像庞涓那般急功近利。孙膑投靠庞涓后，庞涓妒忌他的才能，担心自己被比下去，不但不重用孙膑，还想方设法陷害他。

一直到孙膑没了膝盖，成为一个废人，庞涓也没有放松对他的防备。不曾想，孙膑受人搭救逃出去，之后协助齐国大将军田忌打败了魏军，杀了庞涓。

使用那些比我们强的人，最终我们会得到更大的力量，而弃用或者打压那些比我们强的人，只能将他们送往我们的对立面。使用比自己更弱的人，做事的效率也将很难让自己满意。

人尽其才其实就是充分地了解人，然后根据人的不同情况大胆地使用，安排他们去能够发挥长处的岗位上，给予他们足够的支持，使他们无所顾忌地发挥出自己的优势。

如果每一名员工都能人尽其才，充分发挥自己的才能，企业焉有不进步之理？每一个人才济济的企业，背后都有一个善于用人的领导者。

用人是一个动态的过程

人在不断地变化和发展，周围的事物也在不断地变化，对人的使用也需要“以变应变”。

永远正确的用人观念和用人方法并不存在，每一个用人观念的产生都来自系统的学习和经验的总结，并在使用中被不断地修正。

“吾尝终日而思矣，不如须臾之所学也”，与其整天思考没有什么结果，不如投入学习，学习是最快捷的自我革新方式。

与时俱进，时常革新，不断用新思想代替旧思想，方能立于不败之地。学习使我们不再用旧的眼光看待事物。然而很多人会停留在喊口号上，很难真正地投入学习，这其实是因为我们自身的惰性和畏难心理在作祟。

还有人总是难以打开自己的思维，因为人的思维总是会受到旧知识的禁锢，不注意周围的变化。

三国时期，有个人叫吕蒙，他是个粗人，胸无点墨，只懂得舞刀弄剑，因为勇猛屡建奇功，后来升任将军。

吕蒙平时不爱读书，更不爱学习，吴王孙权告诫他：“如今你是管事者，不可以不学习！”吕蒙推脱自己军中事务繁忙，不肯行动。

孙权反驳他说："我难道是想要你研究儒家经典成为专管经学传授的学官吗？只是要你粗略地阅读，了解历史罢了。你说你事务繁忙，能比得上我吗？我常常读书，认为读书非常有益。"吕蒙听后大受鼓舞，开始努力学习。

鲁肃向来才智多谋，好与人辩论，他知道吕蒙是个粗人，两人虽交情不深，但本着应有的礼节，在路过浔阳时拜访了吕蒙。他本打算寒暄一番便离开，但是通过交谈，他惊奇地发现，吕蒙的才识长进了许多，他感到十分惊讶。

吕蒙回应他说："士别多日，就要重新用新眼光来看待，兄长怎么了解事物这么晚呢！"

鲁肃与吕蒙结为好友，拜见吕蒙的母亲后才离去。

吕蒙学习新知识时，因为畏难而拖拉，最终用行动改变了自我。鲁肃用旧的眼光评判早已变化了的人，就会出现失误。

学习新知识如此，学习用人之道亦是如此。黄庭坚曾说，三天不学习，便自觉面目可憎。学习要经常地学，方能走出原有经验对我们的禁锢。

投入对用人观念的革新中，通过一次次的革新，会发现自己正在慢慢地走出惰性思维，不断发现新的知识，不断完善自己。

1. 阶层壁垒只会埋没人才。

选取人才历来是家国大事，古往今来，人才的定义并没有发生多大的改变，而人才的选用标准却已迥然不同。

我国历史上选取人才的巨大转折是打破阶层壁垒选取人才。隋唐以前，选取人才多采用门阀制，将人的出身、主观的评价作为选用依据。随着社会的发展，门阀制越来越难以满足用人需求，科举制便应运而生。

被历史和人民选择的即是正确的。仅仅到了唐代中期，科举制就逐渐被完善，展现出空前的人才繁荣。唐太宗唯才是举，创下了被史学家称赞为“贞观之治”的局面。打破阶层壁垒，人才自会显现。

西汉名将卫青出身低微，小时候生活艰苦，父亲便将他送往县吏家中放羊，主人把卫青当奴仆、畜生一样虐待。等卫青年纪稍大一些后，不愿意再放羊，便做了平阳公主的骑奴。

卫青的日常工作是照看平阳公主的马，当平阳公主需要出行时，卫青负责牵马引路，其地位低下可想而知。在《史记》中这样记载：“卫将军从此两人过平阳主，主家令两人与骑奴同席而食，此二子拔刀列断席别坐。”意思是说有二人路过平阳府，主人家让二人与卫青一同吃饭，但这二人觉得卫青地位太低，宁愿割断席垫，也不愿意跟卫青一起吃饭。

封建时代有着严格的等级制度，像卫青这种骑奴是永无出头之日的，即便拥有再大的才能，也无法被上层社会所接纳，没人愿意重用一个骑奴。

做了几年骑奴后，卫青迎来了人生的机遇。这一天，汉武帝在平阳公主府上休息，在府内游走的时候无意间看到卫青，当时卫青正在练习剑法。汉武帝看出卫青有不错的身手，便与他交谈一二，言语之中发觉卫青是个胸怀大志之人。

在当时的社会中，即便是皇帝也无法跨越阶级观，虽然汉武帝很欣赏卫青，但他毕竟只是一个骑奴，若是直接授予官职，恐手下大臣非议。

于是，汉武帝让卫青做了一名无官衔的侍卫，其后官职逐渐升为建章监和侍中。在近10年的时间里，卫青跟随汉武帝听闻朝政，为日后征战匈奴打下了良好基础。

元光六年，匈奴兴兵南下，汉武帝封卫青为车骑将军，出上谷，抵御匈奴。卫青首征，果敢冷静，深入险境，直捣匈奴祭天圣地龙城，俘虏700余人，获得胜利。龙城之战是汉王朝对战匈奴以来的首次胜利，极大地增强了汉武帝驱逐匈奴的决心。

此后多年，卫青一直与匈奴作战，在与霍去病、李广等名将的齐心协力之下，成功将匈奴驱逐至漠北地带，汉朝北方边境获得安定。

自封建社会以来，经过两千多年的发展，贵族阶层早已不存在，新的阶层产生，科学公正的选人制度更加完备。然而时至今日，依然有许多领导者停留在旧的用人方式中不肯前进。

不可否认，现代企业中仍有很多领导者喜欢任人唯亲，依靠亲缘、朋友等关系来选取人才。或者，有些领导者对人才的出身带有偏见，甚至在某些行业，存在歧视“寒门”的现象。

突破阶层壁垒、唯才是举是选拔人才最好的办法，现代社会，用人当有宽广的眼界和宽广的选择，还以阶层为标准选取人才，其实就是开历史的倒车。

细数古今，逆历史潮流而上，最后都败得惨烈。主动建立起阶层壁垒，无异于扼杀、埋没人才。

2. 学历不是用人的唯一标尺。

我国在 1977 年恢复高考之后，大众对高学历人才越来越推崇，高学历逐渐成为选用人才的重要标准。在企业对外招聘中，学历门槛一直是基础门槛之一。

早年间，我国经济发展水平不足，高学历的知识型人才凤毛麟角，技术型人才则较为普遍。许多人会将高学历与高能力画上等号。

如今，我国早已进入现代化发展，知识型人才遍地开花，企业对人才的需求变得多元化，复合型人才、高精尖人才、创新型人才等多种类型人才应运而生。

在那些人才济济的企业中，领导者大多不会将高学历作为人才的唯一标尺。

索尼前总裁盛田昭夫在对人才的使用上，坚决抵制唯学历论，他认为过分注重员工的学历，很可能会带来一群学历高但是能力达不到标准的人，还可能漏掉一大批能力高只是学历较低的人才。

盛田昭夫任总裁时，索尼一直遵循唯才是用的选人宗旨，文凭只是次要参考条件，主要考核的还是人的实际才能。

索尼在录用员工时，会对他们进行严格的考试，工作分配和职位晋升的主要依据也是他们的考试成绩和在实践中表现出来的才能。

索尼能够完全践行唯才是用的宗旨，时至今日依旧是一个伟大的创举。现代企业中，学历虽然不再是衡量人才的唯一标尺，但是依旧是许多企业选用人才的重要依据，员工入职和晋升都要受到学历的限制。

我们有理由相信，随着社会的发展、用人理念的进步、人员素养的提升，以及企业需求的多样化，学历在挑选人才中所占的比重会越来越小。

3. 个人喜恶早就应该被摒弃。

现实中不乏这样的领导者，他们唯我独尊，喜欢将强烈的个人意愿强加到下属身上。那些讨他们欢心的人往往会得到重用，那些不讨喜的人则被打压甚至被驱逐。

凭借个人喜恶用人势必会将企业经营得一团糟。

历史上依个人喜恶用人的领导者，往往不是无能的昏君便是祸乱国家的奸佞，比如烽火戏诸侯的周幽王、放逐屈原的楚王、杀死岳飞的宋高宗和秦桧、指鹿为马的赵高……

这些亡国之君、乱臣贼子心中所想的只有个人私利，不能将人的才干视作宝贵之物，他们爱自己胜过爱自己所处的国家和集体。

面对人才，这些只关照自己喜好的人们，身居高位却感情用事，放任自己的情绪和私心影响集体对人才的使用，最终国破家亡，再没有重来的机会。

在用人时，能否将自己的喜好剔除，客观地看待人才，是对领导者的重大考验。这极大地挑战着领导者的心性，领导者唯有坚持再坚持，不断地克服再克服，才能避免将个人感情置于企业利益之上。

IBM 前总裁小沃森是一个善于掌握自我情绪和喜好的人。

一天，IBM 未来部的负责人伯斯肯托克怒气冲冲地跑进总裁办公室，他朝着小沃森大声喊叫："我还有什么盼头！没了销售总经理的差事，整天干着因人设岗的闲差，还有什么意思？"

小沃森对这个脾气火爆的伯斯肯托克十分厌恶，他旁若无人地发泄不满已经数不清有多少次了，丝毫不给自己面子。

小沃森无数次想要开除这个行事嚣张的小主管，但是他不能，他的理智告诉他，伯斯肯托克比他的上司精明多了，是个不可多得的人才。

小沃森强忍心中的不快，尽力与对方周旋，他用激将法刺激对方：优秀的人在哪里都能成功，如果你足够优秀，在我的手下你也能成功。小沃森对伯斯肯托克的容忍和有意维护一直在持续。

后来当IBM开拓计算机业务时，伯斯肯托克果然展现出过人的才能，为公司创造了不菲的价值。

随着时间的推移、社会的变迁，用人之道将会不断变化，跟上时代变化的领导者懂得主动学习新的知识，动态地用人。

人不可能一下子改变自己，不可能学会所有的知识，学习就是循序渐进，每天学一点，然后坚持做下去。

上篇

PART ONE

领导者的自身修养决定用人程度

企业领导者的修养越高、胸怀越阔大，就越容易知人善任。在我们的事业当中，除了“胜过别人”“压过别人”“超越别人”，我们是否乐意“成就别人”？当一个领导者时刻都在想着如何成就他人，那么就会有很多人愿意和你合作，愿意为你工作，愿意为你所用。

正身，修炼发心

什么是领导的自身修养呢？其实就是领导者表现出的形象。什么是领导形象呢？通常来说，领导形象就是领导在生活、工作中表现出来的个性特征、心理品质、行为方式以及组织成员对其形成的总体印象和评价。

作为领导，手里会有很多的权力，但切不可以“官”自居，在下属面前摆架子、显威风、发号施令、盛气凌人。那么领导该如何设定自己的形象呢？我们从以下四个方面给出建议。

我们都知道，要想做好企业，老板首先要有一个很好的发心。你的发心决定着企业的高度，作为企业家发心要正，因为这是你的品质形象，关乎你的用人。

笔者经过十多年的企业管理培训和企业运营，总结了作为企业家的几个发心。

1. 发心于私。

发心是什么就会表现出什么样的形象。我们身边可能会有那些见钱眼开的人，也不缺少那些为钱不择手段的人，还有事事处处为着自己某种私欲的人。不是他们的品质不好，是因为他们最初的发心就是钱，就是自己的私欲。

当一个人做企业的发心是钱的时候，我们会发现他会很计较钱的得失。

为什么有的企业家很会用人呢？是因为他的发心不是钱，所以他舍得分钱给员工，又懂得如何去分钱、分多少。

有的企业家用人不行，是因为他的发心是钱，员工工作的第一发心也是钱，所以就会跟员工产生冲突，从而无法去更好地用人。

项羽和刘邦是我们都熟知的两个历史人物。在楚汉之争中，最终胜出者是刘邦，而非项羽。其中的原因有很多，一个较重要的原因就是项羽在用人方面远远不如刘邦。项羽在单兵作战和带兵打仗上超过刘邦，在所谓的人品上也超过刘邦。然而就是没能战胜刘邦，其原因很大程度上是不会用人。

之所以不会用人，我们从发心上去分析。项羽起兵反秦的发心是什么？是仇恨，是楚国，而非天下。

楚国被秦国所灭，项羽作为楚人的后裔，心里想的就是怎样把楚国复国。所以他起兵的发心是为了报仇，他骨子里就是一个复仇者，给别人的印象就是一个复仇者的形象，这种形象直接导致了他无法较好地用人，也导致了最后的失败。

项羽特别痛恨秦人。章邯带着30万大军投降项羽，是因为秦二世死了，章邯不知道为谁在打仗，为了30万弟兄的生死着想才投降，投降的条件就是保住这30万人的性命。结果被项羽全部坑杀。在灭秦和整个楚汉之争中，项羽杀降兵近40万。

为什么韩信放弃项羽转而投靠刘邦？为什么楚汉之争中这么多的能人都被刘邦所用？究其原因，还是项羽和刘邦的发心不同。

发心导致了一个人给外界的品质和形象，发心影响了一个人在用人方面的胸襟和能力，发心决定了结局和命运。

所以企业家要修炼自己的发心，心正则身正，身正就会具有吸引能人的魅力。笔者在企业培训课中经常说，企业领导跟有能力的员工不要比能力，而要比发心和境界。

2. 发心于事。

企业家第二个发心是发心于事，做企业的目的是做成某件事情、做成一项事业。

一个人的力量太小，所以要做企业，集合一帮人的力量来完成这件事。拥有这个发心的企业家在我国小微企业当中可以说占到了一大半。

发心于事的人，他的品质、形象表现为踏实做事。我们身边肯定也会有一些为做事顾不上吃饭，顾不上玩，甚至顾不上家庭的人。小微企业的很多老板其实都是这样的人。

这样的品质、形象肯定会吸引一部分人为你所用，那些喜欢做事或者说不甘心一辈子平庸的人会被吸引，因为这样的做事态度正是这些人想要的。

有这样一位老人，曾经是位英雄，披荆斩棘，以非凡的胆识和能力，用18年的拼搏，使一家小烟厂成长为每年利税991亿元的大型集团，一时之间，求他写条子批烟的人络绎不绝。然而，他辉煌的人生之路在他71岁时偏离了航向，1999年，他因贪污174万美元被判无期徒刑。

老人的女儿在狱中自杀，这对于一个七十多岁的老人来说，应该是一生中摔得最重、跌得最惨的一跤。

许多人认为他这辈子完了。但是，这位老人并没有垮掉，他先是获得减刑，改为有期徒刑17年。2002年，他因为严重的糖尿病获批保外就医，回到家中居住养病。按照我们的看法，他能在家颐养天年，就已经是最好的结局了。

然而他所做的事情再次让人惊掉下巴：承包2000亩的荒山，开种果园！这时，他已经75岁，身体不好，要承包的荒山又刚经历过泥石流的洗礼，村民都说那是个鸟不拉屎的地方。

这些困难并没有阻挡他的“疯狂”行为，他带着妻子进驻荒山，昔日的企业家成为一个地道的农民。几年时间，他用努力和汗水把荒山变成果园，而且他种的冰糖脐橙在当地1千克8元钱都买不到，原来这些产品一采摘就运往深圳、北京、上海等大城市，效益惊人。

2000亩的荒山如何管理？他使用了以前的方法，采用和果农互利的办法。他给每棵树都定了标准，产量上他定个数，说收多少果子就收多少，因为太多会影响果子的质量。

这样一来，果农一见到差点儿的果子就主动摘掉，从不以次充好。他制定了激励机制：一个农民只要任务完成，就能领4000元钱，年终奖金2000元，一个农民一年能领到一万多元钱，一户三个人，就能收入三四万元，比到外面打工挣钱还多。

他管理烟厂时，想到烟厂上班的人挤破头，现在管理果园，想到果园干活的人也挤破头。这个已经80岁的老人，把跌倒当成了爬起，面对人生的波澜，他流过泪，但又一次点燃希望之火，将日子过得红红火火，让周围的人幸福快乐。

他就是红塔集团前掌门人褚时健。

一个人，一个认真做事的人，一个发心要把事做好的人是值得尊敬的，不管他曾经犯过什么样的错误。企业家的发心最低限度也应该是做事。

住持方丈奕尚禅师刚刚从禅定中起身，寺里就传来阵阵悠扬深沉的钟声，整个山谷似乎都动摇起来。

禅师凝神侧耳聆听良久，待钟声一停，忍不住召唤侍者，询问道："今天早晨敲钟的人是谁？"侍者回答道："报告方丈，是一个新来参学的小沙弥。"奕尚禅师点了点头，吩咐侍者将这位小沙弥叫来。

奕尚禅师问这个敲钟的小沙弥："你今天早晨是以什么样的心情在敲钟呢？"

小沙弥不知奕尚禅师为什么特意要见他，更不知道为什么要这么问，忐忑不安地回答道："没什么特别心情，只是为打钟而打钟而已。"

奕尚禅师道："这不是你的心里话吧？你在打钟时，心里一定念着些什么，因为我今天听到的钟声，是非常高贵响亮的声音，只有虔诚的人，才能敲出这种深沉博大的声音。"

小沙弥想了又想，认真地回答奕尚禅师："其实也没有刻意念着，只是我平常听您教导说，敲钟的时候应该要想到钟即是佛，必须要虔诚、斋戒，敬钟如佛，用犹如入定的禅心和礼拜之心来敲钟。就是这样而已。"

奕尚禅师听了很是高兴，他进一步提醒这个小沙弥，道："往后处理事务时，都要保持今天早上敲钟的禅心，将来你的成就会不可限量！"

后来，这位小沙弥一直记着奕尚禅师的开示，保持司钟的禅心，终于成为一名得道高僧，他就是后来继承奕尚禅师衣钵真传的森田悟由禅师。

一个企业家想把事情做好，想让更多的人一起把事情做好，发心不同，给别人的感觉就会不同，你给别人什么样的感觉，你就能用什么样的人。

3. 发心于人。

企业家最终的发心应该是发心于人。任何事都是为了成就人而存在，如果一件事不能成就更多的人，那么这件事存在的意义又是什么呢？一个真正会用人的高手肯定发心于成就别人。

因为只有真心地想去成就别人，你的品质、形象才会表现为一切都是为了员工更好，这时候就会自然而然有很多的人愿意为你所用。

我们老祖宗造字组词都是有一定道理的，“利用”二字，是先利后用。你没能有利于别人，只想着去用别人，那是不可能的。只有先有利于他人，他人才会心甘情愿为你所用。

美国海关有一批没收来的脚踏车，在公告后决定拍卖。拍卖会中，每次叫价，总有一个十岁出头的男孩以“五块”开始出价，然后又眼睁睁地看着脚踏车被别人用三十、四十元买去。拍卖暂停休息时，拍卖员问那小男孩为什么不出较高的价格来买。男孩说，他只有五元钱。

拍卖会又开始了，男孩还是每次都以“五元”起价，当然最后还是被别人竞拍走。慢慢地，聚集的观众开始注意到这个总是首先出价的男孩，对男孩产生了浓厚的兴趣。

拍卖会快结束的时候，只剩一辆最棒的脚踏车，车身光亮如新，有多种排档、十段杆式变速器、双向手刹车、速度显示器和一套夜间电动灯光装置。这无疑是一辆难得的好车！

拍卖员问：“有谁出价？”

站在最前面，几乎已经放弃希望的那个小男孩还是站起来，坚定地说：“五元”。此时拍卖会现场一片寂静。所有人屏住呼吸，静静地站在那儿等待着结果。

这时，所有在场的人全部盯着这位小男孩，没有人出声，没有人举手，也没有人喊价。拍卖员唱价三次后，大声说：“这辆脚踏车卖给这位穿短裤白球鞋的小伙子！”

此话一出，全场鼓掌，那小男孩欢呼着举着那皱巴巴的五元钞票，得到了那辆毫无疑问是世上最漂亮的脚踏车，脸上流露出人们从未见过的最灿烂的笑容。

在我们的事业当中，除了“胜过别人”“压过别人”“超越别人”，我们能否可以“成就别人”？这是值得深思的。

当一个领导者时刻都在想着如何成就他人，那么就会有很多人愿意和你合作，愿意为你工作，愿意为你所用。因为你能成就他，让他快速实现他的愿望。

以上三点没有绝对的对错，当企业处在不同的时间段，老板的发心决定用人的方式。在企业初期，发心是钱也不能说就是绝对错的。在企业发展中期的发心是事，会吸引很多做事的人为我们所用。企业到成熟期后，你还不把发心转化成成就人那就有点危险了，将会无人可用，老员工也会走掉。

从大局出发，修炼处事高度

对于整个团队而言，领导者的大局观非常重要。能否创造出高绩效的团队，培养出高绩效的员工，用好高绩效的人员，领导者的大局观都发挥决定性的作用。

一位受人尊敬、爱戴的领导者，往往能凝聚整个团队的人心，打造出战斗力惊人的团队。相反，一位受人厌恶的领导者，他的团队会变成一盘散沙，没有丝毫的竞争力和活力可言。

为何领导者的大局观对团队有这么大的影响？最大的原因在于大局观会折射在团队文化上。领导者具有大局观，那么团队文化自然是积极向上、充满正能量的。反之，则团队就会充满急功近利、投机取巧，自然走不长远。

团队文化就像是炒过辣子的房间，只要进入这个房间，不管你愿不愿意，都要闻一闻。同理，只要员工加入团队，都要自觉或者不自觉地受到团队文化的影响。为团队长远发展计，大局观便成为衡量领导者是否合格的准则，大局观决定着领导者能否知人善任。

阿里巴巴 B2B 公司发现，从 2009 年开始，公司接到的客户投诉欺诈的数据比原来有所上升。

于是，阿里巴巴 B2B 公司成立专门的调查小组展开调查，结果让人大吃一惊。原来，为求销售业绩，一些员工对供应商放松警惕，导致一些涉嫌欺诈的公司有机可乘。

对此，阿里巴巴 B2B 公司打出一记重拳，处理了近千名销售人员，CEO 和 COO 双双引咎辞职。

尽管人事出现动荡，但是阿里巴巴 B2B 公司收获了社会的赞誉，并树立了公司的诚信形象。

而这一切和领导者不无关系。阿里巴巴的领导者在写给员工和客户的邮件中，显示自己对欺诈行为的零容忍。

正是因为领导者对欺骗、欺诈的零容忍，发现问题后主动出击，割掉毒瘤，才让阿里巴巴 B2B 公司的凝聚力更上层楼，并让公司走得更稳健，更长远。

试想一下，如果作为最高决策人、领导者在发现事端的第一时间选择“捂”住，那么会产生什么样的结果？如果领导者不是第一时间刮骨疗伤，而是怕丑护短、遮遮掩掩、软文洗白、鱼目混珠，将可能导致品牌的死亡。

领导者如果醉心销售业绩，诚信意识淡薄，等待他们的只有团队成员的私心膨胀和团队的分崩离析，所以领导者的大局观才是员工对领导者最为敬佩的地方。要想用好人，先得让人服你。笔者经常说：员工从来不会服你的能力，他只会服你的大局观，你的格局、胸怀。

说到胸怀，一个领导者或者说是老板，胸怀的大小直接影响着你的用人。胸怀越阔大的领导者用起人来越简单，胸怀越小越无法用人。

这个道理大家都明白，关键是很多胸怀小的人自己看不到自己胸怀小，这才是问题的症结所在。

老祖宗有一句话叫作“宰相肚里能撑船”，这就是胸怀，大到可以撑船的胸怀。很多领导者或者老板自认为自己胸怀很大，可是底下的员工却不以为然。

这是为什么呢？因为很多领导者并不知道所谓的胸怀的定义。当员工认为你胸怀很小的时候，是很难为你所用的，即使为你所用，你也用不顺手。

所谓的胸怀，笔者认为主要包括以下几点：

1. 尊重他人。

在很多公司笔者都看到过这样的规定：“工作时间不能相互交谈！”“工作时间去卫生间，超过 10 分钟罚款 200 元！”“举报同事违规有奖”……

这些制度的制定者沾沾自喜，自认为管理得当。殊不知，这样的团队距离分崩离析只有一步之遥。将心比心，我们在工作时，头上明晃晃的摄像头监督着我们的一举一动，你会做何感想？巨大的不被尊重之感会把我们淹没！

被尊重是每个人的情感需求，如果员工不被尊重，只感受到管理者的轻视，久而久之势必会催生厌倦情绪。

尊重他人是一种胸怀，尤其是尊重不如你的人，是更大的胸怀。

只要一个企业家、老板、管理者懂得去尊重任何层面的人，就代表他的胸怀到了一定的境界。这样的领导者才让员工愿意跟随，你在用人的时候才能得心应手。

综观中外企业领导者，但凡能做到尊重员工的，大多都取得了骄人的成就，顺丰总裁就是一个例子。

曾经，一则新闻占据了各大网站的头条。顺丰快递人员因剐蹭了一辆小车被司机多次掌掴，这件事引发了社会的强烈关注。

而顺丰总裁的发声让事件再升级，他说："如果这事我不追究到底，我不再配做顺丰总裁。"

出自总裁的霸气发声，引起了无数顺丰人的共鸣，这是一种员工受了委屈，领导者站出来说"没事、我保护你"的安全感。从声明中，我们也能看出顺丰总裁对员工的尊重和保护。

有无胸怀，是一个人能否用好人的关键，学会尊重比你岗位低、能力差的人，是有胸怀的最基本的表现。尊重能力强、地位高的人是生存本能，尊重能力差、岗位低的人才是领导者胸怀的体现。

尊重他人可以表现为行为上的尊重、态度上的尊重、生活上的尊重。

行为上的尊重，你用自己的行为让人感觉到被尊重。你的员工也会不知不觉跟你学习，他们更愿意跟随一个懂得尊重他人的人。

之所以你用不好员工是因为从一些细小的行为上你被员工看透了。

尚泽教育公司的入企部曾经经历过这样一件事情：有一家企业需要入企服务，尚泽的入企老师进入企业，为它建立完善的运营系统。这期间要充分了解老板的想法和现在的实际情况。结果在了解的过程中，两个老板（夫妻）当着员工的面吵架，男人直接把文件扔到女人脸上。

接下来，在设定运营标准的时候，经理跟老板又大吵了一通。在执行标准的时候，经理又跟员工大吵大闹一通。最后在入企老师艰难的调和下，才算勉强执行了运营标准。

随后，尚泽教育的入企老师跟这位企业家进行了一次深夜长谈。讲明一个老板为什么用人这么难？因为你不懂得去尊重别人，就会使你的经理不懂得尊重你，就会使员工不懂得尊重经理，会导致各种执行问题和用人问题。

最后这个老板通过多次学习尚泽的课程，不断地改变自己、修炼自己，让自己的胸怀越来越大，懂得尊重爱人、员工以及所有人。他发现在管理上越来越轻松，在用人上越来越得心应手。

包括笔者个人以及我们公司里的所有管理层，都在尚泽教育企业文化的浸润下，能够打开胸怀，懂得尊重别人。比如，我们所有的管理人员甚至所有的员工，都会在进电梯之后主动为后面的人按住电梯，在出小区门口的时候都会看看后面有没有人，为后面的人挡住要关上的门。

你的一些小的行为会让人对你这个人的胸怀有一个初步的了解，任何人都不愿意跟没有胸怀或者胸怀小的人共同做事，你也一样。

态度上的尊重直接影响你用人的方式。

沈阳一家互联网公司的一名员工干了一件“糗事”——周一穿着睡衣去上班。这可怎么得了？要知道公司一直要求统一着装的。

就在大家认为这名员工肯定会被扣钱或者挨批时，经理却带来个奇怪的命令：“就把今天命名为我们公司的睡衣日。以后，每周的这天，大家都可以选择穿睡衣上班。当然，不穿睡衣也行。”

决定一出，所有的员工都非常兴奋。原本低迷的工作士气一扫而空不说，每个人脸上都挂着笑意。

当然，最该笑的是公司的领导者。因为“睡衣日”出现后，领导者发现公司员工的灵感和创意简直是层出不穷，这个月的公司业绩有很大的突破。

为什么员工会兴高采烈？难道只是因为可以穿睡衣上班？当然不是。通过这件事员工感受到领导者态度上的尊重，感受到公司的人性之光，从而产生巨大的认同感和归属感。

态度上的尊重，能让员工感受到尊重不再只是嘴上说说。只有从态度上展示尊重，那么领导者才能从高高在上的“神坛”上走下来，和员工打成一片，让团队真正成为一个整体。

从生活上去尊重。对于领导者而言，对员工的尊重不仅仅局限在工作中，还要兼顾生活。尤其是员工在生活中遭遇了巨大的挫折，或者是遇到重大困难的时候，领导者就要挺身而出，主动为员工排忧解难。这样做不仅能收获个体员工的信任，同时通过“千金买骨”的行为，提升全体员工的安全感和信任感。

当一个领导者做到这几项尊重时，胸怀就会变大，以后的用人道路上也会一帆风顺。

2. 懂得放下架子和梳理情绪。

一个没有胸怀的人会高高在上，架子十足。一个没有胸怀的人会无法控制情绪，经常发脾气。

相反，一个有胸怀的人，是平易近人的，能跟比自己地位高的人有说有笑，能跟比自己地位低的人侃侃而谈。无论遇到什么事情都很冷静，处变不惊。

紧绷面孔，不苟言笑，吹胡子瞪眼，扯着嗓门训人，高高在上，一副不食人间烟火的样子——你们认为这样的人会是一个好的领导者吗？这样的人能够用好员工吗？

这并不代表着领导者有威信，相反会让员工和领导之间的矛盾激化，最终形成所谓的“三不”状态：团队出现问题，员工不向管理者汇报；管理者出现问题，员工不和管理者沟通；管理者制定政策，员工不执行。

这样的“三不”状态下我们如何去用人？

Facebook 向世人展示了全新的办公楼，令人惊讶的是，在这座新的办公楼中，Facebook 的创始人扎克伯格没有特殊的工位——这意味着他没有任何特权，办公桌和其他员工一样。

不仅没有独立的办公室，扎克伯格的衣着、言行和其他管理者也不同。Facebook 的员工更习惯他穿着牛仔裤、T 恤衫，几乎能和所有的员工打成一片。

扎克伯格不仅平易近人，更让员工倾心的是他的信任。他从来不搞“一言堂”，根本不参与决策的制定。

和许多大公司不同，Facebook 不是由高层制定政策，恰恰相反，他们鼓励“草根”员工参与决策制定。

可以这么说，扎克伯格没有架子的行为传递了 Facebook 的价值观——开放、透明、平等。扎克伯格这样做，让员工激情满满，乐于创新，同时勇于承担责任，这就是 Facebook 成功的秘诀。

领导者，尤其是一个有胸怀的领导者肯定是一个情绪管理高手。笔者经常说：普通人被情绪所控，高手会控制情绪为已所用。普通人是因为有情绪而去发泄，高手是通过控制情绪达到自己想要的目的。

曾经有很多企业家跟领导交谈说：我这个人就是个暴脾气，我心绝对是好的，只是脾气差一点，了解我的人都能接受的。我就问他：到目前为止，你认为了解你的人和不了解你的人的比例有多少？他不说话了。

是的，了解你的人都能包容你的坏情绪、坏脾气。关键是，你是一个企业家，你是一个老板、领导者，你需要更多的人和你一起做事，你需要各种脾气性格的人一起和你合作。不是了解你的人包容你，是你要去理解包容更多的人。

领导者不会控制自己的脾气和情绪，如何成为一个有胸怀的人？怎么去包容更多的人？你都包容不了别人，怎么去使用别人？

小张是一家公司的副总，他总是自嘲是个炮仗脾气，一点就着。这次因为客户对公司的设计不满意、故意扣尾款的事，总经理将小张批评了一顿，这让小张非常恼火。

带着满腔怒火，小张来到自己的办公室，看见设计部门的人有说有笑，小张的脾气一触而发："小范，公司请你来设计，不是请你来说相声，你们不好好上班，这是在干什么？"

设计部的负责人小范丈二和尚摸不着头脑，只是辩解说："我是在安排今天的工作啊！"

"还安排工作？你们的工作还用安排？设计出来的东西非常差，把狗拴在你们的位置上，都比你们设计得强。"

小范和其他员工惊呆了，他们没有想到身为副总的小张竟然说出如此没有教养的话。想到自己和其他员工昨夜熬了一宿进行头脑风暴，结果竟然受到这样的侮辱，小范和小张吵了起来。

最后的结果是，小范一气之下辞了职，接着设计部的员工全部辞了职，追随小范投奔到竞争对手的旗下。这让小张在公司的发展处处掣肘，小张后悔莫及。

从此之后，小张时时刻刻警醒自己：控制自己的脾气。

不能很好地控制情绪，轻则导致团队无法正常工作，重则让矛盾激化甚至让团队分崩离析。当你的情绪经常不能自己控制，那么你的胸怀就永远打不开，也就代表着你不是一个心胸开阔的人。员工知道你心胸不开阔，做事就会小心翼翼，生怕哪里会惹到你的暴脾气，所以做事不求有功但求无过。这样的员工你如何去用？这样的员工怎么来的？是你自己影响出来的。

所以，领导者、管理者一定要修炼自己，控制自己的情绪，不要让自己被情绪控制。这样你才能去真正地用人。

责任修炼，具备领导者的担当

有个叫张三的人，他精明能干，很快便积累下一笔不小的财富。张三决定用这笔钱做一门生意，但是他不想独自承担风险，于是四处拉拢别人入伙，然而大家都不愿意与他合作。

原来张三太过精明，以至于有些斤斤计较，他与人谈合作总是会揪着一些细节不放，生怕自己会吃亏，更不会让利给合作者。与他相处占不到半分便宜，还要提防他的精明算计。

无奈之下，张三找到李四。李四的家境并不好，但是为人热情大方，在一些对自己不造成大损失的事情上，总是睁一只眼闭一只眼。因为能够忍受张三在某些小利益上面的强势，双方很快达成共识。

一开始，张三出资较多，加上瞧不起为人“穷大方”的李四，张三便强势地主导着两人共同的生意。李四觉得张三的生意经验比自己丰富，便一直听从调遣。二人一个指挥，一个做事，配合默契。

很快，他们挣到不少钱，二人商量着再开几间分店。他们招募来一批伙计，自己逐渐退居幕后，每天工作的重心转移到盯好伙计上。然而矛盾也就此展开，以致此后二人走上不同的道路。

张三每天趾高气扬地来到店里巡视，他总是觉得自己付的薪水远高于伙计们的劳动价值，总是以领导者的威严震慑那些想要偷懒的员工。同时，他觉得自己请员工做事，员工理应替他解决问题，他总是将那些自己觉得难办的事情交给员工去做。

面对张三，员工们有苦难言，谁也不愿碰上他，纷纷躲着他。

李四也经常去店里巡视，每次他都会问问当天店里的情况，看看有没有什么难以解决的问题，如果店里出现纠纷，他也会出面解决。他十分体恤下属，面对那些犯了错误但家境一般的伙计，他总在处罚后，自己掏钱帮助他们贴补家用。

伙计们都很信服李四，李四的身边总是环绕着各式各样的人。

面对这种情况，张三认为，李四是穷苦出身，自然和那些下等人相处得来。他还时常劝说李四不要和那些人走得太近，免得他们以后不服管教。

李四并不认同张三的看法，两人在管理上的分歧越来越大，这时候李四也积累了一定的财富和做生意的经验，在多次调和无果下，双方的合作终于走到了尽头。生意散伙后，李四为了不与张三抢市场，远走他乡。

多年以后，张三还经营着他的几间铺子，而李四早就富甲一方，生意遍布南北。

所谓领导者，是指处于领导地位，拥有领导职权，负有领导责任的人。我们经常说，一个人能负多大的责任，就能取得多大成就，领导者要比员工承担得更多。

张三精明能干，更懂得如何盈利，他所做的一切都是以盈利为目的，最终却事倍功半，盈利大大缩水，只因他不懂作为一个领导者的责任和担当。

不懂得承担领导责任的张三，放到现代企业中来看，更像是一个优秀的员工，能创造出不凡的业绩，但是领导不了更多的人，什么项目都发展不大。相比之下，李四更像一个领导者。

没有那么多生意经的李四，懂得团结更多的人替他解决问题，他的责任和担当使他能够吸引更多的人帮他做事，同时使他更加专注生意的发展，不纠缠于细枝末节，将工作重心转到那些更加重要的事情上。

责任修炼是领导者的必修课，领导者能够承担更大的责任，就能取得更高的成就，从而会有更多的人追随，领导者用人就会更轻松。

人性中难免会存在利己的特性，不是每个人与生俱来就有责任感。权利与责任同行，使用权利往往更容易些，而承担责任就像一场挑战，需要不断地修炼。

一个人的品质总是在不断磨炼中健全的，中小微企业家想要更有担当唯有不断磨炼。而现实情况是，激烈的人才竞争和残酷的商业竞争，留给中小微企业家的时间并不多。天下武功唯快不破，谁能更快速地强大起来，谁就能在同行中占领高地。一万年太久，我们只争朝夕。

中小微企业领导者修炼责任，不妨从使人看起来有担当开始。

我们提供三种参考，希望领导者能多练习、体会其中奥义。

1. 沉稳处事，彰显领导者的可靠。

通常，沉稳的人更容易令人信服，更容易做成事。沉稳总是代表思虑周全，具有城府，很少失误，当人们还不了解一个人的时候，对方如果展现出沉稳的一面，往往会觉他很可靠。

那些平时表现得十分鲁莽的人，通常不会提前预见矛盾，或许他们有能力解决矛盾，但是身边的人往往会将不断爆发的矛盾与他们联系在一起，即使造成问题的根本原因不在他们身上。

有一个老板办企业十几年，企业员工只有几十个人。当我们向他了解企业做不大的原因时，他的回答是员工都不负责任，车间主任不负责任、采购员不负责任、普通员工也不负责任。

在他眼里就没有一个可以放心的人！你说，这样的老板能不累吗？

我们劝他改变一下对待员工的态度，他说：你们不了解情况，这些人不值得相信，做一点事就讨价还价，上班不做事也要报酬，下班就走人，即使企业再忙，他们也不加班。

像装货卸货，他宁肯找外面的人来做，也不愿意用公司员工。他说反正都要付钱，我找外面的人干得还快，外面的人还听话。因为干完就给钱——这些人当然听话。

可是如果是内部员工做的，哪怕他答应付加班费，到发工资的时候，这笔加班费就没影了。员工找他问询，他说公司员工干点活还要加班费？一而再，再而三，员工就不听他安排了，临时工作他就只好找外面的人来做。

我们说，你何不把这些不听话的员工换掉？他说：我何尝不想？可是招不来人！这位老板已经进入恶性循环，思想观念不改变，他的企业恐怕永远不会有太大起色。

有人说，这位老板太不信任员工，总是与员工斤斤计较。事实上，是这位老板一再失信于员工，导致员工根本不相信他。一个连员工的基本信任都无法获取的老板，企业能做多大呢？

2. 言行一致，结果赢取信任。

春秋战国时，秦国的商鞅在秦孝公的支持下主持变法。

当时处于战争频繁、人心惶惶之际，为了树立威信，推进改革，商鞅下令在都城南门外立起一根三丈长的木头，并当众许下诺言：谁能把这根木头搬到北门，赏金十两。

围观的人不相信如此轻而易举的事能得到如此高的赏赐，结果没人肯出手一试。于是，商鞅将赏金提高到五十两。

重赏之下必有勇夫，终于有人站出来将木头扛到了北门，商鞅立即赏了他五十两。商鞅这一举动，在百姓心中树立起了言而有信的威信，而商鞅接下来的变法就很快在秦国推广开了。

新法使秦国渐渐强盛，最终统一了天下。

人们通常会愿意与实力强大的一方合作，但有时，合作方的品质更加重要，因为一个不够可靠的人，说不定什么时候就会站在自己的对立面。

一个从不让人失望的人，无论他们拥有的实力是否强大，人们都会愿意对他们付诸信任，愿意与他们合作。寻求商业投资是如此，领导者用人亦是如此。对员工的承诺必然兑现，员工就会觉得领导是一个值得信任的人。

3. 身体力行，你的担当员工看在眼里。

企业雇用员工就是希望员工能够多做事，要求员工做事是领导者的常态。有些员工对待领导者的要求，有时不免充满抵触，他们认为，领导者在向他们苛求领导者自己都做不到的事情。

很多时候，领导者身体力行更具说服力，不仅能够快速取得员工的信任，还能够为员工树立做事榜样。

士光敏夫是日本东芝的经营之王，通过改革带领东芝走出了低谷，身体力行使他快速赢取员工信任，得以推行新政。

士光敏夫上任时，公司管理层存在很多冗员，这些人奢侈成风，官僚主义严重，影响整个公司组织散漫。东芝众多的投资，无人积极拓宽销售渠道，终因货物积压、资金流动不畅而陷入巨大危机。

士光敏夫上任后第一件事就是根除不作为的风气，严打奢侈浪费。

他封锁办公室里的豪华休息室，将伺候领导层吃喝玩乐的秘书辞掉，告诉众人奢侈浪费的人将被公司抛弃。

在开会时，他要求所有人站着开会，告诉众人，开会要以解决问题为目的组织会议，而不是每天大会小会喊口号。

他严打迟到，对迟到的员工，不论职位高低都处以重罚。

面对士光敏夫的大力改革，很多人心中不服气，在背后说他的坏话，士光敏夫用自己的行为向众人证明了一个领导者的担当。

作为最高领导者，他每天乘公共汽车上下班，每天都深入基层，了解经营状况，提拔那些有才干的年轻人，当时他已经68岁高龄。

很快，企业内攻击的声音少了，在他的带动下，公司很快风气好转、焕发活力。

企业中，员工总是在偷偷打量自己的领导，当领导者身体力行，以身作则，员工心中的不平衡就会减少，对领导者的好感随之增加，更加愿意信任领导者，同时，也会不自觉地效仿领导者，像榜样那样做事。

使人看起来有担当，不是不做，不是装模作样只做表面，而是有技巧地去做，从那些能显现出自己有责任、有担当的事情中去做。

修炼自己的品质，使用技巧使之发挥作用，并不断践行，便能逐渐成长为真正有责任、有担当的领导者。别忘了，领导有担当，方能凝聚人才。

中篇

PART TWO

人尽其才、才尽其用

每个人的能力不同，所呈现出的价值自然不同，一个企业无法让所有人都变成人才，但却可以合理使用每一个人的才能。把性格活泼的人放到市场上，把性格忠厚的人放到财务上，把性格温顺的人放到行政上，这样的分配其实就是在合理使用人才，同时也做到了人尽其用。

留心观察，快速获取信息

常言道，知人知面不知心，人性是复杂的、难懂的，人们经常会将自己的真实想法隐藏起来。面对复杂的人性，我们觉得，路遥知马力，日久见人心，时间会给予我们真相。

中小微企业领导者在创业之初，身边可能只有三五个人，了解他们不需要耗费太多心神，随着相处和磨合自然能了解对方身上的特性。一旦企业规模扩大，领导者会发现，自己越来越没有精力去了解自己的员工。

往往企业的规模越大，领导者与员工之间的隔阂也就越深，领导者只与核心层员工关系密切，想要了解员工状况也是有心无力。

面对那些不需要深度了解的大多数员工，快速识人可帮助领导者节省精力，并且对企业中那些相对次要的员工做到心中有数，快速识人的技巧还可以应用在那些重要但是接触时间并不长的人员身上。

快速识人重在留心观察。我们了解一个人往往是通过观察一个人的言行和他对待事物的态度。然而，人的语言有时候具有迷惑性和欺骗性，想要了解人对待事物的态度往往需要双方彼此多多接触。

那些容易获得且相对准确的信息能帮助我们快速了解一个人

的特性。一个人的微表情和微动作是无意识表露出的，能在一定程度上展现出这个人的真实个性和想法。但是这些表情动作并不起眼，而且转瞬即逝，需留心观察。

我们就职场中常见的两个场景，解读一下不同人所展现出的微表情和微动作。

场景一　不同的人在电梯口的表现

乘坐电梯是公司每个人每天都要做的事情，人在等电梯时，往往会做出不自觉的反应，性格不同反应也不同。

小 A 来到电梯口，看到电梯走走停停，他估计电梯还要有一会才能下来，于是开始不停地按下降键，他知道自己这样做无济于事，但是就是无法忍受降落很慢的电梯。

小 A 这类人一般性格急躁，是十足的行动派，拥有很强的时间观念，做事情目的明确，效率较高。他们喜欢在事情中占有主导地位，尽全力推行计划，必要时宁可一个人完成工作。

虽然在工作上特立独行，但是他们对待工作以外的事情却比较随和，一般在生活中拥有好人缘。

当领导者看到这样比较急躁地按电梯的员工，不妨将一些稍有难度的工作交给他们做，他们会尽全力执行。

同时，还需要注意，这一类员工一旦确定目标很容易以自我为中心，导致他们不能容忍影响进度的任何人和事，他们不愿意帮助和迁就合作者，也会因为被人打扰而发脾气。

现实中，小A个人能力突出，但是团队合作能力差。当小A因为突出的业绩晋升之后，管理团队将会成为他的阻碍，可能难以维持团队，或者事必躬亲将团队的任务揽到自己身上。

小C加完班回家，电梯口只有他一个人，他自己在空荡荡的电梯口踱步，好像在思考什么事情，其实他只是觉得有些无聊，一直到电梯到达他才停下。

小C这类人通常比较敏感，内心细腻，拥有敏锐的洞察力，依靠直觉作出判断，看事物的角度十分独特。他们十分浪漫主义，比较感性，适合从事艺术创作。但是他们容易被感情因素打动，做事意志不够坚定。

领导者需要注意，小C这类人抗打击能力比较弱，对他们过于严厉反而容易使他们陷入挫败感，他们更喜欢被鼓励。

小C这类人通常难以主持大局，但在团队中总能唤起大家的情感，他们自身总是会不断憧憬美好未来，进而带动团队走出压力。

小D跟一群同事一起等电梯，大家都在七嘴八舌地讨论事情，只有他静静地待在一旁，眼睛盯着电梯数字跳动，电梯到了，他第一个走进电梯。

小 D 这类人，做事小心谨慎，条理分明，工作很少失误，通常很受领导信赖。他们性格中不喜欢冒险和做没有把握的事，所以那些具有开拓性质的岗位不适合他们。

小 D 这类人在与人交往时同样小心谨慎，并且由于自我意识比较强，讨厌被人打扰，也不愿意插手别人的事情，常常使人觉得他们有些冷漠，因此在公司中人缘一般。那些需要大量人情往来的岗位并不适合他们。

小 D 是个实干家，工作起来十分专业，职业发展也四平八稳，当他当上领导者，会带领团队创造稳定的业绩，但很难带领团队走向更高阶段。

下班了，小 E 总是站在人群边缘靠后的位置。他左顾右盼，当快与人对视的时候就假装看向其他方向，谁说了什么好玩的事情他都听在心里，却从不肯参与进大家的嬉闹中去。

小 E 这类人通常学识渊博，拥有强烈的求知欲，喜欢具有挑战性的工作，也往往能做出比较高的成就。那些简单、机械的工作他们反而做不好，因为会消磨他们的工作热情。

小 E 这类人的防备心会比较强，会谨慎挑选自己的好友，往往拥有范围小但是交情深的好友圈。一般会愿意服从自己所欣赏的领导者。

小 E 这类人拥有很大的野心，并且气场强大，他们的成长速度非常快，但是正是由于快速发展，并且自己的防备心过重，他们经常会把压力扛在自己身上。

领导者不需要通过施压催促小 E 这类人提升自己，相反应帮助他们排解压力，他们反而有精力向更高水平冲刺。

小 F 闷闷的，低着头，站在电梯前，他从来不会主动跟人搭话，明明站得离入口很近，却总是先让其他人进电梯。他们总是表现得很谦让、很害羞。

小 F 这类人总是不肯公开表达自己的想法，做事情喜欢有所保留，极力避免出错，但也很难出彩。他们不喜欢太复杂的工作，也无法处理那些尖锐的矛盾，简单轻松的工作十分适合他们。

小 F 因为心地善良，乐于助人而受到大家的喜欢，但是也因为不懂拒绝而承担一些不属于自己的责任。通常他们很难承担管理岗位的责任，晋升之路艰难。

小 F 这类员工通常是公司中的老好人，上进心不足，只要给他们提供良好环境，他们便能踏实工作，并且能够充当人际关系中的润滑剂。

人的个性复杂多样，我们只是挑选出比较有代表性的几种，并不能完全概括某一类人或某种性格的全貌。试举几例，希望能够帮助领导者快速识人。

场景二　在交谈中，一些小姿势暴露对方的真实情绪

很多时候我们出于各种原因，隐藏自己的真实想法，说一些违背心意的话，这种情况十分常见。适度的圆滑是必要的也是有益的，但是，当领导者想要实施自己的想法、了解员工的看法时，对方若一味地附和，就会将事情变得复杂。

无论在公司会议上还是约谈员工时，领导者都期盼自己能够得到真实的回应，得到推进谈话的有效参考信息，也从中判断是否能顺利地说服众人。想要避免无效交谈，读懂员工的真实情绪十分重要。

一家公司要解决一个项目中存在的尖锐问题，在开会讨论时，所有人都在回避矛盾，会议开了几次，也没能解决。

其实领导者心中早已有解决方案，只是看到大家的回避，担心大家只是表面同意自己。他向心理学家求助，心理学家教给他几个关于微表情、微动作的知识，帮助他读懂别人的真实情绪。

领导者回去之后，再次召开了会议，对于那些大家都想回避的矛盾点，他都给出自己的想法，再通过观察对方的反应确认下一步的行动。

对方比较抗拒的时候，他就放弃说服，鼓励、引导大家就这个点提出自己的看法，争取找到更好的解决办法。对方表现出对自己的观点有浓厚兴趣的时候，他就多讨论几句，之后还会鼓励大家发表意见，帮助自己审视自己的观点。对方表现处于思考状态时，

他便多留出一点时间，然后再进行讨论。对方如果表现出兴趣缺失，注意力下降，他就暂停会议，休息过后继续讨论。

大家在领导者的引导下，一步步深入讨论，还有好多人提出了领导者没有想到的方案。

结果这次会议比任何一次时间都短暂，但是解决了大部分问题。

领导者学到的关于微表情、微动作的解读秘诀到底是什么呢？

原来，领导者重点关注了谈话中对方不经意间的小动作，比如，大家双臂的姿势和抚摸下巴的动作。

我们用双臂进行劳动，遇到危险的时候，也会用双臂来保护自己。无意识状态下，双臂的动作会反映出我们对对方是接受还是抗拒。下巴在脸部的最下方，微微低头思考时，人们总是会有各种抚摸下巴的动作。别人的心思如何，通过摸下巴的姿势就可以看出来。

有些人表示认同时会面带微笑、语气肯定，但双臂的姿势会出卖他们。双臂环绕代表对方内心抗拒，不愿意再认同对方的观点，双臂打开则代表对方处于愿意接受的状态。

需要注意的是，与领导者会面，员工多多少少会有些压力，有些员工会时不时地交叉双臂，这反映了他们的内心的不安。

领导者在发表言论时，对方目光平静地看着他，不自觉地用一只手托着下巴，表示对方处于认真思考状态，也在等待领导者继续往下说。而那些用整个手掌支撑一边脸，用手腕托住下巴的人则根本没有用心思考。

那些倾听领导者发言的员工，有时候会将拇指和其余手指分开轻轻摩擦下巴，这时候表示对方兴趣正浓，他们很快将得出自己的判断。

当员工用拇指托住下巴，其余四指放在嘴和下巴之间，代表他们对领导者的言论产生了不同意见，随时可能会反驳、辩论。

在与员工交谈时，领导者留心观察员工的这些小动作，快速解读出了大家的真实心理活动，会议得以高质量推进。

能够帮我们快速解读员工的微表情和微动作还有很多，领导者可以多多关注一些相关知识来充实自己。知识的无价之处在于人们对它的运用，唯有留心观察，然后去实践应用，才能发挥出它的价值。

火眼金睛看透假象

错误地评估人才，错把鱼目当珍珠，就会被蒙蔽，把庸才当人才用，后果很严重。当我们留心去观察的时候，会发现，有些人可以一眼看出来，有些则需要火眼金睛才能发现本质。

只有发现了本质才能更好地用人。

赵括从小就学习兵法，评论兵事，认为天下没有和他相当的人。曾经他和父亲赵奢评论兵事，赵奢不能够驳倒他，但是并不赞美他。

赵括的母亲问赵奢此中原因，赵奢说："打仗，是危险的场合，而赵括太草率地讨论它。假使赵王不让他当将军就罢了，假如一定要让他当将军，使赵军失败的人肯定是赵括。"

等到赵括将要起程的时候，他母亲上书给赵王说："不可以让赵括做将军。"赵王问："为什么？"赵括母亲说："当初我侍奉他父亲，那时他父亲是将军，他的父亲会亲自照顾受伤的士兵，大王赏赐给他父亲的钱财，都被分散给士兵和将领们。但是赵括，每当得到赏赐，都会完整地带回家藏起来。大王，他们父子二人心地不同，希望大王不要委任他做将军。"

赵王说："您就把这事放下别管了，我已经决定。"赵括的母亲接着说："您一定要派他领兵，如果他有不称职的情况，我能不受株连吗？"

赵王答应了。

赵括代替廉颇后，改变原有的纪律和规定，撤换了原来的军官。秦国的将军白起听说以后，派出部队，围困赵军四十多天。秦军用箭射死赵括，赵括的部队大败，十万多的赵军被秦国降服，秦国将他们全部活埋。

赵王作为领导者，不具备火眼金睛，被赵括表现出来的假象所迷惑，是直接导致赵国大败的原因。

很多时候员工并不知道自己到底有多大能力，有些人对于自己的能力会出现差别很大的判断。不是所有人都能对自己有一个清楚的认识，领导者要用火眼金睛看透他的本质，然后才能用人。

这是一个简单的案例，大家都熟悉。还有更多的隐藏很深的本质，如果作为领导者不能够拥有火眼金睛，是很难看到的。

美国著名历史学家诺斯古德·帕金森通过长期调查研究，写了一本名叫《帕金森定律》的书，书中描述了一个概念，当一个组织里出现一个平庸的领导者，要想把组织做得更好一些，有三条路可走：第一条路是这个管理者离职，重新找一个有能力的管理者；第二条路是找一个有能力的管理者来辅助这个管理者；第三条路就是找两个更笨的人来辅助管理者。

我们设想一下，如果我们的企业有一个能力不强，导致企业停滞不前的管理者，你会怎么做？你是选择第一条路？还是第二条或者第三条？

在我们实际的企业运营中，多数中高层管理者不会选择第一条。

那样他还要重新找工作，待遇也不一定比这里好。第二条路也不会选择。因为找一个有能力的人他驾驭不了，而且一旦这个有能力的人改变了现状，他也就危险了。所以他会选择第三条路。

于是你的企业里就出现一种情况，就是这个管理者又给你找来两个更差的副手。两个平庸的助手分担他的工作，他自己则高高在上发号施令。

两个助手既然无能，也就上行下效，再为自己找两个无能的助手。如此类推，就形成一个组织臃肿、人浮于事、相互扯皮、效率低下的领导体系。这样的现象如果你没有火眼金睛是看不清楚的。

美国钢铁大王卡内基的墓志铭是："一个知道选用比他本人能力更强的人来为他工作的人安息在这里。"这句话对有效的管理用人者来说，是最极致的赞扬，也是最好的原则。

卡内基虽然被称为"钢铁大王"，但他是一个对冶金技术一窍不通的门外汉，他的成功完全是因为他卓越的识人和用人才能——总能找到精通冶金工业技术、擅长发明创造的人才为他服务，比如齐瓦勃。

齐瓦勃只是卡内基钢铁公司下属的布拉德钢铁厂的一名工程师，当卡内基知道齐瓦勃有超人的工作热情和杰出的管理才能后，马上就提拔他当了布拉德钢铁厂的厂长。

在厂长的位置上，齐瓦勃充分发挥出了自己的才干，带领布拉德钢铁厂走向辉煌。卡内基骄傲地说："只要我想要市场，市场就会是我的。”

几年后，表现出众的齐瓦勃又被任命为卡内基钢铁公司的董事长，成了卡内基钢铁公司的灵魂人物。

企业的生存、发展离不开人才，一个成功的企业家要善于寻找比自己更强的人才来为自己服务。

明太祖朱元璋得天下后有训：“任将之道固重，然必任之专、信之笃，而后可以成功。昔齐用司马穰苴，魏用乐羊，可谓任之专、信之笃，故皆有功。若唐肃宗用鱼朝恩，宪宗用吐突承璀为监军，使诸将掣肘，以致败事者，是任将不专、信之不笃故也。”

意思是说：“选任将领的方法一向非常重要，必须任用身有专长、笃信忠实之人，方可取得成功。将领必须是有识、有谋、有仁、有勇之人。有识，就是在事情还没有发生，就能明察秋毫；有谋，就是在作战还没有开始，就能谋划制胜；有仁，就是能够深得士卒拥护；有勇，就是能够逢战必胜、逢坚必摧。兼有以上四个方面的素质，这样的将帅几乎都可以取得成功。”

看透假象，识得本质，找到真正有能力的人，再能为你所用，你的企业就会越做越大。

不被好成绩迷惑

我们观察人、识人要能够看透人的本质，还要看透事的本质。衡量人要从整体出发，不能单独依靠某件事或某个结果去判断一个人是否有能力，否则我们将会错失、埋没人才。

做事有结果或者有成果就是有能力吗？现在流行一句话：以结果为导向，以成果为导向。笔者认为这句话具有片面性，短时间内有结果、有成果的不一定就是真人才，短时间内结果不理想的也不一定就是庸才。

弗斯·贝里是西班牙人，被誉为巧克力之父。他一生几乎没进过学校，然而凭着灵活的头脑，使世界上许多经营巧克力的人都败在他手下。

当时他的乔治王巧克力公司资产达98亿美元，名列世界同行业第一。该公司获准登陆中国的消息刚刚发布，公司总部就收到来自中国的400多份电子自荐信，其中绝大多数都是即将毕业的大学生发来的，他们希望进入该公司的中国分公司工作。

弗斯·贝里获知此事非常高兴，但他在阅读这些自荐信后，却不免犹豫起来。因为在这400多份自荐信中，有300多人的各科学习成绩都在90分以上，并且有80%以上的学生曾担任过学生干部，从老师写的评语看，每个学生的在校表现也都是尽善尽美。

弗斯·贝里并不是怀疑自荐者的诚信，他只是觉得仅凭这些还不确定谁有资格进入公司，必须再测试点别的东西。于是，一份别具一格的问卷，被以回执的形式发回自荐者的信箱。

内容如下：

请你用一句最简洁的话，回答下面4位著名人士到底在说些什么。

1954年4月2日，苏黎世联邦工业大学邀请爱因斯坦回母校演讲，爱因斯坦在演讲中说了这么几句话：我学习成绩中等，按学校的标准，算不上好学生，不过后来我发现，能忘掉在学校学的东西，剩下的才是教育。

1984年10月6日，诺贝尔物理学奖获得者丁肇中回母校清华大学演讲。在接受学生提问时，他说了这样一句耐人寻味的话：据我所知，在获得诺贝尔奖的90多位物理学家中，还没有一位在校时经常考第一，经常考倒数第一的倒有几位。

1999年3月27日，比尔·盖茨应邀回母校哈佛大学参加募捐会，在被问到是否愿意回母校继续学习，拿到哈佛毕业证书时，盖茨笑了一下，没有回答。

2001年5月21日，美国总统布什返回母校耶鲁大学，接受荣誉法学博士学位。由于当年他成绩平平，在被问到现在接受这项荣誉有何感想时，他说，对那些取得优异成绩的毕业生，我说“干得好”；对那些成绩较差的毕业生，我说“你可以去当总统”。

收到问卷后，自荐者纷纷发回自己的答案。

2003 年 3 月 10 日，乔治王巧克力公司中国分公司在北京开业，其中有一位大学生因为答案优秀被通知参加开业庆典。

他是这么回答的：

学校里有高分低分之分，但校门外没有，校门外总是把校门里的一切打乱重排。一个人实际工作能力的高低，并不能单从学历或以往的考试成绩来判定。

事实上受过高等教育的人常常会囿于已有的知识格局，为知识所限，反而无法成就一番事业。

汽车大王亨利·福特曾说过一句话：“越好的技术人员，越不敢活用知识。”说的就是这种画地自限，且不能自拔的书呆子型人才。高学历不等于高能力，好成绩不等于好人才。

关键要看人才在实际工作中是否不为知识所限制，踏实苦干，对所学过的知识活学活用，将其转化为一种生产力推动企业的发展。学历和才干并没有直接关系。

我们听说过学历不等于能力，要我说，学历不如能力，能力不如学习力。学历代表过去，能力代表现在，学习力代表未来。

我经常跟我的学生说：你过去成功的经验就是你现在失败的原因。我经常告诫我的学生，在选人、用人的时候一定要看这个人的学习力。只要肯学习，就值得重点培养。有能力、自负，没有学习力的人，选择性使用。

领导者之所以困惑，很大程度上是抱持固有思维无法改变。一个企业的中高层之所以做不好，也不是没有能力，没能力我们也不会提拔他做中高层，最主要的就是学习力欠缺。所以总结一点：用人就要用学习力强的，而不是看他过去的成绩或者现在的成就。

在我的所有公司里，主要看的不是员工过去的成绩，而是现在的能力和学习力。所以尚泽教育就有岗前培训，在培训过程当中注意观察每个人的学习力，再结合他当下的能力和工作的时长和经验来判断要不要用这个人、怎么用。

当下的社会发展速度越来越快，在过去，一个经验可能用个几年。现在一个所谓的经验用不了几个月就会被别人（尤其是同行业）复制走。学习力才是保证能力不退化的根本所在。

有不足的员工都是潜力股

拥有短板的员工会带来无数的问题，因为大多数领导者都会期望自己的员工足够优秀。实际上这样美好的愿望是不切实际的，当领导者追求使用没有缺点的人，会将自己置于孤军奋战的境地。

曾经，有个人指着地上摆放的几十盆真假青松，让别人辨认出真的青松。青松的形状和色泽都是一样的，辨认起来十分困难，但是有一个人很快就辨认出来了。别人好奇地问他原因，他说："这很简单，只有真松的枝叶上面才会有虫眼，只要仔细观察枝叶就可以了。"由此人们感叹，无瑕不真。

其实识人和辨物是一样的，正所谓"金无足赤，人无完人"。领导者在用人时就应当明白，抓着人的缺点不放，过于苛刻，很难得到人才。当从客观的角度出发，宽容看待他人的短处，才能看到对方的长处，发挥出对方的优势。

比尔是个不幸的孩子，在他还未出生的时候父亲便去世了，当他长大一些的时候，又被确诊为先天性脑瘫。母亲并没有放弃这个可怜的孩子，一直精心呵护着他，像对待正常人一样教他读书识字。

成年后的比尔萌生出去工作的想法，母亲很支持他，并为他准备了一身崭新的西服，希望他能顺利找到工作。连续一个月的面试，都以失败告终，面试官看到比尔的样貌和言语谈吐，便立即拒绝了他。

这一天，在母亲的鼓励下，比尔勇敢地走进一所高级写字楼。面试官见到他第一句话是“你是脑瘫患者？”比尔还未来得及解释，对方便迫不及待地说：“对不起，您并不适合我们公司。”

比尔失望地离开，下楼后看见母亲焦急的样子，比尔内心十分难过，他想不通为什么人们对他如此歧视，甚至连一次工作机会都不愿意给。比尔转身再次回到那家公司，径直走到人事总监的办公室，当他推开门的那一刻，诚恳请求：“请您给我一次工作的机会，把这里最难、最辛苦的工作交给我，我保证做好！”

比尔的这番话让人事总监很震惊，他从比尔的眼睛中看到了一股坚定的信念，于是安排比尔成为公司的一名销售员。

比尔正式开始了他的销售生涯，由于病魔的伤害，让他走路总是一瘸一拐，但这并不影响他挨家挨户去销售产品。没有人愿意接受一个“傻子”推荐的产品，被辱骂、被拒绝成了比尔的家常便饭。

一个月后，比尔没有任何业绩，总经理准备对他进行劝退，当他看到比尔的样貌后，转身找到人力总监，询问他为什么把一个“傻子”招进公司，要求人事总监立即开除比尔。

得到这个消息后，比尔来到总经理办公室，恳切地说：“请再给我一点时间，我保证把那些产品卖出去，我真的很需要这份工作。”

最终公司还是留下了比尔，他更加卖力地工作。周围的人渐渐对这个走路一瘸一拐的销售员熟悉起来，当人们对他的了解更深一层后才发现他并不“傻”，他有正常人的思维，只不过走路瘸了一些，说话慢了一些而已。

终于，一个老妇人购买了比尔的产品，使用后认为比尔的产品很好用，周围的邻居开始陆续购买。人们对比尔变得亲切起来，男人们会跟他聊聊工作的烦心事，女人们会向他抱怨一下家庭琐事，甚至有些小孩子看见他后会主动和他玩耍一会儿……

一年后，公司进行年终业绩排行，当结果出来的时候所有人都大吃一惊，包括总经理在内，因为年终业绩排行第一的居然是比尔。

在颁奖仪式上，总经理对比尔说："我差点失去了一位优秀的人才，你为我的人生上了生动的一课，让我学会永远不要只看到别人的短板，每个人都有他独一无二的优点！"

时间飞逝，一转眼比尔到了退休年龄，当他收拾东西离开公司的时候，所有人都舍不得让他离开。一周后，比尔收到了一封公司寄来的聘请书，他再次回到公司，总经理对比尔说："我们真的离不开你，你是公司最大的财富！"

比尔的故事很快传开，人们被比尔的励志经历所感动，很多人慕名来到比尔的公司和他成为同事，很多客户愿意为比尔所销售的产品买单。对于公司来说，比尔已经成了公司的一张名片，只要有比尔在，公司就不会缺少人才，更不会缺少客户。

领导者看待人才的角度，决定着人才的价值。在多数领导者眼中，衡量一名员工的价值取决于他所创造的业绩、利润，这些能够被直观看到的价值并非员工能力的全部体现，更无法成为领导者

判断员工是否具备潜力的标准。

领导者只看到员工的不足之处，那员工的优点将会被缩小，不足之处将会被放大。领导者为什么不能将员工的优点放大？为什么不能忽视员工的缺点呢？因为领导自身的修为不够，只看到眼前员工为企业带来的损害，却未看到更长远的价值。

有这样一句话：当发现问题的时候，其实已解决了一半，最可怕的是根本不知道问题所在。领导者不要惧怕发现员工的不足，更不要盯着员工的不足之处不放手，员工有不足，说明他有进步空间，关键在于领导者如何去引导、培养。

孔子有一个学生叫子夏，第一次看见孔子的时候，他心里十分不悦，本以为孔子是一位长相英俊、文质彬彬的学者，但出现在他眼前的是一个普普通通的老头，普通得有点过分。

子夏很后悔，心想："孔子是天下有名的老师，在我看来他并没有什么特别之处，难道是别人的传言太过头？"子夏暗地里观察身边的同学，发现身边的人几乎个个都是人中龙凤，他们长相英俊、谈吐自然，甚至比孔子更胜一筹。

子夏更想不通了，为什么这么多优秀的人不远万里来跟孔子学习？难道是人们言传之间把孔子的学问故意放大了？否则怎么可能比孔子优秀的人还要向他学习呢。

这一日，子夏跪拜在孔子面前，问道："老师，您认为颜回的为人怎么样？"孔子看出子夏的内心所想，便回答："颜回仁义，远胜于我。"子夏又问："那您觉得子贡为人如何呢？"孔子答："子贡的口才比我好。"子夏又问："那么子路的为人如何呢？"孔子答："子路很勇敢，也远胜于我。"

听完孔子的回答，子夏立即站起来，说道："老师，我想不通为什么这些人都比您优秀，他们还不远万里拜在您的门下学习呢？"

孔子笑了笑，答道："颜回仁义，但是不懂得变通；子贡口才好，但是不够谦虚；子路非常勇敢，但是不懂得退让。这些学生各有所长，各有所短，我可以发掘他们的优点，改善他们的缺点。虽然他们有比我强的地方，但并不是完善的，这就是他们一直跟随我学习的原因。"

孔子不会因为看到学生的不足就放弃他，在孔子眼中所有的人都不是完美的，而作为老师，需要做的是帮助学生发挥优点，改掉缺点。正因为这一点，孔子才能培养出一批优秀的学生，传承和发扬儒家思想。

天下没有完美的学生，更没有完美的员工，作为企业领导者需要做的是发挥员工的优点为企业创造价值，而不是紧盯员工的不足之处。

在不少企业中，当员工做错事或者提出异议的时候，领导者第一时间给出的是批评和打压，试问这样的方式怎么可能培养出优秀人才来。所以，领导者若想培养人才，便需要不断磨砺自身的格局和境界，有容人的胸怀，企业才会拥有人才。

类型不同，管理方式不同

员工管理是困扰无数领导者的难题，不少领导者都在抱怨如今的员工难以管理。有些员工稍微批评几句就离职，有些员工总是我行我素，甚至有些员工钟爱与管理者唱反调。

没有难以管理的员工，只有不懂管理方式的领导。在管理员工之前，领导者首先要清楚你所管理的员工是什么类型的，对症下药才能药到病除嘛，如果连自己的员工是什么样的人都搞不清楚，那何谈管理。

我们把员工的基本类型做了划分，并且附上一些简单的管理办法，仅供读者朋友参考。

员工类别划分：

第一类：行事出格的员工

有些员工行事比较出格，在集体中，他们极为显眼，往往会遭到他人的排挤，作为领导者需要看到他们潜在的才能。

行事出格的员工往往性格独特，做事不拘泥于常规，不像大多数人那样遵循常理，人们常常会因此而不愿意与他们亲近，视他们为“异类”，同时他们本身所具备的本事也会被人们忽略。很多人不明白，出格的人因为具有足够的本钱，才能够将“出格”贯彻下去。

对这类行事出格的员工，需要领导者主动团结他们，给他们机会充分施展自己的才能。在任用那些行事出格的员工时，领导者还需要注意，对不同类型的人，对待方式也是不一样的。

第二类：与领导者性格不合的员工

大多数领导者会希望自己的下属是与自己志趣相投的人，这些人往往会使工作变得得心应手。可是以自己的喜好作为标准，很难使领导者高效用人，那些与领导者观念、做事习惯不一致甚至总是反对领导者的人，也会给企业的发展提供助力。

当人们看到这些与领导不合的人也能得到重用，就会认为领导者不是一个感情用事的人,也彰显出领导者慧眼识才的一面。由此，那些有才能的人将会受到激励，愿意为公司的发展出一份力，从而使人尽其才。

第三类：桀骜不驯的员工

通常，人们喜欢听顺心的话，看顺眼的人，走好走的路，可是总有一些桀骜不驯的人，总是随着自己的心意做事，不顾及他人的感受，人们与他们接触常常感到不愉快。

在集体中，那些不愿意服从、桀骜不驯的人往往是不被容忍的。人们认为他们这样的人是破坏集体的人，只要他们的桀骜不驯显露出来，人们便会侧目而视，对其讽刺、攻击。其实，这类人也有着自己独特的优势和长处，只是他们的桀骜不驯通常更加显眼，使人们不能客观地看待他们。

俗话说："听话的不能干，能干的不听话。"领导者想要拥有能干的下属，需要以宽广的心胸容忍他们的桀骜不驯。

第四类：有野心的员工

那些工作能力很强的员工通常有着自己的追求，他们很有野心，渴望被赏识，总是尽力表现出色，以此博取更好的发展机遇。他们通常能为企业做出卓越的贡献，但是他们的短板常常会限制能力的发挥。

当领导者处于顺境，企业运行良好，前途一片光明的时候，这些人会心无旁骛地追随领导者，在工作中竭尽所能。但是，当领导者经历挫折，企业发展受阻，这些人可能就会生出怨怼，不愿意继续干好自己的工作。

领导者在用这些有野心的人的时候，需要避免使他们感到失落，并为他们勾画出光明的未来，使他们能够有动力不断往前走，否则他们很可能因为一时的不如意而放弃自己前期的努力。

第五类：性格怪异的员工

性格怪异的人往往不被大众喜欢，人们更愿意和那些正常人接触。这也在情理之中。其实性格怪异的人往往在某些方面有着特殊的才能，他们的想法通常与普通人不同，能够做出一些超越常规的构思，更容易创新。

作为企业领导者，要能看到这些人怪异行为背后隐藏的才能，大胆使用他们，等待他们带来令人意想不到的成果。

不同类型员工的管理方式：

一、难缠型下属。

（1）给予适当压力。

研究发现，有些员工之所以变得难缠，是因为他们有充足的精力与领导者周旋。就像在沙漠中行走的骆驼一样，负重的骆驼往往会走得平稳而踏实，没有负重的骆驼则常常四处乱跑。

给予员工适当的压力，让他们将精力集中到工作中，避免有些员工因工作清闲总想着给领导者出难题。

（2）适当采用高压手段。

在团队中，对一小部分人可以使用高压手段，对待他们的一些“小动作”严惩不贷、绝不姑息。打压这一小部分人后，你会发现，其他潜在的不安定分子会因为受到警示而收敛。

这种方式的效果是立竿见影的，但需要注意尺度。高强度的打压不仅无法获得预期效果，甚至会导致员工自暴自弃。因此，在使用这种手段的时候，需要首先考虑那些难缠员工的承受能力，在承受能力范围之内去打压，可以获得更理想的效果。

（3）懂得安抚员工。

当然，杀鸡儆猴并不是一味地打压，领导者在震慑之余可以适当采取“怀柔政策”。被打压时，会因为自尊心、自信心遭受重创而低迷，此时领导者出面安抚，这些人将会迅速与领导者亲近，信任领导者。

物以类聚，人以群分，这些难缠的下属心思不在集体利益上，在别人努力工作时，他们闲下来就容易拉帮结派。当领导者出面打压后适当关怀，也有利于阻挡这些人无形中的亲近。

有些人会因领导者的安抚而有所改变，领导者若此时进行表扬、在集体面前树立榜样，也会带动他们的“同类”发生转变。

二、盲目冒进型下属。

（1）提出周全的要求。

那些盲目冒进的人一般都比较固执，领导者想要使他们做出让步需要比他们更固执，坚定地坚持自己的想法和观点。并且要求那些盲目冒进的员工提供周全的解决方案，也能有效阻止他们做事冲动。

（2）找出关键点。

通常，那些做事冲动的人很难想得周全，在收到他们的申请时，如果能够指出他们计划中的难点，并询问他们关于难点的解决方案，就能使他们停下来仔细思考。

（3）引导工作。

领导者在与这类员工进行讨论的时候，要尽可能引导他们，详细地预想可能遇到的问题，并针对问题做出解决方案。

三、性情急躁型下属。

（1）保持冷静的心态。

那些急躁型的员工通常一点就着，他们的鲁莽行事总给企业带来很多麻烦，但是不代表他们不具备办事能力。

领导者最好不要被他们的急躁所影响，在面对他们的时候，适当地忽视他们的火爆脾气，使自己保持冷静。

（2）给予适当警告。

如果想要表达自己的不满，需要注意尽量避免刺激对方，短暂的沉默、变化的神情、幽默的语言等都可以给对方一个警告。对方在这时往往会认识到自己的错误，感激领导者的包容。

（3）用更温柔的方式去批评。

批评他们的时候，最好不要让他们感觉到自己被针对或者下不来台。性格急躁的人一旦被惹怒，就会失去理智，变得难以沟通。最好的处理策略就是不惹他们发怒。

领导者可以在批评他们的时候先表扬再批评，使批评变得不那么尖锐，以此保持他们内心的平衡。

四、咄咄逼人型下属。

（1）保持坚定的态度。

面对那些咄咄逼人的员工，要么与对方硬碰硬，以强于对方的气势来压制对方；要么使自己柔和下来，静静地观察，寻找他们的弱点，等待时机反击。

与对方硬碰硬的关键就是保持自己的气场，这需要领导者始终保持坚定的态度，尤其是对方抛出难以应付的问题的时候。这个时候，不退让是很难的，可以尽力找到对方言语中的漏洞，并无限放大，进而打压对方的气焰，避免将争执变得更加激烈。

（2）适度使用怀柔政策。

与对方硬碰硬有一定效果，但是也存在很大风险，相比之下，柔和的应对方式更值得尝试。咄咄逼人的人，最初的气焰是最强盛的，此时领导者可以不去正面回应他们，忍住一时之气，等待时机，当对方的弱点暴露出来之后，领导者就可以进行有效反击。

五、以牙还牙型下属。

（1）保持宽容的心态。

以牙还牙类型的人，如果对领导者产生了误解，往往会直接的进行反击，此时需要宽容对待他们，了解他们内心的想法，理解支持他们。

（2）适度警示好于直接批评。

这类员工往往很难接受直接的批评，用“杀鸡儆猴”的方式警示他们会比较妥当。想要批评他们的时候，不妨先故意严厉批评其他人，引起这类人的自我反思。同时，他们也会因为躲过批评而窃喜，从而更容易接受批评。

这种旁敲侧击的方式，在将领导者的观点态度表达出来的同时，还能使接受者对待批评怀有敬畏之心。

六、作风强硬型下属。

（1）以柔克刚。

作风强硬的员工往往具有很强的能力，是难得的将帅之才，但是他们的直言不讳往往使人难以接受。那些优秀的领导者，总会包容这些员工，并且给予他们一些待人接物上的指导，帮助他们变得灵活变通，改善他们的人际关系。

（2）委婉迂回。

面对这类员工的时候，采用委婉迂回的策略，用弦外之音表达对他们的批评，使对方通过暗示反省自己的不足，明白领导者的意图。

七、攻击型下属。

（1）给对方一个台阶。

当领导者和攻击型下属发生冲突时，双方的情绪往往会比较激动，冲动之下，很可能将矛盾激化，导致场面无法收拾。领导者可以给对方一个台阶下，使对方将自己的情绪发泄出来，对方的攻击性会随着自己情绪的平复而减弱。

（2）及时打断。

无论对方在散布谣言还是在顶撞领导，当对方的言论达到一定的危害程度，及时制止是最快速的化解方式。当对方的攻击行为受到阻碍，再次发起攻击的可能性会很小。

（3）让失控者坐下。

我们常常会看到，一个人情绪激动时会伴随许多肢体动作，比如有人听到令他生气的消息，会突然从椅子上坐起来。人的肢体行为会辅助人们向外宣泄情绪，领导者面对那些情绪激动的人可以找机会使对方坐下，帮助其平复情绪。

（4）及时消除误会。

习惯性攻击他人的人，一般防备心比较强，比较注重个人利益，他们经常会因为误解而对他人发起攻击。当领导者发现对方无缘由地发起了攻击，要快速、明确地阐明自己的本意，使对方解除误会，主动放弃攻击。

（5）避免正面冲突。

与攻击型的人发生正面冲突、争执不休是非常不明智的行为。跟对方抬杠或者贬低对方，不仅浪费领导者自身的精力，还容易引起对方强烈的抵触，不仅解决不了问题，还会使双方关系恶化。

（6）把矛盾放在私下解决。

在公开场合，双方出于各种顾虑，都不愿意做出让步。围观的人群无形也会给双方一种压力，迫使双方避免自己处于弱势。当双方已经发生矛盾，领导者不妨请对方回去休息，搁置问题，找机会私下与对方协商。

（7）适时表达友好。

当领导者采取强硬手段迫使对方屈服，事后可以向对方表现出友好的一面，以缓和双方之间的紧张氛围，削弱对方心中的怨气。

八、高端知识型下属。

（1）打破常规。

知识型员工比较富有活力，他们不是机器上的螺丝钉，以固定模式存在，产生的作用一成不变。

知识型员工更倾向于在工作中自我引导，掌握一定的主动权。

他们不同于流水线上的工人，总是被动地适应设备的运转，相反，他们倾向拥有自由、宽松的工作环境，期待没有人指挥调动他们。

领导者可打破常规，为他们提供一个工作场所、工作时间较为灵活、工作氛围比较轻松的环境。

（2）不要过度监管。

知识型员工的工作大多是思维性活动，以无形为主，并且不受时间地点限制。

这类员工的工作往往只有自己最清楚是如何运转的，难以复制和量化，领导者如果想要监督他们的劳动过程，会发现作用甚微。

对于知识型的员工，领导者应该给予充足的空间，让他们在充足的空间里去创造，如此一来，虽然看起来并没有对这类人进行太多的管理，但同时又是最好的管理。因为只有给予这类人充足的空间，他们才能创造更大的价值，而管理的本质就是让员工创造更大的价值。

（3）让知识型员工拥有成就感。

知识型员工比一般员工更在意自我价值的实现，他们更渴望得到社会认可。高度的荣誉感，使他们不甘于做平庸的工作，尽力追求完美结果，不断地挑战自己，将攻克难关当作一种乐趣和自我价值的实现。

领导者须给予他们“成就感”，在正向鼓励的作用下，这类员工会爆发出更大的潜力。

（4）让知识型员工的心态变稳定。

当今时代，劳动力并不稀缺，而高级劳动力则炙手可热，当知识的作用逐渐凸显，企业与知识型员工之间的雇佣关系变得不再稳定。

知识型员工的精神世界更丰富，在与他们接触时，需要多了解他们的真实想法，并且不断激励他们的斗志，为他们不断拼搏、创造提供能量，那么知识型员工便更愿意留在企业努力工作。

知识型员工一般来讲不惧权威，更愿意享受轻松的氛围，更加需要领导者平等对待、友好交流。如今，拥有大量知识型人才、走在世界前沿的公司，在用人时非常注重人的需要，对服务于自己的人才实行人性化管理。

九、恃才傲物型下属

（1）树立权威。

那些恃才傲物的人通常精通于某一个领域，有着高傲的资本。领导者如果对他们过于放任，就会助长他们破坏企业制度的气焰。在一开始，就要向这类人指明制度的不可侵犯，明确他们自身的优势并不代表他们可以挑战制度。

领导者要多与这类人交谈，多了解他们的想法，同时，领导者自己要将事情做到位，展现自己权威和有能力的一面。

（2）做简洁有力的指令。

恃才傲物的人，因为过人的才能而十分自信，他们头脑聪明又有主见，不喜欢别人对他们指令太多，也瞧不上那些啰唆的人。用这些人，就需要领导者富有智慧。

适当地让他们感受到被冷落，他们就会明白：个人做出的成就永远无法超过整个团队的成就，即使个人能力十分突出，但放入团队中就会显得微不足道。

（3）适当安抚他们的情绪。

恃才傲物的人往往心性不佳，容易被情绪左右，影响他们才能的发挥，领导者要做好安抚他们情绪的工作。

很多时候，那些恃才傲物的人，在与企业磨合的过程中，会因为不能适应而想要离开，此时领导者如果不能承受一些委屈，适度做出让步就容易流失人才。但是，宽容对待也需要讲求原则。一旦对方触犯了领导者的底线，并且不愿意妥协，领导者也不必强留。

不同人格不同用法

企业在挑选人才的时候，通常会优先考虑对方的长相、学历、经验等，根据这些常规条件衡量对方与所应聘岗位的匹配度，正因如此，导致忽略了人格对岗位匹配的重要性。

人格是由人的先天气质和后天磨砺的性格组合而成，不同的人有着不同的人格，不同的人格对待同一件事情会产生不一样的看法，做出不一样的举动。领导者用人，要根据不同的人格，进行合理的调配。

战国时期，有一富商靠贩卖甲胄、粮食等战略物资而出名，很多人慕名投奔而来，希望能在富商手下谋取一份工作。

这天，有个自称芈平的人求见，想要谋一份工作。富商问他："你是否有过从商经验？善于做什么事情？"芈平回答："我以贩卖草鞋为生，只因连年战乱，无法继续从事草鞋生意，故此投奔于您。"

富商听后十分开心，贩卖草鞋是小本买卖，这类人善于算计，哪怕一分钱都会算得明明白白，于是富商安排他去秦国贩卖粮食。

又一天，一个自称白展的人求见富商，同样也想在富商手下谋一份工作。富商按照常规询问了一番，发现他是一个善于骑马射箭的武人，便安排他前往楚国，负责保护贩卖甲胄的商队。

一年后，二人同时回到富商住宅汇报工作。

芈平一脸愁苦地对富商说："起初我在秦国的买卖很好，后来不知道为什么，人们便不再购买我的粮食。一年下来，我所卖出的粮食还不足往年的十分之一，大量粮食积压在仓库，有些已经开始腐败发霉。"

富商听后火冒三丈，怒斥："秦国如此贫瘠，百姓需要吃粮，士兵需要吃粮，而你手握大把粮食，为何还卖不出去？"芈平看见富商动怒，便不敢再说话，低头等待处罚。

富商看见站在一旁的白展，便问："你负责看护的甲胄生意可还好？"白展支支吾吾地说："咱今年总共有十批甲胄运往楚国，其中……其中有四批甲胄被劫走，损失惨重！"

富商听完这番话，气得直跺脚，指着白展的鼻子问："你不是善于骑马射箭吗？我给了你一整队人马负责护送甲胄，你是怎么做事的？难道你们都眼睁睁看着甲胄被抢走吗？难道你不会与敌人厮杀吗？"

白展抬起头，露出脸上的伤疤，十分委屈地说："您看我的伤疤，都是跟敌人厮杀留下的。我带着大家尽全力保护您的甲胄，可是那帮人依旧不放过我们，硬生生劫走了咱们的甲胄呀！"

富商很生气，但又想不明白为什么这俩人会把生意搞得如此糟糕，按照他的判断，把精于算计的人放到秦国卖粮食，把善于武力的人派去保护商队，这样的安排合情合理，为什么会出现这样的结果呢？

富商决定亲自去一趟秦国和楚国，看看究竟是怎么回事。当他来到秦国的时候，发现自家米铺门前一个人都没有，反而对面的米铺挤满了人。找路人询问后才知道，原来芈平太过斤斤计较，一粒米也不肯多给客户，所以大家不愿意从芈平的商铺购买粮食。

富商又来到楚国，询问当地的商队后才明白，原来白展太好战，一路上与流寇争斗不停，导致诸多流寇联合起来抢劫了商队。

回到家后，富商再次找来芈平和白展，对他们说道："这件事不怪你们，是我没有想周全，是我的错。从今天开始，芈平负责总号的账目，一分钱都不能算错。白展负责开拓齐国商路，那边战乱多年，流寇颇多，只要你能杀出一条血路，咱们在齐国的商道就算打开了！"

一年后，由于芈平的精打细算，为富商节约出一百万两银子。白展的收获也颇丰，他跟齐国的流寇不断血战，终于收服了沿路上的所有流寇，成功为富商开辟出一条通商之路。

有句话叫"人尽其才，物尽其用"，意思是说每个人都能发挥他的才能，每件物品都有它自身的用处。许多时候，并不是人不行，而是用人的人不行，没有把人放在正确的位置上，必然难以发挥其才能。

这种情况经常出现在企业中，在一些中小企业中更为常见。企业领导者往往会根据过往经验使用员工，很难做到人尽其才，甚至连员工的个性、能力、价值都还没搞清楚，便胡乱分配任务，如此一来员工便很难完成任务，企业效益自然不乐观。

若想把员工放到正确的位置上，需要对他们有一个整体判断，包括能力、素质、性格、学历、实践、执行等诸多方面，并且需要对他们进行追踪评判，因为随着年纪、阅历的增长，他们的综合能力也会发生改变，需要适当调整他们的工作内容和方向，以确保人尽其才，为企业创造更大价值。

有一片森林，每年都会举办选拔大会，挑选一批优秀的人才去开拓业务，以确保整片森林的繁荣昌盛。这一年的选拔大会异常热闹，所有的小动物都聚集在此，想目睹一下今年的选拔结果。

狮子站在小动物面前，大声说道："今年的候选人有4位，分别是猴子、野猪、兔子、猩猩，按照惯例，如果他们的答辩得到大家的认可，并且通过我的考核，那他们将担任今年森林发展委员会的各部委员。"

热烈的掌声响起来，第一个上台的是猴子，它对所有的小动物大声说："我很热爱这份工作，为了得到候选人的资格，我每天都工作到凌晨。今天我能站在这里，非常感谢大家的支持，如果我能成功当选，我将会更加努力工作，为咱们的森林创造更美好的环境！"

狮子点点头，说道："猴子，你如果当选的话，那你想从事哪一方面的工作呢？"猴子激动地说："我想带着大家去北方森林贩卖水果，用赚来的钱改善大家的生活环境，让所有人都住上豪宅！"

狮子对猴子的情况很了解，它知道猴子是个工作狂，平时加班加点工作，精力很充沛。但是猴子也有缺点，总是按照自己的标准要求下属，搞得下属怨声载道，甚至狮子还收到过下属对它的投诉。

如果让猴子带团队的话，恐怕团队还没有抵达北方森林，内部矛盾就会让整个团队失去战斗力。对于这种个人能力很强又急于表现的人，应该充分发挥它的个人才能，安排它去开发新市场。

想到这里，狮子对猴子说："猴子兄弟，你的能力大家有目共睹，如果派你去北方市场，那真是大材小用了，我可不忍心浪费你这样的人才。这样吧，你去南方开拓新市场，等成功之后我们大家委任你更重要的任务。"猴子听到狮子如此夸奖自己，开心地接受了。

接下来上台的是野猪，只见它慢吞吞地走到台上，说道："我像一块砖，哪里需要就往哪里搬，所以我听大家的安排。"此话一出，小动物们哄堂大笑，大家都清楚，野猪是一个踏实、能吃苦的人，在过去一年中，森林里最难、最复杂的活都是它干的，凭着一股子勤恳的劲才得到大家的认可。

狮子看了野猪一眼后，心想：野猪兄弟的能力很不错，对大家也很忠诚，这种人放在什么岗位都能让人放心。如果让野猪带团队去开拓北方市场，恐怕需要很长时间，因为它做事太稳重、太细致，什么事情都力求完美。

思前想后，狮子对野猪说："野猪兄弟，你是一个脚踏实地的人，跟你说话我也不必拐弯抹角，我就实话实说了吧。北方市场需要快速进入，但你做事太稳重，不适合那样的工作，所以我决定委任你去西方市场，那里的业务一直很稳定，我希望在你上任之后，能保持稳定增长。"野猪点点头，又慢吞吞地走下台。

终于轮到兔子上台了，它似乎早已等不及了，蹦蹦跳跳跑到台上，对着大家说："朋友们！我很乐意接受你们委托给我的一切任务，并且我会保证把所有任务都做好。这样吧，我在未来一年具体做什么工作，由你们说了算！”

狮子最了解兔子，在整个森林中兔子的热心肠是人尽皆知，凡是有困难的小动物找到兔子后，它都会竭尽所能去帮助大家，也正因如此，兔子在小动物们心中拥有崇高的地位，大家都愿意跟它做朋友，做什么事情都能得到大家的支持。并且，兔子天性活泼好动，做事干净利索，虽然有时候稍显浮躁，但总归还是很不错的一个人。

狮子对兔子说：“兔子，大家对你太支持了，我已经不好意思委派你去做什么事情了。这样吧，让大家说说你应该干点啥，毕竟为大家服务是一件好事嘛！”兔子最爱听这样的话，它本身就热衷于帮助别人，能为大家服务他感到很开心。

经过一番商讨后，小动物们推举兔子负责北方市场，并且有不少小动物提出愿意跟随兔子一起干。得到这样的结果，狮子很开心。一个拥有好人缘的人，再加上一群愿意死心塌地跟随它一起干事的人，这样的团队想不成事都难呀。于是，狮子委任兔子为北方市场总负责人。

最后上场的是猩猩，它上台后对着大家说：“我没有什么本事，过去一年也没有为大家做出任何贡献。但是我衷心希望咱们的森林能安定、繁荣，大家能高高兴兴地度过每一天。至于我的工作嘛，我想还是让狮子大哥决定吧！”

狮子看着猩猩有些发愁，单论工作能力而言，它的能力是最差的，没有一点突出的地方。如果非要从猩猩身上找个优点的话，那就是爱好和平。在整片森林中，凡是有人出现矛盾的时候，都会请猩猩出面平息，也正因如此，整片森林的小动物们才能如此和谐相处。

想到这里，狮子对着猩猩说道："猩猩老弟，你可是咱森林的一个宝呀，我都不敢想象没有你的森林将会变成怎样。只要有你在，大家就能一团和气，你如同润滑剂一般，维持着所有人之间的友好关系。这样吧，未来一年你不要离开森林，依旧负责整个森林的治安工作，帮助大家主持公道，让咱们森林变得更加和谐。"猩猩开心地点点头，它擅长做这样的事情。

一年的时间很快结束，猴子成功开拓了南方市场，野猪稳住了西方市场，兔子进入了北方市场，猩猩维护了森林的安定和谐。

企业用人的道理很简单，能真正把人用好的领导者却不多。当领导者面对员工的时候，搞不清楚员工究竟有怎样的能力，摸不透员工的心思，只是根据企业的需求去安排任务，当然没办法做到人尽其才。

如何衡量一个员工的能力是领导者所面临的难题，单纯依靠以往的用人经验还不够，更需要在企业中建立一套完善的人才能力识别系统，用科学的方式去衡量人才的综合能力，再根据人才的能力去安排具体岗位。

北京一家做畜牧的公司很有意思，在这家公司上班的员工不用打卡、不用坐班，外人看起来很松散，根本不像一家正常的公司。事实上，这家公司的年销售额早已突破 10 亿元，员工平均月薪高达 4 万元。

走进这家公司后，发现员工对一个叫“分数”的东西很在乎。原来，“分数”是该公司的一项制度，每个部门、每个岗位的“分数”规则都不一样，具体怎样的规则由部门负责人制定，总经理审核。

就拿这家公司的销售员来说，每个人的基础分数为 100 分，成交一单加 10 分，文明礼貌加 1 分，互帮互助加 1 分……到年终的时候，每个人所累积分数可以兑换奖金，如果累积分数大于 100 分，每多出 1 分兑换 100 元奖金。如果累积分数小于 100 分，每降低 1 分，基本薪资降低 100 元，若低于 80 分，职位降低一级。

这样的制度是销售总监定的，他认为销售部需要的是业绩，所以把开单分数调整得比较高，以此激励员工努力开单。而员工的行为标准代表着公司的整体形象，也需要纳入其中，因此就规定了员工不穿西装扣分、不礼貌扣分、态度不好扣分等。

这家公司的人事部门更有趣，在人事部门有这样的规定：新人进入公司如果在一周内感受不到公司的温暖，人事全体人员扣 5 分；新人入职一周如果对公司依旧不了解，人事专员扣 5 分；新人提出意见或建议未及时回馈，人事专员扣 5 分……对于人事部来说，为企业招聘人才并留住人才是最重要的，正因如此才会出现这样的规定。

总而言之，自己比较在乎什么，就用分数去制约什么，时间久了之后，这种制约就会成为习惯，员工的综合素质会有显著提高。

作为企业领导者一定要清楚，人才是培养出来的，而不是选拔出来的。挑选一个人的时候，他的学历、经历、能力是进入企业的基本条件，重点在于进入企业后如何去使用和培养。

使用员工的过程其实就是培养的过程，问题的关键依旧聚焦在如何去使用员工。就拿案例中的“分数”来说，这种分数制度便是一种合理使用员工的方法，通过分数培养、衡量员工的综合能力，按照员工综合能力去分配工作，便是做到人尽其才。

除“分数”之外，还有许多比较科学的方法，需要领导者根据企业的性质、所处行业、规模大小等因素去选择，不论使用哪种方法，其底层逻辑是不变的，就是领导者在乎什么，就重点去制约什么。

比如晋商乔致庸，当年他复兴乔家生意的时候，同行为了击垮乔家生意便花高价收买乔家伙计，一时之间很多乔家的伙计递上辞呈。乔致庸收到这些辞呈后很震惊，但他并没有立即采取行动，而是与伙计们谈心，他要搞清楚伙计们为什么要辞职。

在与一位伙计谈心的时候，乔致庸问道：“为什么干得好好的，却要辞号？”（古时辞职叫作辞号）伙计直接回道：“对方给的月薪比乔家高。”乔致庸又问：“为什么辞号的都是伙计？却没有掌柜的辞号？”伙计说：“掌柜的月薪高，是伙计们的几十倍，再加上每年的分红，所以他们不愿意辞号。”

听到这样的回答，乔致庸终于明白了，一些掌柜的几十年执掌商铺大权，却碌碌无为，但他们不但没有想着辞号，反而处心积虑地想如何留下来。根本原因在于利益，因为他们得到的利益太大，舍不得离开。既然如此，那为什么不能给伙计足够的利益？为什么不能给伙计一份身股，让伙计也享有分红权利呢？如果真的能给伙计分红，那伙计们必然也会想方设法留下来。

于是，乔致庸做了一个史无前例的规定，给乔家每位出师后的伙计身股，让伙计们在年底的时候也能分红。这个规定实施后，乔家涌现出一大批优秀的人才，让乔家的生意在短时间内便做到大江南北，因为乔致庸在乎人才，通过身股的方式留住人才，乔家的生意才能如此兴盛。

不知道大家有没有发现，在那些优秀的企业中，随便拿出一个人来都是很优秀的人才。我们总是在抱怨，别人的企业有资本、能花高价招聘人才，自己企业规模小，没办法招到人才。

其实不然，一个很有才华的人，当他进入企业后，如果这个企业的整体环境不行，老板用人的本领不行，那这个人才会慢慢变成庸才。这就好比把飞机发动机放到了牛车上，稍微一用力牛车就散架了，最终这台性能卓越的发动机也只能变成废铁。

还是那句话，不要抱怨企业缺少人才，反思一下自己有没有使用人才的能力，有没有培养人才的能力。如果不具备这两点，即便花天价把人才招到企业，最终也不会有什么成绩，因为“牛车企业”永远驾驭不了“超级发动机”。

员工的欲望是领导者的福音

有句俗语说“要想马儿跑，就得让马儿吃草”，企业在用人的时候都希望员工能像马儿一样奔跑，那就必须给员工补充所需的动力。

补充动力从大的方面来讲主要有两个：爱，恨。

当一个人为让爱自己的人和自己爱的人生活得更好的时候，绝对是动力十足的。当一个人为别人的讽刺、轻视、不屑所打击时候，动力也会增加。

我们很多企业经常要给员工做内部培训，培训不可少的部分就是感恩，感恩父母，感恩良师，感恩帮助我们的每一个人，其实就是让员工有爱带来的动力。

除了爱还有恨。“恨”这个词在这里不是贬义。比如我们所做的 PK 机制，其实就是要把员工那种不甘心落后，超越别人，让别人另眼相看的状态激发出来。

除了爱恨之外，还有一个重中之重，也是很容易被忽略的，就是——欲望！也许有些领导者觉得员工欲望太大不是好事，要我来说，没有欲望的员工不是好员工。

古今中外，凡是能做成点事的人哪个没有欲望？我们自己没有欲望会去经营企业吗？员工没有欲望，企业再好的激励方式也无法激励员工。

作为企业家一定要了解员工的欲望，激发员工的欲望，有欲望才更有动力去工作，你才能更好地用人。

结合当今社会发展阶段与国内外管理学研究成果，我们大致把员工的欲望划分为7类，供大家学习参考。

一、生活的欲望。

衣食住行是人类生存的基本物质需求，也不断衍生出人类永无止境的欲望。绝大多数人总能知道如何让自己活得更舒服些，希望自己生存得更好。如果某件事我们完成后，能让自己变得更好，那我们肯定更愿意行动起来，这是毫无疑问的。

作为企业领导者，一定要搞清楚“生存”与“生活”的区别，生存是为了活着，生活是为了活得更好。对于企业来说，员工对生活的欲望与企业紧密相关，如果企业剥夺员工对生活的欲望，那他们将会成为企业的绊脚石，如果能有效激发员工对生活的欲望，企业则会生存得更好。

亚伯拉是一名葡萄酒酿造师，从事酿酒工作已经四十多年，拥有丰富的酿造经验，所生产的葡萄酒畅销全球。

在他的人生中，有过一次跳槽经历，发生在他23岁的时候。那时候他以一名学徒身份进入一家葡萄酒厂，工作7年之后，亚伯拉已经成为当地小有名气的酿酒师。在外人看来他是一个有身份、有地位的大师，只有他自己最清楚，不管在外面有多辉煌，回到酒厂后他依旧需要不停地加班、不停地劳作，赚取那一点养家糊口的报酬。

随着亚伯拉在当地名气的增长，一位来自法国酒厂的老板找到他，对亚伯拉说道："你对当下的生活满意吗？"亚伯拉思考一番后，回道："我的生活就是酿酒，好像这就是我的全部。"老板微微一笑，继续说："你去看过埃及的金字塔吗？去爬过中国的长城吗？"

亚伯拉没有说话，他的思绪随着老板的言语飞向远方。他从未想过这些有关生活的事情，只是对当下的现状感到枯燥而已。当他从老板那番话的思绪中回过神的时候，眼中闪现出对生活憧憬的光芒。

老板看见他的反应，心里已经有底，递给亚伯拉一张名片，真诚地说道："我想邀请你跟我一起享受生活，我们可以一起去那些地方，生活不正应如此吗？"

一周后，亚伯拉果断选择离职，不远万里前往法国，成为酒厂的特聘酿造师，一干就是三十多年。在这些年中，亚伯拉的生活发生了巨大的改变，他拥有了一栋属于自己的住宅，有了心爱的妻子，有大把时间享受生活。

虽然如今的亚伯拉已经到了退休的年纪，但他依旧担任这家酒厂的荣誉酿造师，因为对于亚伯拉来说，这家酒厂的老板带他开启了一个他从未想过的世界，带他拥有了一种从未奢望的生活……

员工对生活的欲望其实很低，甚至能做到把工作和生活分开，他们就已经很满足。即便如此微小的要求，很多企业都无法满足，总是在员工下班、休息的时候要求他们工作，总是在员工想要享受一下生活的时候，要求他们加班。

试想一下，当员工的生活和工作变得混淆不清的时候，他们如何能把工作做好？如何能把生活过好？

作为企业领导者，一定要满足员工对生活的基本欲望，将生活和工作区分开，该工作的时候就好好工作，该享受生活的时候就好好享受。

若要激发员工的动能，可以适当激发一下员工对生活的欲望。比如旅行、美食、娱乐等，生活不是一成不变的，让员工为了更好的生活而努力工作，是一个拥有智慧的领导者应该思考的事情。

二、享受美食的欲望

“95后”“00后”已经成为当今企业员工的主力军，这批人进入企业后，不少企业领导者都在吐槽，说现在的小孩太难管，一言不合便辞退老板，转身就去下一家企业。

真的是这些员工难以管理了吗？还是领导者的管理方式太落伍了？我们来看一位“00后”员工的工作经历自述，或许你能得到想要的答案。

本人2020届毕业生，今年因为新冠肺炎疫情不好找工作，毕业的第一份工作献给了一家网络公司，10月入职，目前已经工作三个月，先说一下这家公司的福利：

1. 每周三有可口的下午茶。

2. 每个月两次的零食大礼包，每次发的零食都吃不完。

3. 上下班有免费的企业滴滴。

4. 办公室有免费的饮料和咖啡。

5. 每天晚上还有夜宵，才工作三个月，我就已经长胖了。

在公司最大的感受就是，他不会区分你是不是实习，感受不到区别对待，而且，同事之间相处十分和谐。

再来说说我的生活感受：

我的生活挺规律的，早上10：00上班然后吃个早饭，大约12：00午饭，19：00晚饭，是的，这作息时间跟我在家完全不一样！不过来了快两周也就适应了。

其实从学习到工作这个中间的心态转变是有个过程的，第一天上班内心还是有点慌的，感觉不知道该干吗，初来乍到谁也不认识，这一天啊，坐在工位上，那是一个难熬！可能是我认生，动也不敢动，不过一天还是很快就过完了。

第二天早上10：00来公司，竟然发现有早餐，于是之后天天都会这个时候来吃早餐，开心！

公司每顿饭都会配各种喝的，什么雪碧、可乐、康师傅的各种茶、什么王老吉之类的，不过我不太喜欢喝这种饮料，前几次拿了也不喝，后来干脆不拿了，省得放桌子上不喝，浪费。

除了饮料，每顿饭还会有水果，连续的几顿之间都不会重样。此外，茶水间居然有咖啡机，真的发现新大陆了，平时在家，基本每天都会自己冲一杯的，这个太方便了，之后基本每天都会去接一杯。

“要想抓住员工的心，先要抓住员工的胃”，这家互联网公司几乎没有用到任何强制性管理方式，就做到了让员工开心工作、开心生活的状态。从这位“00后”的自述中可以看得出来，只要员工吃得开心，他工作得就开心，那企业还会缺少人才吗？

作为企业领导者要明白一个道理，满足员工的基本欲望，其实就是在为企业赋能，这不是什么高级的管理手段，而是基于人性的底层逻辑。只有站在人性的角度出发，用最简单、最直接的办法去满足员工的需求，员工才能产生应有的价值。

三、安全欲望。

寻求安全是人类保护自己的本能，也是人类进步的驱动力。我们的祖先，因为害怕黑暗，发现并延续了火种；害怕饥饿，开始学习种植粮食、驯养家畜。寻求安全，是人类适应环境的必然结果，也是社会文明延续的根本。

把人类寻求安全的本能放在经营企业上，就会得到促进企业发展的源动力。因渴望得到安全，便害怕失去，当人们即将失去一样来之不易的东西时，便会自愿行动起来。

清末，在北京城内有一间酒馆，一个东家外加十个伙计，支撑着整个酒馆的日常运营。那时候北京城内的达官贵人很多，这些人经常到酒馆中吃饭聊天，因此，酒馆的生意算比较红火。

酒馆赚钱，东家就赚钱，伙计们也跟着赚钱。因为东家有规矩，凡是拉客人进店内喝酒者，奖钱5文；跑堂传菜者，奖钱2文；后厨大师傅每做一桌菜，奖钱10文……

伙计们跟着东家干了十来年，没有一个伙计主动请辞。在全北京城没有一个东家愿意额外给伙计分奖赏，所以伙计们在酒馆干活特别卖力，很多事情根本不用东家操心，伙计们自己就能把食客招待好，因为伙计们心里很清楚，把食客伺候好了，那他下次还会来，只要他来吃饭、喝酒，伙计就有钱拿。

外族入侵，北京城的贵族们被取消了月俸，酒馆的生意开始下滑，有时候一整天都没有一个客人。看着空荡荡的街道，东家心里着急，却又没有什么好办法，毕竟世道如此，大家连饭都吃不上，哪里还有闲钱下馆子。

这天晚上，东家找来伙计们，对着大家说道："乱世不容咱的酒馆，我打算最近几日就把这个酒馆关掉，把柜上的现银给大家分一分，咱们就散了吧。"伙计们听到这个消息后，都着急起来，散伙意味着日后大家没有了工作，没有了工钱，那如何生活？

伙计们七嘴八舌劝说起来，希望东家能够再坚持一下，不想看着酒馆关门。一位负责跑堂的伙计说道："东家，人活着总是要吃饭的，不管是穷人还是富人，现如今没人来咱的馆子吃饭，咱就去大钟寺摆摊，把饭菜卖给那些穷人。"伙计的话刚说完，后厨炒菜的大师傅急忙说道："对！东家，酒馆不能关门！实在不行，我扛着铁锅去大钟寺给那帮苦力做饭去，不论怎样，咱的酒馆都不能关门！"

东家很感动，他也不舍得让酒馆关门，毕竟这个酒馆是他毕生的心血。于是，东家采纳了伙计的意见，分派几个人到大钟寺起锅做饭，专门将饭菜卖给那些卖苦力的穷人。酒馆的收入虽然大不如以前，但至少能够维持日常开支，能让伙计吃上一口窝头。

外族进入北京城，整个北京陷入一片战乱之中，酒馆在战乱中被焚烧。看着被烧毁的酒馆，东家流下无奈的眼泪，此前为了酒馆的生计已经倾家荡产，如今又被烧毁，他实在无能为力了。

伙计们得知消息后，纷纷找到东家，大伙拿出多年的积蓄给东家，希望能重新装修酒馆，继续营业。东家很感动，但已无心经营酒馆，婉言拒绝了伙计们的好意。一名伙计说道："东家，酒馆是您的命根，同样也是我们的命根呀！没有了酒馆，我们大家便是没有了家，往后的日子怎么过？只要咱们齐心协力，就没有办不成的事情，我们大伙商量好了，等酒馆重新开张的时候，大家不要一分钱的工钱，只求一日俩窝头便可，就算拼上性命，也要保住酒馆呀！"

东家被这番话打动了，带着伙计们开始张罗酒馆的修缮工作，此时朝廷与外族人也达成停战协议，北京城恢复了往日的热闹，酒馆也开始步入正轨。一家经营几十年的酒馆，在经历时代的洗礼后，最终还是顽强地生存了下来。

为什么酒馆里的伙计宁愿自己贴钱都要让酒馆经营下去？究其原因，还是因为伙计们害怕失去酒馆，害怕失去唯一的生活支柱。

因为害怕，所以选择无条件支持，因为想要一个安定的生活，所以拼了命去帮助东家。

时代在改变，道理不会变。在当今这个高速发展的时代，物质层面带给员工的安全感，能驱动员工努力工作，为企业实现可观的效益。这一点在企业中体现得很明显，比如销售员为了得到更高的报酬，不惜劳苦去创造业绩，所创造的业绩越多，那么他们得到的物质就会越多，从而安全感会越强。

但是，作为企业领导者，永远不能让员工的安全感得到满足。因为“生于忧患，死于安乐”，一旦员工在企业中有充足的安全感，那他们便会失去前进的动力，要么在企业中混日子，要么离开企业去单干。

为什么有些员工拿着高薪，却总做不出成绩来？为什么有些员工身居高位，依旧选择离开企业？因为他们的精神世界是空虚的，当员工的能力达到一定高度，实现人生目标之后，就会失去前进的动力，此时物质所带来的安全感已经无法满足他们，他们所需要的是精神层面的安全感，是一个更高、更大的目标。

企业处于发展阶段的时候，领导者要懂得用物质去刺激员工的安全感，从而让员工爆发动力，帮助企业快速发展。企业处于扩张阶段的时候，领导者要懂得精神引导，为员工树立更长远、更伟大的目标，从而驱动企业更长远地发展。

四、追求胜利的欲望。

单纯以生物学角度来看，求胜欲并不是人类的天性，而是受环境、文化的引导而才产生的。这一点在企业中有很好的体现，比如企业搞业绩排名活动，总有那么几个人每次都是倒数，并且他们基本没有参与排名的欲望。

基于这一点，领导者要清楚一个事实，员工的求胜欲需要企业去引导和激发，若想用员工的求胜欲推动企业发展，那么领导者就需要使用一套适用于企业的方法或机制，去激发员工的求胜欲。

河北一家网络销售公司，业务员每天都很努力地工作，但公司整体业绩始终不太理想。为此，老板特意提高了销售人员的提成，并增加了节假日福利，试图用物质去激励员工。

可惜效果并不理想，老板为此很头疼，认为整个业务团队失去了冲劲，需要重新招聘一批有活力的业务员。但公司本身效益就不好，根本没有能力大面积招聘新人，只能依靠这些业务员维持目前现状，却无力改变。

为了解决企业现状，老板找到一位善于管理的业务总监，负责整个业务团队。总监上任后，得到一组数据：年度业务员平均每单金额是 1 万元，个人提成 15%，企业运营成本占 35%，剩余的 60%是纯利。假如说，员工本来应该开 1 单，但却开了 2 单，那企业是不是白白获得 60%的利润？那么可不可以从这个 60%中拿出一半来奖励员工？

于是，总监上任后的第一条制度出来了，他从所有业务员中挑选了 4 名比较踏实上进的员工，把他们分成两组进行业绩 PK[①]。公司拿出 5000 元作为奖金池，两个小组分别拿出 1000 元作为奖金池（此环节采取自愿形式），获胜者不仅能拿走奖金池所有的奖金，每超出失败者 1 万元业绩，提成额外增加 2%，以此类推，上不封顶。

一个月后，第一组总业绩 16 万，第二组总业绩 18 万。这样的数据已经远远超出以往这四个人的业绩水平。初步计算后，除去奖池、额外提成的成本，公司净利润同比增长 67%。

老板得到这个结果后很吃惊，他问业务总监："为什么我之前那样激励员工，他们都无法创造这样的业绩，而你花费得比我少，效果却比我好！"业务总监回答："您给到的提成、福利是平均分给大家的，每个人都一样，他们是不会珍惜的。而我给他们的是不一样的，四个人里面只有两个人能获得，所以他们会拼命想得到，所以就会玩命去冲刺业绩！"

老板很赞同，要求业务总监立即在整个业务团队实施 PK 模式，但却被业务总监拒绝，说道："我要在整个业务团队树立榜样，用奖金去刺激其他人员。毕竟公司的业务团队懒散太久了，失去了求胜欲，需要一点一点刺激他们，激发他们的求胜欲，当他们拥有求胜欲的时候，才会有动力，否则也不会有效果。"

一年后，公司整体业绩翻了一倍，但业务员的收入却出现天差地别的现象，收入高的人月入十几万，收入低的人月入几千块。

---

① PK，由 player killing 引出的词义，意为"比赛""挑战""末位淘汰"等。

老板也终于懂了一个道理，企业里有对比才会有竞争，有竞争才会有求胜欲，有求胜欲企业才会有发展。

员工的求胜欲需要企业去激发，只有在员工具备求胜欲的前提条件下，企业的各项机制才能发挥其作用。作为企业领导者，要搞清楚最底层的逻辑原理，利用好员工的求胜欲，从而实现企业自身的需求和目标。

五、攀比欲望

不管是老人还是小孩，男人还是女人，成功人士还是失败者，人与人之间总是少不了一样东西，就是攀比。每个人都有强烈的自尊心，自己要比他人优秀，同时希望得到更多人的尊敬。

我们在生活中经常见到这种攀比的现象。谁家买个什么车，我家也要买同价格的甚至更好一点的。

攀比也是人性使然，每个人都有攀比的欲望，只是有强烈与不强烈之分。我们经营企业就要满足和利用好员工的这种攀比欲望。

你不满足他的攀比欲望，他就会自己去满足，结果就是逼着员工去拿你的公司跟别的公司攀比。除非你的公司是你行业里的第一流，不然，员工攀比着攀比着就觉得你的公司各种不好。

我们可以通过各种方式满足员工的这种攀比心，当员工的攀比心已经满足以后就不会生出别的攀比心。

某教育培训机构有很多方法满足员工的攀比心。下面我讲两个尚泽教育的案例。

我们会给员工定制工装和工牌，每个大级别的工装颜色是不同的，每个大的级别又分化很多小的级别，每个小级别用工牌区分开。

所以你在公司里是什么级别的，一看工装、工牌就知道了。而且不同颜色的工装参加的培训和会议也不同。级别不够是不能参加高级别的会议和培训的。

很多“95后”的年轻人，谈朋友都是看工牌和工装的。工装级别太低长得帅也不成。所以很多年轻人为了能吸引异性，也会努力地晋升。

以前a员工的工牌和b员工的一样，现在b员工升级了，在两个人碰到一起的时候b员工就会故意挺胸，把工牌展示给对方。a员工心里就会想：牛什么啊？我迟早也能到这个级别。然后a员工努力晋升，当跟b员工一样时，他也会做同样的动作。b员工受到刺激继续晋升。这就是攀比欲望用好了带给员工的改变。

除了工装、工牌之外，我们经常让员工之间PK。有时候是明面的PK，有时候是暗地里的PK。

每天早会的时候，凡是昨天业绩达标或者积分达标的人，都会上台摇转盘抽奖，有的人能抽到大一点的奖励，有的可能只能抽到小奖励，还有的抽不到任何东西，更甚者摇到表演节目。

业绩越高、积分越多，摇奖的次数就越多。所以当一个员工今天摇奖一次，没有摇到理想的奖项，而另一个员工摇了两次，摇到了理想的奖项，这个员工就会不自觉地跟另一个员工攀比：明天我要是也摇两次肯定也可以摇到理想的奖项，于是今天这个员工就会格外地努力。

对于业务人员，有业绩 PK、团队人数 PK，等等。这些 PK 激发了员工的积极性和做出业绩的欲望。因为谁也不想让别人看扁，谁也不承认自己比别人差。真的心安理得承认自己比别人差的也不适合做业务，甚至不适合作我们的员工。

激发和利用好员工的攀比心理，你会发现用人就变得很轻松。

六、照顾和保护所爱的人的欲望。

经济学里有个有趣的效应，人在买东西的时候，总喜欢给自己找借口，比如“这个是为家人付费”，很多时候会更容易成交。因为照顾和保护自己所爱的人，特别是照顾父母和孩子，是人的天性、欲望。

如果一个人觉得别人为他付出很多，甚至做出某些牺牲，而自己付出的太少，或者还有所亏欠，那他就会想尽一切办法做出一些相应的补偿行为，以求心安。

脑白金就是利用人们对父母的亏欠感，利用人们想要照顾和保护所爱的人的欲望。脑白金之前，还有个脑黄金。脑黄金没有做起来，然而脑白金却火遍全国，原因之一就是脑白金掌握了人性欲望，照顾和保护所爱的人的欲望。

很多公司都希望我们公司的内训老师去他们公司给员工做内训。很多企业家跟我说过："智老师，你们公司的内训老师太厉害了，每次内训完，员工状态都特别好。"

我笑了笑，没有说什么。之所以效果好，是因为每次内训我们的讲师都会用各种方式去解读感恩。每次内容不一样，但是必须要有感恩环节，而且每次的感恩方式都不同。

因为我知道,照顾和保护所爱的人的欲望是员工最大的动力源。只要能激发员工这个欲望，那么员工就会动力十足，无论管理、用人、留人都变得轻松无比。

现在，我们公司正在大量培养内训讲师，以便为许多企业管理员工和用人起到辅助作用。

七、获得社会认同的欲望。

任何人都不想一辈子碌碌无为，人人都想获得别人的认同和社会的认同，也想获得别人的赞许、社会的赞许。哪怕你是圣人，也经不起所有人的不认同。

企业员工更需要这种认同，尤其是领导者对自己的认同。所以老板要学会先去认同员工，而不是一上来就反对。

在河北邢台，有这么两家公司，都是同行业。a公司在内部管理和用人方面做得特别好。b公司管理者在用人上总是不能得心应手，手下人总是跟领导对着干。所以b公司的管理者很头疼。

一天，b公司召集管理层开会，做出一项决定：去a公司偷师学艺。派其中一个来公司不久的管理人员小张去a公司做卧底。

小张来到a公司做了一名普通的员工。为了能够更好地了解到真实情况，小张成了问题员工。通过小张不懈的努力终于弄明白a公司的“管理艺术”。领导者在处理问题时，总是先认同员工，再提出建议。

有一次，小张故意把方案做得一塌糊涂，就想看看领导怎么办。结果，领导首先是认同的：“小张，你作为一个新员工，能把方案做成这样真是很不错啊，我一开始的时候还没有你做得好呢。我相信你肯定还有比这个更好一点的方案吧？”

这一席话把小张说得很舒服，那种被认同的感觉油然而生。他鬼使神差地说了一句：“当然有更好的。”领导说：“这个已经很不错，既然你有更好的，回去把更好的拿来我看看，我相信你会给我另一个奇迹。”

小张回到b公司把这些事一说，领导层才充分认识到认同的重要性，并有意识地在工作中给予员工认同感。

这是所有人的人性，被认同的欲望。被部分人认同这个做到比较容易一些，但是想做到被绝大部分人认同就有些困难。我们作为企业领导者，要了解员工拥有被认同的欲望，我们自己在做事和说话的时候要有目的性地去认同员工的某一个点，这样员工也才会认同你、追随你。

当然，要想真正地用好员工就要让员工在你的公司里满足他想要被社会认同的欲望。这个时候只是你的认同还远远不够，除非你的公司是个很大的公司。那应该怎么做呢？这就是下面我要说到的：用愿景引领员工。

用愿景引领员工

愿景，这是一个企业想要长期留人、用人必备的。没有愿景也就不可能把企业做大，因为没有真正的方向。当员工看不到企业的未来也就代表着员工无法相信通过你的企业能满足他被社会认可的欲望。

员工需要企业的引领，引领员工是企业的愿景。规划愿景的同时，有必要让员工清楚如何达到愿景。

企业领导者必须能掌握员工的期待，并且把期待变成一个具体的可实现的目标。

其实大多数员工并不知道自己期待的到底是什么，这个时候企业领导者能够清楚地把大家的期待用企业愿景表达出来，那么领导者就是对企业最具影响力的人。领导者的影响力越大，用人就越好用。

拿破仑在鼓舞军队士气的时候说："我将带领大家到世界上最肥沃的平原去，那里有名誉、光荣、富贵在等着大家。"

拿破仑很准确地抓住了士兵们的期待，而且将这些期待具体化地展示在士兵的面前，以美丽的愿景来鼓舞他们。

如果不是这样，而是以强权和权威来压制，这群士兵做事就失去了真正的动机，动机消失，结果肯定也会改变。

成吉思汗之所以成为“一代天骄”，源自他杰出的领导力，他的领导力之一就是“预见未来”——心中有愿景。研究学者们说：他谈到的成功都是来自一个美好的愿景。成吉思汗对他的团队坚定地说道：天空大地沙漠海洋都是我们的。他永远跟他的追随者说：跟着我有肉吃，哪怕我喝草原上的西北风，也会让你们吃上肉。

成吉思汗最初的愿景就是使部落之间团结。这样的做法首先威胁了他的对手。他意识到仅仅团结是不够的，他可以唯我独尊。在最初的成功后，他鼓舞着忠诚的士兵击败一个又一个对手，在这期间，愿景也随之扩大：蒙古人能统治一个民族、一个帝国。

正因为成吉思汗的这种愿景在激励着他的士兵们，让士兵们明确地知道了自己的期待到底是什么，而且跟着成吉思汗能够快速地实现这种期待。所以蒙古军队才能横扫欧亚大陆。

我们也知道成吉思汗是一个很会用人的领导者，他甚至连仇敌都能用起来，因为这个愿景也是他的仇敌的期待。

一个企业要想往前行动就要有足够的愿景来满足员工的期待，如果这个愿景生动鲜明而可行，员工就会毫无疑惑地追随你，当一个人毫无疑惑地追随你时，你用人肯定特别轻松，指哪打哪。

相反，你若没有一个生动鲜明而可行的愿景，员工得不到期待，就会懒散、迷惑、自乱阵脚、丧失斗志。

善于带团队的人，能够将大家所期待的愿景，带上鲜明的色彩。这个愿景经过领导者的润饰以后，就不再是说说而已的小事，而是变成了一个伟大的理想和目标。

有人认为愿景太大会不会不容易实现呢？会不会让员工更不会付出行动呢？其实不然，愿景越是微不足道，才越不能吸引员工的高昂斗志。所以领导者如何用好下属很重要，如何用伟大的愿景引领下属更重要。

这是领导者的魅力所在。一个领导者怕不好实现愿景，所以定的愿景太小，下属跟着这样的领导者，肯定不会有什么理想的，也就是说这样的领导者是没有领导者魅力可言的。相反，当领导者的愿景很大，下属会觉得跟着这样的领导者肯定会得到更好的结果，愿意追随领导者，为领导者所用，这就是领导者魅力。

杰克·韦尔奇是一位强硬的公司愿景拥护者。在他的著作《杰克：在领导一个伟大的公司和伟大的民族中我所学到的东西》中，他是这样说的："每当我有了一种想运用到这个组织中去的观点或者信息的时候，我从来都说不够。我在每次会议和每次考察中都会一次又一次地对它进行重复。我总是觉得我必须说到极致，好让大量的人们理解并追随这种观点。"

韦尔奇说："管理人，像罗斯福、丘吉尔和里根等人，他们有办法激励一些有才干的人，让他们把事情做得更好。而用人者呢，总是在复杂事务的细节里打转。这些人在进行管理的同时，把事情弄得复杂。他们往往试图去控制和抑制，把大量的时间浪费在琐碎的细节上。用人者就是那些可以清楚地告诉人们如何做得更好，并且能够描绘出愿景构想来激发人们努力的人。"

在被问到“你如何确保自己成为一个不进行微观管理的梦想家式用人者”的时候，韦尔奇这样回答：

明文写下愿景；免深陷细枝末节；雇用并提升那些最有能力将愿景转化为现实的人。

我们再来看看福特公司是如何做的。

一百多年前，亨利·福特说他的愿景是：“使每一个人都拥有一辆汽车。”很多人认为他疯了，但是，当他离开这个世界时，他的T型车在美国卖出了1500多万辆，他的梦想已在当今的美国社会完全实现。

在他的墓碑上刻着这样一句话：“在他来到这个世界时，人们骑着马；当他离开这个世界时，人们开着车。”

正是亨利·福特伟大的愿景激励着福特公司的员工，为着一个伟大的梦想而奋斗，使福特公司成为当今世界上第二大汽车公司，也造就了福特公司这一伟大的团队。

在韦尔奇看来，用人者应能为他们公司的发展做出愿景规划，而且思想与行动统一，还必须能够向本单位的人清楚地描述这个企业，并通过讨论、倾听与诉说来获得一个普遍接受的共识。这样，每一位成员就可以根据达成的共识，朝着成功的目标迈进。

一个企业必须有一个明确的“往何处去”的愿景，员工才能知道为了到达什么样的方向和目标去奋勇向前。一个人要想使自己的人生之路走得更好，也要为自己树立一个长远的目标，也就是愿景。

满足员工对领导者的期望

领导者对员工有很大的期望，期望员工能把企业当成家，期望员工能够把公司的事情当作自己的事情，期望员工自主、自发。但是我们作为领导者一定要记住：我们对员工有期望，员工对我们也有期望。

员工对领导者会有哪些期望呢？

一、兑现承诺。

这是员工对领导者的第一期望。现代领导方式的发展趋向表明，靠威吓、施压、欺诈等手段是行不通的，遵守诺言、待人诚信，才能影响、号召员工。

从心理学上分析，守信的重要性在于它关系到员工对领导者的期望。领导者一言既出，承诺了一件事，员工即对领导者产生了期望。

如果承诺不能兑现，员工便会厌恶，随之领导者也就失去了影响力。员工就会不为你所用。可见，关系到一个人未来前途的承诺是一件极为严肃的事情，它将在多年中被一字一句地牢牢记住。

因此，领导者绝不要应允任何自己不能兑现的事，并确实使所有的员工都认识到：领导者从不许诺任何不能兑现的事，既然承诺的事就会做到，做不到的事不会轻易承诺。

古人云，“君子一言，驷马难追。”“言必信，行必果。”这是做人的学问，也是领导者树立自己威信和用人的方针。

不少领导所做的最糟糕的事就是随口轻易承诺，在听觉与视觉上满足员工的希望之后，又留给他们漫长的等待与终无音讯可循的噩耗。

诺言如同激素，最能激发人们的热情。试想你在头脑兴奋的状态下许下了一个同样令人兴奋的诺言：若超额完成任务，大家月底将能够拿到40％的分红。

这是怎样的一则消息啊——情绪高亢的员工已无暇顾及它的真实性，想象力已穿过时空的隧道进入月底分红的那一幕。接下来员工便掰着指头算日子，将你的承诺化为精神支柱投入辛勤的工作之中去。到月底，员工关注的焦点还能是什么呢？

而有些领导者此时最希望的恐怕是员工都失忆了，到了月底只字不提分红的事。

这样的领导者会伤员工的心，员工本来是对你抱有很大的期望的，就这一件事会让员工对你的期望值从1000一下子跌到0。对你都没有期望，试想一下员工还会为你所用吗？即使当时没有离开你，是因为还没有好的去处，一旦有好的去处，立马离你而去。相反，如果你是一个信守承诺的人，结果又不一样。

曾子原名曾参，春秋末期鲁国有名的思想家、儒学家，是孔子门生中七十二贤之一。他博学多才，且十分注重修身养性，德行高尚。一次，他的妻子要到集市上办事，年幼的孩子吵着要去。

曾子的妻子不愿带孩子去，便哄孩子说："你在家好好玩，等妈妈回来，杀猪给你吃。"孩子听了，非常高兴，不再吵着要去集市了。她赶集回来后，看见曾子真要杀猪，连忙上前阻止："我是为让孩子安心地在家里等着，哄他玩的，你怎么当真呢？"

曾子说："今天你欺骗孩子，玷污他的心灵，明天孩子就会欺骗你、欺骗别人；今天你在孩子面前言而无信，明天孩子就会不再信任你，你看这危害有多大呀。"

很多时候，企业里的员工就好比曾子的孩子，曾子的妻子就是某些企业领导。在不愿意做某件事情或者想让员工去做某件事情的时候，轻易地给出承诺，却不会去兑现承诺，其结果可想而知。

人，之所以成功都是有原因的。一个不能兑现承诺的人是绝对不会有更多的人为你所用的。兑现承诺是员工对老板的期望，也是领导者的用人准则之一。

二、做事公道。

员工对领导的第二个期望就是公平、公正、公道。这一点说起来容易做起来却很难，因为我们中国人受几千年传统思想的影响，很容易把公平、公正、公道变成平均主义。

平均主义不是公道，反而是最大的不公道。很多企业家都懂得这个道理，认为自己绝对不会这样去做，但是，其实很多人都在这样做。

比如同岗同薪。同一个岗位的人的薪酬是相同的，看起来很公道，其实不太公道。因为即便同岗，不同的人能力不同、经验不同，如果薪酬待遇相同，公道吗？

我认为所谓的公平、公正、公道就是领导者把企业所有的东西“做活”不“做死”，让有能力的人得到更多，让没有能力或者不想工作的人得不到好处。

比如，可以将底薪分化一下，根据经验不同设定不同的岗位底薪，再将工作内容分化，确定每一项工作内容的底薪是多少。做得越多底薪就越高。这样，任劳任怨、吃苦耐劳的人就会拿到高底薪，偷奸耍滑的人就拿不到高底薪。

提成可以分成不同的档次，业绩在不同的范围内，提成的比例是不同的。比如，业绩 10 万元提成 3%，20 万元提成 5%。但是这样的设计就要有相应的避免员工串单、压单的措施。比如阿里的方法是这个月的业绩决定下个月的提成比例。

企业里的公平、公正、公道就是把该“做活”的事情“做活”，把该规定好的事情规定好。员工对于领导者的期望就是做事有理可据、有标准可依，做到真正的公平、公正、公道。

在美国一个乡村有个小酒吧叫芬格斯酒吧，老板是个犹太人。他凭借自身的聪明才智，将一个小小的酒吧经营得有声有色，很多社会名流都慕名而来。

一次，美国前国务卿基辛格想去这个酒吧体会一下犹太人的民风，去之前他打电话给芬格斯老板说会带10个随从光顾酒吧，到时请老板把其他顾客都赶走。芬格斯老板当即拒绝了他的要求，说自己的酒吧十多年来一直是依靠这些老顾客才生存下来的，让他赶走顾客他做不到。

基辛格只有遗憾地放下电话。这件事被当时正在酒吧消费的顾客传为美谈，芬格斯酒吧因此生意更兴隆了，并在当年被评为世界优秀酒吧前十五名，它是其中最小的酒吧，理由是对顾客一律平等！

来看另外一个故事：陈玲是某企业人力资源部的经理，最近为辞退一个员工的事跟领导有了矛盾。

销售部门有四名员工做了一件公司绝对禁止的事情：在一个叫何辊的员工的带领下，私下分了客户的15000元钱。这15000元没有上报公司，属于私下交易，并瞒报、分赃。

陈玲要开除这四人，结果领导开除了三个，唯独留下了何辊。后来才知道何辊是领导的老乡。陈玲就找到领导说明利害，领导不但不听，还说：难道我还不能保住一个老乡吗？

结果可想而知，这件事以后员工跟领导越来越离心离德。

以上两个案例，一正一反表明了做事公平、公正、公道的重要性。有私心就别做管理，做管理不能有私心。

三、关心下属。

员工对领导的第三个期望就是能够关心自己。一个对员工的工作和生活缺乏关心的领导，在员工的心里也不是一个合格的领导。

尤其是小微型企业的领导者，我们本身就无法和大中型企业去竞争，因为不是一个重量级的；如果我们再缺乏对员工的关心，那就更没有竞争力了。对下属的工作关心一般都能做到，对下属的生活关心和了解很多领导者很难真正做到。但是就是这件事才是重中之重。

关心下属生活其实是一门艺术，它不属于技术范畴。

企业如何进行员工关怀？也许台塑集团的创始人王永庆说过的“注重员工幸福，才能获得普遍信赖”能给我们启发。那到底怎样才能让员工觉得幸福呢？有人说给予员工更多的金钱，也有人说要给员工更多的福利待遇，也有人认为应该为员工创造更多的发展平台和施展才能的机会……

有一天，某公司采购科的科长蔡小姐看起来心事重重，说话很不耐烦。她平时不是这个样子，总经理估计她一定发生了什么事情。于是问：“小蔡啊，有什么事情不愉快？”她勉强地笑了一笑。总经理说：“那好，你先做事，我们中午一起吃饭。”

吃饭时才知道，原来早上她和老公发生口角。总经理静静地吃饭，等她叙述完，开始说他的想法，和她坦诚地交流。

之后，蔡小姐好像一下子恢复如常，回到公司又工作得很起劲。

这虽然是她家的私事，但蔡小姐是公司的采购科长，负责每年1.5亿元的预算，当她的私事影响工作时，总经理就得管管，恰当地表现一下领导魅力。

……………………………………………………………………

某公司优秀的资深导购张东，其父因病去世。张东很年轻，失去父亲对他有多大的打击可想而知。

对于这样一位员工，在他感情最脆弱的时候，在他最需要关怀的时候，在他痛苦的时候，作为公司的领导，应该给予关怀，给予亲切的慰问。

但是，在他父亲病重期间，公司丝毫没有过问。甚至在张东回公司上班后，也没有一个领导表达一下安慰。可以想象张东有多伤心。

而张东姐姐的领导几次去看望她父亲，还派人去参加追悼会。在张东的家人看来：你们公司没有一个人来，是不是你在公司里做得很差？如果家人这样看，张东何言以对？张东对公司很失望，甚至准备辞职。

领导者要学会体察下属的心情，学会洞察人性，学会了解员工的内心世界，这是一个优秀的管理者应该具备的能力。

如果领导者只是把下属当作机器，不进行人文关怀，下属就只会用身体工作，不会用心工作。

情感留人，就是要在领导和下属之间、下属和企业之间构建一种温情、一种情感，让优秀的人才留下来安心工作。人是情感动物，尤其是我们中国人，特别讲究情义，只要你对他讲情义，他必然会领情。

关怀下属的家属，就是安抚下属的心，让员工安心、踏实地工作，而下属一定会感到在这样的公司做事是值得的，会很快乐，愿意为你所用。

下属的家里出现困难，或者棘手的问题难以解决，他也无法安心工作。比如，下属的孩子因户口问题难以在本地学习，妻子失业没有找到工作，家人生病而经济拮据。这些生活上的事情，如果领导者能给予帮助，将会更有意义。

关心员工、解决员工的后顾之忧是调动员工积极性的重要方法。也是能用好下属的方法之一。领导要善于摸情况，对员工，尤其是生活较困难的员工的个人、家庭情况心中有数，时时给他们安慰、鼓励和帮助。

这样做不仅受关心者本人会感激不尽，全心效力，还会感染周围的人，有利于企业的团结。

日本一些公司除了对员工们的衣食住行给予全面、周到的照顾之外，还负责他们的婚姻大事。许多日本公司的领导都认为帮助公司员工缔结良缘是自己责无旁贷的事情。

有些公司的领导还不惜花费大量的时间“面试”一些本公司员工的约会对象，看看对方是否适合自己的下属，其高度负责的态度令下属颇为感动。

在某公司，每个月都要举办生日会，为在这个月过生日的人集体庆生；某餐饮企业会规定公司员工宿舍到店面距离不得超过500

米，有专业的阿姨打扫卫生；在字节跳动，有各种各样的下午茶供应。这些其实都是领导对员工表示的关心。

谁不愿意在这种充满关心、爱护的企业里工作呢?

四、给予荣誉。

作为企业领导者还应做到非常慷慨地把荣誉和奖金分给下属，这也是下属对领导者的期望之一，你手下获得荣誉的人越多，你的工作就越好做。

员工除了经济上的需求，还有荣誉上的需求，谁能满足员工的需求谁就能更好地用人。在尚泽教育，每年都会发很多奖杯，在我们每次的线下课程上也有各种奖励。这些奖杯、奖状、奖励也许并不值钱，但是这个荣誉感会令人满足。

在我们的中层培训课上，为让听课的企业中层学习最大化，我们设置了两天学习下来的荣誉奖项。500人分成16个组。根据这两天每组学员的表现来加减分，包括每天的考勤分、学习分等。

第一名小组会获得奖杯一个，每个人奖牌一个，奖牌做得很精美。第二名、第三名只有奖杯没有奖牌。

每次我们把这些荣誉、奖励公布后，学员们都想拿第一名。其中有一个加分环节是集体的展示和才艺展示，很多小组对这个环节的训练都很认真，甚至有的小组会偷偷训练。

到最后宣布第一名获得者时，第一名小组的那种兴奋、那种自豪、那种满足感溢于言表。由此可见，荣誉多么重要。对于员工来说，你挣多少钱未必人人知道，你在公司得到什么荣誉可是有目共睹的，这是一种价值认可。

一个在公司经常获得荣誉的员工绝对好管理一些，就像在学校里经常得奖状的孩子一样。

五、懂得赞美

荣誉不是每个人每时每刻都能获得的，这个时候我们还要做到经常赞美员工。我们在实践过程中总结出“赠人金银莫如送人良言”的经验，英国著名的哲学家和法理学家杰里米·边沁也认为“善言必然导致善行”。“良言一句三冬暖”，用人者适度地赞美员工，也会激发他们择善而从，不断提高自己。这并非偶然的个别现象，而是一种普遍的行为。

赞美是一根魔棒，可以给平凡的生活带来温暖和欢乐，可以给人们的心田带来雨露甘霖，给人带来鼓舞，赋予人们一种积极向上的力量。赞美不仅可增强人们的自信心，还可令人身心愉悦。心理学家认为，使个人发挥最大能力的方法是赞赏和鼓励。适度赞扬是付费最少、收益最大的用人权谋术。

美国玫琳凯化妆品公司的创办人玫琳凯·艾施，通过自己的努力掌握了出众的领导技巧。她说：“我们承认需要被肯定，所以我们尽可能给人们肯定。”

她正是如此身体力行的。不错，玫琳凯送粉红色凯迪拉克豪华轿车、皮大衣、钻石和许多珍贵的奖品给业绩最好的推销员，但她更贵重的奖品是不值几毛钱的彩带。她要业绩好的工作人员站到台上来接受大家的欢呼赞美，来肯定这些业绩超群的人，并且亲自随时随地面见他们，给他们言辞上的鼓励。

她认为，最强有力的一种激励方式是不需要花钱的，那就是赞美。你的赞美有助于你下属的成功，她称这为“用赞美使别人成功”原则。玫琳凯明白，没有比赞美和肯定更能使人反应强烈的东西了，因此只要员工取得成功哪怕是一点小成就，她也会不遗余力地大加赞美。她说：“我认为你应该尽可能随时称赞别人，这犹如甘霖降在久旱的花木上一样。”

著名的心理学家史金纳说，要想达到最大的诱导效果，你应尽可能在行为发生后立即加以赞美。

领导者通过赞美可以达到以下效果：①可以培养和提高员工的自信心，激发工作激情。②可以保证工作质量，促进工作的顺利完成。③可以体现一个领导者应有的个人修养。④可以树立领导者的个人威信。⑤可以创造良好的企业文化。

聪明的领导者从不吝惜自己真心的赞美，并且注重创造一个充满激励的和谐环境，使身处其中的人们舒心开怀，个人的潜能得到最大的发挥。

以上五点内容涵盖了员工对领导者的基本期望。在落地实施时，领导者一定要注意掌握细节。下面以赞美为例来阐述细节问题，企业领导者可从中融会贯通。

（1）抓住时机，不要亡羊补牢。

工作当中，下属、同事的优点，随时都可能显现，而且，它处于稍纵即逝的运动过程之中，有时还犹如昙花一现。一个善于赞美别人的领导者，总是能抓住时机，奉献赞美，赢得对方和在场者的好感，起到一种征服人心的效果。

（2）赞美准确点。

赞美下属时，要具体地指出值得赞美的地方，才能让人真切地感受到自身的优越性，愉快地接受你的赞美。赞美员工具体的工作，要比笼统地赞美他的能力更有效。

首先，被赞美的员工会清楚是因为什么事情使自己得到了赞美，员工会由于领导者的赞美而把这件事做得更好。

其次，不会使其他员工产生嫉妒心理。如果其他员工不知道这位员工被赞美的具体原因，会觉得自己受到了不公平的待遇，甚至会产生抱怨。

最后，赞美具体的事情会使其他员工以这件事情为榜样，努力做好自己的工作。

（3）赞美的方式。

①语言要新颖。

简单的赞扬也是振奋人心的，但是如果多次单调重复，也会显得平淡无味，甚至令人心烦。用新颖的语言，既能显示领导者语言运用的才能，也能使被赞扬者更快乐地接受。

②新鲜的表达方式。

领导者要针对不同员工、不同场合、不同时间选择最恰当的方式。在选择赞扬方式时，既要考虑表达方式的新颖，又要考虑员工的感受及最终的效果。

③独特的角度。

要独具慧眼，善于发现一般人很少发现的“闪光点”和“兴趣点”；即使一时还没有发现更新的东西，也可以在表达的角度上有所变化和创新，这样才能起到事半功倍的效果。

（4）赞美适度。

凡事皆有度。要做到赞美适度需要注意以下两点：

①赞扬要有分寸。

像“第一”“最好”“天下无双”之类的帽子千万别乱戴。

②有比较地赞美。

在每个人的不同时段，都会有不同的变化和新的发展，关键看你如何去发现。作为领导者只要在工作中稍加用心，就会发现运用有比较的赞美，会起到非常突出的作用。

（5）赞美的前瞻预见性。

赞美不仅要符合眼前的实际，而且要高瞻远瞩，具有一定的预见性。赞美有高度，且经得起推敲和时间的考验，才是一位成熟老到的赞美者应有的水平。要达到这样的效果，需要注意以下几点：

①要把赞美的眼光放长放远，使自己的赞美能经受得住时间的检验。

②赞美别人要站在一定高度上。只有站得高，才能更充分地发掘下属的优点和成绩的意义。

③要注意考察下属的成绩或长处的影响范围，使你的赞美更加具体、贴切。

④要善于见微知著，从小事上发现重大意义，从眼前影响推测将来影响。

⑤要深入了解别人的真实能力和形势的发展趋势。

（6）背后赞美。

背后赞美就是通过第三者在无意间转述自己对他人的好感或者赞美，或者通过创造某种特定的环境条件让对方听到自己对他较高的评价。当面称赞对方，与通过第三者间接地来传达，其效果是不同的。

直接称赞的话，如果现场有第三者在，有可能会引起这位第三者的嫉妒；即使是面对面地称赞，也可能会被误认为是别有用心。相较而言，通过第三者间接地来传达赞美之词，比较容易增添真实的味道，也比较容易让当事人接受。

这是一种至高的技巧。在各种赞美的方法中，在人背后赞扬人，算是最使人高兴的，也是最有效果的。

（7）赞美的频率。

在一段时间里，你对同一个员工赞美的次数越多，那么赞美的激励作用也就越低。因而，赞美不能毫不吝啬地随便给予。

社会心理学家阿伦森的人际吸引水平变化规律说明，我们总是喜欢那些对自己的赞美不断增加的人。将自始至终都赞美自己的人和起初贬低自己但逐渐发展到赞美自己的人相比，我们更喜欢后者。我们要注意赞美的频率，也就是说要慎重地给予赞美。

情感需求不容忽视

企业领导者和员工之间的情感缺失是领导者带不好团队、用不好人的关键之一。因为情感的缺失会让员工觉得自己在领导者眼里没有价值，自尊心受到很大的打击。尤其是领导者黑脸、红脸的固定形态，对员工从来都是黑脸，对客户和业绩却始终都是红脸。

这样的领导者员工只有厌恶、害怕、憎恨，没有尊敬、信服。如果作为领导者不能让员工尊敬与信服，也就不能很好地用人。

一个企业在业绩和员工面前到底应该怎么做？企业到底是以事为本，还是以人为本呢？

在香港有一个家族企业，董事长年事已高，想把董事长的职位传下去。但是他有三个儿子，能力都很好，不知道究竟要传给谁。

董事长的秘书出了一个主意：让三个人分别去外地签三份合同。一是为再次考核三个人的能力；二是让他们每个人带个助理，助理一下飞机就会病倒，看三个人怎样解决。

老大带着助理出发，刚下飞机，助理就病倒了，急性阑尾炎。老大想：企业以事为主，没有事可做企业就要倒闭。所以他让助理自己赶紧回去，由他一个人去完成合同。结果是，合同顺利完成。

老二带着助理也出发，同样，下飞机后助理的急性阑尾炎就犯了。老二想：企业以人为本，没有人企业也就做不下去，所以赶紧亲自把助理送往最近的医院，亲自陪同，忙前忙后。等助理的身体好些，赶紧去签合同。结果是错过时间，引起对方的不满，合同没有签成。助理对老二愧疚万分。

老三也是一样，助理病倒，老三想：企业肯定是以人为本，一个没有人情味的企业肯定做不大。但是企业也要以事为主，没有事情可做的企业，人再好也没有用。要两者兼顾。

在不耽误事的情况下，一定要做到最大的人情味。要注重员工情感的需求，但是不是让员工愧疚。所以老三把员工送到最近的医院，安排最好的病房，找了最好的护工。然后自己赶去签合同。其间一有时间就回来看望助理。

结果是，合同顺利签下来，也没有耽误助理的病情。这个时候助理是感激、感恩，不是愧疚。

回来以后，三个人把情况上报给董事长。我们肯定能想象出最后谁接替了董事长的职位。

员工的情感需求不容忽视，在不耽误事的情况下，作为领导者一定要照顾到员工的情感，因为我们毕竟都是小微企业。在这里说一个观点，企业在什么程度上，就要怎样去处理事情，在管理方面没有绝对的对与错，只有适合不适合你当下的情况。

当你的企业遇到危机的时候，应该怎样去照顾员工的情感，也不能忽视，因为有可能改变企业的状况。

斯特松公司频繁接到投诉，说他们生产出来的帽子，质量差到人们不愿意把它们戴在头上。雪上加霜的是，厂里的工人们打算给管理者们一个难忘的教训——他们打算罢工。

面对这样的情况，工厂聘请一位管理顾问调查原因。管理顾问发现，这家制帽厂的管理者实在是太差。

他们对工人不尊重，张口脏话。不管工人是生病还是出事故，他们不闻不问，只关心产量问题，动不动就指着工人的鼻子大叫：滚蛋！

员工对管理者越来越不满，而公司内部向上反映的渠道全部阻塞，他们只有用消极怠工来反抗。

知道问题的根源所在，管理者开始对症下药，先和员工沟通，倾听他们的心声，再对管理层进行整改。4个月过后，效果很好。斯特松公司的帽子又开始成为人们青睐的宠儿。

感恩节的时候，全体高级管理者向员工赠送了火鸡当礼物，也表达了他们对员工的感恩。第二天，他们收到了员工的礼物，上面写着“谢谢你们把我们当人看。”

其实员工的情感需求有时候并不过分，甚至很低。这个案例中的公司如果不是及时调整管理策略和用人方式，加大情感的投入，想必会关门大吉。

领导者想要用好下属，就一定要注重情感的投入。投入情感至少要做到这两点：

一、放下领导架子。

领导者高高在上的时间久了，与下属之间就会产生距离，甚至有些下属看到领导者就会莫名感到“害怕”。

试想一下，领导者整日面容严肃，不苟言笑，下属看见这样的领导者恐怕躲都躲不及，更不会与之建立情感了。

若想与下属建立情感关系，那就首先要“自降身份”，只有与下属打成一片，下属才会对领导者产生信任。信任是一切情感的基础。

如果定位自己为领导者，那么领导者和员工天生就是对立的，对立的双方很难做到情感的投入。但如果我们放下领导的架子，把自己定位成服务者，就可以很容易做到情感的投入。

二、从言行举止等细节做起。

有这样一则段子：一个员工入职三年，离职的时候连老板长啥样都不清楚，人事劝说这名员工不要离职，并说在公司三年毕竟有感情，希望他继续工作。结果，这名员工直接拒绝，并回怼：“我连老板长啥样都不清楚，我跟公司有什么感情？”

虽然这是一则段子，但却凸显出当前一些企业所面临的一些问题——员工与企业没有情感，与领导更没有情感。

事实上，并不是员工冷血，而是领导没有给员工机会。举个简单的例子：领导和一名普通员工一起乘坐电梯，领导主动与员工聊天，关心一下员工的日常生活，分别时顺便鼓励了员工。那么，这名员工这天的工作状态是不一样的，是充满活力的。

事实上，领导的感情投入是多方面的，只要多一些主动，多一些细节，就能很好地与下属建立感情关系，从而让企业团队变得更有动力。

下篇

PART THREE

合理授权与技术支持

企业领导者授权就像放风筝，当感觉下属的能力较弱的时候，那么牵引风筝的绳子就要收一收；当感觉下属的能力强大的时候，那么牵引风筝的绳子可以再放一放。收放自如的授权，能让下属展现更强大的能力，同时也能更好地主导企业的发展。

不肯授权的原因

领导者用人的最高境界就是授权，你能把权力授给多少人，就会有多少人为你所用。授权需要的是领导者的格局和境界（可以参考本丛书之《格局》），而且授权一定要合理，盲目地授权只会适得其反。

用人的目的是让别人做事，想让别人做事，别人又没有权力怎么做呢？就像战场上士兵有开枪的权力，才能奋勇杀敌，销售员有选择客户的权力才能卖出货品。如果领导者把权力死死抓在自己手里，那么这个权力的效能就会降低甚至无用。

很多领导者明明知道合理授权的重要性，却依旧无法做到授权。有才能的下属在得到权力之前总觉得自己怀才不遇，得到权力后，他们一刹那爆发出来的能量会不可思议。

授予权力，不单是领导者的自我松绑，也是用人的一种本质需要。接下来我们看一下领导者无法做到授权的几点原因。

一、担心没有自己做得好

把一件事交给别人去做，你心里肯定担心他做不好。事实上他也绝对没有你做得好。任何人在一开始做一件事情的时候总会出现这样那样的错误，不可能一开始就做得很好。

就拿我们自己来讲，我们也不能保证什么事都能一开始就做得很好。作为一个领导者，要在可控范围内允许员工犯错。不犯错的人是不会快速成长的，这是不可规避的过程。

这里说的可控范围，其实就是我们授权的方向和大小。只要我们把控住这一点，又有什么不可授权的呢？

授权让自己轻松，不授权的结果就是，所有的事其实都是自己在做，领导者就真成了劳模。很多企业家跟我抱怨说：现在做老板的就是在给员工打工。这句话充分表明领导者不会用人，不知道如何适当地下放权力。

美国一位百货商场的负责人乔治在管理上十分尽心尽力，他管理的几间百货商场均位于市区的黄金地段，但是作为负责人的乔治却用了小老板的作风，对商场事务的任何细节都要亲自过问一番。

哪个部门负责人需要做什么，哪个员工需要做什么都布置得有条不紊。当乔治在时，一切都井然有序；但是当乔治外出时，一切就乱套。

某次乔治外出度假，才出去一周，商场的管理便出现问题，一堆反映公司问题的电话源源不断地打来，尽是些琐碎的小事。这让乔治十分头疼，他不得不提前结束自己的假期，回公司处理那些问题。

如果乔治在管理中能够做到层次分明，清楚自己的地位，把一些不应该管理的范围放权到其他人的手中，那么他怎么会度不成一个安稳的假期呢？

一切的原因就在于乔治在管理上出现了问题，因为他管得过宽，让下属长了惰性。大事小事都需要有自己在场才能解决，下属逐渐失去自主思考和创造性，一旦老板不在，公司便无法运转。

这个是典型的小老板思维，也是我们作为领导者为什么那么累的原因。不懂得放权，大小事务作为领导者都要过问。还是那句话，用人不是让自己做事，而是如何让别人做事。放权就是让有一定能力的人在一定范围内把事做好。

二、担心比自己做得好。

交办一件事情，你会担心下属比你做得还好，到时候你作为老板就没有威望，甚至于担心下属滋生这样的想法：老板也不过如此，还不如我呢，我也可以做老板了。这一点也是很多领导者不愿意放权的原因之一。

我们知道所有的大型企业老板都不可能是全才，甚至于老板的能力根本没有员工强。但大企业有出现我们所顾虑的情况吗？反而是小微型企业经常出现高层人员单干的事实。

我们看到越是不敢放权，越会出现不可解决的问题。因为如果手下的能力比你强，你放权与否都是一样的。当你能够放权给有能力的手下去做事，你肯定会有其他的方法来控制他，如用公司股份、公司文化等。

我总是不断地讲一句话：如果你想用真正有能力的人，必须知道他们佩服什么样的人。真正有能力的人永远不会佩服比他能力强的人，因为在他心里他的能力最强；真正有能力的人只佩服比他境界高的人，比他格局大的人。所有人只佩服别人做到了自己做不到的事情，从来不佩服别人做到了自己能做到的事情！

三、担心自己无事可做。

这个很严重，之所以领导者不愿意放权，是因为放权后自己就无事可做。尤其是小微企业，因为你的企业里事就那么多，当你放权给别人时就会感觉无事可做。这是什么原因造成的呢？

①你没有一个很好的规划。你的企业短期、中期、长期应该如何走下去，在你的心里根本就没有详细的规划，所以一旦放权你都不知道如何进行下一步。

这就是一个领导者没有野心、没有规划的可怕之处。因为没有野心，所以没有大的战略规划，因为没有大的战略规划，所以企业里的事相对很少，因为事少所以不敢放权，因为不敢放权所以无法用能人，因为能人无法被你所用，所以只得自己单干，所以你的竞争对手越来越多，你的企业越来越不好做。你把原因归为市场不好了，社会变了，其实都是你的问题。

②不是真的无事可做，是你的能力决定了你要做的事。也就是说事情有很多，只是以你的能力你只能做到现在的这些事，把这些事都放权交给别人做，你没有能力去做其他的事。你有野心，有

规划，有目标，但能力不够，这个时候作为领导者你就需要去提升自己的能力。

四、时间不允许。

威廉·翁肯提出过一个有趣的管理理论“别让猴子跳到你身上”。所谓的“猴子”，指的是工作和责任。

举个简单的例子：你给下属布置了任务，让他写一个项目运营方案。过了一会儿，下属过来找你，一脸愁苦：“领导，这个事情，我该怎么做？”你告诉他，“你让我先我想一想，一会儿再告诉你！”过了半小时或者一个小时，你会发现这个下属就站在你的门口。然后敲你的门，并且一脸真诚地问：“领导，这个问题您想得怎么样了？”

这时候，你可能很不解。原来是下属的工作，怎么现在却变成了自己的工作。事实上他已经来敦促你了，找你要解决他的问题的方案。你只好先解决他的事情，到了下班的时间，下属收拾东西回家了，而你的工作一点没动，只能加班做自己的事情。

写项目运营方案，本来是下属身上的“猴子”，当你帮他处理工作，承担责任的时候，这只“猴子”就跳到了你的身上。最后，你成了下属的替身，做了他的工作，而下属却成了监督者，一直在追你的进度。

这其实是企业中很常见的现象，很多企业领导者都在承担着下属的工作，并且随着位置越来越高，团队越来越大，其身上的“猴子”也会越来越多。但是，领导者的精力是有限的，如果你的时间被下属大量占用，去帮助下属解决疑难问题，你会发现你的时间根本不够用，你没有时间做那些本来该你做且产生重大价值的事情。

除了牺牲了你的个人时间，你还“害”了你的下属。在你的“宠溺”下，下属对你的依赖性会逐渐变成一种习惯，他们什么事情都不去做，不敢做，那就永远也无法获得成长。

当你要放权给员工时，才发现员工根本没有能力把事做好，而你只能继续更卖力地去做事，这是一个恶性循环，越是不肯放权，自己就越忙越累，越忙越累越没有机会放权。

五、无人值得你授权。

你想授权给你的下属，让你的下属们替你分担工作，你也有格局、境界，愿意给下属相应的报酬。可是你没有这样的下属，这就很尴尬了。领导者有了格局、境界、方式方法，却找不到合适的人选。这是因为什么呢？是领导者之前在培养人方面没有做好，导致企业人才出现断层现象。

我们往往又不能空降一个人才过来，因为小微企业空降管理者有很大的弊端，我相信大家也遇到过这些情况。不能空降就只能培养，在培养人上出现问题就会产生无人可放权的现象。

授权的准备和人选

一个省级经销商李老板，他把属下的所有人员召集起来说："大家都很了解目前公司的情况，近段时间里也不断有人给我提建议。确实目前公司发展到这么大的规模，什么事都是我一个人说了算这是不行的。所以我开始授权，请大家替我分担一些担子。采购、仓管、财务、销售、服务等各个部门你们都有各自的职责范围，从今天起大家可以自己拍板。不过在做出任何重大决策之前请先征求一下我的意见，而且请记住，不要做那些我不会去做的决定。"

一切都安排妥当之后，李老板认为自己从今天开始应该会过得轻松一些，但接下来发生的场景却让他哭笑不得。

采购部门认为要获得老板的赏识，就必须严格遵守老板原来的做法，即按公司原来的进货渠道，继续采购那些公司的产品。

采购部的执行力也真够到位，他们甚至连产品型号、款式仍一如既往，不管销售部如何叫嚷，不管这些产品在当前是否适销，都照购不误。因为他们坚信，严格遵守老板的做法，就算做得没有老板一样好至少也不会犯错误。

如此一来，销售部的日子就不那么好过了，销售部面对着这些新进的过时的产品，急得像热锅上的蚂蚁，不过马上就有人提出解决办法，他们向老板提出为应对竞争，提高销售量，做些小小的促销活动吧。

促销活动是常事，李老板没有细加追问就同意了。于是销售部的员工们就下到各销售实地去，像钦差大臣一样自作主张给客户赠送大量的促销品，向客户承诺更多的服务内容，产品销量快速上升。但到月底一算，销售总量上升了，营业利润总额却下降了。

这个案例很明显是个错误的授权。其原因是：①授权前的准备工作没有做好。②授权的对象没有选好。

如何才能做到很好地授权呢？

一、做好充分的准备。

凡事预则立，不预则废。即使你已经决定要授权给下属，也不要立即行动。要提前规划好所有的细节。这在兵法上叫作“兵马未动，粮草先行”。

授权于下属并不是简单地把工作和权力交给下属，而是要有周密的计划和可行的方法，首先我们要先准备以下几点：

（1）营造氛围。

任何人接受任何事都喜欢在一定的氛围内，或者说他喜欢的氛围内。为什么男生追女生都要精心去设计一个氛围呢？因为这就是人性，在一定的氛围内人们更容易接受。

授权也是这样，偷偷摸摸地授权，跟营造一个氛围隆重的授权，被授权人的感觉绝对是天差地别的。所以在我的课上一讲到授权两个字，肯定说的是当众授权。这是最基本的氛围。

领导者还要把这个当众授权尽可能做到最隆重，要有很强的仪式感。

（2）授什么权。

在正式授权前，领导者要把所要授权的事情，按大小、重要性与否进行分类，不同类的要对应不同的授权方式。还要注意哪些事情可以授权，哪些不可以。

比如有一些工作是必须要授权的，这些工作即使你授权后出现某些失误也不会影响大局。还有一些工作是应该授权的，这些工作是下属可以做好的、拿手的。最后是可以授权的工作，经过你的考察，下属已成长到可以胜任这份工作。

当然还有不能授权的工作。比如涉及企业核心机密的工作。这些工作一旦授权给下属就会出现危险，一是企业的秘密将会泄露，二是即使不泄露也会让下属膨胀。

（3）授权责任。

在把权力授权给下属的同时，一定要授权给下属责任。责任和权力是不可分割的，所谓的责权利就是这个意思。有了责任才能享有这个责任带来的权力，有了权力和责任才能给你带来利益。

如果你只是授权了事情没有授权责任，那么你会跟以前一样累。谁拥有权力谁来承担责任这是天经地义的，也只有授权责任才能真正评估出被授权人的态度和能力。态度和能力都很好的人肯定不害怕你的授权责任。

那些在领导者面前只知道讨好的人，能力不够或者态度不好的人是绝对不愿意承担这个责任的。我们一下子就能分辨出来以后该重用谁，该培养谁，该放弃谁。

二、人选，找到合适的人选。

到底要给哪些人授权呢？肯定是企业里的千里马、万里驹，而不是死马、病马。若授权给那些偷奸取巧、为达目的不择手段的人，那就是在自找苦吃。要授权的人需要具备一些最基本的特质。

（1）状态如一的人。

领导在不在企业里，他都状态如一。领导在的时候能做好自己的工作，领导外出不在企业的时候照样能做好，而不是领导在就表现得很积极，领导不在就偷奸耍滑。

而且，当领导回来的时候还能详细汇报领导不在企业期间的一些事情。最好是能把这些事情记录下来，做成详细的报告。这样的人我们授权也会很放心的。所以我们前面讲过一定要火眼金睛，看透员工本质。

（2）对答如流的人。

当领导问到工作方式、工作进程、工作计划都能对答如流的人。

如果没有对工作的充分理解和应对工作的能力，是不能较好地回答领导提出的问题的。

那些被问到问题不知道如何回答,或者要去向别人求答案的人，我们授权给他就会所托非人。要么他得到授权也做不好，要么他总是问别人不会被别人信服。这样的人不可能成为能辅佐我们的人。

所以说，被授权者必须掌握职责范围内的全部工作，最好还能掌握一些职责外的工作。

(3) 帮领导解决问题的人。

任何领导都不敢说所做的一切都是正确无误的，在有的时候也会出现失误，这个时候能帮助领导解决问题、避免失误的人值得我们去授权。

如果下属不能替领导解决问题，就是一句“没办法”，这样的人不要给予授权。能竭力化解领导失误的人可以授权。我们用人的目的是一加一大于二的效果，而不是一加一还是一。

(4) 有威望的人。

我们要授权的对象在他的团队和公司所有团队里的威望的大小，决定着我们要给他授权的多少。通常情况下，威望越大的人我们授权会越多，因为这样才能完全发挥出他的优点。

其实，越是小的中层领导所需要的授权越多，因为他夹在领导和员工之间，属于夹缝角色。他既要把领导的方针政策、命令传达给员工，还要随时关心员工的想法和不满，时常左右为难。如果在这种情况下他还能有一定的威望，就证明这绝对是个人才，我们给他授权也会很放心。

（5）经常提出意见的人。

当然，这里的意见伴随着解决方案。领导由于事务繁忙，平时可能无法掌握一些细节问题。

如果下属可以在他的部门或者领域内经常能提出建设性见解，并能附加合理的实行方案，那这样的人我们可以授权。这属于一个部门或者一个领域的专业人才。我们的授权目的一个是用人，还有一个就是留住这些专业人才。

（6）忠诚的人。

任何领导者都喜欢忠诚的人。这里的忠诚有两个表现：一种是领导者下达命令，无论如何也会全力以赴，忠实执行，这是属于明显忠诚于领导者的人；另一种是表面上看不出忠诚与否，这种人忠于企业，忠于事，一心一意要让企业获得利益最大化，有很多时候会跟领导反着来。无论是反着来还是“正”着来，这两种人都没有私心，一心一意为了企业的发展，这样的人需要领导者独具慧眼去识别。

总之不管是忠诚于领导者的人还是忠诚于企业的人，我们都要重用并授权。就像纪晓岚跟和珅一样，和珅是忠诚于乾隆的人，而纪晓岚是忠诚于国家的人。这两个人有很大的矛盾，基本是对立的，乾隆把他们俩都予以重用，并且权力都不小。这就是用人的智慧。

（7）自知之人。

权限的给予很容易让员工出现膨胀心理，当你授权了你的员工，如果他是一个有自知之明的人，就会在他遇到能力外的事情时求助或者立刻向上司请示，不会因为能力不够而耽误事情。

如果他是一个没有自知之明的人，“老板给我授权，我就要什么事情都做好”，就会导致很多能力范围之外的事情他也会硬着头皮去做。不自知，会导致很多错误发生。

（8）敢于承担责任的人。

在你的团队里肯定有很多总是埋怨别人的人。这种人认为自己永远没有责任，嘴里总是说：“这件事和我无关”。这样的人你怎么能把权力授予他呢？

相反，不管出现什么问题，第一时间能站出来承担责任的人，应该给予授权。这种人的表现往往是：这件事的主要责任在我，我没有做好该做的事，其中第一点是……第二点是……这样的人我们授权也是很放心的。

怎样做到授权有度

企业领导者授权给下属，核心目的是企业能更好地发展。而有些领导者将授权看作笼络人心的筹码，毫无节制地授权，导致企业内部权力混乱，出现谁也管不着谁的情况，这种毫无节制的授权还不如不授的好。

授权给员工是想更好地、更方便快捷地用人。授权适当可发挥人才效能，授权不当人心就会膨胀，反而带来种种弊端。

我有一个学生，跟我讲过他以前授权失败的案例。他经营一家红木家具店，因为产品质量过硬，价格公道合理，所以效益一向很好。

作为老板，这个时候肯定想到的是扩张，可是他从来没有学习过如何去做，就按着自己的想法授权。

他是这样想的：扩张一个新店面，首先需要有个人看着老店，这样自己才能有足够的时间和精力去打理新店。正好自己有一名员工跟着自己干了五年，对老店的运营方式、销售方式等都有所了解，他就提升这个员工做店长，打理店里的一切事情。

他交代说："我要去开新店，老店里所有事情以后由你负责。"

本来这名员工从员工提升到店长就已经很快，现在店里的所有事情都归他管，权力一时大到无边。底下员工看到了店长权力这么大，几乎所有人都去讨好店长，就像以前都讨好老板一样。

过了一段时间，老板感觉到了问题。店长总是在为下面的员工要工资、福利、待遇等，却没有提出建设性的建议，或者能给店里带来收益的任何办法。而且，自己回到老店，感觉员工都不怎么在乎自己了。

最终的结果是，员工的要求越来越高，店长和员工一条心跟老板对着干。无奈，他只好把店长的权力收回，可是店长不想放弃权力，最后带着大部分员工在他的对面开了相同的一家店。

这个失败的授权案例，失败在最主要的授权方式上，领导者授权是把自己的权力分散到几个人身上，而不是集中到一个人身上，那样就会复制出一个你自己，也就是复制出一个竞争对手。这是很可怕的。

究竟要如何授权呢？我认为以下几点必须注意。

一、明确授权范围。

授权时，一定要明确所授权的事项、责任和权力范围。让被授权人知道自己对哪些人或者事有管辖权和指挥权，对什么样的结果负责，责任的大小程度是多少，对什么样的人或者事没有管辖权和指挥权。

让被授权者明白，在规定的范围内，你有最大的权力，规定范围外不属于你的权力。否则，要么被授权人在工作中摸不着边际，耽误工作，要么就会膨胀，带来不可想象的后果。

我们要根据员工的能力给他规定权力范围，还要根据他的能力划分责任，权力越大责任越大。

二、所有员工参与。

有必要让所有员工参与授权的讨论过程。因为，员工对自己、对同事的能力都有所了解。对自己了解，也就不会出现授权的事情做不了的情况；对同事了解，避免为了要得到权力把自己的能力夸大的现象。

此外，任何人做事的意愿度取决于主动还是被动。主动就会做事积极，被动就会做事拖延，这是人性。让员工参与到授权的讨论中，就是让员工不知不觉由被动变为主动。这样的授权用人才能达到较好的效果。

本小节开篇的案例，完全是老板一个人的意愿。整个授权过程都是老板在想当然，没有征求员工的一丁点意见，更没有让员工积极参与进来。对被授权者能力的评估过高，授权范围过大，最终导致大问题产生。

三、授权适度。

评价授权效果的一个重要因素就是授权是否适度。授权过少，授权和不授权没有多大变化；授权过多，员工的能力达不到，或者他的承受力与抵抗诱惑的能力达不到。

本小节开篇的案例就是授权过多，导致了员工心理膨胀，不知道自己的权力界限在哪儿，乱用权力的结果是对企业和领导者最大的伤害。

四、授予责任。

权力与责任是成正比的、相对应的。这不是笼统的指有权力就要有责任，而是指权力和责任一定要对等。如果职责大于权力，员工就肯定会为一些力所不能及的事情承担责任，这个责任员工往往承担不了，最终承担责任的还是企业。如果责任少于权力就更可怕了。那样被授权者就有机会用权力去做职责外的事情，不但会引起管理的混乱，更甚者会让一个人变坏，甚至不惜触犯法律。

有不少企业领导者，因为不懂得如何授权，导致了责任与权力的完全不平衡，才会出现不可挽回的结果。当我们发现员工的责任和权力不平衡的时候就要及时阻止，避免造成更大的损失。当然，一开始就调和好平衡是最好的。

五、勿越级授权。

越级授权是指最高领导者越过级别直接给最底层员工授权。一个企业的最高领导者只需要给核心层授权，核心层给高层授权，高层给中层授权，中层给基层授权。原因有几点：

①越级授权会降低中间层面的威望。授权用人的目的是为领导者自己轻松，如果越级授权，这些人还是跟以前一样，甚至更依赖于老板，中层人员反而失去了工作的积极性，变得被动起来。

②越级授权会造成人人有权、人人无权的局面。既然都是老板授权，每个员工都认为自己的权力最大，这样就会造成谁也不服谁的局面。所以即使你的企业很小，也要分等级授权，不能由老板一个人授权所有人。

六、监督考核。

授权，会使领导者的控制发生微妙的变化。授权后领导者对局面的控制其实在后退。领导者授权以后必须提高自己的控制能力或者说控制技巧，也就是提升领导者的监督考核能力。

（1）监督工作进展，同时尽量避免干涉下属的工作。

授权以后，每个被授权人的工作必须有人监督检查，以避免得到权力后工作没有做得更好。在整个监督过程当中，领导者只是监督，不要干涉具体工作，因为一旦干涉了，授权的意义就不在了。

授权后干涉，就会给被授权人一种感觉：我这个权力没有用，一切还要听领导的。作为领导者只要派人监督、检查就可以了，做不到的可以撤销授权，被授权人也不会有太大意见。

（2）提出意见或提醒的方法要正确。

当被授权人工作无法很好地完成，或者方法欠缺时，领导者必须懂得如何去正确地给予意见或者提醒。比如，有一个被授权人因为第一次做某项事情，可能做出的方案不够完善，我们作为领导者不能直接参与修改他的方案，那样就是触犯了上面的第一条，干涉工作。也不能直接给出他正确的方案，这样会让员工养成依赖你的习惯，授权用人的初衷就大打折扣。应该这样做，说三句话：这个方案很好，没想到你能做出这么好的方案，还有更好的吗？

这种问法，只要是个稍微有点上进心的员工都会回答：有。然后第二次拿过来的方案肯定好过第一次。

（3）设定奖罚。

对于授权以后表现好的员工要给予奖励。当然这个奖励包括物质奖励、精神奖励、荣誉奖励等。要全方位顾及到。只给物质奖励会让人唯利是图，只给精神奖励会让人感觉不实际，只给荣誉奖励会让人轻浮膨胀。所以三者缺一不可。

要懂得如何去制定惩罚办法。不能领导者给定惩罚，而一定要让被授权人在领取权力的同时，给自己定下做不到时的处罚。只有自己给自己定的处罚才会认真地、由衷地接受。别人给定的处罚只是为了处罚而处罚。我们的目的不是处罚，而是通过处罚带来有效的授权。

七、杜绝反向授权。

所谓反向授权，就是这件事本已授权给下属去做，由于种种原因下属又把工作推给了领导，而领导为了避免一些小的损失，就接受了工作，原因是“不管什么借口，都代表下属不想去承担这个工作可能带来的后果”，或者是领导者太好说话，来者不拒。

解决这个问题的方法是，在开始授权的时候就要引导下属把困难想得足一点，而不是为了达到快速授权的目的让下属觉得工作很简单。一开始把事情想得困难点，越做越觉得简单；一开始想得太简单就会越做越觉得困难，导致各种借口反向授权。领导者授权用人的目的落空。

八、授予虚权。

虚权的授予往往能四两拨千斤。每个人都希望自己的位置会不断地提升。如果一个人在一个固定的位置上做得时间久了就会产生职业疲惫，工作的意愿就会越来越低，甚至直接辞职走人。这不是领导者想看到的。

对于那些在一个职位上做了很久、能力提升的人，我们直接晋升他的岗位就可以了。但是对于那些在一个位置工作很久但是能力没有明显提升的人，如果晋升他，他其实没有能力驾驭新的岗位；不提升他，肯定会产生职业疲惫，不好好工作，还会有负面作用。这个时候授予虚权就会起到四两拨千斤的效果。

比如：老员工，元老级，做了很久，能力没有显著提升，就给他一个元老级员工的虚位。

有的员工工作能力可能没有显著提升，但是有某些方面的天赋，就给他一个虚衔，他会努力把所有的事情都做得很好，这就是虚权四两拨千斤。

我有一个学生，学习尚泽教育的课程以后，回去找到了他公司一个有突出天赋的员工。

这个员工其实是让他很头疼的，跟了他差不多五年，不会任何为人处世。之前因为他做的时间太长了，曾经交给他几个人去领导，结果全给得罪跑了，此后也不敢授权他任何事情了。

但是时间一长，这个员工开始出现老员工的通病，那就是倚老卖老，开始偷奸耍滑了，搞得他很头疼，影响新员工对公司和领导的看法。开除他吧，又不忍心。

学习过虚位授权后，他回去根据这个员工的情况，授权他负责考勤，提升他为考勤部经理（这个部门就一个人），全权负责考勤事宜。这个岗位正好符合他的脾气性格。

这个老员工自从接了这个授权以后，工作积极性大涨，由负面变得越来越正能量。

其实，授权完全可以虚实结合，并不是一定要授予下属实实在在的权力，有时候虚权的作用其实大过实权。只要让下属觉得自己被重视、被关注、被依赖，他就会自己给自己确认地位，只要能让他专门负责一件事情，独当一面，哪怕这件事情人人都能做到，他也会感觉不错。

由此看来，给个头衔、给个位置对人的激励还是非常大的。虚实结合的授权会给你在用人方面带来很大的作用，不可小觑。

平衡关系的用人方式

任何人都想得到别人的支持。因为任何人都知道，在如今快速发展的社会中，没有各种人各种方面的支持，靠单打独斗是很难有所作为的。作为领导者在内，都想得到更多的支持，凡是自己现下解决不了的事情都是需要别人支持的。领导者为什么要去招员工，因为自己无法分身；领导者为什么要招揽人才，因为他无法做到全才。员工为什么选择你这个领导者而不选择别人？你作为领导者对员工有哪些支持？你的支持越多，员工越愿意为你所用。

中国的很多字词都有特别有意思的释义。“利用”这两个字的正确释义应该是先“利”后“用”。作为领导者先要对员工有利，员工才会为你所“用”。

究竟领导者要从哪些方面给予员工最大的支持呢？或者说员工需要哪些支持呢？最起码我认为以下几点不能缺少。

平衡术，是中国上下五千年历史传承下来的精华。我们要知道，管理其实是一种社会活动，而非单纯的企业管理，管理的本质就是在企业内部达到一种平衡。当然，这里说的平衡不是静态的平衡，不是一成不变的，而是保持一种动态平衡。宇宙间的天体各有各的运转轨迹，互相吸引但是不会互相碰撞。

作为企业领导者，保持内部平衡关系，有助于企业的发展与稳定。可以通过以下几种方式达到保持平衡的目的。

一、隔离牵制。

春秋战国时代，华夏列国相争，齐、楚、韩、赵、魏、燕、秦等七强并立，而在大国夹缝中生存的有名无实的东周、西周，虽然握有象征着天子的九鼎等宝物，却无自卫的力量。

于是，为了生存他们执行了一条均衡外交路线，即对各个强国在保持等距离的情况下，用比较灵活的外交手段，利用各国之间的利害冲突，竭力调整大国之间的力量平衡，从而维持相对稳定的战略格局，以求得自己的生存和发展。

有一年，齐国的大将田婴率领齐国的军队去帮助韩、魏两国攻打楚国；打败楚国后，又打算联合韩、魏两国去攻打秦国。因常年战争，力量消耗很大，田婴就派使者去向西周借兵借粮。

西周天子犯了难：不借兵粮给齐国，就会得罪齐、韩、魏三国；如借兵粮给他们，势必又会得罪强大的秦国。在这两难之际，谋士韩庆自告奋勇地前去说服田婴不向西周借粮。

韩庆到了田婴的帅营，拜见田婴，对他说："将军您率领强大的齐军，用五年的时间，替韩、魏两国攻下楚宛、叶以北的地区，而使这两个国家的国力得到了加强；现在如果再攻占秦国的一些地区的话，那只会使韩、魏两国的力量更加强盛。这样一来，韩、魏两国南面没有楚国的忧患，西面不必担忧秦国的攻击。他们的国土扩大了，国家也会日益受到尊重；而齐国不仅劳民伤财，没有得到一点实惠，反而会受到他们的轻视。末梢盛过了根干，本末倒置，这就不合乎常情了，庆私下为将军感到不安。”

田婴听后，认为韩庆说得有道理，便问道：“照先生的说法，我应该怎样做才是呢？”

韩庆献计道：“依在下愚见，将军您不如让您的国家暗中与秦国和好而不去攻打秦国，这样您也就不必去向西周借兵借粮。您可以兵临函谷关而不去进攻秦国，然后派您的使者去对秦王说：‘薛公（田婴封地在薛，故又称薛公）一定要出兵破秦而使韩、魏两国强大，原因就是想要让楚国把东周（楚国的地名）割让给齐国啊。’秦王如果能放回楚王（此时楚怀王被扣留在秦国），使秦、楚两国和好，您就可以使您的国家有惠于秦国，而使秦国感到能够完好无损正是因为楚国割让了东周，才使得自己免遭进攻。秦国必定愿意这样做。

楚王被放回楚国，也必定会感谢齐国。齐国得到东周而更加强盛，将军您的封地也就可以世世代代没有忧患了。

秦国没有受到大的削弱，处在韩、魏、赵三国的西部，这样，秦国对这三个国家是个不大不小的威胁，这三个国家自然也不敢轻慢齐国了。”

田婴说：“说得好，就照您的意思办。”

于是，他派韩庆作为自己的使者去游说秦王，还说服了韩、魏、赵三国不再进攻秦国。这样，齐国最后自然也就不必向西周借兵借粮了。

聪明的韩庆不仅善于就各方的具体矛盾来思考问题，而且设身处地地为齐国自身的利益着想。

他的设想对于齐国来说，又是一个均衡外交的战略，这是大国强国的等距离外交，既不弱秦强韩、魏，又不弱韩、魏而强秦，使得这三者或五者（秦、韩、魏、赵、楚）均有求于齐。这种战略布局自然为田婴欣然接受。

齐、秦弭兵，齐向西周借兵借粮这件事自然也就不用提及了。韩庆此举的高明之处就在于，他跳出了形式逻辑中的两难推理的狭隘局限，求得一个全新的解决办法，从而挽救了僵局，走活全盘。这个以平衡之法解决问题的聪明方法，很值得领导者们深思。

我们在用人上也要做到这种动态平衡。这也是我们对下属的一种支持，因为他们自己想要做到这种动态平衡很难。

医学上有一种说法：防病大于治病。平衡各方关系，不使局势失控，防患于未然，这是一个领导者必须掌握的用人之术。在我们的企业中，你可以使用各种理由将下属在各个岗位上进行调动。

你可以将其平级调动到各个部门，也可使用明升暗降的措施，以防不平衡的隐患；你还可以将管理、财务等工作分开，使权力分散，彼此监督、牵制，这样局面失控的概率就会大大减少。

二、岗位分化制衡。

我们发现大型企业在用人上显得格外轻松。小微型企业没有多少员工但在用人方面却有那么多的问题。

是什么导致这种差距呢？因为大型企业在岗位上划分得很细，甚至一个岗位拆分出多个岗位，以此进行员工与员工之间的自我制衡。小微型企业正好相反，是一人多个岗位，上中下都是一个人说了算，没人跟他制衡，久而久之就容易出问题，问题一旦出现解决都不好解决。

宋太祖称帝后，不断加强皇权，分化、削弱相权。当时的宰相并不是一个官名，实际上是一个群体，是除皇帝之外的最高领导层。

宋初实行“二府三司制”，宰相职权被一分为三。中央虽设三省，但三省及六部长官不经特许不得管理本司事务，成为闲职。实际权力归属“中书门下”这一机构，又称政事堂、都堂等，管理国家行政事务，以同平章事为长官，多由中书、门下两省侍郎担任，无定员。

此外，以参知政事为副相，分割行政权。枢密院为中央最高军事机构，长官为枢密使，与政事堂合称东、西“二府”。“三司”（户部、盐铁、度支）主管财政，号称“计省”，长官为“三司使”，号称“计相”，地位略低于“二府”。二府三司各自独立，互不统属，直接对皇帝负责，构成最高辅政机关。

宋神宗元丰改制，废除二府三司制，以左、右仆射为宰相，左仆射兼任门下侍郎，右仆射兼任中书侍郎。

南宋初，左、右仆射加同平章事，为正宰相，不再兼任二省侍郎，两省侍郎改为参知政事。南宋孝宗以后，正宰相为左右丞相，副宰相仍复参知政事。此外，哲宗、宁宗、理宗都曾设“平章军国重事”

和“同平章军国重事”，由老臣或权臣担任，处理军国大事，位高过宰相。

古人的智慧不容小觑，也可以说是历代人的智慧结晶。最初是相、相国、丞相。三国的时候有个诸葛亮，有个曹操，都身处丞相职位。三国如此混乱，丞相的权力太大是其一。

所以刘备白帝城托孤才会说出那样的话，诸葛亮如果真有心取而代之会很简单，比司马懿简单得多。所以两晋南北朝以后丞相的权力被分解。

我们作为企业家，授权一定要有度。能力大的人肯定得到的授权多，再成长、再授权，当权力大到一定的程度就要开始分化。此时，可用岗位分化来制衡、平衡下属。比如，我们把总经理的岗位设置几个副总经理，把主管的岗位设置几个副主管。这种分化具体的标准根据你企业的不同去制定。

有些小微企业，领导所用之人大都是亲戚朋友，往往认为他们既然都是亲戚朋友肯定就有亲情的存在，给他权力大点没有问题。其实不然，在这方面一些企业已有教训在前。

三、扶植新人激励老人。

任何组织、企业、团体都会出现一种现象，就是你的企业、组织里时间长了总会出现一些倚老卖老的员工，对于这些员工用起来比较费事。因为他们有功于企业，但是他们的成长到后期会很慢，甚至于没有成长。

这个时候领导者如何做都是错的，不重用他们会被人说成卸磨杀驴，重用他们，他们能力越来越跟不上企业的发展。这个时候我们就要不断培养和扶植新人。

新人成长对于老员工来讲是一种危机感。危机感一旦产生就会让这些人再次爆发能量。老员工的爆发更会刺激新人，让新人继续追赶，你追我赶就会带动企业发展，领导者用人就会变得更加轻松。

秦汉时期，丞相可阻谏帝王，甚至可以拒绝执行帝王的指令。西汉武帝之后，先设立尚书一职，提拔新人担任。又将太尉、御史大夫的权力提升，跟丞相权力相当，继而改名三职：大司徒（丞相）、大司马（太尉）和大司空，总称“三公”。东汉时期把丞相执掌的政务和权力全部归属新人的尚书台，“三公”徒有虚名。就像袁绍，“四世三公”其实都是徒有虚名罢了。

两晋南北朝时期，除尚书令外，又增加中书监、中书令、侍中、尚书仆射等共同参与评议尚书奏事。到隋朝，又新设立殿内省，包揽内务掌职，再次制约尚书台的权力。

唐代，正式设立三省制，中书省决策，门下省审议，尚书省执行。皇帝还有权让职位低的人带上同中书门下三品的头衔，共同办公。这样就把先秦时期丞相的权力由三个机关、数十名官员分担，其中有的职位是老人，有的职位是新人，互相制约。

到了明代，朱元璋因为胡惟庸事件，直接废除中书省和丞相制，提升中书省门下六部的地位，就是我们知道的礼部、吏部、户部、兵部、刑部、工部。下属互相牵制，新老并蒂。领导者不必事必躬亲，也不必担心下属叛变。只需扯着这根牵制的绳子就可以。

当然，封建社会的所有改制都是为了维持封建统治。我们所借鉴的是这种平衡术的运用，这些历史上的做法对我们应该有所启迪。

四、利益制衡。

利益是企业的根本，也是员工的根本。在企业中，大部分内部矛盾的根本原因是利益冲突。在企业领导者眼中，企业是一个整体、一个团队；在员工眼中，每个人都是个体，每个人都会为自身的利益而努力。当自身的利益与其他人的利益发生冲突时，内部矛盾便会产生，如不能及时化解，日后便会为企业带来损失。

作为企业领导者，要懂得使用“利益”这个工具去平衡员工之间的关系。平衡不等于平等，平衡是为了更好地激发员工活力、更好地保持企业活力。

2011 年，张先生与三位合伙人在河北成立了一家室内装修公司。那时候装修行业处于暴利期，在几个人的齐心协力下，公司发展得还不错，大家也从原来的小房子搬进豪华办公楼。

公司赚到钱，合伙人自然也有钱了，但是分钱的时候却出现了矛盾。本来按照出资占股分红是最好的方式，但是第一个股东却不同意，他认为全公司的客户都是自己拉来的，理应多分一些。

另外两个股东认为必须按照合同分钱，谁也不能多拿一分钱。最终，张先生按照合同协议分了钱，但结果却是第一个股东撤资辞职。不久之后，第一个股东便在张先生公司对面开了一家装修公司，一切业务对标张先生的公司，并且价格更低。

从张先生本心来说，他不希望任何一个人离开，更不希望第一个股东离开，因为第一个股东掌握着全公司90%的客户资源。他不清楚为什么搞成现在的样子，心里除了无限的惋惜之外，似乎再也没有更好的解决办法。

到了2014年的时候，股东之间再次出现矛盾。由于第一个股东的离开，张先生所占股份比例已经超过60%，在分钱的时候，另外两个股东合伙要求张先生给予“岗位补贴”，说白了就是想多分一些钱。

“我是大股东，公司是我的，一切运营都是我在做，凭什么要多分给你们钱？”这是张先生的第一想法，他无法忍受两个股东的要挟，明确告诉两个股东：“如果你们想多分钱，那么就拿出钱来买公司的股份，股份多就多分，股份少就不要抱怨。”

结果，两个股东没有多拿出一分钱，但是他们两个已经开始谋划自己的“小心思”。渐渐地，张先生发现公司账目有问题，很多欠款去向不明，他怀疑是另外两个股东在搞鬼，却找不到确凿证据。

没过多久，两个股东提出退股，离开公司后他们两人合伙开了一家装修公司，模式当然是照搬张先生的公司。

所有股东都离开之后，张先生明白一个道理，做企业不能轻易合伙，因为合伙人很可能会背叛你。从此以后，张先生再也没有把股份分出去，独自经营着公司，一干就是七八年。

在这七八年的时间里，从张先生公司走出去的人有很多，这些人大多都开了自己的公司，变成了他的竞争对手。

2021 年，张先生的公司经营不下去了。自 2014 年开始，公司规模几乎没有任何改变，唯一改变的就是来了又走的员工，像走马灯一样频繁。

“难道是我错了吗？我是最早进入这个行业的人，为什么现在把企业做成这样？为什么当初的那些合伙人、离职的人，他们的企业短短几年就能超越我？”张先生不停地问自己，他搞不清楚究竟为什么会走到今天的地步，也搞不清为什么那么多人离开自己。

2021 年冬，张先生的企业面临倒闭，当时他找到一家专门从事企业管理的公司，希望能帮助自己渡过难关。当这家企业管理公司进驻他的公司一个月后，发现他企业里基层员工之间矛盾不断。比如两个员工撞单后，不是商量着如何齐心协力成交，而是互相搞破坏，抱着“我开不成单，也不会让你得逞”的心态去做事。

基层员工都是如此，中层、高层之间的矛盾就可想而知了。企业里的矛盾不是一天两天形成的，更不是与生俱来的，而是从上至下影响而成的。这一点与张先生起初创业时的遭遇有关系，第一个股东的离开导致他再也不相信任何人，眼中只有利益。

试想一下，当老板眼中只有利益的时候，那高层眼中也只有利益，中层更是如此。当利益至上的观点占据主导地位的时候，员工就会不择手段去追逐利益，这样的企业怎么可能有发展前景。

“病来如山倒，病去如抽丝”，这家管理公司给张先生出了一套方案。第一点是放手个人利益，如果老板都没办法放下利益，那怎么要求员工去放下呢？第二点是利益制衡，各部门、各主管之间利益制衡，不再一味地要求业绩，而是将互助、友善纳入考核范围。第三点是股权重新分配，给予优秀员工身股，但必须考核员工的人品、素质。

这三点仅仅是初步解决方案，先扭转根深蒂固的企业氛围。当企业氛围有所好转之后，下一步做的就是全面利益制衡，通过利益去控制员工的行为。比如员工在互相拆台的时候，那么两人都将失去利益；如果员工互相帮扶，那么两人获得额外奖励。

2022年年初，这家管理公司得到张先生的反馈，说他企业内部的氛围已经大有好转，几乎没有出现过员工互相拆台的现象，中层管理者之间变得更和谐了，因为他们之间如果不和谐，那么身股就会被取消。

在当前社会中，不少中小企业利益分配混乱，导致出现“干活的人拿不到钱，不干活的人多拿钱”的乱象，最终的结果就是有点才能的人离开企业，剩下那些没有太大能力的人赖着不走，直到把企业拖死为止。

这些现象是浮现于企业表面，能够被管理者直观感受到的，采用利益制衡的方式便能有效解决问题。

但是，企业总归是要发展的，一旦企业规模变大的时候，矛盾就会隐藏得更深。此时领导者需要做的不是等问题出现再解决，而是在问题还没有暴露出来之前，就提前采取措施。

比如一家企业，在招纳股东的时候，协议书上有这样的规定：若要退出股份，公司将按照当前市值回收，并分三年退还股金，在退还本金期间，持股人不得制造公司负面信息，否则取消退还股金。

单独这一条规定，其实已经规避了很多未来可能出现的矛盾。假设入股的时候是 1 万元一股，但是几年后企业经营不善，每股价值变成了 1 千元，如果没有这个约定，那到时候退股必然会产生麻烦。

总结而言，企业的利益制衡其实就是两点：解决企业当下矛盾，预防未来矛盾。用利益关系让企业始终保持在一个平衡状态，领导者依靠这种平衡状态来发展企业，为企业创造更大利益。

五、各抒已见，牵制下属。

各抒已见才能平衡制约下属。在我们的企业当中，领导者最怕的是有些下属侃侃而谈，有些下属有意见不说。侃侃而谈的会认为自己什么都是对的，有意见不说的会闷在心里，达到一定的程度就会爆发。

领导者要想用好人就要平衡这两种极端，怎样去平衡？当然不能让所有人都不愿意发表意见，那就只能是让所有人都要发表意见。领导者要给予所有人说话的机会，甚至是必须说话。

在某教育培训机构，每天早上有一个分享会，每个人轮流上台分享自己的观点。每天下班都有一个总结会，每个人都要总结自己一天工作当中的困难，或者是自己做得好的地方。如果是困难，就由大家给出解决建议。

每天早上的分享其实就代表了不同人的不同观点。领导者在下属分享的时候能够准确地接收到下属的观点信息。同时，下属之间也会了解到对方的观点和思维。

晚上的总结会更有意思。当一个下属提出他遇到的问题时，其他每个人都会给这个下属一个建议。让这个下属明白，他认为很难的事情其实在别人看来很简单，别人有地方确实高于他。

这样循环往复，每个人在内心里都被别人所牵制，因为三人行必有我师。这样做，下属永远不会自大，而且有利于自身成长。

各抒己见其实是打开员工与员工、员工与领导之间的言路。言路已开，领导者就会闭门而知天下事，就会更好地平衡员工，也才能更好地因人而用。

提供平台用人术

大多时候，领导者不会用人是因为不懂得给人才创造平台，使人才的价值不能充分发挥。

大多人都有一个自以为是的想法。给别人打工一个月挣1万，然后不干了，自己开了个小店，一个月也挣不了1万，但是他就觉得值得。因为打工是给别人干，自己开店挣得少也是给自己干，给自己干就值得。

所以领导者要给员工提供平台，让员工能够在平台上感觉是在为自己干。

一、设定底线，分配多余利润。

设定出一个合理的底线，超过底线所得部分利润分配给所有下属。

我们来看几个案例：

我有一个学生，开了家做装修设计的公司，公司内部人员以工作小组的方式编排，分为6个工作小组。每个小组由7个人组成，这7个人中有财务人员、设计师、施工专家等。当公司接到装修项目，会先测算项目成本，在此基础上核算项目的费用以及盈利数额。

然后，将项目以某个价格竞拍，6个项目小组公开竞标，谁出的竞拍价高，谁就承揽这个项目。至于这个项目最终盈利多少钱，与公司无关，公司只收取竞拍时项目小组承诺的价款。为了避免竞拍无限抬高价格，公司对价格基本都有规定，确保在一定的价格范围内，谁的拍价高谁承接项目。

举个例子，假如公司有个项目，公司核算后，认为这个项目至少可以盈利5万元，至多盈利8万元。那么，公司会将竞拍价也就是底线，设定为5万元，上限为6万元。因为要保证项目小组有盈利空间。后来，甲项目小组以5.5万元的竞拍价承接了这个项目，最终盈利7.5万元。

那么交给公司5.5万元后，剩下的2万元就由小组的7名成员来分。通过这种方式，激发了各个项目小组的工作积极性。每个项目小组接到项目后，都会精打细算每一分开支，以争取最大化盈利。

当然，为保证项目完成的质量，公司有专门的质量调查小组。他们负责验收工程是否合格，如果项目质量不合格，会被要求重新修复。比如，某个项目小组承接了某居民楼的装修工程，结果装修材料质量不过关，被检查出来，只得重新返工。

有公司的严格把关后，各个项目小组也不敢偷工减料，因为一旦被查出，这个项目的盈利额就会大打折扣。另外，为了给员工安全感，公司每个月会支付员工一些基本工资，保证他们的生活开销。通过这种“基本工资＋项目盈利”的工资制度很好地激发了各个项目团队的工作效率。

作为领导者，只有设法帮下属找到他自己工作的理由，才能激起下属的热情，提高工作效率，增加公司收入。

事实上，这样的做法就是让下属在本质上觉得自己就是老板，等于给了下属创业的机会。很多的员工都有老板梦、创业梦，通过满足他们的梦想来更好地激发员工，来最大化地用人。

二、利润分配倾向强者。

任何公司无论在利润分配还是资源分配上都不能做成大锅饭式的平均主义，这是用人的大忌。

因为大锅饭意味着干多干少都一样，没能力的或者存心偷懒的人会很高兴，对于真有能力的人，或者比较勤奋的人就是最大的不公平。所以大锅饭只能气走优秀者，聪明的管理者在资源分配和利益分配上都是向优秀的人倾斜的。

也就是必须让做得好的人有更多的资源、更多的利益，平庸的人得不到好的资源和利益。平庸的人在你的企业里待不下去，优秀的人越来越多，这样企业才会越来越好。

我有一个学生，经营一家购物商场，该商场从2014年10月引进“合伙人机制”，设定了以“利润分享”为宗旨的经营方针，并首次在生鲜部门实行，将部门超额利润中的一部分用于激励员工，旨在激励大家努力工作，积极创造收益，充分体现“资源向优秀者倾斜，分配向奋斗者倾斜”的管理思想。

该商场的生鲜部门共有12名员工，包括管理层（副总、经理、主管）、技术工种和生鲜理货员，一个月就实现了超额绩效2万多元。按照系数进行分配，每个人每月比以往多拿了半个月的工资，干得好的员工每年可以多拿四五个月的工资。

该店生鲜部门的负责人曾说过，实行利润分享制度之后，他明显感觉到大家的工作热情高涨了。公司内部通过宣传，让大家意识到自己的收入和部门、柜台的总收入、利润等是挂钩的，只有大家服务好顾客、增加销售量，个人才能分享到更多收益。因此，每个人都在暗暗使劲，想办法多做点业绩。

与此同时，大家也开始注意提高自己的工作技能。比如，进货时轻拿轻放，减少果品的损耗和浪费。接待顾客时，真诚地笑脸相迎、热情服务。当顾客少的时候，大家也能自觉地拿起喇叭在店堂内做促销，这些方法有效地增加了客流量和销售额。

为什么每个员工都暗自使劲呢？因为该超市实行利润分配制，采取的是按照员工的业绩所占的比例进行分配。换言之，员工干得好，业绩出色，获得的薪水就多。因此，大家之间既有相互合作的必要，又存在竞争关系。

该超市水果部门负责人介绍，公司规定：如果没有完成月销售业绩，整个部门是拿不到分红的。这就是说，利润分配制一下子打破原来吃“大锅饭”的状况，充分体现了多劳多得、绩效优先的奖励原则。

这在实现公司业绩目标的同时，又大幅提高了员工的收入，是一种双向的激励机制。不可否认，优秀的人就是比普通人能为企业带来更多的价值。如果企业不管他们怎么努力，给的待遇都一样，那么优秀的人就会受到打击，企业就会平庸，甚至倒闭。

作为管理者，不要担心资源向优秀者倾斜之后，会造成不公平。试想下，如果没有电位差，就不会有电流；如果没有水位差，就不会有水流；如果没有温差，就不会有风。

同样，人才能力没有差别、待遇没有差别、所能享受到的资源没有差别，就意味着企业是一潭死水。尊重员工就要体现出对不同员工的差别对待，有差别的对待，就是要将资源向优秀者、奋斗者倾斜，这才是用人之道。

就拿尚泽教育来说，公司内部的销售人员，薪资差距十分明显，一些优秀的员工月收入能达到三四万元，而一些能力稍差的员工，月收入仅仅只有几千元。我们从来没有把员工看成是在给老板打工，每一位员工对于公司而言，都是独立的合伙人。

尚泽教育就像一个大平台，为那些有能力、有想法的员工提供更多的资源，只要你自身能力足够，完全可以从员工变成老板。比如尚泽教育各地分公司，这些分公司的总经理在最初的时候都是普通员工，当他们的能力足以支撑一家公司的时候，我们就拿出资源来扶持，他们的分公司经营得越好，那尚泽就会发展得越好。

三、创造弹性工作时间。

什么叫作弹性工作时间呢？顾名思义就是在完成固定工作或

者任务的前提下，员工可以自主选择，以灵活地选择工作时间，来代替固定的、统一的上下班时间。

弹性工作时间可以说是一种领导者根据实际情况提供给员工的一种福利，满足员工的个性化需求，增加员工的积极性。有一点需要注意，弹性工作空间要根据工种的不同和企业文化的不同来设计。

欧拉马曾担任美国丘博保险集团(Chubb)芝加哥营业部副总裁，有段时间，公司需要处理美国整个中西部地区的客户理赔。当时，他手下有163名员工。为了激发大家的工作热情，提高工作效率，他对部下的工作时间做了一次大的调整。

欧拉马告诉员工："你们可以根据自己的情况安排上班时间，只要不耽误公司的工作。"也就是员工可以选择弹性的工作时间。结果，有120人选择弹性工作模式。比如，有名员工早上6点上班，下午两点半下班，以便让自己晚上有时间去读夜间大学。还有一名员工，每周在家工作两天，这样可以让自己有更多的时间陪伴孩子。

在实施弹性工作制度之后，欧拉马发现团队的工作效率明显提升：24小时内与有需要的客户接触的比率，由原来的82%提高到91%；实时理赔比率由原来的90%提高到100%。公司的营业时间，比原来拉长3小时。

弹性工作时间是领导者提供给员工的福利，不是所有的工作都可以做成弹性工作。有些工作可以，有些工作不可以。比如百货店的营业员、办公室接待人员、装配线上的操作工等就不适合弹性工作。而销售、设计、研发等就很适合弹性工作。领导者要根据实际工作来定。

建议小微企业在弹性工作人员选择上，选择和企业文化、愿景、价值观吻合且自律性强、做事有结果的员工。

要想成功推行弹性工作，离不开有效沟通。弹性工作期间，须加强汇报、沟通、反馈，可以利用微信视频、截图等进行汇报。领导者每隔一段时间要进行沟通、反馈。

弹性工作必须有严格的考核，以结果为导向。有些岗位要给员工配置所需要的设备，比如电脑、手机等，一是能经常保持联系，二是可以更好地监督。也就是说虽然给予员工弹性工作时间，但是我们必须让员工保证在工作时间内能联系上，保证不低于以前的工作效果。如果低于了以前的工作效果会给予相应的处罚。

培训、培养用人术

企业想要用好人才，培训和培养是必不可少的。

培训是指通过企业或针对企业开展的一种提高人员素质、能力、工作绩效和对组织的贡献，而实施的有计划、有系统的培养和训练活动。目的就在于使员工的知识、技能、工作方法、工作态度以及工作的价值观得到改善和提高，从而发挥出最大的潜力，提高个人和企业的业绩，推动企业和个人不断进步，实现企业和个人的双重发展。

培养是指企业通过培训、文化、影响等方式提升员工综合能力的一个过程，往往需要花费更大的精力和时间。培养不是一朝一夕就能实现的，会伴随企业的发展一直存在，其目的是为企业源源不断地提供人才。

一、培训员工。

（1）岗前培训。

针对新员工进行入职前的培训。很多企业为了节省时间，招来新员工粗略培训一下就立刻上岗，这是一个很严重的错误。

我们换位思考：当你对一个陌生的地方或者企业，在没有多少认知的情况下你会不会努力为这个企业工作？当你对企业的文化、愿景、价值观不了解的情况下，你做的事情会完全与企业目标吻合吗？

我们要知道新人的培训到底能给我们带来什么。当新人来到公司以后，就好像一张白纸，你给他上面画什么他就成为什么，你不给他画，他就自己画，他自己画的那些东西是我们想要的吗？答案是否定的。

其实一次成功的新人培训就是一次“洗脑工程”。因为我们的岗前培训不只是培训技能，更多的是培训员工的价值观跟公司的价值观保持统一，把公司的文化和愿景植入员工的大脑里。

只有做到这些，才能让员工对你的企业认可。员工认可了你的企业，才会愿意为你工作。员工愿意为你工作了你才能培训技能。如果没有打通员工愿不愿意为你工作这一关，而直接培训技能，员工根本就不愿意为你工作，只是没有别的收入来源，暂时在你这里做一个月而已。那么，你培训员工的技能不是在为同行业竞争对手做贡献吗？

对于迪士尼来说，对员工培训的首要目的是传递它的“企业宗教”。不管是新聘任的副总裁还是入口处售票的业余兼职短工，每一名员工都要接受企业文化训练课，充分了解迪士尼的历史传统、成就、经营宗旨与方法、管理理念和风格。

在几天的培训中，所有新聘员工需要马上学会下列新的迪士尼语言：员工是“演员”；顾客是“客人”；一群人是“观众”；

一班工作是一场“表演”；一个职位是一个“角色”；一个工作说明是一个“脚本”；一套制服是一套“表演服装”；人事部是“制作部”；上班是“上台表演”；下班是“下台休息”等。

新员工培训一般安排在特别设计的、贴满创始人沃尔特·迪士尼肖像和他最出名的角色（如米老鼠、白雪公主和七个小矮人等）招贴画的训练室里进行。经过精心挑选的培训导师用认真编写的脚本和特殊语言，通过反复提问及回答的方式来强化新员工对迪士尼的认识。

……………………………………………………………………………………

为了使新员工更早、更快地融入广州中远物流有限公司，该公司人力资源部邀请老员工参与新员工交流座谈会，加强新老互动；带领新员工了解公司的规模、历史、机构设置等情况，并组织大家学习公司的人事规章制度。

同时，人力资源部协同公司主要业务部门选派专人代表参与授课，各代表对部门的定位、所从事的业务、功能、典型案例、发展前景等逐一向新员工进行介绍。

培训的最后一个项目是人力资源部带领全体新员工深入业务现场，参观作业中的码头，并听取码头、堆场等业务的介绍。这样的流程使新员工深化了对公司业务的认识，进一步了解了公司的资源，明确了公司提供的服务，有利于更快地开展工作。

……………………………………………………………………………………

水星家纺对管理层新员工的培训内容涵盖了团队训练及突破，水星企业文化与发展战略，公司发展史与现状，职场基本商务礼仪，公司产品知识，财务管理制度，行政管理制度，人事管理与奖惩制度等方面。

这些课程均由公司董事长、人力资源总监及相关部门的负责人组成内部讲师团进行现场讲授，并现场解答新员工入职以来工作中存在的很多困惑，培训接受程度与培训效果显著。

我们可以看到以上几个案例，新员工的培训基本都是企业文化、愿景、价值观等。我们作为小微型企业也要重视这方面的培训。要让员工了解我们的企业文化，认同我们的企业愿景，和我们企业的价值观一致。

（2）在岗培训。

所谓在岗培训就是要持续不断地提高员工的技能、能力，让员工能够有更多的学习和提升自己的机会，帮助员工不断成长。只有持续的在岗培训才能不断地提升员工的素质，员工素质越高对企业越有利，我们用人和管理就会越轻松。

世界上有6个迪士尼乐园，位于美国的两个迪士尼乐园至今已存在很长的时间，并创造了骄人的业绩。

不过，说到经营最成功、生意最好的迪士尼乐园，还要数日本东京的迪士尼乐园，它一年的参观人数最高纪录达到了1700万人，其中很多参观者都是回头客。那么东京迪士尼乐园的管理者是怎样做的呢？这就不得不提到东京迪士尼对员工的培训了。

东京迪士尼有些扫地的员工是暑假兼职的学生，虽然他们只工作两个月，但是培训他们却要花 3 天的时间。培训内容如下：

①学扫地。扫把有 3 种：有扫树叶的，有扫纸的，有扫灰尘的。3 种扫把的形状不同，每种扫把的具体用法，在培训中都会详细讲解。

②学照相。用来培训的照相机是世界上最先进的，东京迪士尼要求接受培训的员工学会使用各种不同品牌的照相机。因为游客经常会叫员工帮忙照相，这些游客使用的可能是世界上最新的照相机。如果员工不会照相，就不能照顾游客。所以，员工必须认真地接受培训。

③学包尿不湿。游客经常会带着孩子来游玩，有时候游客会让工作人员帮忙抱一下孩子，但如果员工不会抱小孩，动作不规范，不但不能帮到游客，反而会给游客添麻烦。员工不但要学会抱小孩，还要学习替小孩换尿不湿。

④学识方向。迪士尼乐园里非常大，游客经常辨不清方向，会问员工各种各样的问题。所以，每一名员工都要把整个迪士尼的地图牢记于心，以便帮助游客指明方向。

以上培训可以保证新来的员工有能力胜任工作，快速地适应工作。而游客如果碰到这样的迪士尼员工，他们会觉得很舒服，也就会对迪士尼产生更好的印象，从而增加他们再次参观的可能性。

在岗培训是一个长期性、阶段性、战略性的培训方式，在企业发展的不同阶段采用不同的方式，根据企业自身的需求，培养员工的职业技能、素质、文化等方面，使员工的能力与企业发展速度相匹配。

现如今不少企业都有岗前培训，教会员工一些基本技能后，便任由员工自由发展。其实，这种模式对企业是不负责的，对员工本身也是不负责的。因为在员工工作的过程中，如果没有持续性的培训系统，那员工就容易走弯路，企业便会陷入缺少优秀人才的境地。

事实上，每一个人来到一个公司工作，前期都是怀揣梦想，激情澎湃，想要大显身手的。但是，每个员工的能力是有限的，公司如果放任员工自我成长，很快员工就会失去信心。

二、培养员工。

员工在经过企业培训后，他的价值观、文化与企业是高度统一的，综合能力也是能够胜任岗位职责的。具备这些条件后，员工便拥有了在企业工作的基本能力，但距离人才的标准还有很大差距。

人才不是挑选出来的，而是培养出来的，若想获得优秀人才，最好的办法就是培养人才。当一个员工具备基本的能力后，企业领导者需要做的就是培训他，提升他的思想层次、胸怀、境界、格局，让他成为一个能独当一面的人才。

（1）开拓眼界。

晋商乔致庸手下有一个长随叫高瑞。初遇高瑞的时候，他只不过是一个喂马的小伙计，夜间在马棚读书时被发现。乔致庸很好奇一个喂马的伙计居然喜爱读书，于是决定收他当随从。

高瑞跟着乔致庸在包头转了几天，看了乔家各处商号的产业后，他像看到了新世界一样。在他以往的生活中，从未见到过如此庞大的产业，从未见过几百号伙计齐声喊东家的壮观场面，更没有见过几十万两白花花的银子。

当他跟着乔致庸在包头走了一圈之后，他感觉自己像换了个人一样，以前看见那些装饰华丽的茶馆，不敢进去喝茶；看见穿着富贵的有钱人，不敢大声说话；看见几两散碎银子，都不敢奢求能拥有……

如今的高瑞早已变了样，他不仅变得活泼开朗，还变得更加自信。有一次乔致庸去恰克图贩卖茶叶，中途与草原牧民做了一笔生意，用铁锅、瓷碗换了牧民三千匹骏马。虽说这笔生意是大赚，但有一个问题难住乔致庸了，眼下三千匹骏马该如何处置？总不能带着这么多马去恰克图啊！

乔致庸想起了高瑞，于是便对高瑞说：“你负责把三千匹马赶回祁县，有问题吗？”高瑞不敢答应，一直以来他都在乔致庸身边做一些跑腿之类的工作。如今要让他赶着三千匹马回祁县，一路艰难险阻，甚至还会遇到匪帮……

高瑞支支吾吾地说：“东家，我怕不行……”乔致庸哈哈一笑，说道：“你一直以来都跟着我，去过武夷山贩茶，遇到过太平军，进过大牢，照这么看来你也是一个经历过大风大浪的人，就算没有完全学会我的本事，大概也学了个七七八八了吧，这点就足够了，别说赶三千匹马了，以你现在的本事，三万匹都不是问题！”高瑞听完乔致庸这番话，信心大增，当即表态誓死也要把马儿赶回祁县。

高瑞离开之后，有人问乔致庸为什么要让高瑞赶马，乔致庸是这样说的：这小子跟着我好几年了，人足够机灵，做事也稳当，对我更是忠心耿耿。他现在需要的是一个实践的机会，我让他一个人把马儿赶回去，一旦做成了，日后他便是能独当一面的人才。

三个月后，高瑞赶着三千匹马儿回到祁县，当他看见乔家堡的那一刻，内心之中升起强烈的成就感。这是他第一次独自做一件大事，而且做成功了，他觉得自己比想象中还要强大，将来是能做大事的人。

在此后的岁月里，高瑞成了乔致庸的左膀右臂，在日后乔致庸"汇通天下"的时候，也展现出不可或缺的个人才能，在整个乔家的商业帝国中占据着重要的位置，是乔家多年培养出来的顶级人才。

培养员工要从开阔眼界开始做起，目的是改变员工的思想、价值观、世界观，只有这些东西改变之后，员工才能在行为上发生改变。就好比一个店铺的伙计，如果他的思想没有从根本上发生改变的话，那他一辈子都可能只是一个小伙计，而一旦他的思想发生改变后，才有可能从一个小伙计变成掌柜。

"眼界有多大，成就就有多大"，对于企业而言，员工的眼界决定着员工的成就。一个目光短浅，只能看见蝇头小利的人，是不可能为企业创造多大价值的。当员工看到的、经历过的事物变多后，他们的思想层次、人生高度会发生改变，才能为企业创造价值。

（2）给予更大的舞台。

一个人的能力不是与生俱来的，而是在不断地实践过程中磨砺出来的。特别注意一点：任何人在实践的时候都可能出错，犯错是成长的最佳方式。作为企业领导者，不仅要给予员工实践的机会，更要有容纳员工犯错的胸怀。

比如三国里的马谡，跟随诸葛亮多年，学到的本事也不少，好不容易等来镇守街亭的任务，结果还失败了，直接丢掉了性命。试想一下，一个从未拥有实践经历的人，如何能一下子把一件事做好？这几乎是不可能的事情，培养人才必须要理论与实践结合，随着能力的不断增长，给予他们更大的舞台，才能培养出大才之人。

秦朝末年，各地诸侯纷纷起义，全国上下战火不断。陈平目睹了秦朝的残暴与百姓的疾苦，立志要做出一番事业，让百姓过上安定的日子。为了这一目标，他投靠了当时的魏王，试图帮助魏王夺得天下。

可惜，魏王并没有看到陈平的才能，当陈平为他出谋划策的时候，魏王都不予理睬。陈平认为自己的才能得不到魏王的赏识，再加上魏王不是一个胸怀天下之人，这样的人注定不能成大事，于是他便离开魏王，前去投奔当时势力最大的人——项羽。

在陈平看来，当时的项羽有称霸天下的实力，如果能辅助这样的人，待天下一统之后，自己的目标也会实现。于是，陈平倾尽全力辅助项羽，为他出谋划策，希望项羽能一统天下。

随着对项羽了解越来越深，陈平发现项羽并非明主，此人心高气傲，眼里容不下任何人，并且做事独断专行，对权力、财富太过痴迷。陈平此时已经看出来，项羽是不可能一统天下的，自己应该为日后早做谋划。

公元205年，司马卯背楚降汉引得项羽大怒，而陈平也因此事受到牵连，与项羽之间的关系日渐疏远。通过这件事，陈平对项羽彻底死心，他便趁着项羽不注意，悄悄离开，前去投奔刘邦。

刘邦是一个识才的人，得知陈平投靠的消息后心中大喜，直接任命陈平为都尉，留在自己身边做参谋。

初来乍到的陈平被授予的官职太高，刘邦手下的一帮人很是不满。有人告诉刘邦，说陈平品性不端，先后辅助魏王、项羽，都背弃他们，而如今辅助汉王，必定心怀不轨，搞不好是项羽派来的奸细。

刘邦经不住这些人的劝说，于是便召见陈平，质问道："听说你以前是帮助魏王的，后来又帮助项羽，而如今又来帮助我，这样怎么能让人不怀疑呢？"陈平回答："同样一件有用的东西，在不同人的手里，作用就不一样了。我不远万里来投奔大王，是因为听闻大王识人善用，如果大王不信任我，请放我一条生路，让我回故乡。"

陈平的话说完后，刘邦哈哈大笑，彻底打消了对他的怀疑，并且任命陈平为护军中尉。从此之后，陈平一心辅助刘邦，并且为刘邦"六出奇计"，最终帮助刘邦夺得天下，成为西汉安邦定国的著名谋臣。

员工的能力与企业给予的发展空间是成正比的，能力越大，舞台越大。员工在不断地成长，这就要求企业也需要不断地成长，只有不断地给予员工足够的发展空间，那么员工才能长久地为企业服务。

我们总不能指望在笼子里养出翱翔万里的雄鹰，更不要奢望在固定的舞台上培养出大才之人。当员工成长到一定程度的时候，领导者必须要为他们创造更大的舞台，让他们能够在更大的舞台上施展才华。员工得到的舞台越大，企业发展得就会越大。

（3）培养责任心。

员工的责任心对于企业来说尤为重要，是企业长久、持续发展的保障。责任心与员工自身才能的大小无关，领导者不能因为员工才能突出，而忽略对他们责任心的培养。不论怎样的员工，培养责任心都是重中之重的任务。

一个有才、无责任心的人，虽然我们可以使用他们的才华来协助企业发展，但是，一旦这个人在企业中的需求无法得到满足的时候，就会毫不犹豫地抛弃企业，并且很可能会成为企业的竞争对手。这种有才无责任心的人，需要谨慎再谨慎地去使用，一旦用不好，可能给企业带来不可估量的损失。

作为企业领导者，我们无法承担那些无责任心的员工所带来的后果，所以培养员工的责任心便成为一件很重要的事情。

小张和小赵同时进入一家公司内勤部，小张负责传递文件、订盒饭、订车票之类的工作，小赵负责打印文件、下发通知、布置会场等工作。

虽说俩人同为内勤部员工，但做事风格却截然不同。小张做事总是本着“事不关己，高高挂起”的原则，除了自己的本职工作之外，其他事情一概不管。比如，有一次小张给总经理送文件，还没等总经理看完，他直接离开了。等总经理看完文件需要布置工作的时候，却发现小张早已不在了……

小赵的工作虽然比较简单，但她做事很负责。比如公司需要开会的时候，小赵会提前半小时布置会场，在会议开始前十分钟会去各部门主管办公室提醒，当大家开完会之后，还会将桌椅摆放整齐。虽然这类工作很简单，但能做到如此认真负责的人却不是很多，因此小赵经常得到主管表扬。

一年后，公司因业务调整制定了一份裁员名单，小张和小赵在名单之上，一个月之后他们只能离开公司。

得到这个消息后，小张伤心得哭起来，开始不停地向同事抱怨，向主管诉苦……小张心情很低落，根本没有继续工作的心思。大家找他订车票、订酒店的时候，她都把工作推到一边，什么也不做。没办法，这些工作只能由其他同事来完成。

而小赵虽然也很伤心，但她想还有一个月的时间，那自己的工作就得继续，于是更加认真负责地做起工作。

一个月后，小张如期被裁员，而小赵却留了下来。主管当众宣布公司这一决定的时候，重复着老板的话：“工作不分贵贱，每个岗位都有它独立的价值，而小赵的岗位是谁也无法替代的，像她这样的员工，我们公司永远都不会嫌多！”

小赵得知这一消息后很开心，于是便找到主管询问其中的原因。主管微笑着说：“能力不是咱公司衡量员工的唯一标准，老板更在乎的是素质。你做的每件事老板都看在眼里，我们大家也都看在眼里，你是一个有责任心、上进心的人，这样的人老板怎么舍得让你离开呢？”

小赵明白这一点后，十分感激主管和公司的栽培，虽然做着一些简单而单调的工作，但她对自己所做的每件事都很负责。不久之后，小赵被提拔为副主管，她的能力虽然并不是很强，但做事认真负责的品质却赢得全公司的认可。

（4）培养忠心。

有句话叫作“培养一个没有忠诚度的人，等于给自己培养了一个敌人”，此话虽说有点过激，但细品之下并不是没有道理。在当今企业中，如果员工对企业的忠诚度不够，那这样的员工对于企业来说就是潜在的威胁。一旦这类员工掌握一定的资源、权力之后，会给企业带来巨大的伤害。

我们应该都听说过这样的事情：“某某公司业务总监，带着自己的部下另立门户”“某某公司副总经理跳槽成为原公司竞争对手”……此类事情在当今企业中屡见不鲜。因为人们对物质、权力的渴望是无限的，一旦对企业的忠诚度不够时，他们就会果断地选择离开。

战国时期，魏国有一个人叫公孙衍，因为在魏国不得志，便前往秦国。秦惠文王善于识人用人，深知公孙衍是大才之人，便任命他为大良造，直接参与国事。

秦国与魏国之间有一地界叫河西，该地区是秦国通往中原的必经之路，却被魏国牢牢控制。魏国很清楚，只要控制住河西地区，就等于控制住整个秦国的粮食命脉，只要秦国缺少粮食，那就不敢攻打魏国。

公孙衍当上大良造之后，首先谋划的便是攻打河西之地。虽说魏国是他的母国，但魏惠王可不是一个重视人才的君王，如今公孙衍既然在秦国获得任用，为秦国效力便是对秦惠文王的最大表忠。

公元 333 年，公孙衍率领秦国大军攻打河西地区，魏国根本抵挡不住秦国的攻势，节节败退。最终魏国损失 8 万多名士兵，向秦国割地求和，委曲求全之下才保住整个魏国的安危。

不久之后，同是魏国人的张仪也来到秦国，得到秦惠文王的器重。此时公孙衍认为张仪的出现极大撼动了他在秦国的地位，极力劝说秦惠文王放弃使用张仪。可惜，秦惠文王认为张仪是大才之人，不仅没有赶走张仪，并且任命张仪为客卿。

公孙衍怀恨在心，便离开秦国。他无处可去，只能回到自己的母国魏国，做了一名将军，向魏王提出了“合纵”策略，计划联合五国一起对抗秦国。

公孙衍在不得志的时候前往秦国，是秦惠文王看到他的才能，才委以重任。如今却因为一己私欲谋划攻打秦国。这本身就是一件违背道德的事情，从他谋划攻打秦国的那一刻开始，恐怕便是最大的错误。

结果可想而知，虽然公孙衍说服了其他国家的君王，大家一起发兵攻打秦国，但由于各国之间都有自己的私心，导致他的联合大军以失败告终。

战斗失败，公孙衍已经没办法继续在魏国待下去，只能四处游走，最后在韩国落脚，出任韩国宰相，依旧推行他的“合纵”策略，联合其他国家再次对秦国发起攻击，势必要把秦国置于死地。

秦惠文王听到公孙衍在韩国谋划攻打秦国的消息后，便大怒，即刻举大军攻打韩国。两军相持一年多，最后韩国军队大败，公孙衍再也无力回天，只好逃走。此后没有任何一个国家愿意任用公孙衍，他只能在悔恨中孤独终老。

对于企业而言，员工的忠心要远远大于他的能力，正如那句“有德无才，培养使用；有德有才，破格使用；有才无德，坚决不用。”

总而言之，不断培训和培养人才，我们才有人才可用。任何企业的发展离不开团队的壮大，团队的壮大离不开人才的涌现。人才是培养出来的，不是招聘来的。要想用好人，就要先培养好人，再去用人。

创造环境用人术

人，是环境的产物。在什么样的环境下就会成就什么样的人。再有能力的人，他周围都是乞丐，他最多也就混成个丐帮帮主。再没能力的人，他周围都是亿万富翁，他最次也会是个百万富翁。

有一位大老板的司机马上要退休，大老板说："你退休我让财务多给你些钱，也算是这么多年来对你工作的肯定。"

结果司机说："我不要，我不缺钱。"大老板说："你一个司机工资是有限的，怎么不缺钱呢？"司机说："因为我经常听到你在讨论各类股票，哪个要涨哪个要跌，我就会买一些，卖一些，这么多年来我也赚到很多钱，应该不低于公司中高层的收入。"

所以，环境造就人。我们为下属提供怎样的环境，下属就怎样为我所用。你提供的工作环境不合适，用起人来就不会顺手；你提供的工作环境合适，用起人来就顺手。

孟母三迁，迁的就是环境。几千年前的人都知道环境的重要性，我们作为当今的企业家也要懂得环境对人的影响，想要更好地用人就要给下属提供更好的工作环境。

这里的工作环境不只是外部环境，更重要的是公司的内部环境。

一个企业要给员工提供一个良性的竞争环境，在良性的竞争环境里员工才能自主自发积极向上，领导者才会更轻松。

怎样打造良性竞争环境呢？我认为要做到以下几点：

一、良性底线考核及奖罚制度。

某公司关于话务员奖惩制度的建议

1. 新员工。

①进入试用期的新员工，进入我司首个自然月，质检后营销（仅仅是质检后营销量，无视 KPI 其他项目）业绩，排名在公司所有话务员（包括新员工）前 50％的，次月直接转正，享受正式员工的福利及待遇。

②试用期新员工，业绩排名（仅新员工）连续 2 个月在后 5 位，延长 1 个月试用期。若连续 3 个月均在后 5 位，则取消试用资格。

③试用期新员工，业绩排名（仅新员工）前 5 名，享受我司给予的新人业绩奖，并在转正后享有新人转正特殊奖。其余新员工正常转正则无此奖励。

④试用期新员工，业绩增长比前一个月多，下月享受最佳新人奖。

2. 所有员工。

奖励：

①每月排名前10%的员工，公司额外奖励200元（建议每月15—20日之间开早会时当面发放，有种集体荣誉感）。（今后有小团队了，还有相对的基金）

②每月排名前11%～30%的员工，公司额外奖励100元。建议同上。

③每月排名前31%～50%的员工，公司额外奖励50元。建议同上。

④其他奖励如下：其余员工为公司的基层，为了更好地激励，凡比上个月业绩提升3%以上的都有50元的奖励，包括前50%的员工。

⑤业绩提升在前5名的员工，享受最佳进步奖。

惩罚：

①所有正式员工每连续3个月排名在后10%的，降级为试用员工。

②所有正式员工累积3个月排名在后10%的，取消公司额外补贴。

良性的制度都会带有竞争性，员工都不甘落后，愿意排名靠前，最起码也要做到排名适中，谁也不愿意自己排名倒数第一，因为不但没有奖励还会有惩罚。

二、良性竞争（PK）机制。

企业用人离不开PK机制。在这里我们来谈谈PK机制的几个注意点：

1.PK金的方式。

既然是PK机制，就要定下PK金。很多企业为什么PK机制不好落地，是因为PK金的出处出了问题。不管是怎样的PK，一定要记住，最少要有三份PK金。

也就是PK双方各出一份PK金，领导者或者公司也必须要出最少一份PK金。很多公司只让PK双方出PK金，导致员工产生很大的敌对心理，PK机制根本执行不下去。

要在PK开始的时候至少三份PK金就放在第四方公证人的手里，而不是等到PK结果出来再拿出PK金。因为等PK结果出了，输的那一方不能心甘情愿地拿出来，造成执行上的延误。

公司所出的那一份PK金其实也是羊毛出在羊身上，因为只要PK就会给企业带来效益。如果可能的话，PK双方的直接领导者也要出一份PK金，这样员工PK的意愿就被提升上来了。只要员工愿意去PK，业绩肯定提升，管理、用人也会特别轻松。

2. 一定要有底线。

我们做PK一定要设置入围底线，不能是PK双方谁赢谁就拿走PK金，而是在过了我们所定的底线以后，谁赢谁拿走PK金。这样，可避免 PK 双方都不努力，反正有一个会赢，最后双方私下瓜分掉 PK 金。

如果 PK 双方都没有超过底线，PK 金要滚入下一轮，这样奖池里的钱就会越来越多，越来越吸引双方 PK，这就给下属 PK 带来动力。就好比是彩票，这一期没有出特等奖，会滚入下一期，这样才能保证彩民继续购买彩票。

3.PK 结果公之于众。

对于双方的 PK 结果和奖金所得数额，必须公开。让赢的人更加有面子，让输的人更想捞回来。

不用担心给输的人造成压力，因为如果真是那样，这个输的一方我们就应该考虑一下怎样用他或者用不用他。

没有上进心和不能承受打击的下属应该慎用，因为你的企业不可能一帆风顺。当企业遇到大问题的时候，是要靠全体人员一起奋斗，才能渡过难关的。连这样一点点 PK 都不能承受的人，在你企业遇到困难的时候会第一个离开，让你的困难雪上加霜。所以，PK 有时候也是检验下属的一个工具。

三、良性竞争晋升机制。

用人离不开晋升的设置，在晋升上也要有良性的内部竞争才能把晋升的作用发挥到最大。晋升的标准不能单看员工的业绩，对员工价值观的考核也是很重要的。

所以很多做得好的企业晋升双线或者多线的晋升。比如有技能线的晋升和管理线的晋升。一个员工在技能方面很占优势，但是管理方面一窍不通，如果你只设置管理方面的晋升，那么这个员工就没有晋升机会，他的技能又特别强，你不晋升他，那大概率会被同行业挖走。

所以你设置技能线的晋升，这个员工就可以晋升。技能线和管理线，还有业务线都是平行的。各有优势的人可以从不同的线路获得进步、晋升。

四、良性竞争薪酬机制。

每个人只要通过努力就能获得更多的报酬——这就是薪酬上的良性竞争。

要想达到这个结果，就要把所有的薪酬“做活”，而不是死工资。其中包括底薪，通过对底薪的分化，让那些吃苦耐劳、任劳任怨的人在这个薪酬方式上能拿到更多。

提成：通过设置阶梯提成比例、收单提成法等，让有业务能力的人，或者说业务能力强的人在这个薪酬方式上大展拳脚。

奖金：根据为企业带来收益的大小，让那些点子多、有策划能力的人通过这个薪酬方式获得更多的收益。

分红、期权、股权都要做成活性的，能进能退，不是说你拥有分红权就高枕无忧了，考核不达标会撤销分红权、期权，甚至股权。

总而言之，薪酬必须做成活的，而不是死的、局限的。

参考文献

[1] 扁鹊治病 [EB/OL].（2019-12-15）.[2021-11-07].https://www.ruiwen.com/wenxue/yuyan/17550.html.

[2] 用人亦育人 [EB/OL].[2021-11-07].http://www.dushuhao.com/book/chapter/3031/53.html.

[3] 搜狗百科 . 孙权劝学 [EB/OL].[2021-11-07].https://baike.sogou.com/v1290385.htm?fromTitle=%E5%AD%99%E6%9D%83%E5%8A%9D%E5%AD%A6.

[4] 搜狗百科 . 楚汉争霸 [EB/OL].[2021-11-08].https://baike.sogou.com/v29715.htm?fromTitle=%E6%A5%9A%E6%B1%89%E4%BA%89%E9%9C%B8&ch=frombaikevr.

[5] apanghuang141. 王石最尊敬的人——褚时健 [EB/OL].（2014-08-27）[2021-11-08].https://www.doc88.com/p-5921046152091.html.

[6] 做一天和尚，撞好一天钟 [EB/OL].[2021-11-08].https://wenku.baidu.com/view/65b0b03ef80f76c66137ee06eff9aef8951e4863.html?fr=sogou.

[7] 豆豆 . 五块钱 [EB/OL].（2012-11-29）[2021-11-09].https://www.docin.com/p-540268107.html.

[8] 业界良心 . 信任员工 [EB/OL].（2016-06-08）[2021-11-09].https://news.12reads.cn/64675.html.

[9] 立木为信 [EB/OL].[2021-11-09].https://baike.sogou.com/v7929461.htm?fromTitle=%E7%AB%8B%E6%9C%A8%E4%B8%BA%E4%BF%A1.

[10] 搜狗百科 . 纸上谈兵 [EB/OL].[2021-11-09].https://baike.sogou.com/v20227.htm?fromTitle=%E7%BA%B8%E4%B8%8A%E8%B0%88%E5%85%B5.

[11] 做事与做人 [EB/OL].[2021-11-10].https://wenku.baidu.com/view/987f54e0284ac85

0ad0242fc.html?fr=sogou.
[12] clovez99. 响尾蛇的目标管理 [EB/OL].（2010-05-09）[2021-11-10].https://www.doc88.com/p-04368101450.html.
[13] jimi45675003. 和谐社会礼仪为先 [EB/OL].（2018-07-03）[2021-11-11].https://www.doc88.com/p-7307816089586.html.
[14] 雪羽纤画 . 管你该管的事，这才是高效率的领导 [EB/OL].（2019-07-30）[2021-11-11].https://max.book118.com/html/2019/0220/8050032047002007.shtm.
[15] 洪都烟客 . 中国历史上著名的十大名相 [EB/OL].（2020-08-09）[2021-11-12].https://www.sohu.com/a/412155363_120093223.
[16] wooty17. 新员工培训案例 [EB/OL].[2021-11-12].https://doc.mbalib.com/view/c9679884adb4303cd0824f51a53fe8c7.html?topic_id=294338.
[17] 彼得・德鲁克 . 卓有成效的管理者 [M]. 北京：机械工业出版社，2009.
[18] 杰克・韦尔奇 . 杰克・韦尔奇自传 [M]. 北京：中信出版社，2004.
[19] 刘澜 . 领导力必修课：动员团队解决难题 [M]. 北京：北京联合出版集团，2019.
[20] 张振学 . 领导力 18 项修炼 [M]. 北京：九州出版社，2019.
[21] 亨利克・费克萨斯 . 读心——教你快速知心识人的沟通术 [M]. 北京：中信出版社，2020.
[22] 王光普 . 员工心理读本 [M]. 北京：中国纺织出版社，2013.
[23] 大卫・雷德蒙 . 授权的艺术——管理大师丛书 [M]. 北京：国际文化出版社，2000.
[24] 欧小蓉 . 一把手合理授权的策略与艺术 [J]. 领导之友，2017，6.
[25] 李祖滨，胡士强，陈琪 . 重构绩效：用团队绩效塑造组织能力 [M]. 北京：机械工业出版社，2019.

经营的智慧

境界

智　道◎著

哈尔滨出版社
HARBIN PUBLISHING HOUSE
中国环境出版集团

图书在版编目（CIP）数据

经营的智慧. 境界 / 智道著. -- 哈尔滨：哈尔滨出版社；北京：中国环境出版集团, 2022.11
ISBN 978-7-5484-6945-2

Ⅰ. ①经… Ⅱ. ①智… Ⅲ. ①企业经营管理 Ⅳ. ①F272.3

中国版本图书馆CIP数据核字(2022)第217746号

书　　名：经营的智慧. 境界
JINGYING DE ZHIHUI. JINGJIE

作　　者：智道　著
责任编辑：韩金华
装帧设计：艺友品牌

出版发行：哈尔滨出版社（Harbin Publishing House）
中国环境出版集团
社　　址：哈尔滨市香坊区泰山路82-9号　邮编：150090
北京市东城区广渠门内大街16号　邮编：100062
经　　销：全国新华书店
印　　刷：北京鑫益晖印刷有限公司
网　　址：www.hrbcbs.com　www.cesp.com.cn
E－mail：hrbcbs@yeah.net
编辑版权热线：（0451）87900271　87900272
销售热线：（010）67125803，（010）67113405（传真）

开　　本：787mm×1092mm　1/16　印张：57.25　字数：616 千字
版　　次：2022 年 11 月第 1 版
印　　次：2022 年 11 月第 1 次印刷
书　　号：ISBN 978-7-5484-6945-2
定　　价：192.00 元(全四册)

企业家的人生境界

什么是境界？

境界指的是一个人的思想觉悟和精神修养，我们说一个人的境界如何，实际上指的是一个人的思想觉悟和精神修养的水平如何。然而，在现实生活中人们对境界的具体感受和定义会发生很大的变化，由于所处领域不同，会产生不同的看法和见解，故而境界只能定义为一种微妙的感觉。

对于企业家而言，自身境界的高度，决定着他的企业、团队、事业能走多远，能做多大。一个真正的企业家，需要不断提升人生境界，只有让自身的境界抵达一定高度，才能拥有境界高、格局大的企业。

有这样一个小故事：古时有两位商人，同样做着香火纸钱的小生意。第一位商人总害怕自己吃亏，给客人的纸钱往往都会少几张，毕竟没有人会仔细数纸钱的数量。第二位商人的心思根本没放在纸钱上，他想要积累更多客户，去做更大的事情，所以给客人的纸钱往往都会多几张。

一年后，第一位商人依旧是个小商贩，依靠小生意维系生活。第二位商人已经变成大商人，店铺面积不仅比以前大，还开了一家饭庄，他的两家店铺的生意都很红火。

故事很简单，道理亦浅显。然而，如此浅显易懂的道理，却难倒无数企业家。多数中小微企业家都在抱怨自己的企业做不大，或把原因归结为社会因素，或把原因归结为用人因素，又或把原因归结为管理因素……

很少有人把原因归结到自身。企业家越是处于企业之中，越是难以发现影响企业发展的真正因素。如同故事中的两个商贩一样，对于第一个商贩而言，他或许永远想不通自己的店铺为何做不大。

作为企业家，如果没有容纳百川的心境，那企业又能做多大呢？正如《易经》中的一句话——“德薄而位尊，知小而谋大，力小而任重，鲜不及矣”，把这句话的意思放在企业中来看，就是企业家的境界有多大，其事业就会做多大。对于企业家而言，境界的高低和事业的大小是成正比的。

因此，若想在当今社会中做出一番事业，若想让自己的企业有突破性的发展，那么身为企业家，最需要的是修炼自身的境界。当自身境界达到一定高度时，企业才会有更大的发展空间。

没有人愿意庸庸碌碌地过一生，也没有一个企业家愿意一成不变做企业。然而现实社会中，却有很多人的一生过得庸庸碌碌，也有很多企业家一辈子都在维持企业生存。并不是人比人聪明，而是人与人之间的思想觉悟和精神修养有差距。

本书主要从眼界、心境、智慧、境界四个方面来阐述人生境界，并以当前中小微企业领导者为对象，从不同形式、不同角度阐述企业家应有的境界，以更加简单、通俗的案例为基础，帮助企业家更好地提升自身境界，从而帮助企业更好地发展。

智　道

目　录

CATALOGUE

开篇　改变｜你会看到崭新的世界

上篇　眼界｜看方向，看目标，看未来

中篇　心境｜心胸有多宽，事业就有多大

下篇　智慧｜智者愚也，愚者智也

终篇　人生境界｜大智若愚，大道至简

开篇

OPENING

改变｜你会看到崭新的世界

如果把人生比作航行在大海上的游轮，那么思想如同引导游轮前行的航线。在许多时候，直行并不一定能抵达目的地，而是需要不断调整航线，穿越风浪，才能抵达。

别让固有思维变成禁锢你的牢笼

心胸开阔、与世无争是一种境界；勇往直前，从不言败也是一种境界。每个人的人生不同，境界也不一样，在茫茫人海中，在形形色色的人群中，总有一些人成为佼佼者。

一个在路边摆摊的小老板，他的人生境界必然与那些功成名就的企业家不同。反观之，那些功成名就的企业家，往往都经历过小老板的生活，那么，为什么有些人一辈子始终都是小老板，而有些人则从小老板成为企业家?

究其根本，还是人生境界的差距。无论怎样的人，若想成为佼佼者，必然需要先提高人生境界，随着境界的提升，才可能获得另一个高度上的事业成就。

人生境界的修炼不是一朝一夕的事情，提高境界，首先需要从改变思维做起，只有思维开始改变，人生才会随之改变。

《庄子》中曾记载这样一个故事：

一日，庄子送给惠子一个很大的葫芦，惠子得到葫芦后十分开心，他叫人把葫芦搬进来。仔细端详后，惠子遇到了难题。

因为这个葫芦实在太大，起码能装五石[1]的东西，如果用葫芦装水，那么整个葫芦肯定会被水撑爆；如果不能装水，那么要这个葫芦还有什么意义呢？惠子陷入沉思，最后他决定把葫芦弃置在仓库，任由葫芦腐烂。

许久之后，庄子去惠子家做客，想起葫芦的事情，就询问："惠子，我赠予你的葫芦，可好用否？"惠子早已将葫芦的事情忘记，经庄子这一问，立刻想起堆放在仓库的葫芦。

于是，惠子急忙叫人去仓库把葫芦拿来，结果葫芦因为存放时间太久，已经腐烂不堪，成为一个没用的废物。惠子内心羞愧，便对庄子说道："您送与我的葫芦，实在太大，无法装水，存放在仓库后，现在已经腐烂。"

庄子听闻此话，并未生气，反而问道："惠子呀，难道葫芦只能用来装水吗？"惠子一愣，思考片刻后回答："葫芦本来就是装水的呀，不然还能做什么呢？"庄子微微一笑，说道："我送与你的葫芦，体型巨大，不适合装水。若是你把葫芦劈开，当作一只小船来用，那岂不是更好？"

惠子听完后，恍然大悟。

同一件事，不同的人去做，就会产生截然不同的结果。就像惠子和庄子一样，在惠子眼中，葫芦就是用来装水的，如果不能装水，那么葫芦就是一件废物。而在庄子眼中，葫芦不仅可以装水，还可

① 一石等于 50 千克。

以当作船只使用。

在许多时候，变化一下固有的思维，就会看到另一种全新的思路，当前遇到的问题也会迎刃而解。

看似简单的思维转变，其实对于大多数人来说是一件“天大”的难事。因为，人的思维一旦形成习惯，就会根深蒂固地印刻在我们的脑海里，想要改变固有的惯性思维，不仅需要我们变化思考模式，还需要配合一些必要的刻意练习。

改变思维的四项训练法。

1. 学会质疑。

固有思维导致人们在做事情之前，往往会产生这样一个念头：应该这样做。当产生这个念头时，我们第一时间应该发出质疑：为什么要这样做？当你开始质疑时，就是改变思维的开始。

在一个老旧社区里，人们抱怨等待电梯的时间太久，强烈要求物业增加电梯数量。物业人员聘请工程师前往社区查看，最终得到两个结果：一是增加电梯数量；二是在电梯里安装电脑芯片，控制上下速度。

由于社区年代久远，不论是增加电梯数量，还是安装电脑芯片，所产生的经济成本都是社区物业无法承受的，最终也没有更好的解决办法，社区住户只能依旧忍受等待电梯的苦恼。

有一天，有个年轻人向社区提出建议，他说：“人们等待电梯的时间，其实也就两三分钟。这样的时间并不长，人们之所以发出抱怨，是因为等待期间很无聊，便会觉得等待时间漫长。”

“如果在电梯外安装一面镜子，那么人们在等待的时候就可以整理一下自己的着装，两三分钟的时间很快就会过去。”

社区物业接受他的意见，安装了镜子。镜子不仅成本低廉，而且所产生的效果异常好，这之后，人们就很少抱怨等待电梯的时间太久了。

这是一则经典的思维改变案例，当所有的问题看似都集中在“电梯慢”上时，很少有人注意到使用电梯的人。当把“电梯慢”的问题转移到使用电梯的人的身上后，问题就迎刃而解了。

质疑产生改变，改变产生思路，思路创造新境遇。

2. 学会提问

改变固有思维并不是一件容易的事情，学会质疑是改变的起点，但并不是每一次质疑都能获得良好结局。反而在大多数质疑发出后，获得的结果并不理想，甚至比不上固有思维带来的结果。

在最开始尝试改变思维的时候，人们依旧无法摆脱固有思维的束缚，也就导致在起初阶段，那些所谓的“质疑”往往显得鸡肋。即便如此，依旧需要坚持质疑，因为改变固有思维是一个长期的过程。

只有通过长期的质疑，人们才能在原来的思维方式上做出改变，当这一过程的持续时间足够长时，每当一件新的事情发生，人们第一时间的思维反应就是质疑，从而得到比固有思维更优的结果。

在转变固有思维的过程中，需要人们经常发出“提问”：为什么要这样做？这样做的好处是什么？这样做能得到怎样的更好的结果？

提问是解决质疑的最佳方法，也是改变固有思维过程中不可或缺的逻辑顺序。只有先提出质疑，再提问，才能完成所谓“改变”的思维链，得到更优结果。

3. 学会反思。

有句古语叫“温故而知新”，任何一件已经发生的事情，当我们再次去思考、去看待时，往往都会发现另外一个更好的解决思路。

改变固有思维必然离不开反思，当我们通过“质疑”“提问”处理一件事情后，需要对整个事件进行整体反思。这个反思可以在事情处理很长一段时间后进行，因为从事物中抽离出来后，往往可以更加清楚地看见事物本质。

反思不仅仅是为了判断事情的对与错，而是反思事情有没有更好的处理方式，反思当初处理的手法，在不断的反思中获得更优秀的解决办法。

4. 学会解答。

“反思”与“解答”是一条思维链的两端，有反思，必然会出现新问题，那么随之而来的就是解答。

大英图书馆发生过这样一件有趣的事情。

大英图书馆需要搬迁，整个图书馆内有百万册藏书，搬运这些书籍成为最大的难题。如果找搬运工，需要花费300万英镑，图书馆很难拿出这么多钱。

馆长面向所有工作人员寻求解决办法，有人说让政府提供帮助，有人说向社会请求捐款，甚至有人要求搬运公司打折。结果可想而知，没有一种办法能很好地解决眼前的困境。

最后，一位年轻的小伙子提出一个办法，他说："我只要150万英镑，但前提是不管剩下多少钱，都归我。"馆长觉得很划算，就满口答应，毕竟比起300万英镑来说，还是省了一半的钱。

结果，第二天这位小伙子就在图书馆门外贴出公告：今日起免费借阅图书，前提条件是还书的时候，需要到图书馆新地址归还。

在补偿图书馆正常借阅费用后，小伙子最终剩下15万英镑，不仅很好地解决了图书搬运问题，还让自己赚了一笔。

我们不妨来分析一下这个小伙子的思维逻辑，在搬运图书这件事上，问题的核心出在"搬运"上。按照固有思维，要么花钱搬运，要么请求政府帮助。而这个小伙子首先就将问题的核心转换，把"搬运"转移到"人"身上，那么问题就由"搬运图书"变成"由谁来搬运图书"。

问题核心改变后，那么就要继续思考如何解决"由谁来搬运"的问题。请搬运公司，必然需要支付300万英镑。那么有没有可能让人免费搬运呢？当提出这个问题后，得到一个最优解决办法——让读者免费搬运。

如何才能让读者免费搬运？这是随之而来的又一个问题。要让读者免费搬运，那么就必须给读者一点“好处”，而这个好处还必须是图书馆能承受的。有了这样的思维前提，便得到一个完美的结果——免费借阅，归还到新地址。

至此，一整套逻辑思维就完美地展现出来。一个看似必须花费300万英镑的难题，变成一件极其简单的事情。这就是改变固有思维所带来的完美结果。

当一个人的思维开始改变时，与之相关的一系列因素都要随之改变，此时就需要我们重新找准自己的位置，重新看待自己的人生，只有崭新的眼光、崭新的思维，才能开启崭新的世界。

定位自己，人生才刚刚开始

有一个小鞋匠，他每天早早出门，开始一天的工作，日落之后才拎着厚重的工具箱回家。在小鞋匠的世界里，擦鞋是他的一切，好像生来就是要从事擦鞋这一项工作，以维持自身的正常生活。

有一天，小鞋匠依旧像往日一样帮一位中年男人擦鞋，这个男人看见鞋匠努力的样子，随口问道："你很喜欢这份工作吗？"小鞋匠勉强一笑，回答："不，先生，我不喜欢擦鞋，但是为了生存，我不得不努力。"

中年男人听见这样的答案，脸上露出疑惑，说道："你在做自己并不喜欢的事情，还能如此努力？那你为何不把这份努力，放在你喜欢的事情上呢？"小鞋匠被男人的话说得一愣。

在此之前，小鞋匠从未思考过这个问题。男人提出的问题，像一道光束一样在他脑海中一闪而过，那一刻小鞋匠似乎想到什么，他脑海中不断反问自己：我为什么不能在自己喜欢的事情上努力呢？

十六年后，当年的中年男人已经变成一位老人，这一日他正坐在咖啡厅休息，迎面走来一位西装革履的中年人。中年人靠近老人，深深鞠躬，眼中饱含泪水，说道："谢谢您，在我最懵懂的年纪，指引给我人生方向。"

老人一愣，仔细端详后，想起眼前的这个人就是当年的小鞋匠，脸上顿时露出微笑。小鞋匠继续说道："自从那日您说出那番话后，我深刻反思自己，找到了答案。我热爱绘画，所以十六年来，我不停地在绘画上努力，如今已经成功。"

老人微微一笑，说道："恭喜你，找到了全新的自己。"小鞋匠脸上露出礼貌的笑容，说道："我想邀请你以贵宾身份出席我的画展，因为您是我人生中最重要的人。"日落黄昏，小鞋匠牵着老人的手，两个微醺的背影消失在人海中。

并不是每个人都能像小鞋匠一样，在对的时间里遇到对的人。很多人，即便迈入中年，也没有搞清楚自己的人生到底应该怎样过，自己未来将会成为一个怎样的人。在多数人的世界里，看见的只有眼前的苟且，无法看到未来的美好。

"人生定位"是导致这一现象产生的主要原因。因为这些人对自己的人生没有明确定位，总是随波逐流、日复一日地生活着，甚至在许多时候根本不清楚自己需要什么，不清楚自己究竟想要做怎样的一个人。

由此可见，一个正确且符合自身条件的定位，对于一个人的整个人生来说是多么重要。然而，给自己的人生定位并不是一件简单的事情，需要我们通过不断的学习、成长，在恰当的时机给自己确定恰当的位置。

明代"药圣"李时珍，在他 12 岁的时候，凭借优异的成绩获得乡试秀才，他父亲听闻此消息后，高兴地抱着李时珍转了好几圈。

父亲认为李时珍是状元材料，只要加以培养，将来必定光宗耀祖。

然而，事情却没有想象得那样顺利，此后多年，李时珍多次参加考试都未取得丁点功名。屡屡考试失败，让李时珍开始反思自己，他很清楚自己的状况，那些所谓科举的“八股文”根本不适合自己，别说写一篇优秀的文章，就连八股文的意义都搞不清楚。

于是，李时珍向父亲提出放弃科考的想法，却遭到了父亲的强烈反对。在明朝，医生地位很低，父亲一心指望李时珍高中状元，踏上仕途，不想让他做医生。

李时珍只能听从父亲的话，继续参加科考。但是，这一次李时珍在内心早已改变想法，他一边学习八股文，一边钻研父亲的医术。平时父亲帮别人看病的时候，他也在一旁偷偷学习。

结果，十年的漫长科考过程中，李时珍依旧榜上无名。此时，父亲和李时珍四目相对，最终只能同意李时珍放弃科考的想法。自此以后，李时珍放下科考的负担，开始潜心钻研医术。

最终，李时珍凭借精湛的医术，以及长时间的经验积累，编著出中国历史上有名的医书《本草纲目》，成为被后人敬仰的一代名医，也被后人尊称为“药圣”。

试想一下，如果当年李时珍没有放弃科举，那他最终可能变成一个屡试不中的落魄书生，就不会有后来的《本草纲目》，更不会有“药圣”。万幸的是，李时珍在恰当的时机看清楚了自己，搞清楚了自己的人生定位，果断放弃科举，最终成就辉煌的一生。

其实，人在许多时候是无法看清楚自己的，如同那句话所说，

“当局者迷，旁观者清”。我们大多时候看不清自己的定位，许多事情都是“顺水推舟”而为之。大多数人都处于这种状态，才导致大多数人都是普通人，那些成功者、佼佼者只是少数。摆脱常规的人生轨迹，需要时刻看清楚自己的位置，并在这个位置上为自己制定目标，不断抵达目标，不断更新目标，人生和事业才能不断创造新高度。

人生定位“四问”：

1. 当下的自己处于什么样的位置?

不管你从事什么样的工作，生活在什么样的环境中，依照当下的角度来看，你在社会中都有一个明确的定位。

比如普通职工、中级管理者、高级管理者、社会精英，每一个称呼的背后，都将一群人具象化，在这些称呼的背后，是一个个真实的人。

只有看清楚自己的位置，才能更好地确定目标。依照当前自身的能力，为自己树立一个切实可行的目标。当这一目标实现后，再次确立自身的位置，再次树立新目标，再次达成目标，从而一步步改变、提升自己。

2. 自己是什么样的人？适合做什么事?

在现实生活中，有人经常这样说：“哎，当初如果选择其他专业，可能会是另外一个样子！”很多时候，当我们抵达能够反思的年龄段后，就会发现年轻时错过了许多机遇。

与其等多年之后暗自懊悔，为何不趁现在反思人生？不管我们做什么工作，要时刻清楚自己究竟是什么样的人，适合做什么样的事情。有句话说，“在不擅长的领域去努力 1 万倍，比不上在擅长的领域努力 10 倍”。

时刻反思自身，能够把自我看得更清楚，当我们能清晰看到自身的一切之后，再去确定自己能够做什么，或者擅长做什么。把精力放在自己擅长的事物上，是改变人生、走向成功的捷径。

3. 未来的自己应该是怎样的?

记得有一档街头采访栏目，主题是“十年后的自己”，在随机采访的观众里，很多人第一次听到这个问题，表现得有些迷茫、慌乱，十位受访者中只有两个人立刻回答了出来。

看似简单的街头采访，仔细想来，其实发人深省。当下社会，人们生活忙碌，很少有时间静下来思考未来人生，许多人没有一个明确的目标，日复一日地生活着，如同蜡烛一样，永远没有“高光时刻”。

按照街头采访得来的比率，80％的人生活得平凡普通，20％的人生活得明智而精彩。这一比率也刚好符合“二八定律”，在偌大的社会中，20％的人是优秀者，80％的人是平凡者，从平凡到优秀的进阶，其差距就在每个人的人生定位和目标上。

没有人甘愿平凡一辈子，只是他们没有在人生路途上规划一个更能激发自己潜力的目标而已。那些能够清楚自己目标的人，在不断的努力中，朝着更优秀的方向发展，最终抵达目的，成为那20%的优秀者。

人与人的起点是一样的，没有人生来就是优秀者，也没有人注定就是平凡者。定好人生目标，努力让自己变得优秀，是每一个人都应该具备的进阶方式。

4. 自己能为社会做什么？

如果说改变思维是为摆脱了眼前的平庸，那么定位人生是为走向更高峰。在人生的不同阶段，所处的环境不同，所思、所想、所做也必然不同。

人生的境界不同，思考的高度必然不同。当我们的人生已经跨越“改变思维”“定位人生”的阶段后，此时已经抵达另外一种境界，所思、所想、所做已经不再为自己，转而开始为社会。

当人生境界抵达这一高度后，就会出现一个问题：自己能为社会做什么？换句话说，当你开始为社会考虑时，此时的你已经抵达更高一层境界，或者说，此时的你已经事业有成。因为一个人的人生境界变高，其自身的事业、财富、资源也会随之变大。

当你的人生抵达更高层境界时，就需要思考自己能为社会做什么。如果没有这一点，那么人生的高度只能止步于此，当人生没有目标的时候，就是开始退步的时候。

放开眼界，把目光放得更长远一些

清晰的人生定位，是一个人从平庸走向不凡的必要条件。当我们把一切都做好以后，就需要一个能够承受失败和困难的心境。因为，在人生的道路上，没有一帆风顺，只有经历无数的坎坷崎岖，才可能磨砺出不一样的精彩人生。

爱迪生 8 岁的时候才上小学，老师认为爱迪生是一个“低能儿”，以此为由将他赶出学校。多年以后，爱迪生成为举世瞩目的发明家。

短浅的目光，不仅能迷惑自身对事物本质的理解，在许多时候可以影响整个人生方向。如同一个只顾眼前利益的老板，他的事业可能永远停留在眼前的利益上，很难有大的发展。而一个能够看到未来十年的老板，他眼下的事业尽管还小，但假以时日必然成就一番大事业。

一个人的目光，深刻影响着一个人的发展。一个人的发展，就如同一张无形的大网，当你的目光只拘泥于眼前，那么这张网就会收缩在你眼前，这样的压迫让你根本没有施展拳脚的空间。当你的目光能放得更加长远，这张网就会随着目光而扩展、变大，让你有充足的空间去施展拳脚。

不论是为人处世，还是经商管理，我们的目光都要放得长远一些。不要因为眼前的困难而一蹶不振，更不能因为一时的成功而骄傲自满。因为我们永远无法预料未来会发生什么，只能在最好的时候做出最坏的打算，在最坏的时候朝着最好的方向去努力。

有一句话叫作“饱时多备粮，晴天需带伞”，说的就是这个道理。只有把目光放得长远一些，尽可能地判断未来可能出现的一系列不确定因素，我们的人生、事业才能走得更稳、更顺利。

一次性打火机出现之前，其实打火机已经在国外开始流行，只不过当时的工艺水平有限，导致打火机的成本昂贵。国内极少有人使用打火机，本身成本昂贵，再加上进口费用，几乎让打火机变成奢侈品。

许多人看到打火机之后，第一印象就是“这东西真方便”，其次会对打火机高额的价格皱眉头。几乎所有人都在昂贵的费用面前望而止步。

在一次去旅行时，一位温州的老板看到了打火机，他亲自试用后，眼前一亮，因为他发现了一个巨大的商机：如此便利的打火机，如果普及到国内，那将是一个庞大的市场。

面对高昂价格，大多数人都选择放弃，若想把如此奢侈的打火机普及，简直是痴人说梦。但是这位温州老板却没有这样想，他看得更远，他看到的是未来人手一个打火机的景象！

回国后，这位老板找来几个技术人员，把打火机拆解，分析打火原理。没过多久，第一个一次性打火机诞生，成本只有几毛钱。

一夜之间，廉价而实用的一次性打火机开始在温州扩散。在极短的时间内，温州出现了500多家打火机生产作坊。此时国内打火机市场可谓一片火热，而面对500多家竞争对手，这位温州老板早已成竹在胸。

当其他企业马不停蹄地生产打火机时，这位老板几乎都在国外考察，当国外上市一款新型打火机后，这位老板立刻组织人员仿制，第一时间抢占市场先机，将竞争对手远远甩在身后。

同样的事物，同样的机遇，不同的人看到的结果却不一样。为什么会出现这样的结果？其实就是人与人的眼光不一样，当人只看到眼前的困难，而无法看到未来的前景时，再好的机遇都会错过。

当一个人拥有远见之后，他所看到的一切事物，都会发生改变，他能清楚地看到事物的本质，也能清晰地看到事物背后的机遇。拥有远见，再加上后天的努力，就能超出常人，抵达胜利的终点。

不管我们从事什么行业，不管我们眼下的境遇有多困难，都要把目光放得长远一点，只有看得够远，更美好的风景才能尽收眼底。

给成长留一些时间

或许有人会疑惑，有时候觉得自己能看到的事物已经很清晰，却往往错过最好的时机；有时候明明自己的目光已经很长远，却往往不能抵达成功。

其实，长远的目光并不是一朝一夕就能够拥有的，而是需要经过不断的成长和磨砺。就像一只刚出生的老虎，缺少捕猎经验，往往好几天都会饿肚子；而那些经历过生存磨砺的老虎，则往往能在最艰难的时候找到猎物。

如果你通过阅读本书，能够意识到自身的不足，想努力成为一个富有远见的人，那说明此刻的你已经开始成长。

只有清楚地认识自己，包括优点、缺点，才能真正地成长。在未来的道路上，根据自身实际情况，有针对性地去改变，这样人生才会不停进步。当经过岁月的洗礼、生活的磨砺后，你必然能成为一个拥有丰富经验的人。

宋朝第六位皇帝赵顼，也就是宋神宗。综观宋神宗的一生，似乎都在做一些操之过急的事情。

宋神宗 19 岁登基，上位没多久，便胸怀大志，力图改变当时腐败的朝政。他开始大力支持王安石变法，而详细的变法规则一经公布，却遭到朝内大臣的反对，因为新法内容侵害了一些王公大臣、达官贵人的特权。

不仅如此，就连皇后、太后都反对变法，甚至连当时在朝为官的苏辙、司马光、韩琦都在反对之列。

宋神宗一心要改变大宋局面，坚定变法决心，不顾众多大臣的阻挠，开始大张旗鼓地在全国境内实施变法。由于当时变法的措施存在不少漏洞，导致具体落实起来十分困难。变法后期，王安石迫切需要宋神宗支持的时候，宋神宗却打起退堂鼓，导致王安石身陷困境。

最终，变法以失败告终。一场出发点极好的改革，在没有充分准备的时候匆忙启动，结果落得个失败的下场。

变法虽然失败，但宋神宗却依旧拥有远大抱负，他对西夏的态度十分强硬，公元1081年，宋神宗集合五路大军对西夏发动军事战争。起初，前线军队接连大捷，让宋神宗很是欣慰。

然而，最后时刻，宋朝的大军却被西夏军队打败，十几万大军只剩下不到一万的残兵败将。一场看似稳操胜券的战争，最终却还是以失败告终。宋神宗得知战争失败的消息后，精神上备受打击，病情恶化，不久便离开人世。

宋神宗在位期间所做的两件大事就是变法和对西夏作战，这两件事一旦成功，本质上都可以改变宋朝日益衰败的局面。宋神宗也看到了这两件事对宋朝的巨大意义，但由于他太过急躁，导致两件大事的失败，最终郁郁而终。

金蝉破土需蛰伏十年之久，化茧成蝶是一生的轮回，任何美好的事物都需要经过长期的努力，凡事操之过急，必然失败。

人生的成长需要经历各种各样的磨砺，每一次的磨砺就是一次成长，我们应该给自己留一些成长的时间，只有经过沉淀后的人生，才能在面对机遇、挑战的时候稳操胜券。

历史上著名的康熙皇帝，8 岁登基，他深知鳌拜是大奸臣，却没有对鳌拜动手，反而低调发展自己的力量。终于，在他 15 岁那年，酝酿已久的除奸计划开始实施，将鳌拜一举消灭，康熙由此完全夺回朝廷大权，开始真正亲政。

人的思想和行动会有脱节的时候，思想能抵达的地方往往会更远，此时就需要我们清楚地看到自身实力，确保行动能追赶上思想的脚步，再去付诸行动。一旦行动无法追上思想的脚步，就需要我们留下一点让自己成长的时间，待到可以追逐思想脚步的时候，再出发。

有一家商贸公司，工作三年的高管突然要离职，老板在跟他的谈话中得知，这位高管想创业。老板深知创业的难度，也清楚这位高管的能力，心中已经基本确定这位高管必然会失败。

但是，老板没有说出来，只是默默同意了他的离职请求。之后，老板从公司内重新选拔人才，填补空白。多年以后，老板的事业已经很稳定，公司发展得也比较顺利。

有一天，老板接到一个陌生电话，打电话的人正是当年离职的高管。老板很欣慰，至少这位高管还记得自己，俩人约好时间一起吃饭。

席间，老板询问这位高管的近况才得知，现在这位高管依旧在某公司当管理者。老板得知这个结局后，已经基本清楚当初他创业的经历。虽然老板没有问，但这位高管还是自己说了出来。

原来，当年离职后，他找到四个合伙人，大家一起凑了100多万，把新公司张罗起来。起初，依靠在原单位积累的人脉、经验还能有一些收入，但随着公司收入增多，合伙人之间产生巨大矛盾，最后原本四个合伙人只剩下一个。

随着合伙人的离开，公司内部的运营出现问题，因为高管已经把前几年积累的人脉用尽，无法开拓新市场，公司只有倒闭。半年之后，这位高管的公司彻底倒闭，第一次创业宣告失败。

那时候，这位高管很想回原单位，但是却觉得无法面对老板，于是背负高额债务，又一次踏上职业管理人的路途。经过几年的沉淀，现在这位高管的能力有了很大提升，不仅还清了债务，还在公司内占据重要的位置。

老板听完高管的故事后，欣慰地点点头，轻声说道："你离职后，我给你发过一则信息，我把当年我的经历告诉你，那时候我知道你一心想创业，如果我直接告诉你会失败，那你会恨我一辈子。所以，我把我的经历告诉你，希望你能谨慎选择。"

高管此时眼中已经泛着泪花，说道："老板，若不是当年您的那一则信息，当时失败的我恐怕已经没有勇气活下去。人啊，吃一堑长一智，眼高手低的人永远做不成事，我是真心感谢您呀！"

俩人说完后，都感到很欣慰。后来，俩人不仅成为好朋友，还在生意上开展合作，实现双向共赢。

给自己留一些成长的时间，当你拥有足够实现梦想的能力后，再去付诸行动。之所以要留给自己时间，是因为当一个人的思想发生改变、人生定位发生改变的时候，此时的人生已经进入一个新起点。

站在这个新起点上，你所看见的风景必然跟以往不同。当这些美好的未来充斥你的大脑之后，人就会很容易冲动，做出一些容易失败的事情，如此一来不仅自身会受到打击，也会增加自身改变的难度。

所以，我们需要在看到美好未来的同时，更加清楚自身的实力，凡事在做之前，都要思考自身有没有能力把这件事做好，能不能实现预期的目标。如果衡量之后，感觉自身无法实现，那么就留出一些时间，让自己成长，待到合适时机，再去努力实现美好的目标。

磨砺是另一种成长方式

中国有句古话，叫作“穷人家的孩子早当家”。

记得在某次课堂上，一位大学教授曾这样说：“过去的孩子，像裸露在田地间的麦苗，在风吹雨打中茁壮成长。如今的孩子呢？像温室里的花朵，一经风雨，便一片凋零！”

细想这句话，说得很有道理。我们仔细观察就会发现，那些功成名就的企业家，大多都有一个心酸的过往史、奋斗史，而那些富家子弟，往往很难做出什么事业来。

斯蒂芬·威廉·霍金，出生在1942年1月8日，那时候他的家乡伦敦正笼罩在希特勒的狂轰滥炸中。

霍金的父母都受过正规的大学教育，他的父亲是一位从事热带病研究的医学家，母亲则从事过许多职业。霍金从小就热衷于搞清楚一切事情的来龙去脉。因此，当他看到一件新奇的东西时总喜欢把它拆开，把每个零件的结构都弄个明白。不过他往往很难再把它装回原样，因为大家都知道，霍金的手脚一直都远不如他的头脑灵活，甚至写出来的字在班上也是出了名的潦草。

霍金在17岁时进入牛津大学攻读自然科学，他也迷惘过，他并不是个用功的学生。那时他对一切都感到厌倦，觉得没有任何值得努力追求的东西——这是战后青少年普遍出现的对命运的态度。

霍金和同学们整天在校园里闲逛、打闹、借酒度日。如果生活继续这样下去，那么他很可能成为一个庸庸碌碌的职员或教师，隐没在人群中，一生平凡，不可能会有后来但伟大但物理学家。就在霍金迷茫的时候，病魔出现了。

从童年时代起，运动就不是霍金的长项，几乎所有的球类运动对他来说都是一大难题。直至他到牛津的第三年，霍金注意到自己变得更笨拙，几次无端的跌倒让他很是担心害怕。

霍金1962年到剑桥大学读研究生后，他的母亲才注意到儿子的异常情况。刚过完21岁生日的霍金在医院里住了两个星期，被确诊患上了会导致肌肉萎缩的“卢伽雷氏症”。1963年，霍金被“宣判”只剩两年的生命。而他，却一直顽强地活了下来。

霍金的病情越来越严重。1970年，在学术上声誉日隆的霍金已无法自己走路。从那时起，他再也没有离开过轮椅。永远坐进轮椅的霍金，极其顽强地工作着、生活着。

1985年，霍金第一次做了穿气管手术，从此完全失去说话的能力。他就是在这样的情况下，极其艰难地写出科普著作《时间简史：从大爆炸到黑洞》。

这本书在全世界的销量目前已高达2500万册，从1988年出版以来一直高居畅销书榜，创下畅销书的一个世界纪录。在这本书里，霍金力图以普通人能理解的方式来讲解黑洞、宇宙的起源和命运、黑洞和时间旅行等。

从宇宙大爆炸的奇点到黑洞辐射机制，霍金对量子宇宙论的发展做出了杰出的贡献。

霍金的命运之路坎坷艰辛，饱受疾病折磨，但就是这样一个在轮椅上坐了30年，全身只有3根手指会动的七旬老人，勇敢地挑战命运，创造了奇迹！

霍金的人生经历，完美地诠释了一句话，“经历的磨难越多，获得的成就越大”。在现实社会中，有些人在经历一些挫折之后，会选择放弃，甚至连宝贵的生命都可以放弃。而有些人面对磨难，除了有无比强大的勇气，还有一颗战胜磨难的坚强的心。

那些经历过磨难的人，往往都在以后的人生中取得不错的成绩，而那些面对磨难选择放弃的人，往往都平庸地度过一生。毕竟，人与人之间的差别是很大的，我们无法要求每个人都有一个强大的内心，但至少需要有敢于面对磨难的心态。

人生在世，一帆风顺的事情少之又少，不如意事十之八九。现在某些企业领导者，在面对困境的时候，总是在以各种理由抱怨，而不是去思考如何解决问题，如何汲取经验，如何把困难变成强大的垫脚石。

这一类领导者，他们的企业往往没有太大的发展，终日以维系生存为要，难以成就更大的事业。而另外一种领导者则不然，他们喜欢挑战，愿意去解决一个又一个的困难，每当渡过一个难关之后，自身就成长一次，这些企业领导者往往会成就一番事业。

摆正心态，把人生路上的苦难当作一种成长，要清楚地看到经历磨砺后的精彩人生。抱着这样的心态去面对困难，你就已经在困难面前展现出傲人的姿态，战胜困难仅是时间问题而已。

山东菏泽有一位养殖场老板，在20世纪90年代的时候开始养猪，6年的养殖生涯，让他从原本的小农民，摇身一变成为当地小有名气的老板。

可是好景不长，养殖场漏电，导致火灾，1000多头猪被大火烧成灰烬。辛苦攒下的家业，一夜之间彻底消失，不仅把多年的积蓄赔进去了，还负债20多万。肩上扛着如此巨额的债务，想要东山再起，实属困难。

1999年，这位老板终于把债务还清，此时他又萌生了养殖的想法。因为手头资金有限，他这一次想养鸡。于是，他在当地承包了一个山丘，撒下2000只鸡苗，开始他的养鸡生涯。

养鸡的效益很可观，半年多的时间，就开始回本。一年多以后，他已经收回本钱，如果能够继续下去，不出三五年，他又能成为当初那个村里人尽皆知的“老板”。

可是，苍天似乎跟他过意不去，就在他即将看见希望的时候，一场鸡瘟，让他偌大的养鸡场只剩零星几只小鸡崽。他看着眼前成批的死鸡，心中百感交集，甚至想随着这些鸡一起死掉算了！

转念一想，还得继续活着，人生一世不容易，哪能那么轻易死掉？于是，这位老板摇身一变，从养鸡场老板变成路边摊老板。

2006年的时候，他已经46岁，他想再试一次，他不相信命运对他如此不公。于是，他拿出所有积蓄，赌上一切，重新开了养鸡场。因为家底实在不多，第一次只投放了500只鸡，但效果很好，很快就见到收益。

如今，这位老板已经从事养鸡行业近二十年，成为菏泽当地知名的企业家。在笔者与这位老板的交谈中，他常说的一句话就是：“不信命，我就信我自己，如果再失败一次，我还会继续创业。”

“不经历风雨，哪能见彩虹”，仔细看看我们身边的优秀之人，他们之所以能获得如今的成就，必然经历过不同于常人的磨砺。因为对于人生来说，磨砺就像一把刻刀，能让人更加锋芒毕露，让人更加与众不同。

屡败屡战，终有一日会获得成功，人生最大的敌人其实只有自己，不怕遇到苦难，只怕在苦难面前踌躇不前。

把思维变成习惯，让习惯点亮人生

人在一生中，其实每时每刻都在改变。

我们不妨现在回忆一下自己的成长经历，在少年时期，往往充满幻想，对这个偌大而未知的世界充满好奇。在经过漫长的学业生涯后，开始逐渐认识社会，并更加清晰地认识自己。

当我们正式踏入社会后，往往会遭受各式各样的打击，昔日的憧憬被现实所冲击，我们只能尽力去适应。因为社会就是这样，如果我们无法适应社会，那终究会被社会所淘汰。

仔细回忆过往，再冷静面对当下，我们不难发现，一切成长从头到尾都伴随着思想上的转变。有句话这样说："随着心智的成熟，才发现原来的世界是另外一个样子"，若想在这个复杂的社会上很好地生存下去，我们不得不时刻改变自己的思维。

美国地产大亨欧文·亨利年轻时嗜烟如命。有一次，欧文·亨利出差住宿在一家汽车旅社，凌晨两点钟，他从梦中惊醒，随手伸向床边的柜子，可是却发现烟盒是空的。

欧文·亨利下床打开自己的行李，希望能找到一包烟，却翻遍所有的东西都没有找到烟。此时的他已经开始焦虑，越是想抽烟却越是找不到烟的感觉让他几乎失去理智。

此时窗外下着大雨，欧文·亨利穿上衣服，打算去10千米外的火车站购买烟。因为现在是凌晨两点，附近的商店早就关门，唯一有希望买到烟的地方只有火车站。

欧文·亨利推开门，外面的雨很大，他没有带伞，若是想回到车上，他需要穿过200米的距离。这段距离虽然不是很远，但足够将他浇透。

尽管如此，欧文·亨利还是毅然决定去买烟。他冒着大雨回到自己的车子，在这里又仔细翻找一遍，希望得到一包烟，这样就不用去火车站跑一圈了。在一阵手忙脚乱地翻找后，欧文·亨利依然没有发现一支烟。

此时他的内心几乎要崩溃，心情烦躁到极点！而就在此时，他发现车子居然抛锚了，无法启动！这样的现实彻底让他暴躁起来，欧文·亨利打开车门，站在雨中发泄心中的愤怒。

或许是大雨让他变得理智，此时在他的脑海中出现这样一个问题："我这是在干什么？"

当这个问题出现后，欧文·亨利开始反思："我是一个知识分子，一个成功的商人，我一直以为自己有足够的理智对别人下达命令，而现在的我呢？居然要在三更半夜的时候去买烟，仅仅为了得到一支烟，我几乎失去理智！"

此时，欧文·亨利突然意识到习惯是多么可怕，多年的抽烟习惯，让他不知不觉中已经离不开烟。一支小小的香烟，居然能让一个成功的商人失去理智，不顾大雨，不顾一切地在三更半夜的时候去冒险买烟！

欧文·亨利想通这些事情后，脸上露出微笑，转身回到旅店，将床边的空烟盒丢进垃圾桶。脱下衣服回到床上，带着一种解脱的胜利感安然入睡。

在许多时候，思想上一个小小的改变，可能会影响一个人的整个人生。就好比古人说的“开窍”，当一个人的经历、阅历抵达一定高度时，往往在思想上会发生重要的改变，而此刻，人会进入更高一层的境界。

保持良好的思想、行为，久而久之就会成为习惯。一旦这种习惯形成，就会影响我们整个人生的发展，成为我们宝贵的人生智慧。

亚历山大城图书馆发生火灾的时候，馆里所藏图书被焚烧殆尽，但有一本不是很贵重的书得以幸免。

有一个能识几个字的穷人，花了几个铜板买下了这本书。书本身不是很有意思，但书页里却藏着一样非常有趣的东西：一张薄薄的羊皮纸，上面写着点铁成金石的秘密。所谓点铁成金石，是一块小圆石，能把任何普通的金属变成纯金。

小纸片上写着：这块奇石在黑海边可以找到，但是奇石的外观跟海边成千上万的石头没什么两样。

谜底在于：奇石摸起来是温的，而普通的石头摸起来是冰凉的。这个穷人于是变卖家当，带着简单的行囊，露宿于黑海岸边，开始寻找这块奇石。

他知道，如果他把捡起来的冰凉的石头随手就扔掉的话，那么他可能会重复地捡到已经摸过的石头，而无法辨认真正的奇石。

为防止这种情形发生，每当捡起一块冰凉的石头，他就往海里扔。一天过去了，他捡的石头中没有一块是书中所说的奇石。

一个月，一年，两年，三年……他还是没找到那块奇石。但是，他不气馁，继续捡石头、扔石头……没完没了。

有一天早上，他捡起一块石头，一摸，是温的！他随手扔到海里，因为他已经养成往海里扔石头的习惯，这个扔石头的动作太具习惯性，以至于当他梦寐以求、苦苦寻觅的奇石出现时，他仍然习惯性地扔到了海里。

“习惯一旦养成，便用不着借助记忆，很容易很自然地就能发生作用。”事实确实是这样的。就像那个穷人，往海里扔石头的习惯性动作迫使他做出了令人遗憾不已的蠢事。他多年点铁成金的梦，也像肥皂泡一样顷刻破灭。

培养一个良好的习惯，不仅需要漫长的时间，还需要人的自我认同。比如，健身是一种好习惯，有些人内心深刻认识到健身的重要性，所以将健身习惯长久保持下来。而有些人虽然清楚健身是一件好事，但并没有强烈的欲望去认同，这样的人尽管也会去健身，但往往都是三天打鱼两天晒网，没过多久就会放弃。

不管是好习惯还是坏习惯，都需要一个漫长的过程去培养。当然，一个符合人生正向发展的习惯，培养起来总会显得艰难，这是因为人类本身具有惰性，贪图享乐人人都会，奋发图强却不是人人都具备的。

若想改变，若想人生获得更大的成功，那么培养一个良好的思维习惯是必不可少的。在思维上彻底改变后，才有可能将这种良好的习惯长时间地保持下来，如果思维不改变，几乎无法形成长久而牢固的良好习惯。

上篇

PART ONE

眼界｜看方向，看目标，看未来

平庸之人，走一步看一步，平凡之人，走一步看三步。

小才之人，走一步看十步，大才之人，走一步看百步。

跳出惯性思维的怪圈

诺曼·卡曾斯在他所著的《一本自传手记》中这样说："把时间用在思考上，是最能节省时间的。"这句话说得很有道理，现实生活中，那些善于思考而且勤于思考的人，做事情的效率往往高出别人。

在做一件事之前，如果我们拿出5分钟的时间来思考整件事，那么当你具体去实施的时候，就会备感顺畅。如果能够拿出10分钟的时间，把整件事思考两遍，那么你会找到更有效的处理事情的办法。

当一件事发生之后，我们的大脑会"习惯性"地去思考。比如，汽车在路上爆胎，我们的第一反应是拨打救援电话，寻求帮助。只需要冷静几秒钟，我们就会想到第二个办法：自己是否能更换备胎。可能再过几秒钟，当我们发现来往的车辆后，会向他们寻求帮助，这样可以更快速地走出眼前的困境。

从汽车发生故障，到寻求帮助，再到找到最佳解决办法，在整个事件发生过程中，大脑的思考时间很短暂，之所以能在极短的时间内做到这一点，完全出于我们过往的经验。这样的思考模式我们称之为“惯性思维”。

第二次世界大战后，美国建筑业大发展，导致泥瓦工人一时供不应求，每天工资涨到15美元。一个叫麦克的人看到报纸上刊登的许多“征泥瓦工”的广告，但他却不去应征，而是去报社登了一条“你也能成为泥瓦工”的广告，打算培训泥瓦工。他租了一间门面，请了师傅，教材是1500块砖和少量砾石。那些想每天挣15美元的工人蜂拥而至，使麦克很快获得了3000美元的纯利，相当于他自己去当泥瓦工200天的收入。他独特的思维方式使他迈进了管理者阶层。

同样一件事，只要跳出惯性思维的怪圈，以另外一个角度去看待，就会发现全新的世界。为什么在现实社会中，同样一件事，有些人能游刃有余地完成，而有些人则显得力不从心？

其实这跟我们的思维方式有着密切关系，有些人其实习惯于惯性思维，遇事后基本不动脑子，第一反应想到什么就是什么。这类人在现实中，往往能力低下，工作效率低下。

而善于思考的人，他们不仅能够以常规的思维去考虑事情，还能冷静下来深入思考，以不同的形式、不同的办法去寻找解决事情的最佳策略。这类人在遇事之后，往往是先思考后实施，大多时候都能高效工作。

20世纪30年代，法国引入一批高产量的土豆，以解决国内人民对土豆的需求。当高产土豆进入国内后，政府花费巨大财力宣传这种高产土豆的好处，并表示种植这种土豆不仅能满足普通人家的温饱，还能创造收益。

但是事与愿违，法国农民并不买账，大家根本不相信从未见过的高产土豆。因为大家觉得，这种从未种植过的土豆一旦出现问题，会影响农民一整年的生活。

法国政府无奈之下，几乎要放弃种植高产土豆这一想法。

此时，有个人想到一个奇怪的办法，大家抱着试一试的心态，让他尝试一下。这个人找来不少军人，让他们日夜守护在高产土豆的田地四周，给外人一种“戒备森严”的感觉。

果然，这一招很管用，没过多久，大家都注意到这个“戒备森严”的地方不一样，开始猜测田地里到底种了什么？胆子大的人趁着士兵“疏忽”，偷偷溜到田里，偷走一些土豆，种植在自己家的土地里。

人们觉得，有军队看守的田里，里面的土豆必然是最好的。所以，大家纷纷进入田地偷土豆，种植在自己的田地里，精心培养。

一个季节下来，这种高产土豆被广为流传，大家开始争先恐后地种植。法国就这样成功地将高产土豆推广到国内，这一切仅仅是投入了几名军人而已，与之前巨额的宣传费用比较起来，简直是天壤之别。

人的思维是很有趣的东西。对于大多数人来说，正常的思维模式都源于一个人的成长经历，基于过往的经验形成了惯性思维。随着现代社会的发展，许多人开始意识到惯性思维的缺点，开始尝

试跳出惯性思维的怪圈。

改变惯性思维方式并未易事，就如同一个人从小喜欢看书，若是让他突然之间不能看书，那么对他来说是很难接受的；反之，若是一个人从小不喜欢看书，让他每天必须看书，也是一件难以接受的事情。

改变惯性思维，需要“刻意练习”。当我们遇到一件事的时候，让自己冷静下来，从不同的角度去考虑这件事，并参照类似事件的最佳解决方式，将所有的办法都综合考虑之后，从中找到一条最行之有效的办法。

这样的思维方式，虽然在起初可能并没有惯性思维带来的结果好，但是，我们依然需要保持这种全面的思维方式，在长时间的锻炼之后，大脑就会跳出惯性思维的怪圈。

有这样一个故事。一个穷苦人，突然有一天得到一块价值不菲的宝石。穷苦人觉得有了这块宝石，就可以过上衣食无忧的生活，所以他格外珍爱这块宝石，生怕被人偷走。

于是，穷苦人开始四处寻找藏宝石的地方，把宝石藏在家里他很不放心，就在家中挖了很深的洞，藏在洞中。过了一段日子，他觉得在洞里也不安全，于是带着宝石来到山里，找了一个很隐蔽的地方藏起来。

从此以后，穷苦人虽然每天依旧过着艰苦的日子，但是却非常开心，因为他知道自己有一块很大的宝石做后盾。就这样，几年之后，穷苦人即将去世，便对儿子说：“我在深山里藏了一块宝石，你去拿吧，以后你会变得富足。”

穷苦人死后，他的儿子找到了藏宝石的那个隐秘地方，当他带着宝石去变卖的时候，却因为宝石存放时间太久，内部渗入杂质，而变得一文不值。

惯性思维就如同穷人得到宝石后，第一时间想到的是藏起来一样。然而，一旦眼前的事物发生改变，如果再用惯性思维去解决问题，那么只能得到更糟糕的结果。

脱离惯性思维并不是为了找到宝石，而是为了在找到宝石的时候，能准确地抓住宝石。就像如今的社会一样，我们努力提升自己的各项能力，为的是等待合适的时机展现自己，从而成就一番事业。

脱离惯性思维，就是要让我们在机遇出现的时候，紧紧抓住它，只有在正确的时间、正确的时机，以正确的方式抓住机遇，才可能成就辉煌的事业。尝试跳出惯性思维的怪圈，你会发现更加精彩的世界。

换个心态看世界，你的世界将与众不同

所有的人都生活在同一个世界，那么每个人所看到的世界样貌相同吗？答案当然是否定的。每个人的经历、成长等一切都不同，所看到的世界必然不同，正是由于这一点，世界才会显得多姿多彩。

在一家外贸公司里，有两个司机。司机老张是一个慢性子，做什么事情都求稳，哪怕耽误一些工夫也要确保行驶安全。而司机小赵是个急躁性子，做事有些毛躁。

这一天，俩人被安排去运输一批服装，临走之前，领导再三叮嘱，这批服装很着急，越快抵达目的地越好。俩人点头告别，踏上漫长的运输之路。

老张知道小赵的脾气，所以自己的车子开在前面，让小赵在后面跟随。走了一段时间后，在小赵的车后，出现另外一辆大卡车，这辆大卡车不断鸣笛，小赵十分烦躁，心想："催什么催？又不是我故意跑得慢，是前面的人跑得慢！"

虽然心中这样想，但脸色依旧显得很不痛快。可是，后面的车子依旧在鸣笛，小赵很是生气，一脚油门，超过老张的车子，加速行驶。

这一下可不得了，当小赵的车子出现在老张眼前时，老张都

看傻眼了——小赵的车轮冒烟了，这是起火的前兆呀！老张急忙给小赵打电话，让他赶紧停车降温。两辆车子停下后，俩人手忙脚乱地给车轮降温。

过了一会儿，之前在小赵车后鸣笛的那位司机也停下车。司机下车后冲着小赵喊道：“我给你鸣笛那么久，你咋就不知道停车看看呢？”小赵此时看见那位司机，心中很是羞愧，急忙说好话。

此时老张已经清楚发生了什么，等俩人把汽车降温后，老张语重心长地对小赵说：“年轻人，别心浮气躁！多用善意的眼光看别人，你不会吃亏的！”小赵有点羞愧，点头答应，紧紧跟随着老赵行驶，再也不敢胡闹，俩人顺利抵达终点。

在西方文学史上，有一句话很经典，叫作：“内心阳光，看见的永远是晴天。”这句话其实很有深意，我们不妨仔细回想一下自己和身边的人，那些能够微笑面对生活的人，内心往往都充满阳光。这类人，不管遇见多大的事情，总会化险为夷地度过。而那些天生悲观、内心阴暗的人，所看到的世界与乐观的人刚好相反，他们的世界永远是阴天。这类人往往会做出一些极端的行为，即便把这类人放在阳光普照的天空下，他们依旧感受不到温暖。

一个人若想改变平庸的生活，首先要改变平庸的内心。在我们抱怨工作、抱怨生活的时候，为什么不能换个角度，想想工作、生活带给我们的好处？

举个例子来说，一个公司白领，总觉得自己工作繁忙，工资太低，整天混日子，时刻都想着离职。结果，当他拿着简历去别的公司应聘的时候，才发现自己这几年，几乎都在混日子，没有学到真正的本事。当被几家公司拒绝后，他才后悔当初为什么没有好好工作，为什么没有多学一点东西。

忙忙碌碌的一天是过，稀里糊涂的一天也是过，时间不会因为你的态度而改变。

不管你怎样对待时间，时间都会一天天地消失。千万不能等到自己年纪变大的时候才去后悔，应该趁着时间还充裕，充实地度过每一天，让自己变得更有价值，这样的人生才有意义。

爱迪生发明灯泡之后，美国通用电气公司就立志将电灯普及到全世界，他们以照亮世界为目标。当这样的企业核心价值观提出来后，整个通用电气的员工都格外振奋，因为他们觉得在通用电气工作，不是为自己，而是在造福全世界的人类。

通用电气内部有一位叫皮特的员工，在生产线上负责把关产品质量。这个工作单调而重复，每天从早到晚都重复做一件事，这样的日子让皮特感到疲倦。

有一天，皮特如往常一样在工作，领导安排一位新员工跟随皮特学习。这名新员工叫卡斯特，刚刚毕业，因为对通用电气的崇拜，而选择来到这里工作。

一天的工作结束，皮特感到很头疼，因为卡斯特像个孩童，不停地在问“为什么”，皮特虽然很不耐烦，但碍于领导的安排，只能耐着性子给他讲解。每一次讲解结束，卡斯特都如获至宝，开心得像个孩子。

皮特心中暗想：“伙计，等以后日子长久了，你怕是没有这样的耐心！到那时候，看你还能不能开心起来！”

结果，半年之后，卡斯特虽然跟皮特一样重复工作，但每天仍然非常开心。皮特很好奇，问他：“你为什么每天都这么开心？难道你觉得日复一日地重复工作，很开心吗？”

卡斯特急忙摇头，很认真地说道：“我认为我的工作很有意义，我在把控每一个灯泡的质量，从我手中出去的灯泡，就会变成光，在黑夜中照亮一个家庭。你想想，当孩子们在灯光下开心地玩耍，当一家人在灯光下愉快地进餐，那是多么美好的一件事情！”

皮特愣住了，他以前从未有卡斯特这样的想法。他只是想着少干点活，多赚点钱，至于灯泡卖给谁，他从未关心过。就在皮特愣神的时候，卡斯特接着说道：“如果，我们把控质量不细心的话，当孩子们在灯下玩耍的时候，灯泡突然坏掉，黑暗笼罩，孩子们会哭泣，会害怕……”

就在这一刻，皮特突然觉得自己的工作非常有意义，整个人全身上下充满了干劲，他觉得自己所做的工作，是一项很伟大的事业。

多年之后，当皮特和卡斯特这两位老友相聚的时候，回忆起当初，皮特说：“卡斯特是我的灯泡，他照亮我的人生，让我看到从未看过的美好景色！”

这是发生在美国通用电气公司的真实故事。

在现实社会中，许多人都像皮特一样，无法转换一个角度去看待问题。新的角度、新的思路，也是发现美好新世界的钥匙。

方向错了，停下脚步即是前进

如果方向错了，那么停下来，即是前进。当我们在企业经营中发现决策失误、方向不对时，要当机立断，及时止损，不可心存侥幸。

俗话说，马壮车好不如方向对。这句话是有个典故的。春秋战国时期，有位夫子备了很多物品，欲往南方楚国，便向路人问路，路人答："此路非往楚国。"夫子说："我的马很壮，没关系。"路人又再强调这不是去楚国的方向，夫子依然固执地说："我的车很坚固。"路人只好叹息道："这不是往楚国的方向啊！"

方向错了，再怎么努力也是徒劳。当我们意识到自己错了，就要停下来，反思自己，以更好的办法、方式去重新开始，千万不能像这位夫子一样一意孤行地去蛮干。

现实生活中，夫子式人物屡见不鲜。比如，有些人去创业，耗费大量的财力、物力将公司操办起来，等到时机运营的时候，却发现自己根本没有能力经营好公司。即便他已经清楚自己无法创业，但依旧选择坚持，因为碍于面子，不得不咬牙挺着，到最后坚持不住、负债累累的时候，后悔已经为时已晚。

还有些企业经营者，当发现决策失误、方向不对时，总是下不了决心停止脚步、立马止损，眼睁睁看着损失一步步加大却无能为力。很多时候，很多人明明知道自己错了，或者不甘心，或者怀着侥幸心理，或者是被眼前短暂的利益诱惑了，还是固执地继续坚持错误的方向和观点，一错再错，离最初的目标越来越远。

人生总会有迷茫的时候，当我们无法看清楚未来，无法确立目标时，完全可以停下来，花一些时间去思考一下这些问题，把这些问题搞清楚之后，再出发，会有事半功倍的效果。

道理虽然很浅显，但是能做到的人却不是很多。我们可以仔细回想一下过往的人生，或者看看身边的人，我们大多数人都过着平凡的生活，我们大部分人都是平凡的人。因为我们很多人根本没有远大的目标，更没有明确的人生定位，只是在跟随周围人群过日子，长此以往，便不知不觉中沦为平凡人中的一分子。

掀开遮挡眼睛的树叶，别在错误的方向上白费力气，停下脚步，花费一些时间去考虑未来的事情。“磨刀不误砍柴工”，把自己的人生定位搞清楚，把自己的事业方向搞清楚，以明确的目的去做事，这样的人生才是精彩的。

提起汉景帝，大多数人会想到他一生最大的功绩可能就是平定七国之乱，若是对汉朝历史有所了解的话，就不难发现他还有一项伟大的功绩——废除太子刘荣，立新太子刘彻。

刘彻是谁？他就是历史上赫赫有名的汉武帝。汉武帝16岁登基，在他登基之前，已经清楚地看到汉朝天下的“顽疾”，认识到以老子的“无为而治”思想已经无法治理国家，他一心崇尚儒家，同时也看到了儒家思想对大汉江山的作用。

一个有着明确目标的皇帝，必然能够让汉朝更加强大。但是，虽然汉武帝很清楚自己的目标，但却无法摆脱现实环境的阻碍，他的奶奶、母亲、姑妈都崇尚道家学说，而且这几个人均掌握大权，难以颠覆。

汉武帝即位之初，便颁布招贤令，向天下招揽人才。

结果，人才是招揽了不少，却被他的奶奶极力反对。因为这些人才都是崇尚孔夫子儒家学说的人，甚至有人提出“诸子百家，独尊儒道”的思想，这一点深刻打击了汉武帝奶奶的权威，遭到东宫的强力反对。

汉武帝使用儒家学者的计划被搁浅，为此他还失去很多优秀的大臣，其中就包括他的老师卫绾。汉武帝奶奶的阻挠，让初登皇帝之位的汉武帝感到无力，他有一腔的远大抱负，却无法实施。

尽管如此，汉武帝依然没有放弃，不久之后，汉武帝的奶奶去世，一张阻挡他的王牌被彻底掀开，汉武帝开始声势浩大的改革。他大量使用儒家学者，以儒为主，儒法结合，制定新的规矩，让汉朝逐渐衰败的内政逐渐强大起来。

汉武帝任用董仲舒、公孙贺（此类人皆是汉武帝从民间招贤而来）等贤才治理国家，将涣散的汉朝变得更加凝聚起来。在这期间，汉武帝将散落在诸侯王手中的权力集中起来，形成高度中央集权的国家体制。

巩固内政之后，汉武帝展现出帝王之气，开始抗击匈奴，解决了从高祖刘邦起，汉室天下六十多年的困扰，让匈奴彻底臣服大汉，让汉朝成为真正意义上的强国。

汉武帝的一生，所做之事皆为后人所称赞，尤其在儒家思想对抗道家思想的时候，汉武帝坚定自己的目标，在遇到阻碍的时候，宁愿暂缓也不放弃。

在我们的人生当中，会经历各种各样的事情，很多事情在最初发生的时候，我们可能完全看不清这件事情的全貌，如同面对一团黑雾。在没有应对办法的时候，不妨停下脚步、冷静思考，想清楚后再付诸行动。

好比企业家创业一样，在创业之初脑海里要有一个完整的计划，计划从事什么行业、招聘多少员工、如何盈利、如何发展等，有了一个整体概念后再去行动，那创业成功的概率就比较大。

锁定对的方向，保持长远眼光，才能不被眼前的苦难吓倒。否则，当我们稍微遇到一点阻碍，就会立刻失去方向，人生轨迹可能发生改变。

当直行无法抵达目标的时候，可以尝试转弯

有这样一个真实的故事：

这场旗鼓相当的比赛异常激烈。离比赛结束时间还差8秒钟时，保加利亚队领先两分，而且还是保队底线开球。看来保队已是稳操胜券。可奇怪的是，保队的教练忧心忡忡，倒是捷克斯洛伐克的教练挺开心。为什么呢？原来，保加利亚其他场次小分不如捷克队，这场比赛净胜捷克斯洛伐克队5分才能出线。而要在8秒的时间内打进3分真是太难了。

这时，保队的教练果断地要了暂停，面授机宜后，比赛继续进行，只见两位保加利亚队员从底线开球后，开始将球带往中场，这时，5名捷克队员全都退回到自己的半场进行防守。突然，带球的保加利亚队员一个大转身，纵身一跳，将球投中自己的篮筐。裁判的哨音也几乎同时吹响了。全场比赛结束，双方战平。根据比赛规则，必须加赛5分钟。

最后5分钟，保队士气高昂，全力相拼，终于不多不少地以5分的优势赢了这场比赛，拿走了决赛权。到这时人们才恍然大悟，不得不佩服保队教练的高明。

其实，在许多时候，我们都会遇到一些看似“不可解”的事情，

大多数人会在这样的问题面前停住脚步，甚至被这些难题彻底阻挡。此时，就需要我们多角度思考，让思路拐个弯，间接性地、创造性地去解决问题。

创新思维的六个方法：

1. 立体思维。

线性思维方式常常让我们陷入局部，不能从更广的角度理解世界。而立体思维方式，可以让我们在分散的、看似无关联的事物之间，洞察深入、隐秘、内在的因果联系。

我国体育长期奉行举国体制，不少人对此不以为然，认为竞技体育无关人民生活，只是个虚名，国家为此花费大量人力物力，实属浪费。这或许就是一种线性思维。

举国体制，从体育发展来看当然有其弊端。但从一个国家整体的角度来说，这证明了一个国家是否拥有团结一致、集中资源、战胜他国的能力。有这种能力的国家，和没有这种能力的国家，区别可不仅仅在于竞技体育，而会在方方面面表现出来。这就是用线性思维和立体思维看待问题的区别。

一个公司内，老板发现员工缺少凝聚力，导致做任何事情都拖拖拉拉，一副事不关己的样子。那么老板如何去处理这个问题？最直接的办法就是对所有员工进行培训，提高员工的素质，从而增强凝聚力。

此时，如果我们跳出这件事的本身，从第三者的角度看待，那么就能清晰地发现，我们需要做的不是对每个员工进行培训，而只要培训几个高层，让高层去培训中层，中层去培训基层。

高层的素质、能力更优秀，能够更好地接受老板的思想，当高层端正态度的时候，必然会影响中层，中层就会影响基层。逐层改变，不仅事半功倍，还能节省公司的各项资源。

2. 逆向思维。

什么是逆向思维？我们先不急于给逆向思维下定义，先来看一个案例：

《×× 晚报》登出了一则消息：

超大型船针倒航进出宝山港池

http://www.sina.com.cn 1999 年 1 月 4 日 20:55 ×× 晚报

船再掉头难，进出港不用掉头就容易多了。× 港一位高级引航员提出了超大型船舶倒航进出宝山港池的“金点子”，一下节省了港区扩建改造投资上亿元。

近几年来，随着 × 港集装箱运输的迅猛发展，进行集装箱装卸的主要港区张华浜和军工路码头的码砂能力已饱和。而宝山港池却因掉头区和部分航道太“窄”的限制，重载超大型船舶被卡在港池外面，面临“吃不饱”的窘境，集装箱吞吐量日益萎缩。为此，集装箱公司计划对宝山港区码头、掉头区和外航道进行扩建改造，于今年 4 月召开了首次专家论证会。原设计方案需外移防沙提，在港池内设掉头区还要动迁宝钢工作船码头，难度高、花费巨大。应邀以专家身份与会的×港引航站站长、高级引航员孙锡坤提出大胆设想，采用行进的倒航技术解决超大型集装箱船进出港池掉头难的问题，既可减少改造工作量，节约投资上亿元，又可为船公司缩短船运班期。

集装箱码头有限公司闻此“金点子”欣喜不已，当即委托设计单位按倒航方案重新规划。上月 28 日，在宝山港区超大型船舶进出港池可行性研究项目论证会上，专家组认为，倒航可行性研究立题具有创新精神，设想大胆新颖，具有在全国各港口推广的价值。

灵机一动，省下亿元。这就是逆向思维带来的出奇制胜的效果。它跳出单向的线性推导路径，在逻辑思维的尽头突然折返，掉转方向，用新的角度、新的方式研究和处理问题，使思路豁然开朗。

逆向思维适用于任何领域。

逆向思维往往是以最终结果为思考核心，以促成事物发生的条件为思考重点，从促成事物发生的所有条件中找到突破口，从而达到最终目的。

3. 侧向思维。

苹果掉落在地上，牛顿因此发现地球引力。一个是苹果，一个是地球引力，两个完全不同的事物，却在牛顿的思维世界中被紧密联系在一起，从而发现新事物。

侧向思维的关键在于事物的启发性，从问题相距很远的事物中得到启发，从而解决当前所面临的问题。

在19世纪的时候，人们已经开始使用水泥。但是，人们逐渐发现，水泥这种坚固的物体，在用于某些特殊用途时，其坚固程度还是不够。那么如何加固水泥呢？

这个问题一直困扰着人们。有一位园艺工作者，他在打理自己种植的花草时，发现植物深藏在泥土中的复杂根茎，从而联想到在水泥中加入钢筋，从而达到加固水泥的目的。

4. 横向思维。

横向思维，是针对纵向思维而提出的一种思维模式。所谓的纵向思维，是指在一定的逻辑框架之内，按照有序、可预测的方式进行思维，当纵向思维遇到瓶颈，无法抵达目的的时候，在这种思维方式上进行反向思维，被称作横向思维。

横向思维模式，最早是由“世界创新思维之父”爱德华·德·博诺提出的，这种思维方式能够很好地弥补纵向思维的缺陷，能解决正常逻辑中出现的意外事件，是影响人类思维发展的重要思维模式之一。

某景区有一棵千年古树，每当游客经过的时候，都要从古树上摘下一片树叶，游客认为千年古树的树叶能给他们带来好运。

景区工作人员为了防止游客破坏古树，便在古树旁立下一块牌子，上面写着：禁止采摘树叶。牌子虽然立起来了，但却没有任何效果，游客依旧会采摘树叶，有些游客甚至会爬到树上去折树枝。

这件事受到当地旅游局的高度重视，警告景区如果不能很好地保护大树，那么大树景点就先暂时关闭。

一名景区工作人员得知这个消息后，想到一个很好的解决办法，他让人在大树下放上一些树叶，当游客经过的时候，认为这些树叶是从大树上落下来的，便捡起树叶开心地离开。

5. 平面思维。

平面思维的特性是以“点”到“面”的思维模式，从事物的某一点开始出发，向四周发散，从而最终形成一个面，这种思维模式被称为平面思维。

灯泡出现后，人们一直把灯泡作为生活光使用。随着时间的推移，灯泡已经不仅仅是照明工具，在其他领域也发挥了重要作用，如用来指挥交通的信号灯、用来渲染气氛的氛围灯、用来补充光源的闪光灯等。

6. 组合思维。

组合思维的本质，是把所有的思维模式有效结合起来，当某件事情发生时，根据事情的本质，将某两个或者某几个思维结合在一起使用，从而以最佳的办法解决问题。

理论上，这种组合形式的思维模式更具备高效性。但是，外界因素是影响人类思维的重要因素，当人们长期生活在某个环境中，就会习惯于某一种单一的思维模式，无法做到组合性思维。

世界上最经典的组合型思维方式：牛顿组合了开普勒天体运动三定律、伽利略物体垂直运动和水平运动定律，从而创造出经典的力学三大定律。麦克斯韦组合了法拉第的电磁感应理论和拉格朗日、哈密尔顿的数学方法，创造了更加完备的电磁理论，因此引发了以发电机、电动机为标志的技术革命。

还有一个经典的组合例子是狄拉克组合了爱因斯坦的相对论和薛定谔方程，创造了相对量子力学，引起了以原子能技术和电子计算机技术为标志的新技术革命。所以爱因斯坦说：“组合作用似乎是创造性思维的本质特征。”

再好的经验也比不上实践

日常生活中，经常会听到一些老者或者前辈这样说："根据以往的经验，这件事该怎样怎样做……"当一件事发生的时候，我们会不自自主地根据过去的经验去尝试解决。

当然，经验本身就源于以往的经历，以往的经验对现在的事物具备参考价值，借助以往或者别人的经验，可以让自己快速找到解决事情的办法。但过往的经验并不是全部都有效。

一群人要过河，河里面有一群鳄鱼。有一个人趁着鳄鱼都聚集在一边时，从另一边快速游过去，等鳄鱼看到后游到他那边时，他已经过河了。这个时候他说"我就是沿着这条路线过来的，你们照着做，就可以复制我的成功"。

明眼人一看就知道这多荒谬。但是生活中很多人还是对这样的建议深信不疑。

所有的经验，本质上都是对一些复杂现象简化之后的抽象，而影响某个复杂系统的因素可能有十几个，但是观察者往往只注意到其中的两三个因素和之后结果的相关性，因此推断总结出一些经验，企图将其作为一般性准则。原先被忽略的因素和假设变了，老的经验就不一定适用。

生搬硬套地借用别人的经验，最终只能导致失败。因为，过往的经验都无法满足当下的发展。不管在任何时候，我们都要看清楚眼前事物的本质，学会适时变通，学会实践，实践才是成功的“捷径”。

在人生的道路上，我们更多需要的是实践，只有亲自去做，才能感受到整个事件过程中的点点滴滴，才能认识到自身的不足，才能避开经验主义的误区更好地成长。

16世纪，思想家、科学家亚里士多德被认为是世界上最了不起的人，几乎所有的人都把他的话当作真理。那时候，人们从来不会质疑亚里士多德，当时大多数人认为亚里士多德是正确的，几乎所有人都开始这样认为。

然而，有一位叫伽利略的数学家却不这样认为，他曾公开说要从实践中发现真理，而不是背诵亚里士多德的书本。

有一天，伽利略在上课的时候对学生们说：“站在楼顶上，左手拿一个1磅重的铁球，右手拿一个10磅重的铁球，同时扔下去，哪个会先落地？”学生们想了想回答：“亚里士多德说过，重的物体下降速度要比轻的快，所以是10磅的铁球先落地。”

伽利略听完这样的回答，摇摇头，说道：“不对，亚里士多德说错了，应该是两个铁球同时落地。”学生们很惊讶，居然有人公开批判亚里士多德，大家都质疑伽利略所说的话。

于是，伽利略找来两个铁球，来到比萨斜塔的顶上。他同时将两个铁球松开，两个铁球果然同时落到地上。当人们看到两个铁球同时落地，不禁大吃一惊。

这件事之后，人们开始认识到，亚里士多德虽然是名人，但也并不一定都是正确的，便有更多的人开始推翻亚里士多德的理论，从而在实践中发现更多正确的事物。

不管做任何事情，亲自去实践一番，得到的收益要远大于自身的期望。就像一些创业的人士一样，在创业初期阶段，大多数人都会四处学习，吸收各方面的创业经验。一旦开始创业的时候，就开始出现严重的两极分化。有些人经过不断的努力，最终实现创业目标，有些人则在创业的路途上“死掉”。导致两极分化出现的直接因素就是创业者的实践问题。

依靠以往或者别人的经验，把一个公司创立起来之后，自身公司所面临的问题是独特而多样的。这时候依旧依靠以往的经验和别人的建议去对待，是远远不够的。

那些创业成功的人，当公司在创业阶段出现问题的时候，他也会根据以往的经验和别人的建议去解决问题。关键在于，这类人在解决问题的过程中，会不断地根据现状改变策略，灵活地找到符合处理当下公司问题的办法，从而有效解决问题，为企业打开顺畅发展的大门。

我们为什么一直在强调实践的重要性？并不是因为过往的经验不重要，而是因为当下社会的发展速度太快，每天都有新事物诞生，以往的经验已经无法跟随现在的发展速度。我们应该在以往经验的基础上，在实践中不断总结全新的经验，不断对自身进行调整和优化，避免风险，提高做好一件事情的概率。

拓宽眼界，才能看到更远的未来

一个人要学会看得长远，放下固有的观点，才能保持乐观平和的心态。当我们的目光不够长远的时候，往往只能看见眼前的得失，从而导致自身情绪、心态的改变，无法完完整整地做成一件事。

眼界就像一个相框，牢牢地把人困在其中，相框的范围有多大，一个人的成就就有多大。因为，人的成就永远无法超出他的眼界，眼界有多大，成就才可能有多大。

记者采访一个放羊的小男孩，问："你怎么不去上学？为什么要放羊呢？"

小男孩："上学得花钱，放羊可以赚钱。"

记者问："你年纪这么小，要那么多钱干什么？"

小男孩："我要攒钱，买房子，娶媳妇。"

记者问："如果你有了房子，有了媳妇，打算做什么呢？"

小男孩："那我就生孩子，等孩子长大了，让他们去放羊，再攒钱！"

小男孩十分肯定地点点头。

小男孩的回答看似很搞笑，但仔细琢磨一下，却有另外一番滋味。

回想一下我们自己的人生，又何尝不是如此呢？当我们步入社会以后，如果无法看到更长远的目标，那只能在原地徘徊，一生也就如此庸庸碌碌地度过。而有些人，当他们看到更长远的未来，更精彩的世界后，人生也会随之变得精彩起来。

拓宽眼界的四个建议：

1. 培养坚定的意念。

坚定的意念，是一个人能够成功的基础。有些人因为眼界的局限导致一生的庸碌，而有些人明明已经看到未来，却没有足够的意志，往往在即将成功的时候选择放弃，最终忙碌一生而无所作为。

坚定的意念并不是与生俱来的，我们可以通过目标分解的方式进行培养。比如说，一个人想要登顶珠穆朗玛峰，高海拔、恶劣的环境是最大的威胁，如果想要抵达终点，可以把整个目标分解，每前进 100 米休息整顿，当完成一个又一个阶段性目标时，最终登顶的大目标也将完成。

在起初培养意念的时候，不要树立太遥远的目标，目标范围应超过个人能力一点点，只要自己稍微努力一下就能达成。这样的目标，既能锻炼我们的意志，又能使我们获得成功后的自信，循序渐进，最终实现人生大目标。

2. 永不停歇地学习。

学习不仅仅是读书，对于我们来说，与人沟通是学习，挫折失败是学习，一切有利于成长的事情都是在学习。

有句古话叫作“活到老，学到老”，这里的学可不仅仅指书本上的知识，它更是一种人生境界，当我们放平心态，把所经历的事情都仔细回顾、吸收，那么这本身就是一种学习、一种进步。

晋平公是晋国的君王，在他70岁高龄的时候，叹息感慨道：“有许多东西我还不会，可是现在我已经70多岁，想学习的话恐怕也太迟了！”

晋平公的话被他身边的师旷听到，师旷微微一笑，说道：“大王，那您现在就应该点燃蜡烛！”晋平公不解，问道：“为何呢？”

师旷解释道：“大王，一个人年少的时候学习，就如同走在朝阳下；中年的时候学习，好比走在烈日下；老年时学习，那便是走在夜间，需要点起蜡烛，小心翼翼地行走。蜡烛虽然微光，但总比黑夜强呀！”晋平公听完此话，恍然大悟，从此开始认真学习。

学习不在乎迟早，主要还是看我们有没有学习的心态。如果我们仔细观察身边那些优秀的人，就会发现这类人有一个共同的特点，那就是善于思考、勤于学习。思考能让人变得更睿智，学习能让人变得更有远见。

3.少说，多听，多看。

在现实社会中，如果我们对一个事物根本不了解，那么就不要试图去说些什么，此时你需要做的是仔细聆听、仔细观察，这个过程就是在学习、在进步。多听有失败经验和成功经验的人说话，多看能干的人做事，多想想其中的道理。

开阔眼界需要这种态度，面对陌生事物需要这种态度。摆正自己的态度，在恰当的时候做一个聆听者，做一个前辈的学习者，是一个人成长的开始。

4. 反思自省，不断提升自我。

孟子说：行有不得，反求诸己。事情搞砸了，关系弄僵了，不要一味地指责别人，而要从自己身上找原因。学会自我反思，是一个人最快的进步方式，当我们犯错误的时候，反思自己为何会犯错，从失败的经历中汲取经验，为下一次的成功做准备。当我们成功的时候，不要得意忘形，从成功的经历中汲取经验，为下一次可能会出现的失败做准备。

汉武帝在位期间，最大的心愿是驱逐北方匈奴，让汉朝百姓过上安居乐业的生活。但匈奴自汉朝有史以来便不断南下，不仅骚扰边境百姓，还向朝廷索取大量的金银珠宝。

为了改变被匈奴侵犯的现状，汉武帝做出了主动出击攻打匈奴的决策，这一决策让所有人都大吃一惊。因为在汉朝60多的历史中，从未主动向匈奴发起过攻击，从士兵到百姓都被匈奴打怕了，大家从未想过反抗。

汉武帝破格任用卫青、霍去病等年轻将领，让他们带兵去攻打匈奴。结果，战争很快结束，汉朝军队获得胜利。从此之后，匈奴不败的神话被打破，极大增加了汉武帝讨伐匈奴的决心。

于是，汉武帝在位期间不断向匈奴发起攻击，直到将匈奴彻底赶到漠北才罢休。多年的战乱，导致汉朝百姓的生活越发贫苦，当汉武帝来到当年与匈奴激战的“老兵村”时，看见这里的百姓吃不饱、穿不暖，很心痛。

汉武帝认为以前匈奴侵犯，百姓不能安居乐业，自己才主动攻打匈奴。如今匈奴已败，为何百姓过得比之前更穷苦了？汉武帝意识到由于自己连年征战，百姓早已无力支撑巨大的军队开支，虽然战争胜利了，但却苦了百姓。汉武帝自我反省后，颁布了《罪己诏》，向全国百姓说出自己的过错，从此以后再也不发动战争，让百姓好好生活。

《论语·学而》中说，“吾日三省吾身”，告诉人们每天要从三个方面检讨自己，从而督促自己不断进步。

困难有多大，背后的机遇就有多大

从古至今，凡是功成名就的人物，其背后必定有着不同于常人的经历，正所谓“天将降大任于斯人也，必先劳其筋骨，饿其体肤”。除了天赋异禀，大多数人的成功都须经历足够的挫折和苦难。

有些人，遇到困难能够勇往直前，直到战胜它。而有些人，稍稍遇到困难就会后退，这样的人是永远无法做出一番事业的。

牛顿曾说，如果你问一个擅长溜冰的人怎样获得成功，他会告诉你：跌倒了，爬起来。这就是成功。你眼中的困难有多大，其背后的机遇就有多大。

金·坎普·吉列，出生在美国一个小镇上，在他16岁的时候，家庭遭受变故，为了维持生活，他不得不辍学去找一份工作。

对于一个没学历、没经验的人来说，最容易找到的就是销售工作。他在一家公司当了一名销售员，而且一做就是24年。

有一次，吉列先生在外地推销产品，住进一家小旅店。早上的时候，他约好和一位客人见面，于是精心打扮起来。突然，他闷声叫出来，原来是可恶的剃须刀又一次刮到肉。

吉列看着脸上的血迹，心情顿时很糟糕。这已经不是第一次刮到肉，这一次吉列感到尤其沮丧，因为他要见的这位客户很重要。

虽然心中不悦，但吉列还是尝试让自己冷静下来。当他彻底冷静之后，心中冒出一个想法："很多人都在刮胡子的时候刮到肉，那为什么不能发明一个安全而舒适的刮胡子刀呢？"

经过几个月的反复试验，吉列的新剃须刀面世。但这种T形剃须刀制造出来后，人们根本不买账，因为大家从未见过这样的剃须刀，从而导致吉列的剃须刀在第一年的时候只卖出去51把，这样的业绩别说盈利了，就连原料费都赚不到。

此时，吉列多年的积蓄已经花光，如果再这样下去，那他只能宣布破产。吉列最后决定免费赠送1000把剃须刀。

在当时，很少有商家免费赠送产品，很快1000把剃须刀就送出去了。这一次，吉列彻底打开了美国的剃须刀市场，没过多久，他的T形剃须刀就变得供不应求。因T形剃须刀的安全和舒适性，使得它很快就成为全球畅销产品，也让吉列成为美国屈指可数的富翁。

可能有人会说，"这些名人所处的时代不一样，觉得那时候他们成功是一件简单的事情"。其实，不管在任何年代，社会留给大家的机遇都是平等的。

比如，前几年互联网自媒体出现的时候，有些人嗅到商机，立刻投身自媒体事业。当自媒体的红利抵达最高峰的时候，这些人已经获得巨大财富。

而有些人呢？他们没办法改变固有的观点，选择的是隔岸观火的态度，想等一等、看一看再去做。

结果，两三年的红利高峰期结束，这些人看到自媒体的红利后，才开始投身进去。但为时已晚，在多次失败后，又选择离开，最终还是竹篮打水一场空。

在同样的机遇面前,有些人能抓住,有些人则抓不住。究其原因,还是因为人与人之间的眼界差距。虽然大家所面对的是同一件事物,有些人能看到事物背后隐藏的机遇,从而努力去做,有些人则只看到事物表面,从而错失良机。

秦朝末年,刘邦和项羽先后攻入咸阳,当时项羽拥有40万大军,驻扎在鸿门,刘邦却只有10万军队,驻扎在霸上。

当时的情况很明显,秦朝灭亡已经是必然,而秦朝覆灭之后,谁来坐天下?综观当时的情况,也只有项羽和刘邦有能力坐天下。这样的话,项羽和刘邦就变成竞争对手,谁能打败对方,谁就能坐天下。

项羽手下的谋士范增给项羽献出一个计策,让项羽在鸿门请刘邦吃饭,借此杀掉刘邦。一旦除掉刘邦,那么项羽就能稳坐天下,成为一代君王。

然而,项羽却优柔寡断,在鸿门宴上几次有机会都没有出手,最后让刘邦乘船离去。项羽听信项伯的仁慈策略,不但放走刘邦,还加封刘邦为“汉王”。鸿门宴之后,刘邦开始谋划攻打项羽的计划。

不久之后,项羽为了显示自己的威风,率领大军离开咸阳,回到故乡彭城。在项羽离开的时候,刘邦的势力已经悄然强盛。最终,项羽四面楚歌被围困,只能自刎在江边。

如果项羽当时在鸿门宴上杀掉刘邦,那历史将会变成另外一副模样。即便当时项羽没有杀掉刘邦，在鸿门宴之后，项羽拥有40万大军，依然能轻而易举地消灭刘邦，但项羽没有抓住时机，却急于炫耀自己的威风，率大军回老家，结果落得一个自刎乌江的下场。

许多时候，机遇会悄然无声地出现在我们身边，有些人能够看到机遇并抓住它，从而成就一番事业。但是还有一些人，他们虽然能清晰地看到机遇，却一而再再而三地错过，最终庸碌地度过一生。

在一家公司里有这么两名员工，员工A入职4年，却还是一名普通职工。员工B入职1年，已经升职为部门负责人。

有一天，员工A找到老板，问道："老板，为什么我来公司这么久，却一直没有升职？"老板没有回答，反而说道："王总要来我们公司参观一下，你去联系一下。"

过了一会，员工A回来，老板问道："怎么样？"

员工A："他们说下周来公司。"

老板："下周几？"

员工A："不知道……"

老板："来几个人？"

员工A："不清楚……"

老板："他们坐火车，还是坐飞机？"

员工A："我不清楚，您也没让我问呀！"

老板没说话，把员工B叫来，说道："王总要来我们公司参观，你去联系一下！"员工B一会儿后再次回到办公室。

老板问："联系得怎么样？"

员工B回答："老板，王总他们下周三来参观，一共四个人。他们一行坐飞机来，下午2点的飞机，预计6点钟抵达。我已经安排司机去接机。王总他们整个考察行程预计两天时间，为了方便，我在公司附近订了酒店，如果您同意的话，我就安排费用。"

员工B说完，老板满意地点点头。员工A顿时很尴尬，十分不好意思地离开了。

机遇面前人人平等，唯一的差距就是如何去做。同样的机遇摆在不同人面前，所出现的结果必然不同，那些能够紧抓机遇的人，往往都是意志坚强、勇往直前的人。

把目光放得长远一些，去看到事物背后的本质，再依靠自身坚强的意志去抵达目标，这是一个成功者必备的素质。鼠目寸光者，终究难以成就大业，富有远见者虽不能必然成就一番事业，但至少能看到更美好的风景。

努力提升自己的能力，锻炼自己的目光，一旦机遇出现的时候，紧紧抓住机遇，去实现人生伟大的目标。万不能手高眼低，虽然能看到远处的目标，却不愿意动手去实现，那将是一件悲哀的事情。

能看多远，就能走多远

人生路上没有一帆风顺，多数时候都是在经历坎坷。有些人在经历坎坷路途后，依旧能看到远处的风景，朝着更远的目标前行；有些人在经历坎坷后，不愿意再向前迈步，人生从此平凡而无味。

那些遇见坎坷而停滞不前的人，并不是因为他们不够努力，也不是他们不具备能力，而是因为他们的目光只停留在眼前的事物上，没有看到未来的路途，所以才原地踏步。

20 世纪 90 年代末期，互联网在中国出现，那时候大多数人不清楚什么是互联网，更不清楚这个东西有什么用处。而少数人却看见了互联网的未来，他们坚定地认为互联网会改变整个人类的生活方式。

这些人开始踏足互联网行业，在经历多次行业变革后，互联网从最初的陌生事物，变成了我们日常生活的一部分，网络购物、聊天、出行、商务已经成为我们习以为常的生活方式，而那些最初踏足互联网行业的人，已经成为行业的领航人。

这就是一个人的远见，不怕走不远，只怕看不远。

晋商乔致庸起初创业的时候，经营茶业、丝绸、高粱等生意，随着阅历的增加，他看到了票号的未来，认为一个国家若想实现强大，商业支撑不可或缺，而商业的本质就是货物流通，只有让全国的货物流通起来，整个社会的财富才能不断增长。

为了让货物更方便地流通，他想要创办票号，只要商人拿着银票去各地票号便可兑换银子，如此一来减少了运输银子的环节，给商人带来极大的方便，这样南北方货物便可畅通无阻。

如此宏大的目标不是一朝一夕能完成的，但乔致庸看到了票号的未来，不惜一切创办票号。其间因朝廷的打压，整个乔家的票号被迫停业，乔致庸也由富甲一方的商人变成一无所有的普通人，即便如此，他依旧没有放弃创办票号的想法。

在乔致庸不断的努力下，票号生意开始逐渐好转起来。当他以毕生精力实现“汇通天下”的愿望时，自己也成为富可敌国的一代名商，他用自己的一生证明了一件事：只要坚定信念，能看多远，就能走多远。

科学家把一只蚂蚱放到一个玻璃空间内，蚂蚱能够很轻松地跳出来。紧接着，科学家把四周的玻璃增高，蚂蚱依旧能跳出来。

反复增高多次之后，蚂蚱依然能很轻松地跳出来。科学家把玻璃高度恢复到最初的样子，然后在顶部盖上盖子。此时，蚂蚱跳跃几次后，都因撞击到盖子而回落到底部。

科学家在一旁用杂音刺激蚂蚱继续跳跃，随着多次失败，蚂蚱开始变得“聪明”起来，每次跳跃的高度刚好与盖子有一点距离，这样蚂蚱就不会碰到盖子了。

重复一段时间后，科学家将盖子拿掉，继续刺激蚂蚱跳跃。这一次，出现了很“奇怪”的现象，蚂蚱虽然也跳跃，但起跳高度保持在瓶盖以下，即便此时已经没有瓶盖，但蚂蚱却再也跳不出这个玻璃空间。

起初，科学家认为蚂蚱之所以无法跳出这个玻璃空间，可能是短时间内的肌肉记忆所导致的。因此，在放置一段时间后，科学家们再次刺激蚂蚱跳高，得到的结果还是一样的。

不管科学家如何刺激这只蚂蚱，它再也无法跳出玻璃空间。即便科学家将这个空间的高度稍稍降低后，蚂蚱依旧无法跳出去。

仔细想想，我们的人生何尝不是跟这只蚂蚱一样呢？当我们拥有一个远大志向的时候，会带着一股激情往前冲。在起初遇到阻碍的时候，我们还能坚强地继续向前，但如果多次尝试都无法越过阻碍，我们会理所应当地停下来。

没错，人生一旦停下来，即便眼前的阻碍变小或者消失，我们却依旧无法再往前行走，如同那只被困在玻璃内的蚂蚱一样。

我们的人生，在尝试多次失败以后，身心会受到加倍的打击，甚至开始怀疑自己的目标是否错误，继而怀疑自己的能力。当这些疑虑逐渐占据主导地位的时候，人生将无法再前进。

不仅如此，一旦这些负面的因素占据主导地位后，我们自身很难再将它们清除，导致以后在做任何事情的时候都会变得格外艰难。长期的困难与打击，会摧毁一个人的心智。

日本思想家安冈正笃曾说：“心态变则意识变，意识变则行为变，行为变则性格变，性格变则命运变。”心态决定一切。当一个人从内心之中已经彻底对某个事物失去信心的时候，成功便无从谈起。

反之，当一个人对某件事物拥有足够的信心，即便遇到许多困难和阻力，依旧保持初心，那么，这个人终有抵达目标的那一天。

公元前139年，张骞奉汉武帝之命，出使西域。其目的是为联合月氏国，共同抵抗匈奴人。

当时由于月氏国西迁，导致河西走廊一带被匈奴控制。张骞抵达河西走廊的时候，被匈奴人抓获。匈奴人根本没有将汉使张骞放在眼中，他们认为张骞要与匈奴的敌人月氏国联合，便强行将张骞扣押起来。

匈奴人为打消张骞联合月氏国的念头，对他进行威逼利诱，但都无法打消张骞的意志。匈奴人将张骞软禁起来，而且一关就是10年之久。

10年的时间，足够将一个人的毅力磨平，但张骞却从未忘记自己的使命，他趁着匈奴人大意的时候，逃出匈奴，抵达大宛。

离开大宛后，张骞继续朝着最初的目标月氏国前进，当张骞来到月氏国后，却很失落。月氏国新的国土肥沃，人们过得很富庶，国王已经无心对匈奴开战，即便当年遭受匈奴的侵略，但此时却只想要眼前的和平。

张骞出使月氏国的目的就是要说服月氏国，让月氏国与大汉联合对抗匈奴，而眼前月氏国已无战意。张骞并没有放弃，在月氏国逗留了一年，最终还是未能说服月氏国向匈奴开战。

张骞只好离开月氏国，准备返回长安。为了躲避匈奴人，张骞选择了新的路线，途中却遇到羌人，万万没想到，此时的羌人已经臣服匈奴，张骞再次被扣押。

被扣押一年多后，张骞终于踏上归汉之路，此时距离张骞初次离开长安已经13年。

张骞出使西域，虽然没有达到联盟月氏的政治目的，但使中国的影响直达葱岭东西，后人正是沿着张骞的足迹，走出了誉满全球的“丝绸之路”。

当一个人拥有坚强意志的时候，我们很难想象这个人能爆发多大的力量。就如同张骞出使西域一样，13年的艰苦都无法抹平他的意志，没有耗尽他的毅力，从而在历经13年后，再次回到长安。

一个人能否做成一件事，在许多时候取决于这个人能否看到未来。当一个人能够清晰地看到未来，并拥有坚定的信念之后，在做这件事的过程中，即便遇到常人无法想象的困难，都可以度过。

人的目光能看多远，脚步就能抵达多远。最怕的就是当一个人遇到困难的时候，目光仅仅局限于眼前的困难，从而遮蔽前进的道路。当一个人无法看到未来的时候，再远大的目标都是虚无缥缈的，只有将目光放得长远，才能成就一番事业。

人生无限可能，成为理想中的自己

有句俗语叫作“十年河东，十年河西”，其实，人生真的充满无限可能，尤其是对于现代社会来说，可能会是“一年河东，一年河西”。

高速发展的当代社会，为每一个人都带来同样的机遇，只是有些人能看到机遇，有些人则视而不见。如果，一个人这辈子的目标就是吃饱喝足，那么不管多大的机遇放在他面前，他都会视而不见。

做一个有理想、有抱负的人，才能牢牢抓住机遇，让自己的人生变得更加精彩。

一个猎人带着他的猎狗去狩猎，在森林中发现一只兔子，猎人一枪打中兔子的腿。在猎人的命令下，猎狗疯狂地去追赶兔子。

可是，没过多久，猎狗独自回来了。猎人大声呵斥：“那只兔子都受伤了，你都抓不住？简直是笨蛋一个！”猎狗委屈地说道：“我已经尽力了，是那只兔子太强壮了！”

受伤的兔子回到洞中，其他的兔子都关心地围拢过来。其中有一只兔子问：“你已经受伤了，是如何跑赢猎狗的呀？”受伤的兔子回答：“那只猎狗是尽力而为，而我是全力以赴。如果它没抓到我，顶多是挨一顿骂，而我若是被它抓到，就必死无疑！”

在许多时候，如果不逼自己一次，可能永远都看不到自己的潜力。

在许多时候，人生是充满无限可能的，当你全力以赴奔跑的时候，就是梦想变成现实的时候。

一支旅行的队伍误入沙漠之中，大家都十分疲惫。此时，有一个声音从天空传来：“抓一把沙砾放在口袋里吧，当你离开这片沙漠的时候，沙砾就会变成金子。”

所有人都听到了这句话，有些人坚信不疑，有些人半信半疑，有些人压根就不信。那些坚信不疑的人抓了很重的一把沙砾放在口袋中，那些半信半疑的人则随意抓了一些沙砾，而那些压根不信的人毫无举动，继续前行。

漫长的沙漠路途，让大家都疲惫不堪。口袋里装着厚厚沙砾的人要比其他的人更累，而那些口袋空空的人则显得格外轻松。

许久之后，大家终于走出沙漠，有人从口袋中掏出沙砾，曾经那些沉重的、几乎压垮自己的沙砾，此刻已经变成金灿灿的金子。而那些压根就没相信那句话的人，虽然一路上轻轻松松，但此刻却再也开心不起来。

有人很后悔，为什么当初不抓一把沙砾？有人还试图再次回到沙漠，但一切早已结束，沙砾变成黄金的机会只有一次，一旦失去就再也不会出现。

这是一则很有深意的寓言故事。当一个人的远大理想、目标确定下来的时候，那么对于他的人生来说，就是一个沉重的“沙砾”，负重前行的艰辛并不是所有人都能承受的，也正因如此，有些人才会选择放弃“沙砾”，轻轻松松地前行。

当抵达终点的时候，那些曾经负重前行的人，已经获得巨大的成果。而那些一身轻松的人，从头走到尾，依旧是一无所获。

人生就是这样，虽然努力并不一定能够成功，但不努力是绝对不会成功的。

汉高祖刘邦建立汉朝，从汉朝成立那一刻起，北方匈奴对汉朝的骚扰就没有间断过。刘邦为此十分烦恼，为了彻底摆脱匈奴的骚扰，他亲自率领30万大军，结果被匈奴围困，差点丢了性命。

自此以后，汉朝每年都要向匈奴进贡，不仅给匈奴大量的金钱、粮食、丝绸，还要将皇室的公主嫁给匈奴的大单于。以金钱、和亲维系汉朝和匈奴的关系，这种方式持续了60多年，历经五代皇帝。

60年的岁月能做什么？答案是可怕的！因为在这漫长的60年里，整个汉朝的人民已经习惯于匈奴的压迫，早已失去抵抗心理，甚至当时的朝廷都已忘记“抵抗”二字如何书写。

每一年的进贡，每一年的压迫，就像一件极度平常的事情一样，整个汉朝从上至下没有人提出任何反对意见。

直到汉武帝刘彻掌管国家大权之后，开始强化军事，势必要与匈奴决一死战，宁可战死也不接受匈奴的侵略。

正是因为立下了这样的雄伟目标，汉武帝在位期间，涌现出许多知名的将领，如李广、霍去病、卫青等。这些优秀的将领，带领汉朝军队长驱直入，深入匈奴境地作战，将匈奴从汉朝北方边境，一直驱赶到漠北荒漠。

当一场场胜利传回长安的时候，人们欢呼雀跃，这种迟到60多年的胜利让整个汉朝人振奋。人民主动捐钱、捐物，鼎力支持汉武帝对匈奴作战。

在汉武帝期间，整个汉朝彻底摆脱匈奴的欺凌，不仅如此，还将汉朝的大国威仪传遍整个西域，让汉朝成为历史上最强盛的朝代之一。

我们的人生又何尝不是如此呢？当一个人长久地生活在安逸的环境中，再远大的理想、再聪明的才智也会被磨平，最终也只能变得庸庸碌碌。付诸行动吧，如果不去试一试，又怎么会知道结果呢？

人生是充满无限可能的，没有人的命运是天生注定的，一切美好的理想，一切美好的事物，都是需要我们不断去争取的。只有敢想、敢做，才可能实现最初的梦想，才可能成为理想中的自己。

中篇

PART TWO

心境｜心胸有多宽，事业就有多大

每个人的理想，都像一只充满力量的雄鹰在心中翱翔，至于这只雄鹰最终能飞多高、飞多远，完全取决于人的心胸。心胸有多宽阔，雄鹰就能飞多远；心胸有多深厚，雄鹰就能飞多高。

找准自己的定位，才能更清楚地看世界

小时候，老师经常会这样问大家：“你们的理想是什么？长大后想做什么？”孩子们会充满自信地回答：长大要当医生，长大要当军人，长大要当科学家……

此时此刻，我们再回答这个问题“你的理想是什么？你想做什么？”，相信绝大多数人无法立刻回答，我们早已失去了理想和目标。许多时候自己都不清楚为什么要这样忙碌，更别说什么理想、目标。

一个没有理想和目标的人，如同在黑夜中前行的蜗牛，行走得缓慢而没有方向。

春秋时期，晋国有一个君主叫重耳。在他年少的时候，就彰显出过人的才能，就连他身边的好友也都是很优秀的人，包括赵衰、狐偃、贾佗、先轸、魏犨等人，这些人后来都成为一代名家。

重耳43岁的时候，遭受奸人陷害，不得不离开晋国。当时他的父亲受奸人蒙蔽，即便重耳已经离开晋国，还依旧派人追杀。

从此以后，重耳开始了长达19年的逃亡生涯，在漫长的岁月中，他清楚地看到世间的疾苦，也深刻理解到人情冷暖。虽然此时的他

是逃犯的身份，但重耳从未放弃统领晋国的目标。

公元前636年，当时的重耳已经62岁，他在秦穆公的护送下回到晋国，坐上晋国的国君之位，史称晋文公。

晋文公即位后，着力发展晋国军事，在位期间重用贤才，实行通商宽农、明贤良、赏功劳等政策，创立了三军六卿制，使晋国国力大增。

对外联合秦齐两国伐曹攻卫、救宋服郑，平定周室子带之乱。公元前632年于城濮大败楚军，并召集齐、宋等国于践土会盟，成为春秋五霸中第二位霸主，开创了晋国长达百年的霸业。

晋文公的一生可谓崎岖坎坷，从离开晋国起，他就一直没有忘记自己的国家，更没有忘记自己的使命。也正是因为他抱有如此远大的理想，才能在流亡多年后再次回到晋国，带领晋国成为霸主。

回想一下，我们曾经是否也有过远大的目标？现实的困难，让我们一点点远离曾经的那个远大目标。

仔细回想一下，为什么会出现这样的结果？难道是我们定的目标太远大？还是自身能力太低无法达成目标？其实，导致这个问题的关键因素还是在自身，因为我们没有给自己一个清晰的定位，在不清楚自身能力的时候就确定一个目标，这样的目标往往难以实现。

有句俗语叫作“没有金刚钻，别揽瓷器活”，一个人无论做什么事，都要清楚自己是否有能力把这件事做好。这种逻辑背后的核心就是人生定位，一个人只有端正自己的位置，才能获得最终的成功。

战国时期，鲁国有一对夫妇，男的擅长编织草鞋，女的擅长织白绢。虽然两个人都有手艺，但在鲁国生活得并不好，因为鲁国比较贫穷，国土面积很小，他们的生意并不好，只能勉强维持生计。

一日，夫妻二人收拾行囊，准备去越国发展。临行前，他们的好朋友前来送别，好友问道：“你们打算去哪里呢？”夫妻二人回答：“我们准备去越国发展，希望能过上富裕的日子。”

好友听完他们的回答，急忙说道：“不不，如果你们去越国的话，只会更穷。”夫妻不解，好友解释道：“越国人习惯光脚走路，他们不喜欢穿草鞋。而你的白绢，只能制作帽子，但越国人习惯散发，不喜欢戴帽子。你们如果去越国的话，根本无法生活呀！”

夫妻二人大吃一惊，急忙问：“依你所看，我们应该去什么地方呢？”好友回答：“你们应该去齐国，那里的人们喜爱穿草鞋，也喜欢戴帽子。如果你们去齐国，凭借自己的手艺，肯定能过上好日子。”

夫妻二人连忙感谢，带着自己的物品前往齐国。当他们抵达齐国之后，果然如那个好友所说，这里的人生活富裕，喜欢穿衣打扮。他们夫妻二人的生意越来越好，不到一年的时间，就过上富裕的生活。

那对鲁国夫妻如果是去越国，那么他们的日子可能会越来越贫穷。虽然他们很清楚自己所擅长的事情，但是方向和目标出错后，已经无法达成最终目的。

在现实生活中，很多时候并不是我们没有去努力，反而是因为努力的方向出错了。若想逐步实现人生目标，一方面需要清楚自身的能力，另一方面需要制定正确的目标。

鲁迅先生的一生就是一个典型的例子，在他年轻的时候，认为学医可以拯救国人，他选择投身医学事业。随着年纪增长和对社会的认知，他发现学医无法挽救国人的内心，于是他果断弃医从文。

鲁迅先生凭借优秀的文学作品,唤醒了一大批年轻有为的国人，不仅让自己成为一代文学家，而且他的思想和人格对后世也有着深远的影响。

不管人生走到哪个阶段，都要时刻清楚自己的能力，并根据自身的能力去规划一个正确的目标。只有在真实的能力和正确的目标同时拥有的时候，一个人才会做出一番事业。

就好比我们的人生一样，学生时期的我们，努力完成学业就是最大的目标；当我们步入社会之后，增长见识、不断充实自己就是最大的目标；当我们成家立业之后，承担家庭责任、社会责任就是最大目标。

人生时刻都在改变，我们也应该时刻反思自己。反思自我有助于我们更加清晰地认识自己。只有在足够清晰地看到自己的处境、能力后，才能设定一个符合自身的目标。

磨炼心性，从一次次困难开始

森林中有一只虎王，在它暮年的时候，需要挑选一位继承者继承它的王位。可惜，这位年迈的虎王只有一个独生子，而这个独生子又偏偏十分软弱，有时候甚至会被地上的爬虫吓到大叫。

虎王很担心，于是就找来身边的好友，商议如何让小老虎变得勇敢起来。大家众说纷纭，最后也没有形成统一的意见。

这时候，一只聪明的猴子站出来，对虎王说道："大王，您的儿子从来没有经历过生死考验，它一直在您的庇护下长大，现在您最应该做的是尽快离开您的儿子，彻底消失在它的视线中。"

虎王听完此话后，茅塞顿开，接着问道："你的意思，让我不再照顾它，让它独自去生活吗？"猴子点点头道："是的，您可以给它规定一个期限，比如让它在外独自生存一年，如果一年后能活着回来，那它可以继承您的王位。"

虎王听完此话后，眉头紧锁，但是转念一想，觉得猴子的话说得很对。森林之中处处充满危险，如果自己的儿子不能在如此危险的环境下存活下来，那怎么配做森林之王？

想到这里，虎王下令将小老虎赶出自己的领地，并让它一年后带着战利品回来。

一年之后，小老虎回到森林，此时的小老虎已经成长为一个真正的勇士，身上有许多伤疤，但并不妨碍它身上散发出的王者气息。

虎王看到这一幕很是开心，急忙询问：“儿子，你这一年在外面都经历了什么？为什么会变得如此勇猛？”小老虎说：“我和鳄鱼战斗过，跟豹子战斗过，在每一次的战斗中，我都存活下来，现在我终于明白，强大需要无数次的战斗才能锻炼出来。”

虎王听完这番话，心中很是欣慰，将王位传给小老虎后，它安心地离开了森林。

没有人天生就是强者，所有的强者都是在一次次磨砺中让自己逐渐变得强大。正如俄国作家列夫·托尔斯泰所说：“要记住！情况越严重，越困难，就越需要坚定、积极、果敢，而越无为就越有害。”

困难并没有想象的那么可怕，可怕的是我们看待困难的角度。如果以悲观的心态去面对困难，那么眼前的困难就会被放大一万倍；如果以乐观的心态面对困难，那么困难总会被克服。

爱迪生是影响世界的大发明家，一生中拥有1000多项发明。人们往往只看到爱迪生辉煌的一生，却很少有人知道他经历的失败。

1892年，由爱迪生一手创造的“爱迪生通用电气”与汤姆·休斯顿电气公司合并，名字也改成“通用电气”，至此，爱迪生被彻底踢出局，在电气领域安然离场。

爱迪生转而将目光投向矿石产业，为此他还发明了巨型碎石机，新型的设备让铁矿纯度更高，此时爱迪生乐观地预言："不出七八年，就可以每年生产出价值1000万～1200万美元的矿石，净利润300万美元。"

世事难料，爱迪生的铁矿事业刚开始不久，明尼苏达州就发现了大型铁矿，其品质要远高于爱迪生的矿石，而且还分布在地表，可以实现露天开采，如此一来，爱迪生的矿石顿时失去竞争力。

51岁的爱迪生将所有家产都投资在铁矿石，此时的他已经破产，还欠下许多债务。这一次的失败并没有打败他，反而让他看到新的开始。

辗转几次后，爱迪生投身水泥业，在他的苦心经营下，水泥厂的利润逐年增高。仅仅用了三年的时间，爱迪生就还清所有的债务。此后，爱迪生的水泥厂发展迅速，很快就成为全美五大水泥厂之一。

本来风平浪静的生活，却被一场突如其来的大火毁掉！在爱迪生64岁的时候，一场毫无预兆的大火烧毁了他的实验室，一生的心血在大火中付之一炬，这样的打击对于任何一个人来说都是致命的。

然而，当爱迪生的儿子找到他时，爱迪生正平静地看着大火，没有一点悲伤之情。爱迪生发现儿子后，大喊道："查理斯，你母亲去哪儿了？快去把她找来，她这辈子恐怕都见不到这样的场面了！"

第二天，爱迪生看着被烧成一片废墟的实验室，脸上露出笑容，说道："大火将我以前所犯的错误都烧得一干二净，感谢上帝，这下我们又可以从头再来了！"

火灾过去仅仅三个星期后，爱迪生就正式推出他的第一台留声机。

如果把故事中的爱迪生换作一个普通人，恐怕在第一次破产的时候，就已经一蹶不振了，但是爱迪生却坦然面对一切。

这就是一个人的心性、一个人的心态！在这个世界上，困难和成功是结伴而行的，只是偶尔是成功先到而已。一个人，不仅要拥有能享受成功的心态，还要拥有能坦然面对困难的心态。

对于整个人生来说，成功和困难的作用是同等的，只是我们看待它们的角度不同而已。人们总喜欢看到成功背后散发的耀眼光芒，却很少有人看到困难背后隐藏的更大成功。

如果孔子没有14年周游列国的壮行，就没有儒家文化的盛行；如果勾践没有卧薪尝胆，就不会有越国的强盛；如果韩信没有当年的胯下之辱，就没有建功立业的一世功绩……

小赵和小李是同一家公司的业务员，他们是同时来到这家公司的，但是仅仅半年的时间，小赵就月薪过万，而小李依旧只能拿到底薪。

在一次分享会上，领导让小赵分享一下成交的经验。小赵谦卑地说道："没啥经验，我就是不停地打电话，不停地去拜访。我是这样想的，我每天打100个电话，去拜访5个客户，即便这一天的成交是0，那么我至少认识了5个人。"

"我每天都这样坚持，如果平均每天能够一个人成交，那一个月下来我就可以成交30个客户，那么我赚的钱自然就会多了。"

小赵的话说完，大家都鼓掌，此时小李却脸色难看。

这时领导让小李上台分享，希望小李说出自己遇到的困难，大家帮助他一起解决。

小李上台后，结结巴巴地说："我每天都会打电话，但是100个电话，99个都会拒绝我，剩下那一个还会骂我。所以，我打电话的次数越来越少，现在每天只打几个电话而已。我也去拜访，但是那些陌生人从来不会理会我，所以……所以……我放弃了。"

小李的话说完后，主管领导已经知道问题所在。他同时邀请两位上台，说道："被客户拒绝说明什么？说明这个客户给了你一次重新找到新客户的机会，你应该感谢他，正是因为有他的拒绝，才会让你在接下来找到属于你的客户。"

"如果你不信，可以问问小赵，他拜访过的客户已经有几千人，而成交的客户只有几十人。那么你问一下自己，你拜访了多少客户？而你又成交了几个客户呢？"这件事之后，小李变得"勇敢"起来，每一次被客户拒绝后，他都没有失落，而是充满信心地寻找下一位客户。

小赵经历过太多的拒绝，心态早已放平和，心性也更稳定。正是因为有这样的心性，他才能在无数次的拒绝中继续前行，从而获得超出别人的回报，自身的境界和成绩也就高于别人。

不要把困难看成压倒我们的一堵墙，其实，困难更像阶梯，每当我们度过一次困难，就会沿着阶梯走上更高一层。依靠困难所搭建的阶梯，人生才能一步一步走得更高、更远。

细节规划，使人生圆满

“成大事者，不拘小节”，这句话所讲的是一种胸怀，一种境界，却常常被人误解，以为这句话在强调做事要宏观，不要拘泥细节。

其实，成大事的人，不仅需要有远大的目标，还需要有完善的细节，两者缺一不可，否则就会出现“千里之堤，毁于蚁穴”的情况。甚至，在更多的时候，细节直接决定着成败，更决定着人生。

1485 年，英国国王查理三世面临一场生死之战。如果这一战打赢，那么国家将会获得更长久的和平。为了这一战的到来，查理三世已经准备了很长时间，他努力发展军事，又安抚子民，就为在这一战中获得胜利。

在衡量双方的军事实力后，查理三世信心满满，他决定亲自参战，为前线的士兵增加士气，以便更早地结束这场毫无悬念的战争。

军队出发之前，查理三世让人去给他的战马打上蹄铁。手下人便找到铁匠，在给马打最后一个蹄铁的时候，铁匠发现少一颗钉子。

铁匠立即汇报，告诉前来的军官少一颗铁钉，需要让军官送一枚铁钉才行。因为这匹战马是国王查理三世的，军官不敢怠慢，立刻向国王汇报。结果，查理三世根本没有把铁钉当回事，直接牵着战马去打仗了。

在双方军队激烈交战的时候，查理三世骑马冲锋，结果少一颗铁钉的蹄铁脱落，马儿栽倒在地上，查理三世也从马上栽倒。身后的士兵看见国王从马上掉落，不明真相，以为国王已经战死，顿时没有战意，纷纷后退逃跑。

结果可想而知，这场本应该胜利的战争，最后却以失败告终。而查理三世也成了敌国的俘虏，当他身处敌国的时候，才意识到那颗小小铁钉的重要性。

忽视一颗铁钉，丢失一块蹄铁；栽倒一匹战马，损失一个国王；输掉一场战争，灭亡一个国家。

细节不仅能决定成败，在更多的时候更能体现一个人的境界。日本千年企业—株式会社金刚组，其公司所注重的就是细节，在长达千年的历史进程中，金刚组已经把细节融合成一种文化，当把细节做到极致后，展现出的就是工匠精神。

再比《后汉书》中所记载陈蕃的事迹，15岁的陈蕃立志要治理天下，但自己的屋子却又脏又乱。有人来到陈蕃家里，得知陈蕃有治理天下的志向后，很是欣慰，但转身看到又脏又乱的屋子，说道“一屋不治，何以治天下呢？”陈蕃恍然大悟，最终成就一番事业。

成功是依靠细节积累而来的。如果没有年少时的寒窗苦读，就不会有步入社会后的诸多机遇；如果没有脚踏实地的努力工作，就不会有创立事业的基础。因果成败，环环相扣，做好细节规划，人生最终都会圆满而完美。

细节规划的六个建议：

1. 拒绝“差不多”的习惯。

“粗中带细”是一个人能否成就一番大事业的必要因素，如果只是一味地追求细节，往往会导致一个人的胸怀变小，从而难以做成大事；如果一个人胸怀远大，虽具备成大事的潜质，却往往被细节所纠缠，难以顺利成功。

任何大事业都是从小事开始做起的，当我们还在做小事的时候，一定要摆脱“差不多”的习惯。把小事做到细致，做到完美，当一件件小事慢慢积累起来的时候，此时已经是一件很大的事情了。

有一书生励志考取功名，可他却有一个很不好的习惯，每次翻阅书籍的时候，总是看一半丢一半，别人为他为什么不把书看完，书生总是说差不多已经明白书中所讲的道理，再看下去也是浪费时间。

如此十年寒窗，书生前去参加科举，考官看到书生的文章后，起初频频点头，看到文章中间部分的时候，又眉头紧锁，在看到文章结尾的时候，又连连摇头。

考官把书生叫到眼前问：“这篇文章开篇写得非常好，中间部分写得也还行，但是为什么结尾部分如此潦草？”书生回答：“考官大人，何必较真呢，一篇文章而已嘛，写得差不多就行了。”

考官听闻后十分生气，本以为这个考生是个才子，没想到却是一个糊涂蛋，一气之下将书生轰出门外。

2. 拒绝“眼高手低”的习惯。

世界上没有免费的午餐，任何有意义的成就都需要脚踏实地地去创造。而有些人总喜欢好高骛远，虽然他能看见更远处的辉煌，却无法摆脱当下的处境，总是想着以后怎样怎样，却不考虑眼前的情况，最终导致一事无成。

举个简单的例子，一个人看到别人单手翻单杠，觉得很简单，不屑一顾。结果当他去尝试的时候，直接从单杠上掉落下来。

在现实生活中，这样的人太多了。看见别人从事的行业赚钱，自己就跟着去干，结果以失败告终；看见别人能做到，总认为很简单，一旦自己亲自去做往往都会失败。

眼高手低不仅能让人迷失方向，还会让一个人变得浮躁，最终的结果是一事无成。以一颗谦卑的心去学习，以一颗真诚的心去对待，只有脚踏实地去做，才可能最终成功。

3. 拒绝“斤斤计较”的习惯。

注重细节不等于斤斤计较，两者之间有着本质的区别。细节更着重于做事，一个人不管做大事还是小事，善于抓住细节，往往都会获得成功。而斤斤计较更着重于做人，凡事与人斤斤计较者，往往难以成就大事。

道理其实很简单，一个人若想成就一番事业，那么他最大的依靠是什么？当然还是人，一个人能力再大，也有极限，单独靠一个人很难做出一番大事业。如同现在的许多企业家一样，每一个成功的企业家背后，都拥有一批忠实的追随者，正是因为有这些忠实的追随者，企业家才能成就一番大事业。

当一个人在与身边的人相处时，总是喜欢斤斤计较，自已吃一点点亏都不愿意，那么，试问这样的人如何拥有追随者？在他身边又如何会聚人才？如果这两点都无法满足，何谈事业？何谈成功？

4. 拒绝“稀里糊涂”的习惯。

一个人，若想做成一件事，必须拒绝稀里糊涂的做事风格。比如，做项目规划，在没有敲定项目细节的时候，就稀里糊涂地去实施，那么，这件事在做的过程中必然会漏洞百出，如此一来不仅浪费精力，往往还会导致劳而无功。

做一件事，规划一件事，必须精确到每一个最细微的点。即便如此，在实际操作过程中仍然会出现“意外”。而我们之所以要将事情精确到最细微的环节，其目的就是为了减少事件中“意外”的发生，虽不能做到万无一失，但至少确保少出意外，从而增加事情的成功率。

5. 培养“细节思维”的习惯。

任何一件事，在没有实际去操作之前，我们都无法把这件事做到尽善尽美。因为在许多时候，计划都没有变化来得快。比如，2020 年东京奥运会，在筹划 4 年之后，一场突如其来的新冠肺炎疫情席卷全球，让这个万事俱备的运动会不得不推迟举行。

如何才能避免计划中出现的“变化”呢？这就需要我们拥有细节思维了，在做任何事情的时候，都需要配套完成“预案”，一旦事情出现意外，那么立刻采用预案，以此减少损失。

6. 培养“危机意识”的习惯。

“危机意识”是成功者必备的意识！

一个人，或者一个企业，在起初做事或创业的时候，其“危机意识”可以忽略不计，因为处于此阶段的时候，目标往往很明确，只有三个字，就是“活下来”！

换句话说，处于这个阶段的时候，本身已经处于危机之中。

然而，当一个人已经获得成功的时候，往往会不由自主地沉浸在成功的喜悦中，长此以往，就会降低人的动能，难以看到未来的危机。

一旦危机来临，此时的人很难应对眼前出现的危机，变得束手无策。

培养危机意识不仅能稳定当前事业的成就，还能让人不断地进步，看到更远的未来；不仅能让人拥有抵御危机的能力，还能成就更大的事业。

高效管理一切事物，决定未来你的样子

森林中有一只鸟，这只鸟虽然拥有漂亮的羽毛，却是一个彻头彻尾的“懒汉”。一次它在河边梳洗羽毛，看见一只麻雀来喝水，就问：“小麻雀，你看我的羽毛漂亮吗？”

小麻雀看了看它漂亮的羽毛，赞美说：“你的羽毛真漂亮！但是我要去找吃的了！”得到麻雀的赞赏后，它十分开心，便飞入森林。它来到小松鼠的家里，此时松鼠正忙碌地整理自己的屋子。

鸟儿问：“小松鼠，你看我的羽毛漂亮吗？”小松鼠点点头，说道：“你的羽毛很漂亮，但是我要整理屋子，秋天即将来临，我要储存食物。”

鸟儿听到别人的夸奖，又很开心，它又继续来到兔子家里。问道：“小兔子，你看我的羽毛漂亮吗？”兔子正在挖洞，看了一眼鸟儿说道：“漂亮，但是我要建造房子。”

就这样，一整个夏天，鸟儿都在炫耀自己的羽毛。又过了一整个秋天，鸟儿依旧在炫耀自己的羽毛。

冬天已经来临，鸟儿感到饥饿，它想到小松鼠。就来到小松鼠家，说道：“松鼠，我很饥饿，你可以给我点吃的吗？”小松鼠摇摇头，说道：“我自己的食物都无法保证能过冬，我没有多余的食物分享给你。”

鸟儿很失落，在森林里转了一圈后，感到很寒冷，想找一个居住的地方。于是他想到改造房子的兔子，便找到兔子说道：“兔子，可以让我在你家里度过严寒的冬天吗？”

兔子无奈地摇摇头，说道：“我有十一个孩子，现在已经很拥挤，没办法再收留你。”鸟儿再次被拒绝，它很失落，很后悔。

几天后，大雪笼罩整个森林，鸟儿因为饥寒交迫，死在大雪之中。

这是一则很有意思的寓言故事，有人认为是鸟儿的懒惰导致了它最终的死亡，有人认为是鸟儿的虚荣导致悲剧的发生。当我们以商业的角度去看待这则故事，就会发现鸟儿的死亡与其自身的管理能力有直接关系。

鸟儿太热衷于自己的羽毛，将所有的时间都花费在梳理羽毛上，导致它根本没有时间建造鸟窝，更没有时间去储存食物，最终才会冻死在大雪之中。

在现实社会中，像故事中鸟儿一样的人数不胜数，这类人无法管理自身，往往沉迷于一件事物无法自拔，最终导致整个人生走向歧途，与成功越来越远。

反观那些成功之人，他们懂得如何管理自己，包括工作、生活上的细小事物都规划得井井有条。比如，爱因斯坦、爱迪生、特斯拉这类世界级科学家，在他们的日志中，每一天的工作都规划得仔仔细细，正是由于如此细致的自我管理，才让他们获得举世瞩目的成就。

有人可能会问，为什么要自我管理？难道没有自我管理，就无法做出一番事业吗？世上万物没有必然因素，如果把没有自我管理的成功率看作 1，那么拥有自我管理的成功率就是 10，虽然自我管理并不能保证必然成功，但至少要远远高于那些不懂得自我管理的人。

因为“惰性”是每一个人天生自带的属性，当我们沉浸在安逸的环境中，就会逐渐迷失方向，当惰性占据上风的时候，一个人的志向就会处于下风，长此以往，再优秀的人也会逐渐堕落。

自我管理的核心，就是管理人的惰性，让人拥有自我约束的能力，从而提高一个人的做事效率。

元代时，有一位杰出的教育家、政治家、思想家，名叫许衡，在他年轻的时候，就展现出过人的才华。他不仅很有学问，还是一个正直之人，做事总是规规矩矩，一丝不苟。

有一年，许衡的家乡受到灾害，他跟随大家一起逃难。逃难的路途并不好走，许衡经常两三天吃不到任何东西，有时候饿得直发昏，当他们抵达河阳的时候，大家都已精疲力尽。

在休息的时候，有人发现一棵梨树，人们仿佛看见了希望一样，纷纷朝着梨树而去，七手八脚地摘梨子吃。

只有许衡一人坐在原地没动。过了一会儿，当大家手里捧着梨子回来的时候，看见许衡一个人坐在原地，都很吃惊，有人便问他：“许衡，你不渴不饿吗？为什么不去摘梨子呢？”

许衡摇摇头，说道：“这棵梨树是有主人的，没有主人的同意，你们就去摘梨子，这种行为跟偷没有区别。”

众人听完许衡的话哈哈大笑起来，有人接着说道：“你个书呆子，现在是兵荒马乱的时期，想必这棵树的主人早已逃难去了。”此话说完，众人哈哈大笑起来，嘲笑许衡太“傻”。

许衡倒不以为然，他站起身对大家说道：“梨树虽无主人，但我心中有主人。”他的话说完，大家先是一愣，随后又开始大笑。因为在大家眼中，许衡是一个彻头彻尾的书呆子，不懂得变通。

多年以后，许衡凭借自身的正直与才学，成为元朝著名的人物。而那些曾经与他一起逃难的人再也不敢嘲笑许衡，反而很敬佩许衡的作风，认为许衡是一个与众不同的人。

一个连自己都无法约束的人，何以去约束别人？何以去成就一番事业呢？在现实社会中，又有多少人能做到时时处处约束自己？

比如，一些人立志要减肥，每当去实际行动的时候，都要偷懒，再以各种理由安慰、原谅自己。结果，很长时间之后，体重依旧没有变化，而自身已习惯自我安慰，再也没有减肥的决心。

一个人若想做出一番成就，首先要学会自我控制。因为，面对当今如此繁华的社会，一旦失去自控能力，则会很容易自我堕落，难以成就大事业。

一个人拥有足够的自控能力后，才能管理好身边的一切事物。

贪婪之心是祸根

如果说自我管理是让一个人走向成功的基石，那么贪婪之心就是阻碍一个人成功的沙尘。

贪婪是人性中自带的属性，只是有些人的贪婪处于可控范围之内，而有些人的贪婪毫无底线，无法控制。

如果一个人想做成一番事业，必然要学会控制自己的贪婪之心。控制贪婪之心，并不是指彻底拒绝欲望，而是要把欲望控制在一定的尺度之内。因为，过度的欲望就是贪婪，而贪婪之心就像一把双刃剑，既能驱使人走向成功，又能将人拉入无尽深渊。

一个人如果完全没有贪婪之心，会变得“无欲无求”；如果贪婪之心太过强烈，往往无法控制自己的欲望。在一事无成的时候，这颗强烈的贪婪之心可以让人充满斗志；一旦获得成功，强烈的贪婪之心会让人变得不加节制，最终会因为贪婪过度，而让自己陷入万劫不复的深渊。

乾隆三十四年（1769 年），清朝举办了一次全国科举，其中有位名落孙山的考生，名字叫和珅。虽然落榜，但和珅的才华却很出众，他精通满、汉、蒙、藏四种语言，更通读四书五经。

落榜后的和珅并没有气馁，反而更加奋发图强，一心想进入官场。几年之后，和珅凭借自身的能力，被挑选为粘杆处侍卫。次年，乾隆偶然发现了和珅的才学，将他提拔为仪仗队侍从。

从此以后，和珅的仕途可谓平步青云，短短几年的时间，就升职为朝廷的一品大员。而和珅之所以能如此快速地升职，一方面来源于乾隆皇帝对他的喜爱，另一方面靠的是他自身的博学多才。

和珅初期为官的时候，朝内许多大臣对他不满。因为当时的和珅很年轻，让一些年纪大的大臣感到不满，还有不少大臣上奏弹劾和珅。但是，乾隆皇帝却无视大臣的弹劾，执意使用和珅。

乾隆皇帝的态度，让和珅更加有自信，不仅在工作上有突出的成绩，就连他的同僚也开始逐渐跟他搞好关系。由于此时的和珅身处要职，一些官员看到和珅深得皇帝喜爱，便向和珅行贿，试图与和珅拉进关系。

和珅依仗乾隆皇帝这个大后台，胆子是日益增大，凡是向他行贿的官员，都是来者不拒，有时候和珅甚至会嫌弃官员贿赂的金额太少，从而百般刁难他们。

和珅的贪婪之心就像一张无底的大口，不仅向百官收取贿赂，有时候甚至将百官进贡给皇帝的礼物都悄悄扣下，据为己有。利欲熏心的和珅早已忘记最初为官的初衷，在他眼中只有金钱。

在和珅为官期间，不仅贪污大量金钱，还利用手中的权势对朝廷内的官员进行打压。凡是上奏弹劾和珅的官员，全部都被他以各种借口打压，导致和珅在朝廷内的势力如日中天。

当权力、金钱、欲望膨胀到极限的时候，就是一个人彻底毁灭的时候。乾隆皇帝去世后，嘉庆皇帝立刻宣布和珅的罪状，将他打入死牢。此时和珅想悔过已经为时已晚，深知自己已经是死罪，便在狱中自尽。

控制贪欲之心，本身就是对人生境界的一种修炼，尤其在一个人成功之后，其贪欲之心必然需要加以控制。

控制贪欲之心的四个建议：

1. 明确目标，明确需求。

一只猴子，在森林里捡东西，看到苹果就把手中的香蕉丢掉，看到草莓就把手中的苹果丢掉，最后为了捡一个芝麻，竟然把手中的西瓜丢掉。“丢西瓜，捡芝麻”是典型的贪欲寓言故事。

出现“丢西瓜，捡芝麻”的情况，最主要的原因是目标和需求没有明确。如果最开始的目标就是西瓜，那么当芝麻出现的时候，就不会丢掉西瓜。因为有了目标，当达成目标之后，心中的欲望也得到满足，从而能很好地控制贪欲。

当然，有些人即便捡到“西瓜”也无法满足自身的目标，那么此时就需要明确自己的需求。

比如，一个饥饿的人迫切需要一碗饭，当他吃下一大碗饭的时候，又递给他更大的一碗饭。那么，此时这个人就应该清楚自己的需求，一碗饭已经吃饱，如果强行吃下第二碗，可能会撑坏肚子。

这就是说，一个人要清楚自己有多大的能力，清楚自己有多大的需求，一旦满足需求后，就要停止那些不切实际的贪欲。一个人，要永远控制贪欲，而不是被贪欲所控制。

2. 学会知足，学会自省。

知足者，常乐也；贪婪者，常忧也。

宋朝期间，县衙内有两名小吏，年纪相仿，但脾气秉性却是天壤之别。小吏A天生忧愁，终日抱怨，日子每天过得很不顺心。小吏B天生乐观，不仅满足眼下的生活，还经常帮助一些穷苦人。

这一日，新任县太爷前来任职，召集衙门内所有人迎接。县太爷逐一问询，当问到小吏A的时候，他这样回答："日复一日，又一日；年复一年，又一年。日日如此，年年如此。"

听完此话，县太爷有点不高兴，但碍于第一天上任就没多说，继续询问小吏B。小吏B这样回答："日复一日，变化无穷；年复一年，收获颇丰。日日变化，年年长丰。"

不久后，县太爷颁布新的任命文书，小吏A被赶出衙门，小吏B则升了职。

知足是一种境界，知足可使人保持上进心，从而迎接更加艰难的考验。而贪婪永不满足之人，内心忧愁而憔悴，稍有困难便怨天怨地，难以成就大事。

3. 保持理智，适可而止。

中国有句古话叫作“物极必反”，说的是凡事只要做过头，势必得到相反的结果。就好比一个人的贪欲太大，最后往往都被贪欲所害。

清朝有个大将军叫年羹尧。有一次，他凯旋的时候，皇帝率领百官迎接。

此时的年羹尧手握兵权，权力遮天。当他看见皇帝的时候，居然不提前下马，等到皇帝走到他的马前，才下马。不仅如此，年羹尧下马后还身配宝剑，见君王居然不跪拜。

皇帝对年羹尧的表现很不满，但碍于他刚打了胜仗，就默不作声。几年以后，年羹尧的兵权被削弱，皇帝开始追究年羹尧的罪责，最终将年羹尧赐死。

一个人不管身处何位，不管所做何事，都要保持一个理智的大脑。只有时刻保持理智，才能很好地控制自己，才不会被贪欲、冲动、邪念等因素所左右。

4. 目光长远，学会拒绝。

当一个人被贪婪之心控制的时候，他往往只能看到眼前的利益，却看不到背后的危害。

要拥有长远的目光，不仅要看清眼前事物的本质，也要看到未来的结果。只有这样，才能控制贪婪之心，修炼自身的能力，让自己能够承担更大的责任，成就更大的事业。

有这样一则希腊寓言。

一群猴子的主人将一筐桃子放在一片桃树林前。猴子们看到筐里的桃子，开始争先恐后地抢食，因为桃子少，猴子多，猴子们因为争抢而互相厮打。一场混乱结束后，好几只猴子受伤，不少桃子也被打烂。

从始至终，没有一只猴子去看远处的桃树林，即便桃树林里的桃子又大又好吃，也无法引起猴子的注意，所有的猴子只看到筐里的桃子，却看不到远处更好的桃子。

不要被眼前的蝇头小利所困扰，要看到长远和未来。当我们无法摆脱眼前的诱惑时，就要学会拒绝，拒绝自己的贪婪之心。

吃亏是磨炼心境的良药

常听一些老者说“吃亏是福”，为什么要吃亏？为什么吃亏的不能是别人？吃亏就是吃亏，怎么可能是福？

随着人生阅历的不断增加，我们才懂得“吃亏是福”的道理。任何事物都是在不断的盈亏消长中，“风物长宜放眼量”，着眼于某一时、某一点上是吃亏的，可是长远地看起来，其实不见得就不是福气。

在人生的所有磨砺之中，吃亏是最能磨砺一个人品性的良药。吃亏能让一个人的品性更加稳重，为日后的辉煌奠定坚实的基础。

在一个小镇上，一位年迈的鞋匠决定把补鞋这门本事传给三个年轻人。

在老鞋匠的悉心教导下，三个年轻人进步很快。当他们学艺已精，准备去闯荡时，老鞋匠只嘱咐了他们一句话：“千万记住，补鞋底只能用四颗钉子。”三个年轻人似懂非懂地点点头，踏上旅途。

第一个鞋匠对老鞋匠这句话感到苦恼，因为他每次用四颗钉子总不能使鞋底完全修复，可师命不敢违，于是他整天冥思苦想，但无论怎样他都认为办不到。后来，他只好扛着锄头回家种田去了。

第二个鞋匠也为四颗钉子苦恼过，可他发现用四颗钉子补好鞋底后，顾客总要来第二次才能修好，结果来修鞋的人总要付双倍的钱。第二个鞋匠为此暗暗得意，他自认为懂得了老鞋匠这句话的真谛。

第三个鞋匠也同样发现了这个秘密，在苦恼过后他发现，其实只要多钉一颗钉子就能一次把鞋补好，但这样一来自己就要多掏一角钱的成本，这划算吗？他想了一夜，终于决定加上那一颗钉子，他认为这样能为顾客节省时间和金钱，更重要的是他自己也会安心。

又过了数月，人们渐渐发现两个鞋匠的不同。第二个鞋匠的铺面越来越冷清，而第三个鞋匠那儿补鞋的人却越来越多。最终，第二个鞋匠铺只能关门。

第三个鞋匠比别人多付出了一个钉子,得到的却是更多的顾客。在表面上看，第三个鞋匠是吃亏了，但实际上他是最后的胜利者。第一个鞋匠由于固步自封，放弃修鞋的本事。第二个鞋匠只看见眼前的利益，却没有看到更长远的发展，最终导致顾客稀少，不得已关门。只有第三个鞋匠，在前期的“吃亏”中积累顾客，最终获得成功。

当一个人“吃亏”的时候，内心不免有波动、有不甘，吃亏就意味着自身的损失，人们都愿意多得，却不愿意损失。

哪怕是自己的利益少于别人，都会使人产生妒忌心理，更何况是吃亏呢。

因此，一个人若想将吃亏变成福报，就要走出狭隘的自我思维，做一个“肯吃亏”的人，在“吃亏”中提升自己的修养和境界，别人才会觉得你是一个可靠的人，你便可以获得更多的机会。正如国学大师曾仕强所说：做人要做到让朋友都占到便宜你便成功了；如果别人一想到你，就想到在你这儿会吃亏，那他就从你身边跑掉了嘛！

《东观汉记》中记载着这样一个故事。在东汉时期，有个大臣叫甄宇，此人品行端正，为人老实忠厚，虽然官职并不高，但在同僚之间的名声很好，大家都乐于跟他打交道，认为甄宇是一个可交的朋友。

有一年腊月，皇帝赏赐给大臣们一群羊，让大家分一分。然而，这批羊大小不一，肥瘦不一，如此一来就很难平均分配。

有人说，不如按照官职分羊，官职大的人，得到的羊大一些，官职小的人，就把瘦小的羊分给他。也有人说，不如把羊杀掉，然后分肉，这样一来就显得公平一些。大家众说纷纭，最后也没确定下来。

就在大家难以抉择的时候，甄宇从门外进来，他得知分羊的事情后，微微一笑，说道：“不过是分几只羊，有这么费事吗？”说完，甄宇牵着一头最小、最瘦的羊离开了。

大臣们看见甄宇的举动，纷纷效仿，挑最弱小、最瘦的羊，不一会儿的工夫，一群羊就被分完了。这件看似很“为难”的事情，就被甄宇如此简单地化解了。

分羊的事情很快传到宫中，皇帝听说此事后，对甄宇的做法大加赞赏。事后不久，群臣在朝堂之上共同推举甄宇，最终甄宇得到朝廷的重用。

“甄宇分羊”的事情，表面上看是甄宇吃亏，但最终他却是最大赢家。试想一下，甄宇在分羊的时候，必然没有想到事后的发展情况，他只是愿意吃亏，因为只有他带头吃亏，分羊之事才能快速解决。

在没有任何多余的思考之下，甄宇选择主动吃亏，这样的做法本身就是一种境界。如果甄宇没有选择吃亏，恐怕就不会有日后被朝廷重用一事，正所谓“塞翁失马，焉知非福”。

当一个人敢于吃亏、乐意吃亏的时候，其境界已经超出大多数人，这样的人不管是在事业上还是在生活上，必然会有所建树。

当一个人经历过“吃亏”的心境后，若想成就更大的事业，就需要更加不断地磨砺自己，让自己进入更高一层的境界。在更高一层的境界中，“舍”是一种智慧，舍不代表失去，而是代表得到。

舍是智慧，有舍才会有得

“舍”是一种心态，一种智慧，一种人生境界。“舍”的第一层境界是“未得而舍”，指一个人在未获得之前先舍去，这种境界的“舍”对于人生来说是一种“投资”。

“舍”的第二层境界是“得而舍之”，指一个人在得到之后再舍去。试想一下，当一个人千辛万苦得到一件东西之后，如果此时让他把这件东西拿出来，是一件比较困难的事情。正因如此，“得而舍之”的境界是更难以抵达的。

十几年前，一支登山队伍在做了两年准备后，开始攀登珠穆朗玛峰。这支队伍一共有8个人，但其中一个人却格外“不合群”，他很看重个人名誉，在正式攀登珠峰的前一天，他独自一人出发了。

因为他想独揽荣誉，如果这一次攀登珠峰成功，那么他就可能成为又一个顺利抵达珠峰的人，而不是某支抵达珠峰的队伍。

一天的攀爬结束后，这个人感觉良好，当天色逐渐黑暗下来的时候，他并没有选择停下来驻扎，而是选择继续攀登。因为他心里清楚，自己突然在队伍中消失，大家必然会寻找他，为了甩下大家，他要尽快登顶。

结果，随着黑夜的来临，珠峰上空的天气变得恶劣起来，大风夹杂着雪花吹在人脸上，如同刀子划在脸上。

他艰难地承受着一切，他忍住疼痛，继续往山顶攀爬。结果，他一不小心踩空，身体快速滑落。

那一刻，他的大脑变得十分清醒，他能回忆起自己一生所做的事情，无论好坏，一生之中的所有事情就像幻灯片一样，在他的脑海中快速划过。此时此刻，他更加清楚自己的处境，可能这一次真的要死掉了。

就在他胡思乱想的时候，突然感觉腰间的绳子重重地拉住他，下落的身体悬浮在空中。此时，他一点办法都没有，只好大声呼叫："上帝呀，救救我吧！"在他的话说完后，一个声音回荡在耳边："你需要我做什么？"

他立刻来了精神，急忙说道："救救我吧！把我拉上去！"

那个声音又说道："你相信我吗？"

他回答："当然相信，快救救我吧！"

那个声音说："好，我可以救你，现在你就把腰间的绳子割断！"

他沉默了，短暂的寂静之后，他并没有割断腰间的绳子，而是用尽全身力气抓着绳子往上爬。

第二天，探险队的其他成员找到他的尸体。大家都很奇怪，因为此时他的身体距离地面不足一米，只要他割断绳子，就可以落到地上，从而脱险。

这是一个非常值得深思的故事。当人们无法确定能否得到回报的时候，人们宁愿守着仅有的东西，也不愿意舍去。因为，在无法确定能否得到回报的前提下，一旦选择舍去，就意味着将会失去仅有的东西。

这种正向的思维模式，导致人们难以接受“舍”所带来的“伤害”或“损失”。但试想一下，一个人如果没有舍，那么何谈得呢？我们可以仔细回忆，每件事都是先舍而后得，总需要先付出才会有回报。

凡事都有因果，只是在有些时候，我们付出之后并不一定当下就得到回报，在许多时候这种回报会来得晚一些，虽然会迟到但绝不会不到。

古时候，有三个人乘船去外地发展。第一个人有钱，带了许多金银上船，第二个人喜爱读书，带了许多书籍上船，第三个人是个智者，空着手上船。

船只行驶到一半，突然刮起暴风下起大雨。船老大担心翻船，就要求大家把重的物品丢掉，以保证航行安全。

第一个人舍不得钱财，就对第二个人说：“快把你的书丢掉，那些书不值钱，等船只靠岸我再给你买。”第二个人很生气，说：“快把你的金银丢掉，那些东西很重。”

两人争论不休，智者来到两人面前，对第一个人说：“年轻人，想想你当初是如何白手起家赚到这些金银的。现在丢掉这些财物，保全性命后，可以从头再来呀！况且这里的财物只是你财富的一部分而已。”

第一个人听完智者的话，仔细琢磨一下，觉得智者说得很有道理。钱财丢掉后可以再赚，如果性命丢掉的话，再多的钱财又有什么用？于是，第一个人丢掉了钱财。

智者又对第二个人说道："读书人，你读了那么多书，知识印在你脑子里，你又何必在乎这些书呢？如果你的性命都不存在了，那这些书的意义又何在呢？"

第二个人听完智者的话，急忙点头称是，将身边的书丢掉。此后，三人安全抵达终点，第一个人依旧白手起家，做出一番事业，也积攒下许多财富。第二个人依靠自己的才学，成了一名教书先生，过着与世无争的日子。

故事中的富人和读书人，他们当时如果舍不得丢掉自己最宝贵的东西，那可能就不会有以后的一切了。这就是"舍而得之"的人生境界。

人的本性是贪婪的，辛苦得到的东西，若是再舍去的话，对于任何人来说都是难以做到的。

"舍而得之"是人生大智慧，没有一定的人生经历和阅历，是很难理解其中所蕴含的道理的。

本书中一直在强调人的心境，用"控制贪婪""吃亏"等观点去磨炼一个人的心境。只有当一个人的心境达到一定境界的时候，才能懂得"舍而得之"的真正智慧。

既能享受成功的愉悦，又能承受失败的打击

我们不妨留意一下身边的长者，看他们的行为举止以及对待事物的态度。如果你观察得够仔细，就会发现他们在遇上事情的时候，往往都能保持平和的心态，即便发生的事情是一件“坏事”，他们依旧能平静对待。

其实，心境的修炼需要我们花费漫长的时间，甚至是用一生的时间。随着人生阅历的增长，我们的心态也会更加成熟、更加平和。

每一个人的心境磨砺都是一个循序渐进的过程，从最初的“控制贪婪”到“吃亏”再到人生的“舍得”，每一次的磨砺都是对心境的一种提升。当一个人真正做到能以平和之心面对万物的时候，这样的人早已成功，甚至早已超越成功的定义。

东海渔村有一位渔夫，常年在海边打鱼，渔获多的时候就拿去市场卖，渔获少的时候就留着自己吃。久而久之，渔夫便习惯了这种生活方式，即便连续几天都没有捕到鱼，他也不会因此生气。

一日，渔夫照旧出海，当他来到海边的时候，看见不远处有一位白发苍苍的老人在钓鱼，渔夫走上前去对老者说：“老先生，这里已经没有鱼了，您要想钓鱼的话，可以坐我的船去大海深处，

那里才会有鱼。”

老者抬头看了一眼渔夫，微笑着说道：“多谢你的好意，我今天就在这里钓鱼了，如果有缘的话，等你出海归来咱们还能再见面，到时候咱们不妨比比渔获。”渔夫听完老者的话，顿时来了兴致，说道：“好呀，既然如此，咱们赌一壶酒，若是我的渔获比你多，到时候你赔我一壶酒。”老者点头答应。

黄昏时分，渔夫准时回到岸边，老远看见钓鱼的老者。他兴奋地拿着自己捕获的几条大鱼向老者炫耀，大声说道：“老先生，你看我的渔获，是不是比你的多？”老者不慌不忙地用手指着自己的鱼篓，说道：“你自己来看吧，看看咱们到底谁的渔获多。”

渔夫看见老者的鱼后，脸上的笑容顿时消失，心中暗骂自己不争气，跑出去那么远，居然没有一个老者钓到的鱼多。不过渔夫也是守信誉的人，主动赔给老者一壶酒。

渔夫一边看着老者喝酒，一边问道：“老先生，您是怎么做到的？请告诉我方法吧，我也想多打一些鱼，补贴家用。”老者对渔夫说：“从今天开始，凡是海上起风的时候，你开着船往东走，便能捕到鱼。若是天气晴空万里，那你便开船往西，你的渔获也会不少。”

听完老者的话，渔夫十分开心，连忙鞠躬。第二天一早，渔夫在出发前仔细观察了海面，发现海面上有风浪，于是便开着船往东走。一天结束后，他果然捕到很多鱼，这是他有史以来渔获最多的一次。

渔夫很开心，带着鱼回到家中，向妻子炫耀自己的“本事”。

妻子从来没有见过这么多鱼，双眼开始冒光，嘴里笑着嘀咕着：“一条鱼 10 文钱，两条鱼 20 文钱，三条鱼……”

夫妻俩带着鱼去集市，不一会儿便得到 200 文钱。妻子对渔夫说：“咱们一天就赚了 200 文，那么十天就是 2000 文，用不了多久，咱们就能变成富人了！”听到妻子这样说，渔夫开心极了，他以前从未想过能赚这么多钱，更没有想过当富人的感觉。

第二天一早，渔夫便早早出门，按照老者的指点出海捕鱼，同样渔获颇丰。当他回到家后，妻子有些疑惑地问：“你是怎么做到的？为什么这几天的渔获这么多？”渔夫便将遇见老者的事情说了出来，妻子听后两眼冒光，对渔夫说道：“明天带上我，咱们一起去，这样就能赚双倍的钱。”渔夫立即同意了妻子的提议。

一段时间后，夫妻二人依靠卖鱼赚到很多钱，他们盖了新房子，换了大渔船。在他们的计划中，用大渔船去捕获更多的鱼，把渔获换成钱后，再换更大的渔船，如此反复循环下去，将来他们便能成为富甲天下的人。

在他们还沉浸在自己的世界时，海边刮起台风，将夫妻二人的新房子、大渔船全部摧毁，两人又变成了一无所有的穷人。

妻子没办法接受这样的打击，伤心过度而离开人世。渔夫看着空荡荡的海滩，心中万念俱灰，他也想一死了之。就在此时，渔夫又看到了在海边钓鱼的老者，于是上前质问：“为什么会这样？是不是你害了我？”

老者摇摇头，看着满身疲惫的渔夫说道：“你回想一下，半年前的时候，你是什么样子的？”渔夫思考一番后，说道：“那时候我什么都没有，我和妻子住着一间破旧的茅草房，我每天出海打渔，有时候连续几天都没有渔获……”

老者又问：“那时候你会因为没有渔获而生气吗？会因为没有好房子而难过吗？会因为没有大船而伤心吗？”渔夫摇摇头，说道：“不会，因为我什么都没有，所以我根本不会伤心难过。”老者又说：“那你现在为什么会伤心难过？”渔夫回答：“我失去了那些东西，我跟以前一样穷了。”老者接着说道：“你以前也很穷，现在也很穷，将来会不会很穷就看你如何去做了。”

老者没有给渔夫任何反应的机会，说完后便消失在海边。渔夫仔细琢磨着老者的话，感觉他说得很有道理，明白了得失是一个轮回，自己之所以如此伤心，是因为内心的贪欲太大了，得到的东西太多，在失去的时候才会如此难过。当初自己连续几天没有渔获也不会生气，而后来渔获变多的时候，却变得容易生气了。

一年后，渔夫再次拥有了新房子和新船，每次出海捕鱼的时候，他总会将多出来的鱼儿放生，只要捕到足够自己生活的渔获，他就心满意足了。

在现实社会中，许多时候我们越是想得到某样东西，就越是觉得这件东西太难得到；越是想把一件事做到完美，就越是会在中途出错。一旦放平心态，用一颗平和之心去面对，就会发现其实事情很简单。

人们总是能够坦然接受成功，却很少有人能坦然接受失败。当一个人抵达成功之后，可以尽情享受成功带来的愉悦，然而当失败后，却难以面对现实，甚至直接被打败。

建安五年（200年），袁绍率领大军攻打曹操。当时袁绍的实力远大于曹操，凭借自身的强大的军事力量，袁绍很快就驻扎进黎阳。

此时曹操的实力很弱小，身边没有太多将领，只有区区几万人的军队。不论从哪方面看，这场战争都是一场恃强凌弱的战争，曹操应是必败无疑。

袁绍攻打曹操的消息传到许都城内，整个城内一片震动。曹操却十分镇定，他安慰手下的将领，说道："我很清楚袁绍这个人，他是一个没有什么大志向的人，此时他的军队虽然多，但是分布得不合理，虽然他有许多大将，但却无法做到将令统一，这一仗，我必胜，他必败。"

曹操说的是实情，经过曹操如此分析后，将士们顿时士气大增，大家跃跃欲试，准备与袁绍开战。

同年十月，曹操在与袁绍多次交锋后，终于将袁绍彻底打败。袁绍只能仓皇逃回黄河以北。这场战役就是历史上有名的"官渡之战"，也是历史上经典的以少胜多、以弱胜强的战争。

官渡之战后，曹操的实力得到迅速发展，八年之后，曹操率领大军南下，想要一举消灭刘备和孙权。

此时，曹操拥有80万大军，而刘备和孙权加起来也不过几万人马。如此实力悬殊的战争，曹操似乎早已胜券在握。

不曾想，曹操的80万大军被孙刘联军击败，而曹操只能仓皇逃往华容道，回到他的北方据地。这场战争就是历史上有名的“赤壁之战”，同时也是历史上又一场以少胜多的战争。

赤壁之战后，曹操元气大伤，此后多年无法再对孙权发起战争。这一战也带给曹操许多教训，同时也为曹操日后建立魏国打下基础。

中国有句古话叫作“胜不骄，败不馁”，这句话说的就是人生的心境，胜利后不要骄傲，失败后不要气馁。

话虽如此，但做起来却格外困难。就好比现在的一些人，在获得成功后就开始变得心浮气躁，就连与人平和说话的语气都没有，总是摆出一副盛气凌人的样子，这样的人不仅得不到别人的尊重，还会让人感到厌恶。

试想一下，当一个人已经遭到周围人群厌恶的时候，那么不管他拥有多大的胜利，到最后终究还是会以失败告终。因为社会是由人组成的，一个人无法在人群之中立足，就无法在社会上立足，这样的人终究难以逃脱失败的命运。

当然，享受成功是每一个人的权利，但这种享受也要有一个限度。如果不加节制地一味享受成功带来的喜悦，长此以往必然失败。物极必反，凡事都要有节制，就好比一个人总是失败，但他能持续不断努力，最终一样会成功。

人生不仅需要享受成功，更需要承受失败，没有失败就没有成功，每一次失败的经历都是总结经验的最佳时机，当把所有的失败经验都积累起来的时候，那未来迎接你的必然是成功。

下篇

PART THREE

智慧｜智者愚也，愚者智也

智与愚本就没有界限，如同庄周梦蝶一般。

智是一种智慧，愚亦是一种智慧。

大勇若怯，大智若愚。

人生智慧千百种，找到属于你的独有智慧

《论语》中有一句非常经典的话，叫作“各因其材之高下与其所失而告之，故不同也”，这句话是孔子教学时讲的一句经典名言，说的是老师要根据学生的不同而改变教育的方式，正所谓“因材施教”。

人与人天生是不同的，有的人天生聪明，能够快速地理解事物；有的人天生愚钝，理解事物要比别人花费更多的时间。对待不同的人，不能一概而论，天生聪明的人并不一定就会做出成绩，而那些愚钝的人也不一定一事无成。

聪明人有聪明人的方式，愚钝人有愚钝人的办法。聪明也好，愚钝也罢，重要的是能找到适合自己的方式，按照自己能够适应的方式去做事、做人，这已经是一种人生智慧。

清朝时期，湖南有一位书生，这个书生天生愚钝，一篇简单的文章都要读很多遍，即便如此也无法理解其中的意思，更别说去背诵了。

有一次，书生点着蜡烛背书，结果门外来了一个小偷，小偷看见书生后，心想等书生睡着后再偷东西，于是就静静地在窗外等待。

结果，这个书生因为太愚钝，一篇文章背了许久都没有背下来。

小偷实在忍不住，冲进屋内对着书生气愤地说道：“你这么笨，还读什么书？”说完，小偷把书生刚才背诵的文章高声背了一遍，扬长而去。

这位愚钝的书生正是曾国藩，他自己也承认：“余性鲁钝，他人目下二三行，余或疾读不能终一行。他人顷刻立办者，余或沉吟数时不能了。”

承认自己拙愚，曾国藩就将这种拙愚进行到极致。他不管什么技巧、捷径之类，只知道凭一股拙劲钻透既定的目标，就像一只钻头，旋转前进绝不后退。

考秀才，别人轻松过关，曾国藩却为此整整考了九年。这种笨拙至愚的学习方式使他养成了超越常人的勤奋、吃苦和踏实的精神。

既然天性钝拙，曾国藩就充分发挥自己钝拙的长处。一生做事从来不走捷径，总是按最笨拙、最踏实的方式去做。

他一生的成功，应该就是得益于这种罕见的笨拙的精神吧。他曾深有感触地说：“天下之至诚能胜天下之至伪，天下之至拙能胜天下之至巧。”

曾国藩一手组建的湘军作战风格极为坚实，与其说是军，不如说是军人构成的坚固的活动堡垒。他说：“打仗要打个稳字。”

他从不打无准备、无把握之仗，总是花大心血去研究敌我双方情况，战斗部署、后勤供应、出现不利情况如何救援等，直到每个环节都算到了、算透了，才下定打仗的决心。

打仗时湘军基本上不会主动出击，而是诱使敌人来攻，敌人组织难度颇大的进攻活动之后，自己再全面开展防守反击，后发制人。太平军纵横大半个中国，骁勇一时，遇到湘军这种活动堡垒却被处处掣肘。

曾国藩一生善打愚战、笨战，他打仗不贪小利，不求奇谋，踏踏实实，稳扎稳打。

攻城攻堡垒时也是用最笨拙的办法，就如木匠箍桶一般，用一道一道壕沟把城死死箍住、活活困死。士卒每天的主要任务不是作战，而是挖战壕、堆堡垒。并且这种箍法并不是只箍一天两天，而是一年两年，安庆、九江、天京，都是这样箍到手的。

曾国藩“以愚为智”的做事方法，让他从一个笨书生做到一国名将。纵观曾国藩的整个人生轨迹，他从来不去效仿别人，深知自己是愚钝之人，便用自己的“笨”方法把每一件事做到极致，当这种愚笨日积月累后，便是大智慧。

事实上，人生智慧有千百种，成为智者并不难，难就难在如何找到属于自己的那一种智慧。当一个人，找到属于他自己的智慧，并将这种智慧长此以往地坚持下来，到最后，这个人必然已经是一位智者。

作为普通人的我们，在复杂的社会中，该如何去找到属于自己的智慧呢？其实这个问题的答案已经在本书前几篇中有过解释，若想找到属于自己的人生智慧，需要彻底了解自己，根据自己的长处与短处，找到符合自己的人生智慧。就如同曾国藩一样，深知自己愚笨，便将这种愚笨长期坚持下来，最后让愚笨变成一种大智慧。

战国末期，秦国大将王翦奉命出征。在出发之前，他去拜见秦国君王，第一句话便说：“大王，此次出征，我秦国举全国兵力而战，而我这一去，生死难料。希望大王能够在我出征前，赏赐我一些田地。”

秦王听到这番话，微微一笑，问道：“将军必然可胜利，切莫担忧！”王翦见秦王岔开话题，便再一次说道：“作为大王的将军，有战功也得不到封侯，此次征战胜负难料，还是请大王先赏赐我田地，也好留给我的子孙后代一些家业。”

王翦的这番话说完，身边的大臣就不乐意了，大家纷纷指责王翦目光短浅，为一点点田地，怎么能用打仗这样的事情威胁秦王呢。

此时，有一位平时与王翦关系不错的人，在他耳边小声说道：“将军戎马一生，应该深知做人的道理，此刻为何犯糊涂呢？大王必然会给你奖赏，但不应该在出征前几次三番提及此事呀！”

王翦摇摇头，执意要让秦王赏赐他田地。秦王碍于面子，只好哈哈一笑，说道：“将军尽管放心出征，我定然会将田地赏赐给你的家人。”

几天之后，王翦率领大军出征，他的军队抵达潼关的时候，王翦心中依旧惦记大王赏赐的田地，所以就派使者回到秦国，向秦王索要赏赐。

使者从秦国回到潼关后，向王翦汇报：“将军，大王听完您的请求，只是微微一笑，说一定会赏赐，让将军放心出征。”

此时，王翦的心腹在他耳边低声说道：“将军，您为何屡次三番地跟大王索要田地呢？我们如今出征在外，大王即便不赏赐田地，我们也理应奋勇杀敌呀！"

王翦看了心腹一眼，支开身边的士兵，压低声音对心腹说道："你有所不知，大王天生多疑，如今我统领全国军队，大王心中必然不安，必定会怀疑我有造反的嫌疑，如今我多次向大王索要田地，就是为了表明自己的志向仅仅是为了钱财，好让大王安心呀！"

王翦说完此番话，心腹恍然大悟，原来王翦所做的一切看似愚蠢，其实却有更深一层的道理。若是大王无法安心，那王翦的性命就堪忧了。

王翦的"大智若愚"让他保住了性命，面对秦王的多疑，他果断让自己变得愚蠢，这种"愚蠢"救了他一命。正所谓"大智若愚""难得糊涂"。

坚持的终点是苦尽甘来

查尔斯·舒尔茨是美国著名的漫画家，他在回忆录中曾这样说：“从小到大，许多方面我都是非常失败的，简直是一塌糊涂。”事实上，查尔斯·舒尔茨并不是谦虚，他的确很“失败”。

小学时代，查尔斯每门功课都不及格，到了初中，他的物理成绩经常是零分。不仅这些科目成绩很糟糕，就连体育、语言等科目同样很差劲。

有一次，学校举办高尔夫运动赛，查尔斯也参加了这次比赛，由于他的失误，学校输掉了这场重要的比赛。在整个学生时代，学校里的孩子们都认为他是一个糟糕透顶的人，就连他自己也这么认为，孤独、落寞陪伴他走过整个学生时代。

一转眼，查尔斯到了谈恋爱的年龄，看到身边的人都开始谈恋爱，他也十分渴望一份属于自己的爱情。于是，他鼓起勇气向喜欢的女人表白，结果他在垃圾桶里发现了“爱的碎片”。

“一无是处”的查尔斯已经无药可救，他是一个彻头彻尾的失败者，但有一点他很自信，那就是画画。从始至终，查尔斯都坚信自己有画画天赋，而且他认为这种天赋远超常人。

然而，查尔斯的“大作”在别人眼中却是一文不值，大家并没有看出来他有什么画画天赋，反而嘲笑他的盲目自信。毕业后，查尔斯潜心画画，想成为迪士尼的职业漫画师，结果给迪士尼邮寄的所有漫画都石沉大海，从始至终都没有被迪士尼录用。

从学生时代到青年时代，查尔斯可谓是一个彻头彻尾的“失败者”，长期在失败中度过的查尔斯并没有放弃画画，直到最后，他创作了名为《花生》的漫画，漫画中的小男孩同样也是一个失败者，简直就是查尔斯的缩影。

不曾想，《花生》面世后，获得了前所未有的成功，也让查尔斯成为名噪一时的漫画家。长期的失败让查尔斯变得格外冷静，他在成功之后曾这样说：“所谓成功，只需要你在某一点上自命不凡，坚持到底。”

通往成功的途径有无数个，有些人天生聪明，可以凭借先天优势获得成功，有些人天生平凡，也可通过不懈的坚持获得成功。

在这个社会中，天生聪明的人少之又少，大多数人都是平凡者。对于平凡者来说，若想获得成功，就需要不断地付出，不断地坚持。对于平凡者来说，成功是没有捷径可走的，唯有脚踏实地的努力。

有一次上课时，苏格拉底布置了一道作业，让他的弟子们做一件事：每天把手甩一百下。过了一周后，他问有多少人现在还坚持做的，90% 的人都坚持做了。一个月后，他又问还有多少人在坚持，现在只有一半的人了。一年后，他再问，发现只有一个人坚持下来了，那个人就是柏拉图。

常有人说，成功需要“天时、地利、人和”，而在如今看来，天时地利人和仅仅是促成成功的必要条件而已，在其背后还需要一个人长期不懈的坚持。

一个人长期的坚持与付出，是为了等到天时地利人和的关键时刻，紧紧抓住机会而获得成功。如果没有前期的付出与努力，即便遇到恰当的时机，也只能眼睁睁看着机遇从眼前划过，无法获得成功。

哈兰·山德士出生于美国一个普通家庭，6岁时他的父亲去世，母亲改嫁。山德士并不喜欢继父，因此他在6年级的时候辍学，开始步入社会，他的第一份工作是在一家农场打工，虽然赚得很少，但至少能保证温饱。

此后多年，山德士几乎做过所有的工作，他干过钟点工、服务员、粉刷工，甚至还做过消防员。40岁的时候，山德士依然是个很普通的人，他用所有的积蓄开了一家加油站。

可惜加油站的生意并不是很好，为了拉拢顾客，山德士别出心裁地做了一些炸鸡。一些前来加油的人，不仅可以加油，还可以吃到美味的炸鸡。这一措施，让加油站的生意格外好。

只不过大家并不是来加油的，而是为了能吃到美味的炸鸡。山德士看到了商机，他在加油站对面开了一家炸鸡店，由于炸鸡的美味，他的生意很不错。

聪明的山德士想把生意做得“更大”，于是在炸鸡店旁边又开了一家旅店，生意也很不错，让他积累了不少财富，一度让他成为小镇上最富有的人之一。

看似一切都好起来的时候，第二次世界大战来临，山德士的加油站被迫关门。突如其来的变故，让山德士赔掉了所有的钱。一夜间，这位曾经的富人变得一贫如洗。

此时的山德士已经56岁，唯一的生活来源就是政府每月发放的105美元救济金。山德士在得到第一笔救济金的时候，曾感叹："政府每个月给我105美元，让我勉强生活，我既然还活着，就必定说明还有很多事需要我去做。"

66岁的时候，山德士开着他的老福特上路了，车上只有他的炸鸡配料和一口压力锅。山德士决定从头做起，亲自向每一家餐厅推荐他的炸鸡，并希望能以此开启人生的第二次创业。

事实上，当山德士踏上征途的时候，就注定是一条漫长而艰难的路程。因为没有人相信一个满头白发的老头能做出什么好吃的，更没有人愿意接受他，认为山德士是一个"精神怪异"的老头。

整整两年的时间，山德士被拒绝了1009次，在第1010次的时候，他走进一家饭店，介绍一番自己的炸鸡后，老板只是回了一句"好吧"。山德士的炸鸡终于出现在餐厅内，而餐厅也因为这一次不经意的尝试，获得前所未有的成功。

短短几年时间，整个美国都出现了山德士的炸鸡，而此时山德士也创建了他的餐饮公司，名字叫"山德士上校肯德基有限公司"，也就是如今闻名世界的餐饮连锁公司——肯德基。

山德士在二次创业期间，被人拒绝1009次，而他却依旧坚持

下来。如果没有他的这一份坚持，就不会有如今的肯德基，更不会有如此美味炸鸡的诞生。而这一切的源头，都要归功于山德士那份坚持不懈的努力。

没有人能随随便便成功,任何成功都需要付出与之相符的代价。所承受的困难、苦难、挫折越大，所付出的努力越多，那么获得的成就就会越大。反之，一个人越是不懂得努力，不懂得付出，那么他的人生就越平淡。

在人生的路途中，不要羡慕别人身边的风景，要时刻看到自己身边的美好，脚踏实地地去把一件事做到最好。在遇到挫折的时候，不要轻言放弃，在困境之中更要坚持到底，因为坚持的终点就是苦尽甘来。

失败是最大的收获

有句话叫“失败是成功之母”，话虽如此，但能够承受失败的人却不多，这是人性使然。人们往往更愿意享受成功带来的喜悦，难以接受失败带来的痛苦。一个没有办法面对失败的人，是永远无法获得成功的。

有关如何面对失败的三个人生建议：

1. 想象中的困难，要远大于事实中的困难。

当我们在做一件事的时候，大脑会不由自主地“模拟”整个事情的经过，把一些能预想到的问题及时处理，从而使这件事更好地完成。这种人类特有的思维模式，正是促使人类不断进步的原始因素。

然而，在有些时候，当我们遇到一件本身就很棘手的事情时，会从内心深处对这件事产生排斥心理，这种心理会导致我们把能预想到的困难放大。此时，其实已经进入一个恶性循环，越是惧怕这件棘手的事情，就越是不敢去面对，而这件事情就越是难以做成。

一位智者有两个徒弟，智者对他们说：“你们两个跟我学习三年有余，如今都学有小成，我派遣你们一项任务，一年后不管有没有完成都要回来告诉我。”两个徒弟赶紧问：“您要给我们派遣什么任务？”

智者不慌不忙地说：“山下村民的路被一条大河挡住了，我要你们下山去修建一座桥，能容纳百人的大桥。”

大徒弟听完智者的话，立即垂头丧气，心想：“那条大河宽百米，一年之内怎么可能修成一座桥呢？”二徒弟听完智者的话，心里也开始盘算：“我一个人的话，恐怕难以完成这个任务，但既然师父交代了，那我无论如何都要试一试。”

第二天，两个徒弟来到大河前，大徒弟看着汹涌的河水，顿时泄气，他开始不停地抱怨起来，抱怨河水太急，抱怨人手不够，抱怨身边没有建筑大桥的材料……

二徒弟看着眼前的河水，心胸顿时开阔起来，脑子里冒出一个想法：我一定要征服这条大河，建一座既坚固又宽阔的大桥。于是，他开始搬运石头，每天搬一点，每天搬一点。不久之后，村民们也自发跟随他一起搬石头，一年之后，在他的带领下，大家齐心协力建造了一座又大又结实的大桥。

俩徒弟回到智者身边，向智者汇报一年的情况。大徒弟说：“师父，山下的河水太湍急了，而且没有建筑大桥的材料，所以我没有建成大桥。”智者听完他的话问道：“那你有没有搬运一些石头呢？有没有建造一座小桥呢？或者有没有建造一座独木桥呢？”大徒弟很惭愧，说道：“我什么都没做，我找不到石头……”

二徒弟同样向智者汇报了他一年的情况，告诉师父一座能容纳百人的大桥已经建成。智者欣慰地点点头。

智者对大徒弟说道："从你下山的时候开始，你已经失败了。在你的脑海里，已经失去了建造大桥的信心，所以当你抵达河边的时候，找到了各种各样的借口，这些借口阻挡了你的行动，所以你最终止步在大河前。"

智者对二徒弟说道："当我让你下山建造大桥的时候，你也曾感到害怕，担心自己没办法把这件事做好。即便如此，你还是尝试去努力了，当你搬起第一块石头的时候，你依旧无法看到成功的希望，但是你依旧去做了，当你开始行动起来的时候，发现建造大桥似乎并没有想象中那么难，所以你依靠自己的行动完成了看似不能完成的任务。"

事实上，许多看似很棘手的事情，并没有那么复杂。当我们实际去操作的时候，就会发现这件事情本身的困难程度，并没有想象中那么大。因此，在做事情之前，首先自己要建立足够的信心。

2. 失败并不可怕，失去胜利之心才可怕。

在日常工作中，经常会听见有人抱怨"这件事搞砸了，我真的不行！""太难了，我没办法做到。"当一个人经历过失败后，如果再让他去做同一件事，事情还没开始，他已经自暴自弃，还未做，已经失败。

一个心理学教授在给学生们上课的时候，说起了"信心的消耗"

这个话题。为了让学生们更好地理解，教授搬来了一个大鱼缸放在讲台上，他往鱼缸里注满水，然后用一块儿干净的玻璃把鱼缸隔成了两半，一边放上一条已经饿了好几天的食人鱼，另一边则放上几条普通的小鱼。

刚开始，饥肠辘辘的食人鱼两眼放光，拼命冲击着小鱼所在的区域。可是在一次又一次的碰壁之后，它的速度和冲击力都明显地减弱了。十分钟之后，撞得鼻青脸肿的食人鱼停止了攻击，失望地伏在缸底一动不动。然后教授轻轻抽掉了隔在中间的那块儿玻璃，让食人鱼和小鱼都可以自由自在地往两边游动。那些小鱼不知天高地厚地游到了食人鱼的身边去，结果食人鱼居然对这近在咫尺的“美食”无动于衷，有时候那些小鱼靠得实在太近，食人鱼甚至会仓皇逃跑……

很显然，多次的失败把它吓住了。更让学生们始料未及的是，第二天早上，他们发现那条食人鱼居然已经饿死了！教授来到教室后，叹息着说：“在自然界，食人鱼吃小鱼是天经地义也是轻而易举的事情，可这条食人鱼却在自己的美食堆里饿死了，这不得不说是它的悲哀啊！”学生们虽然对这个实验都感到惊诧万分，但他们不知道教授想表达什么，心理学课程怎么变成动物学课程了？

教授笑笑说：“你们很快就要走出校门去创造自己的事业，但你们一定会经历无数的失败与挫折。我想告诉你们的是，哪怕失败999次，你们也必须要第1000次站起来，千万不要因为几次失败就丧失信心、放弃梦想，成为一条饿死在美食堆里的食人鱼。”

有些人经历失败后，越战越勇，有些人则恰恰相反，一次失败就能将他彻底打败。调整自己的内心，在遇到失败的时候，要仔细反思自己为什么会失败？是某个环节出了问题？还是某个细节没有做到位？懂得反思，失败才有意义。

3. 站在成功的位置看失败。

有时候，努力了很久很久，但是却一直无法成功，我们不得不做出放弃的选择。当这件事过去很多年之后，我们回头再看，就会发现当时遇到的挫折是多么渺小……

1968 年，一个叫琼斯的登山爱好者准备征服乔戈里峰，为此他花了三年的时间做准备。出发前一天，他来到乔戈里峰山脚下，看着眼前高耸入云的山峰，更加坚定了他的信心。

琼斯第一天的攀登很顺利，不仅能观看周围的美景，在休息时间还能来一杯亲手煮制的咖啡。当太阳落山的时候，琼斯知道第一天的攀登结束了，他开始搭建庇护所，期待第二天的攀登之旅。

随着攀岩的高度变高，气温变得寒冷起来，周边的景色也开始变化，皑皑白雪覆盖了攀岩的道路，琼斯的步伐变得缓慢起来，他需要不停清理脚下的积雪，试图寻找一条上山的路。

当积雪淹没膝盖的时候，琼斯意识到自己可能已经处在半山腰了，他换上高山靴，拿出了冰镐。由于积雪太厚，他前进的脚步逐渐缓慢起来，吹过脸颊的寒风如同锋利的刀片一样割着他的肌肤，就连呼吸都变得艰难起来。

夜晚，寒风吹过琼斯的帐篷，发出一阵阵狂怒的声音，似乎在劝说琼斯不要再往上攀登了。蜷缩在帐篷里的琼斯已经被冻得面色铁青，虽然有一盏燃油灯取暖，但在这样的环境下，如同星星之火一般，根本无济于事。

琼斯在迷迷糊糊中度过了难熬的一夜，当他第二天醒来的时候，发现积雪重新覆盖了他来时的路，也就是说，当他攀登到山顶之后，是根本没办法找到下山之路的。

连续三天的攀岩，琼斯能感觉到天气变得越来越恶劣，从白天到晚上，夹杂着雪花的狂风就没有停息过，而他前进的步伐比此前更缓慢了。琼斯意识到自己不能再继续了，目前的状况已经超出他的预料，如果再向上攀登的话，他现有的装备不足以抵抗更恶劣的天气，再三思量后，他放弃了这次攀登旅程。

1971 年，琼斯带着两名登山爱好者再次来到乔戈里峰，这次他一定要征服这座山峰，为上次的失败找回些颜面。这一次他们的攀登依旧很艰难，恶劣的天气是他们前进的最大障碍。

当他们攀登到四分之三的时候，狂怒的暴风雪让他们停下了脚步。三个人蜷缩在一处避风处，开始商量下一步的计划。有一名队员提出了放弃的想法，因为此时周围的狂风越来越大，这就意味着随时都可能会出现雪崩，一旦队伍遭遇雪崩，恐怕三人要永远葬身在这里。

琼斯不想放弃，因为此前他已经放弃过一次，如今已经攀登了一大半，此时放弃的话对他打击太大了。于是，琼斯做出了一个艰难的决定，他让两名队员在原地等待，他去攀登山顶，三天之后如果琼斯不能安全返回，两名队员便自行下山。

一天后，琼斯成功登顶乔戈里峰，当他站在山顶往下观望的时候，发现两名队员停留的地方刚好是一个凹点，距离山顶不足千米。只是因为当时在山下，没办法看到全貌，误以为距离山顶还有很远的距离。

琼斯站在山顶上，回忆着第一次攀岩的情况，又想到山下的两名队友，他的内心充满感慨。当一个人站在山顶的时候，能清楚地看到他以前所做的一切，不论是幸福的过往，还是艰难的日子，在此时都显得微不足道，站在更高的位置看世界，世界便成了自己脚下的一块基石。

许多时候，并不是眼前的失败有多大，而是我们无法看到更远处的成功有多大。当我们变换一个角度去看待失败，以一个已经成功者的眼光去看待，就会发现眼前的失败是多么渺小。

以成功者的姿态去做事，看待眼前的失败，我们就会发现自己的胸怀变得更宽阔，只有容纳下失败带来的伤害，拥有一颗强大的内心，才能够从不断的失败中站起来。

做个安然之人

平和的心境往往是成功的必要前提，不论做大事还是小事，一旦心里慌乱，那么这件事往往就难以做好。尤其当我们面对自己不了解的事物时，内心会出现莫名的慌乱，甚至会怀疑自己能否把这件事做好。

一旦出现这种心理，那就说明在做事之前，自己已经乱了阵脚。以这样的慌乱的心态去做事，做成的概率能有多大呢？

心态决定成功，良好的心态是成功的必要前提。就如同“磨刀不误砍柴工”一样，做任何事情之前，都要找到重点，千万不能盲目地去做。当我们找到解决事情的办法后，往往能够一击而中，把事做成。

没有人天生就是“平和心”，平和的心态需要我们通过不断的经历、阅历去慢慢改善和调整。有了平和的心态做事就显得更加稳健，不管是大事还是小事，往往能够顺利完成。

有一木匠学徒，跟随师父学医三年，却做不出一件像样的家具。他的内心十分痛苦，怀疑自己根本不是做木匠的材料，于是他找到师父说道：“师父，我不想学这门手艺了，或许我更适合种地。”

师父回答：“去把你做失败的家具都拿过来，然后摆放整齐。”

学徒按照师父的要求把那些失败的家具都拿来，摆放整齐之后，师父对他说道："你自己看看，这些家具有什么不同之处？"

学徒仔细端详起来，他发现这些家具大多很粗糙，有些因为角度偏移变得歪歪斜斜，有些因为尺寸不一变得高低不齐。于是徒弟对师父说："师父，他们的不同之处是高低不一。"

师父摇摇头，轻声说道："在我看来，这些家具的不同之处是做家具的人一次比一次浮躁。你用什么样的心态去对待它们，它们就会将你的内心世界展现出来。"学徒没有再说话，他根本不知道师父这番话的用意。

师父看见他的样子，接着说道："这样吧，你再学三年，如果还没有成绩的话，我就放你离开。"学徒点头答应，师父说："现在拿起你的工具，给我做一个巴掌大的凳子，记住是巴掌大小的。"

学徒开始忙碌起来，他认为物件越小越好做，于是很快便做成一个看起来像模像样的小凳子。他把小凳子交给师父，师父端详一番后说道："凳子虽说做好了，却很差劲，没有雕刻花纹，没有装饰……凳子再小，也要像一把凳子的样子，你再去修改一下。"

学徒花费了整整一个月的时间，将凳子修理得精美起来。师父看完凳子后，点点头说道："这个凳子看起来还凑合，你再给我做一个半个手掌大小的凳子，同样要有精美的花纹。"

学徒心里不痛快，但还是尝试去做。这一次他花费的时间更久了，整整三个月才把小凳子做好。当他拿着小凳子给师父看的时候，却得到这样的回复："凳子还是太粗糙，花纹应该更精美一些……"

学徒已经很不耐烦，但还是照做了，又花了整整三个月的时间才把凳子做得精美起来。当他拿着凳子再次找到师父的时候，师父对他说：“总算有个样子了，你再把这个凳子缩小一倍给我，记住，这个凳子是什么样子，你就要做成什么样子。”

学徒这一次花了半年的时间才把凳子做好，跟此前的凳子一样精美，只是个头小了一倍而已。师父看着小凳子，说道：“很不错了，但是你的速度有些慢，你再去做一个，三个月之内必须交给我。”学徒有些不解，便问师父：“师父，一年多了，您整天让我做小凳子，我也做好了，您究竟想干嘛？”师父回答：“等你一个月能做出一个小凳子的时候，我会告诉你答案。”

学徒耐着性子开始做起来，起初的时候三个月做一个精美的小凳子，后来逐渐变成两个月，再后来变成一个月。当他一个月做一把凳子的时候，时间已经过去了三年，他找到师父问：“师父，您现在可以告诉我答案了吗？”

师父并没有回答他，反而说道：“现在有人要做一些家具，我年纪大了，做不动了，你去做吧。”学徒急忙摇头说道：“不行，我不是当木匠的材料，我做的家具都是坏的。”师父摇摇头，说道：“你放心去，放心去。”

一个月后学徒归来，满脸笑容对师父说道：“师父，我做的家具他们很满意，还夸我手艺好。”师父也满意地点点头，对着学徒说：“我之所以让你做那么多小凳子，就是为了磨砺你的心性，你心性浮躁，做工的时候时常感到烦躁，所以三年来你没有做出一件像样的物品，后来我让你做小凳子，是为了磨砺你，当你能静下心来把小凳子做得很精美的时候，其实心性已经变得平和起来，那么你做出来的物件当然会很完美了。”听完师父的一番话，学徒跪在师父面前，内心很是惭愧。

不经历大是大非，一个人就难以成长；不经历痛苦绝望，一个人就难以成才。

培养一颗安然之心，以平和的心态对面对生活中的是是非非，以一颗安然之心去处理生活中出现的一切挫折与困难。

安然之心，是经历风浪之后的惬意，是经历山重水复疑无路之后的淡然，是迷茫之后的人生顿悟。

安然之心能彻底改变一个人的本质，让人在面对压力的时候，能够更加坚强。面对竞争的时候，让人更加担当。因此，安然之心是一种理性的修养，更是一种海纳百川的胸怀。

刘堪和殷景仁是宋文帝时期的一对好朋友，刚出道时，他们职位相当，交往甚密，私下相约“苟富贵，勿相忘”。

后来，殷景仁首先得到提拔，任仆射一职，成为皇上身边的人。殷景仁没有忘记当初的诺言，瞧准机会几次三番地向皇上推荐，刘堪最终得以入朝为官，可是殷景仁做梦也想不到，这竟成了昔日好友梦魇的开始。

来到首都做官本来是一件值得高兴的事，可刘堪脸上的笑容还没挂两天，就开始不痛快起来。他发现虽然是同朝为官，他和殷景仁所受到的宠信却是大大的不同。

殷景仁负责的是朝中内部事务，时常可以接近或活动在皇帝的身边，而他却很少有接近皇上的机会。

刘堪心里的天平逐渐倾斜起来，他想，最初殷景仁的职位并不比自己高，凭什么他现在竟位居自己之上？戴上了愤愤不平的“有色眼镜”，刘堪越发感到是殷景仁在离间自己和皇上的关系，如此下去，不是死路一条吗？

不甘心坐以待毙的刘堪决定采取行动，他通过细心观察，发现朝中的大权实际上掌握在司徒刘义康手中，要想改变命运，就必须牢牢地攀上这棵大树。

巧的是，刘堪曾经在刘义康的手下当过上佐，他便以学生自居，用心去结交和巴结刘义康，打算用刘义康的影响来改变皇帝对殷景仁的态度，最终除掉殷景仁，以达到独揽朝政的目的。

宋文帝把刘堪调入朝中，还是有所倚重，可不久发现刘堪话里话外对殷景仁颇多微词，似乎对自己的职位甚为不满。

为了消除刘堪的疑虑心理，宋文帝对他俩来了个同时提拔，加授给殷景仁中书令、中护军，刘堪则任太子詹事，从级别上看不相上下，可没想到，刘堪不仅没领情，反而更加恼怒殷景仁。

因为官阶虽然相同，但殷景仁的实际权力要比刘堪大，而且文帝为了照顾殷景仁的身体，特批他可以在家中办公。

心怀不平的刘堪加紧怂恿刘义康在皇上面前说殷景仁的坏话。不料宋文帝是个明白人，诋毁殷景仁的话听得多了，他还隔三岔五地把这些话转述给殷景仁听。

殷景仁对来自朋友的中伤深感难过，他感叹说“我把他引荐入朝，然而他进朝反过头来就咬人，真是人心难测！”倍感人情冷暖的殷景仁心灰意冷，马上向皇上称病请辞。只是皇上就是不批准，因为文帝知道，殷景仁是思想上不痛快，所以只是令他在家安心养病。

刘堪一计不成又生一计，便建议刘义康趁殷景仁外出的时候，派人假扮强盗杀掉他，即便是皇帝知道了真相，也可以想办法解释，总不至于因为殷景仁的缘故伤害了皇帝与刘义康的手足之情。

这计谋还没有来得及实施，文帝手下的密探就闻到了气息，文帝干脆下诏把殷景仁的私宅迁到了西掖门外，与皇宫禁院靠在了一块，再贸然行动，那不等于在太岁头上动土吗？结果只能是“皇上很生气，后果很严重”，不得已暗杀计划无疾而终。

达不到目的的刘堪决定铤而走险，暗地里结党拉派，谋划着要拥立刘义康为帝，只有让刘义康登上了皇帝的宝座，才能彻底打掉殷景仁头上的保护伞，置殷景仁于死地。

被不平之气迷住了心窍的刘堪就像拿着根隐身草，只看得见愿望，却看不到危险。身为臣子而起谋逆之心，是可忍孰不可忍，文帝一怒之下，杀机顿起，刘堪和他的三个儿子及其党羽们全部被诛杀，受命承办这个案子的，正是殷景仁。

奔赴刑场的刘堪望着高坐在监斩台上的殷景仁感叹说，“成也萧何，败也萧何！”他以淮阴侯韩信自比，只是到死他也不明白，他并不是死在殷景仁之手，而是死在了自己的手上。

这个故事堪称“致命的心态”，嫉妒心使刘堪失去了理智，失去了基本的判断，最终丢掉了性命。

生活就像一面镜子，你以什么样的心态看待它，它就以什么样的面貌呈现给你。当我们以暴躁的心态面对事物的时候，那么事物呈现在我们眼中的样子也必然是暴躁不安的。当我们以安然之心面对一件事物的时候，那么这件事呈现在我们眼中的样子也必然是安静的。

心态不同，事物所展现出来的样子也必然不同。这也是为何同样一件事情，有些人能够轻松完成，有些人则无法完成的原因之一。

我们身处在一个复杂的社会中，外界诸多的因素在诱导我们，想拥有一颗安然之心，着实不是一件容易的事情。越是这样，就越要学会让自己安静下来，不要被那些嘈杂的事情所影响，从内心深处让自己安静下来，始终保持一颗安然的心态，这是成就一番大事业最有利的基础保障。

平凡并不平庸的人生态度

在被冰雪覆盖的北极大地上生活着许多小动物，其中有一只叫比尔的小老鼠，由于它体型弱小，总是被大家瞧不起。

有一天，比尔正在修建自己的房子，一只长毛象悠闲地走过来，看见小老鼠后，笑呵呵地说道："比尔，你的房子太小了，一阵风刮过来就会散掉的。"比尔知道长毛象在嘲笑自己，便回应："那又怎样？你的房子很大吗？"

长毛象听完此话，立刻脸红起来，因为长毛象根本没有房子，它的体型实在太大，无法建造大房子。但是长毛象并不甘心，继续说道："比尔，听我的，别修建你的房子了，跟我一起去踢球吧！"

很明显，这句话也是在嘲笑别尔，因为长毛象的球是比尔体重的几十倍，别说踢球，即使被球砸到，比尔也必死无疑。但是这一次，比尔并没有回击，反而淡定地说道："你看吧，总有一天会让你敬佩我的！"

长毛象哈哈一笑，转身离开，比尔继续建造它的房子。这时候比尔的好朋友小灰熊走过来，对着比尔说道："比尔，你应该去找北极熊，让它教训长毛象一番，你不应该这样忍气吞声！"

比尔看着小灰熊，十分淡定地说道："长毛象能轻松搬动几吨重的东西，而我却永远无法做到。但是，我可以在地上打一个百米深的洞穴，长毛象却永远无法做到。我并不认为这能说明什么，至少我有自己的用处。”小灰熊若有所思地点点头，它想继续说些什么，却没有说出来，只好转身离开。

几年之后，一个噩耗传来，一股巨大的海水朝着小动物们居住的地方而来。大家都很惧怕，此时北极熊提出一个伟大的迁徙计划，它们决定放弃生活多年的地方，寻找一个安全的新居住地。

动物们开始走动起来，尽管它们已经知道海水即将来临的消息，却还是低估了海水的速度。在它们走到半途的时候，巨大的海水呼啸而来，将所有的小动物都淹没了。

小动物们身处的位置正好是一个峡谷，四面都是冰川，海水将整个峡谷灌满了水。大家在水中不断挣扎，却无法脱离困境。

此时，比尔勇敢地站出来，它提出一个伟大的计划！比尔打算在四周的冰墙上挖出一个通道，如此一来，海水就能倾泻出去，大家也就安全了。

这不仅是一件危险的任务，还需要有超强的打洞本领，不然的话根本无法完成。这一次，比尔在关键时刻展现出了自己的能力，它带着其他的小老鼠开始在冰墙上打洞，没一会儿的工夫，一个巨大的洞出现在冰墙上。

海水顺着这个洞流出去，大家再次回到地面上。当所有的动物都安全了的时候，长毛象第一个走过来，对着比尔深深鞠躬，惭愧地说道：“比尔，我一直认为你是一个一无是处的家伙，但是我现在改变对你的看法了，你是我们的英雄！”

长毛象的话说完，所有的小动物都欢呼雀跃起来，大家纷纷感激比尔。从此之后，没有小动物看不起比尔，大家都开始懂得尊重对方，再也不会瞧不起别人。

在所有动物眼中都“一无是处”的小老鼠，却在最关键的时刻解救了大家。它看似平凡的打洞本领，却在生死存亡的时候发挥出巨大的作用。虽然这是一则寓言故事，但其中蕴含的道理却值得深思。

许多时候，我们更像那个平凡的比尔，在日常的生活、工作中做着平凡的事情。当这样的平凡持续的时间太久，我们往往就会忽略自己不平凡的一面。

汉朝时期的名将卫青，最初是一个马车夫，喜爱舞刀弄棒。平时没事的时候就练习武艺，在他的眼中，练习刀枪是再正常不过的事情了。然而，就是如此平凡的习武，却被汉武帝看中，最终使他成为汉朝的大将军。

让平凡的事在关键的时候发挥作用，是一个平凡之人不甘平庸的最有效办法。若要做到这一点，就需要把平凡的事情持之以恒地坚持下来。

如果你是一个不甘平庸的人，那么就要学会眼下平凡的一切。我们生活在这个社会中，每一个人都是平凡的。那些功成名就、聪明伶俐的人并不比我们多些什么，只是他们把无数平凡的事情积累起来，在关键的时候依靠那些积累，让自己的人生变得不再平庸而已。

小张和小赵是同一家公司的员工，小张平时喜欢阅读古诗，每天都会拿出一个小时的时间看古诗，许多时候还会把古诗背诵下来。

有一次，小赵约小张下班后一起去打篮球，此时小张正在看古诗，就拒绝了小赵的邀请。没想到小赵却说道："古诗有啥用？是能吃还是能喝？打篮球至少还能锻炼身体呢，你别总是把时间浪费在那些没用的事情上。"

小张微微一笑，说道："没办法，这是个人爱好呀！"小赵不屑地说道："咱俩的工作都是技术型的，跟文化也沾不上边呀，你看古诗对你的工作一点用处都没有。我劝你换个爱好吧，学学技术也好呀！"

小赵说完后转身离开，小张依旧在背诵古诗。

一年后，公司举办年会，全体人员都参加，包括公司老板也出席了这次年会。由于小张平时读了太多古诗，大家让他在年会上表演一个古诗背诵的节目。背诵古诗对于小张来说很拿手，于是爽快答应。

年会期间，小张站在台上一口气背诵了22首古诗，台下掌声一片。就在小张要下台的时候，台下一个人说话了："这位同事，你是为了节目而特意背诵的古诗吗？"

小张定睛一看，台下说话的正是公司老板。小张立刻回答："不是的，我平时就爱阅读古诗，就把喜欢的背诵下来。"老板听完很高兴，说道："那你能背多少？再来几首试试。"

结果，小张就像脱缰的野马，一口气背诵了一百多首古诗。台下又一次发出热烈的掌声。

这件事过去没多久，小张就收到公司的任命通知，公司决定让小张任文化总监一职。而小张本身也从一名普通的员工，成为公司的管理层人员。

现实生活的一切，其实都是很平凡的，尽管如此，我们都不要失去那颗不甘平庸的心。在平凡的事物中，永远保持一颗不甘平庸的心，以这样的心态去把那些平凡的事情做好，一旦时机成熟，就是人生开始展现辉煌的时候。

平凡是一种生活态度，平庸是一种人生状态。不管现实的生活中有多么无奈、无助，我们也要学会在平凡中找到自我，不管在什么时候都不要被眼前的平凡所打败。抱有这样的人生态度，人的一生终究不会平庸。

看破不说破，智者愚也

《韩非子·说林》记载着这样一个故事：田成子看到隰斯弥家的一棵大树，不禁皱起眉头。隰斯弥得知后，急忙叫人把树砍掉，砍到一半的时候，隰斯弥又急忙喊停。砍树人不懂是为何，隰斯弥说道："我已看出田成子要篡位，若是我砍掉这棵大树，说明我已经看透他的内心，那时候我必死无疑。若是我不砍，虽然遮挡田成子家的视线，但却可保全性命"。

看破不说破，一旦说破不仅让人尴尬，甚至还会遭遇灭顶之灾。古人的智慧尚且如此，我们现代人就更应该深知这一点，正如郑板桥的那句"难得糊涂"一样，凡事不可太精明。

在华夏五千年的文明史上，智者们早已将人生大智慧看得清楚而透彻，一些拥有大智慧的人，往往都将自己伪装成"愚人"，如此一来，不仅给对方留出一条路，也是给自己留一条路。

人生在世，为人处世在所难免，有些人随口几句话就会得罪一片人，而有些人虽也说着同样的话，却能得到别人的赞赏。这便是人生智慧，该聪明的时候就要展现自己的能力，该糊涂的时候就不要让自己显得那么"聪明"。

清人笔记《道学贪诈》记载，曾国藩以大学士、两江总督治军于安庆，开幕府揽人才，一时称盛。

有个叫杨长年的幕僚，写了篇《不动心说》呈给曾国藩，曾国藩读完，置于案头。当时曾氏门下有一得意门生李鸿裔，看后就从旁题诗予以讥讽："二八佳人侧，鸿胪大鼎旁，此心皆不动，只要见中堂。"

结果挨了曾国藩一顿狠批。曾国藩说："那些人以此为名，我就以此来要求、拘束他们。何必道破他们内心的想法呢？"

曾国藩识破其内心，不说破其内心，这才是尊重世俗。谁的人性会纯又纯、粹而粹？用其所长，避其所短，作之不止，乃成君子。哪怕人家当初是多么虚伪，不点破，让他"假戏真做"，做久了，假的也成真的了。

当然，"看破不说破"，不是不说，不是当"老好人"，而是"说而不破"，点到为止。在交际中，切忌把话说得太露骨，这样会使对方感到难以接受。

因此，智者在批评或建议的时候，总能很委婉地表达自己的意见，既达到了目的，又顾全了对方的面子。

相传乾隆皇帝下江南到苏州狮子林游玩，一时兴起，应当地官员的请求，题了"真有趣"三个字。

恰好旁边站着接驾的新科状元黄熙，他觉得这三个字太俗，有失皇上大雅，但又不好直说，于是灵机一动，奏曰："臣见圣上御笔，笔笔铁画银钩，字字龙飞凤舞，其中这个'有'字，更是百媚千姿。

臣冒昧恳请圣上将这个‘有’字赐予小臣。”此言一出，乾隆阅此三字，方知话中有话，恍然大悟之后，便顺水推舟，改为“真趣”。

“真趣”与“真有趣”，一雅一俗可谓天壤之别。黄熙以机智的婉言暗示皇上，使乾隆改动了题匾，留下了千古佳话。

古往今来，“看破说破”者也不乏其人。说话不分场合，不讲方法，单刀直入，口无遮拦，看似畅快淋漓，其实是一种不成熟的表现，轻者让人难堪，重者可能会造成“祸从口出”。

有个成语叫“灌夫骂座”。灌夫，西汉著名将领，因看不惯丞相田蚡骄横跋扈，借酒大骂，致使矛盾激化，恼羞成怒的田蚡一气之下斩了灌夫。

三国时的杨修，很聪明，能看破曹操的心思，但要命的是他管不住嘴，屡次把曹操的意图解释给别人听，搞得领导很下不来台。最后曹操找了个机会，将杨修杀了。

看破，不说破，不仅需要智慧，更需要有一个广阔的胸怀，有虚怀若谷的气度。人生应当学会看破不说破，有这种胸襟的人，精神世界一定是丰富的、安详的。

古往今来，大智者往往显得“糊里糊涂”，而那些活得越是明白的人，其结局越是悲惨。就像故事中提到的杨修、灌夫一样，虽有一身的才华，却在最不恰当的时候说出最不恰当的话，最终为自己招来杀身之祸。

人生不能光是考虑自己，毕竟人与人之间是需要打交道的，任何一个孤立的人都无法在这个社会中生存。既然人与人必然要打交道，那么我们在做人、做事的时候就要学会为别人着想。

或许有人不明白，自己的人生自己控制，为什么非要为别人着想？那样的话，人生岂不是更累？其实不然，有句话叫作“与人方便，就是与己方便”，人与人之间的关系既微妙又复杂，当我们为别人着想的时候，其实就是在为自己着想。

和珅是历史上有名的贪官，但不可否认他拥有出众的个人能力，他不仅深知乾隆皇帝的心思，还总是在乾隆皇帝面前显示自己的“愚笨”，让乾隆对他宠爱有加。

和珅初任尚书一职时，御史言官钱峰上奏弹劾十名封疆大吏，指出这十位官员存在贪污腐败之嫌疑，要求乾隆彻查重办。

这件事让乾隆很为难，如果将这十名封疆大吏全部查处的话，那么就会牵连出成百上千的地方官员。如此一来整个大清朝的江山就会乱套。试想一下，一旦这十个人被查办，遗留下的空缺怎么办？谁去管理当地百姓？如此一来，大清江山岂不是要灭亡？

乾隆是站在一国之君的角度考虑问题，而钱峰只是站在个人角度考虑问题。因为当时的大清有规定，御史言官可以直言进谏，皇帝不能阻挡，更不能杀掉御史言官。清朝的御史言官经常以参倒封疆大吏为最大功绩。

乾隆深知查办十名封疆大吏的后果，但又不能与钱峰直接说明，只好一拖再拖。结果，钱峰十分固执，日日不停地进谏、上奏章。

这件事被和珅得知后，他立刻察觉出乾隆的为难之处，于是便给乾隆出了一个主意，让钱峰做钦差。彻查封疆大吏是钱峰提出来的，那么就让他自己解决，这样一来就帮乾隆解决了第一个难题。

当然，和珅很清楚，如果十名封疆大吏真的被查处的话，那整个大清江山就会动摇，这是皇帝最不愿意看到的。但是身为一国之君的皇帝，又不能提前给那些封疆大吏透露信息，于是和珅就自作主张，在钦差出发前，就提前通知了那些封疆大吏。

这件事的结果可想而知，钱峰出行整整半年多，却落得一个查无实据的结果，最后只能向乾隆皇帝请罪。

乾隆对这一结果很是满意，在这次事件中，他感到和珅办事很得力，于是将和珅升任为中堂。

乾隆是一代明主，他是不会容忍自己在位期间有封疆大吏成为贪官的。和珅早已洞察这一点，于是又提出“大事小办，急事缓办”的方针。

和珅亲自担任钦差，在十个封疆大吏中，抓住两个重点，加以重办，既起到了敲山震虎的警示作用，又能保证大清江山的稳固。这件事办妥之后，乾隆皇帝更加喜爱和珅，乾隆在位期间，和珅一直过着锦衣玉食的生活。

聪明人往往不会说自己聪明，反而是那些愚蠢的人总是炫耀自己的聪明之处。当一个人总喜欢把自己的聪明都显示出来的时候，就是最傻的时候。试想一下，如果我们深知对手的一切，那么打败对手是多么容易的一件事。

《论语》中记载，孔子出游遇见下雨，刚好路过子夏家，有人劝说孔子去子夏家借伞。但孔子却说：“我知道子夏爱惜财物，若是我借伞，他必然借给我，但他心里却很难受。所以，还是不要去借伞，这样还能和子夏相处得久一点。”

看破不说破的道理就在于此，有些事情虽然大家心里都清楚，但不要直接说出来。说出来就难免会导致两人都很尴尬，一旦出现尴尬的局面，日后必然难以相处。与其如此，倒不如糊涂一些，把事情装在心里，给大家都留有余地。

在世界之外看世界，愚者智也

事物的本质其实并不复杂,但往往因为我们身处事物本身之中,而无法看清其本质。也正是因为这一点，人就总会有迷茫的时候，正所谓“不识庐山真面目，只缘身在此山中”。

虽然身处大山之中，但我们的内心却可以“提前”登到山顶。当一个人抵达山顶的时候,所看见的风景必然是格外壮观而美丽的,还能一览大山的全貌。若想抵达这样的境界，就必须懂得对自身心性进行修炼。

只有足够宽阔的胸怀，才可能将大山的全貌装在心中，虽然身体处于大山之中，但无限的心胸已经看到大山的全貌了。

我们用低维度的视角去看问题的时候，感觉它无法解决；但当我们站在更高的一个维度去看它，也许就变成了一个很简单的问题。

张仪是战国时期的谋略家，不仅能言善辩，眼界和胸怀也格外开阔，处理事情总能跳出问题看问题，这不仅让他名利双收，还让他在晚年从政坛全身而退。

张仪在秦国做相国时，秦惠王派遣公子华围攻魏国蒲阳，大获全胜后成功占领蒲阳。这本是一件举国欢庆的事，却遭到张仪的反对。

张仪对秦惠王说：“我们虽然获得了胜利，也派兵驻守在蒲阳，但眼下需要做的是将蒲阳归还给魏国，并且派遣公子繇到魏国做人质。”此语一出，朝野上下齐声反对，尤其以公子华为首的一众武将更是强力反对。

公子华对秦惠王说：“蒲阳之战，我与全军将士血战数月才取得胜利，如今却又要拱手让人？我誓死不同意。”秦惠王深知公子华脾气直爽，只能与他解释：“我大秦与魏国苦战数十年，今天你夺我一座城池，明天我占你一座城池，互相争夺几十年，谁也没有获得好处，今日你攻占了蒲阳，我们不仅要派兵镇守，还要花巨资修建防御工事。与其如此，为何不归还给魏国呢？”

秦王派张仪出使魏国，向魏王说出归还蒲阳并让公子繇入魏当人质的提议。魏王起初根本不相信秦国能归还蒲阳，当他看见公子繇的时候，彻底相信了张仪说的话。

张仪看魏王已经相信自己，便对魏王说道：“我王向来以礼待人，秦魏相争几十年，大家除了损兵折将再无其他利处。因此我王不愿再与魏国相争，把原本就属于魏国的蒲阳还给魏王，以表我王真心，若魏王能以礼相待，从此以后秦魏永结修好，何不乐哉？”

魏王认为张仪说得很有道理，秦国本身就战胜了魏国，如今主动归还城池，如果自己不识抬举的话，天下人就会笑话魏王无胸怀，到时谁还愿意与魏国结盟。于是，魏王便主动将早些年占领秦国的上郡和少梁归还给秦国，并写了一封两国和平修好的盟书。

张仪回到秦国，朝野上下的大臣纷纷赞赏张仪的才能，只需一张利嘴，便从魏国手中换来上郡和少梁两个城池。

事后有人问张仪为何能断定魏王会割让城池，张仪说魏王战败后已经知道魏国无法再与秦国抗衡，他在想着如何与秦国和好，以保住自己国家的土地。在这个时候，我提出归还蒲阳并与魏国修好的意见，正好合了魏王的心思。魏王用上郡和少梁两个城池保住了魏国大片土地，并且又能与秦国结盟，这种买卖很划算，魏王必定会同意的。

秦惠王去世后，秦武王继位。张仪深知自己在秦国已无立足之地，随时都有杀身之祸。于是，张仪向秦武王请辞，说道："大王，您若想得到更多的土地，需要让东方各国发生动乱，如今各诸侯国对我恨之入骨，尤其是齐国，据说齐王已经下令，只要我张仪在哪个国家，他就出兵攻打哪个国家。所以，我希望大王可以让我去魏国，等齐魏两国开战的时候，大王可趁机攻打韩国，大军直出函谷关，如此一来您就可以获得更多土地。"

秦武王根本不知道张仪的真实目的，只觉得张仪说得有道理，便让他前往魏国。齐王听说张仪在魏国，便准备派兵攻打魏国，张仪向魏王说："大王不要惊慌，我可以让齐国退兵。"

张仪找到齐王，说道："我离开秦国的时候告诉秦武王，若想获得更多土地需要使东方列国发生动乱。如今您果然前来攻打魏国，如果齐魏开战的话，那齐国便会多一个敌人，而秦王则会趁齐魏开战的间隙派兵出函谷关，等秦王打下韩国，打进三川的时候，也就是齐、魏灭亡的时候。"齐王认为张仪说得很有道理，于是便撤兵。

其实，在秦武王继位的时候，张仪已经看透了事情的整体局势。在诸侯国中，只有魏国能容纳他，所以他便向秦武王献计让自己前往魏国，当齐王攻打魏国的时候，稍加说服便让齐王退兵，他的根本目是要保全自身。

站在世界之外看世界，人生便没有过不去的坎，当你一旦跨过那道坎，就会发现对于整个人生来说，那点小事真算不得什么。

小时候，当我们丢失一件非常喜爱的玩具后，会哭泣，会伤心，甚至会为此难过好一阵子。一旦过了那个年纪，回头再看的话，我们只会嘲笑当初的自己是多么幼稚。

人生就是这样，当我们身处其中，往往无法自拔，一旦遇到失败或者苦难，就会感觉整个人生都要结束。这样的心境是一个正常人的心境，也是身为世俗之人所无法避免的。

之所以要修炼自己的境界，其目的就是帮助我们更好地成长。至少在面对生活中的困难、失败的时候，有足够的勇气去战胜它。因为一个成功的人生，永远都是由无数失败堆积出来的。

一个人的心境是怎样的,那么这个人所看到的世界就是怎样的。我们要学会修炼自己的境界，让自己始终站在世界之外看待自己所面对的一切，以一个高高在上的姿态回看渺小的自己。

如此一来，当我们再遇到人生中艰难的事情时，就会有足够的勇气去面对。以一个外人的角度去看待自己的艰难时刻，不仅能帮助自己摆脱困境，还能让自己变得更加成熟。

做一个优秀的人，做一个豁达的人，做一个成功之人。从修炼自己的境界开始，让心境变得自然一些，让情感变得细腻一些，让人生变得美好一些。

终篇

PART FOUR

人生境界｜大智若愚，大道至简

人生就像一段充满奇幻色彩的旅行，我们永远无法知道下一站会发生什么。

人生就像一艘出海远航的巨轮，我们永远无法知道下一秒是风浪还是唯美夜空。

人生就像一场游戏，有时会成功，有时会失败，不论成功还是失败，都是组成美好人生不可或缺的一部分。

用心看，用心听，用心想

曾经有一位双目失明的老者，非常有智慧，人们遇到难题的时候总是会向他求助，渐渐地，老者的名声越来越大。

一个年轻人找到老者，不解地问道："您双目失明，为何却能指点别人？"老者笑曰："双目失明让我看不到任何东西，却能用心去感受任何东西，而且会更加清晰、更加明朗。"

事物的本质其实很简单，只是许多时候我们想得太多，看得太多，往往被事物的表象所迷惑，而无法洞察其根本。

当我们能够放下世俗的目光，用心去感受身边的一切的时候，就可以清晰地看到事物的本质，找到解决问题的办法。

一位国王，他有6个儿子，每个儿子都很出色。国王想选一个儿子继承自己的王位，却为此事犯愁，因为每个儿子都有自己的长处，在6个优秀的儿子中选择一个对于国王来说太困难了。

这一天，国王召集手下的大臣商议继承王位的事情，其中一位很有智慧的大臣站出来，问道："国王，如果您一个儿子都没有的话，那么您希望怎样的一个人成为新国王呢？"

国王思考了一会儿，说道："我希望新国王拥有一颗慈悲之心，这样可以让国民过上和平的日子。我希望新国王是一个善良的人，如此一来就可以减少杀戮。我还希望新国王是一个聪明的人，这样就不会被坏人利用。”

这位大臣听完国王的话，脸上立刻露出微笑，说道：“国王，不如这样，让我给您的6个儿子出三道题，如果有人能把三道题都答对，那么就有新国王了。如果没有人答对，我们再想其他办法选新国王。”

听完此话，国王立刻答应了。

几日之后，国王把6个儿子叫到跟前，让那位大臣出题。

第一题：你率领大军去打仗，遇到一条无法渡过的大河，此时你应该怎么做？

6个儿子争先恐后地回答，有人说制造战船，有人说开凿河道，还有人说直接游泳渡河。大家都说完后，最后的那个小王子才缓缓站出来，说道：“既然我无法渡河，那河对岸的敌人必然也无法渡河，如此一来，我为何要开战呢？为什么不依靠这条大河，和平相处呢？”

大臣听完这样的回答，不动声色，继续出第二个问题：如果你一个人被困在沙漠中，此时你很需要水，你应该如何去做？

王子们又开始众说纷纭，有人说向上帝乞求，有人说原路返回，还有人说挖地取水。轮到小王子时，他这样回答：“一个人被困在沙漠，那么被困之人要么不够聪明，要么就是一心求死。”

大臣继续出第三道题：一个老人身患瘟疫之病，而你恰好路过，是否要前去解救？

王子们这一次都镇定下来，因为大家在听完小王子的前两次回答后，都开始考虑问题背后的含义。

结果，这一次王子们的回答很一致，那就是去解救这位老人。因为王子们已经看出这道题是考验他们是否有善良之心。

所有的王子都说完后，最后的小王子回答："不，我不但不会去救他，反而会派人把他杀死！"

这个答案一出口，大家都很震惊，就连国王都格外吃惊。大臣听完这个答案后，却面带笑容。当所有的王子都离开后，大臣很高兴地说道："国王，恭喜您的王位有继承人了！"

此时国王还是一头雾水，便问道："是谁？"大臣回答："正是您最小的王子。"国王不解，继续问："为什么会是他？最后一题他的答案让我很不满意。"

大臣回答："国王，依靠河水让国家获得和平，代表他有仁慈之心；向被困沙漠之人发出质疑，说明他是一个聪明的人；杀掉身患瘟疫的病人，说明他不想让瘟疫扩散，以保护更多的人。"

此话说完，国王恍然大悟，最终让最小的王子继承了他的王位。此后多年，这个国家生活在一片和平之中，人们过着富足而美满的日子。

人生路上，我们必然会遇到像国王一样难以抉择的事情，每当这个时候，就需要我们用心去看、去听、去想，弄清楚自己最大的需求是什么，搞明白自己做这件事的目的是什么，找到这些问题的答案，就可以轻松解决面临的难题。

这些道理说起来很简单，但做起来却着实困难。一个人，如果没有一定的境界，是永远无法理解何谓“用心看、用心听、用心想”的真正含义的。如同一名普通的员工，在他还未成熟之前，是永远无法理解一个老板的想法的。

人生所处的高度不一样，思考的问题就会不一样，所做的事情也必然不会一样。我们无法要求一个普通人像智者一样去思考问题，也无法要求一个自私之人学会大公无私。

因为每个人的秉性都不一样，每个人的人生高度都不一样。有些人的一生只为了自己而活着，而有些人的一生则是为了更多人而活着。

“人生固有一死，或轻于鸿毛，或重于泰山”，因为人生高度不一样，其意义必然不一样。而那些有胸怀、有目标、有理想的人，注定要拥有不平凡的人生。

我们都是不甘于平凡的人，需要不断地自我提升，只有不断地超越身边的人，不断地朝着更高的目标前进，才可能获得成功的人生。

相信自己所相信的

许多时候，人的认知、思维、行为的形成，都来自他所生活的社会环境。

比如，一个人从小生活在贫民窟，一直过着节衣缩食的生活。那么这样的人在长大之后，即便变得很富有，也会格外珍惜眼前的一切，甚至会保留小时候的许多勤俭的习惯。

一个人身边的大环境会影响人的行为和思维。或许我们都有过这样的体会，当身边的人都赞同一件事的时候，自己哪怕对这件事还抱有疑问，但看见身边的人都赞同，往往自己也会跟着去赞同。

如果我们仔细观察思考就会发现，那些成功的人，往往都不喜欢随波逐流，他们更相信自己，喜欢逆流而上。

有一位顶尖级的杂技高手，一次，他参加了一个极具挑战的演出，这次演出的主题是在两山之间的悬崖上架一条钢丝，然后他从钢丝的一端走到另一端。

杂技高手走到悬在山上的钢丝一头，然后注视着前方的目标，并伸开双臂，慢慢地挪动着步子，终于顺利地走了过去，这时，整座山上响起了热烈的掌声和欢呼声。

“我要再表演一次，这次我要绑住我的双手走到另一边，你们相信我可以做到吗？”杂技高手对所有的人说。走钢丝靠的是双手的平衡，而他竟然要把双手绑上。

因为大家都想知道结果，所以都说：“我们相信你，你是最棒的！”杂技高手真的用绳子绑住了双手，然后用同样的方式又走了过去。

“太棒了，太不可思议了！”所有的人都报以热烈的掌声。但没想到的是，杂技高手又对所有的人说：“我再表演一次，这次我同样绑住双手，然后把眼睛蒙上，你们相信我可以走过去吗？”

所有的人都说：“我们相信你！你是最棒的！你一定可以做到的！”杂技高手拿出一块黑布蒙住了眼睛，用脚慢慢地摸索到钢丝，然后一步一步地往前走，所有的人都屏住呼吸为他捏一把汗，终于，他走过去了！

表演好像还没有结束，只见杂技高手从人群中找到一个孩子，然后对所有的人说：“这是我的儿子，我要把他放到我的肩膀上，我同样还是绑住双手、蒙住眼睛走到钢丝的另一边，你们相信我吗？”

所有的人都说：“我们相信你！你是最棒的！你一定可以走过去的！”

“真的相信我吗？”杂技高手问道。

“相信你！真的相信你！”所有的人都说。

“我再问一次，你们真的相信我吗？”

“相信！绝对相信你！你是最棒的！”所有的人都大声回答。

“那好，既然你们都相信我，那我把我的儿子放下来，换上你们的孩子，有愿意的吗？”杂技高手说。

这时，整座山上鸦雀无声，再也没有人敢说相信。

这是一则充满讽刺意味的故事。现实中，我们常说：我相信自己，我能做到！但我们是否真的相信自己？遇到困难，方知自己只是喊口号而已。

这样的心理在现实社会中比比皆是，比如，一个人看见身边的朋友创业成功，他也相信自己能成功。于是就向身边的那位成功人请教，当了解创业的艰辛后，就开始动摇了，最初对自己的那份自信渐渐消失。

如果一个人所看到、所想到的东西，能够让他下定决心，那么此时就不要再接受外界的干扰。既然已经下定决心去做，那就努力去做出结果来，只要最终的结果一天没有出现，那么就无法判断这件事能否成功。

那些做事总是半途而废、一事无成的人，往往是因为不相信自己所相信的事物，这种人不管做什么事情，只要身边的人稍有负面意见，就足以动摇他的决心，犹豫不决的本性注定他一事无成。

相信自己所相信，即便这件事最终的结果是失败，那么对我们来说也是一种收获。

一个美国女孩，双眼意外受到重伤，她只能从左眼角的小缝隙看到东西。小时候，她喜欢和附近的孩子玩跳房子，但却看不见记号，只能把自己玩过的每一个角落都记清。

正是凭着这股韧劲，她后来获得了明尼苏达大学的文学学士及哥伦比亚大学的文学硕士两个学位。

她曾在明尼苏达州的一个乡村教过书，后来又成为奥加斯达·卡雷基大学的新闻学和文学教授。

13 年间，她除了教书，还在妇女俱乐部进行演讲，并客串电台谈话节目。

她的自传体小说《我想看》轰动一时，成为畅销的名著。她就是过了 50 年如同盲人的日子的波基尔多·连尔教授。

"在我心里不断地潜伏着是否会变成全盲的恐惧，但我以一种乐于面对的心态去面对我的人生。"连尔这样说道。

终于，在她 52 岁时，经过现代医术的诊疗，她获得了 40 倍于以前的视力，她眼前展开了一个更为绚烂的世界。

有人认为成功依赖某种天分、某种优越的条件，但是从波基尔多·连尔身上，我们看见的成功却是来自韧性及乐观力量带来的震撼。

同样的困境，同样的际遇与磨难，有些人可能会很快垮掉，有些人却能站起来。其实，成功在于相信自己，同一种境遇，谁也不比谁占一定的优势，关键是他的心境是否能战胜来自苦难的压力。

这时，信念的高度就决定了他人生的高度，成功者之所以成功，是因为他们总是以积极的信念支配自己的人生，战胜自己的缺陷，而失败者却恰恰相反。

有些人总喜欢向成功人请教如何能够成功，一心想找到成功的某个方法。殊不知，这个世界上成功的方式有千万种，每个人的成功方式都不同，每个人都有属于自己的成功方式。

有些人成功了，但他成功的方式并不一定适用自己，如果以别人成功的方式去做，恐怕也未必能成功。

方法只是抵达成功的一种辅助手段，真正意义上的成功来自一个强大的内心。就像许多知名企业家一样，在创业成功之前经历过数次的失败，因为他们具备一颗强大的内心，才能在不断的失败中站起来，从而抵达成功的彼岸。

古希腊大哲学家苏格拉底在临终前有个不小的遗憾——他多年的得力助手，居然在半年多的时间里没能给他寻找到一个最优秀的关门弟子。

事情是这样的：苏格拉底在风烛残年之际，想考验和点化一下他那位平时看来很不错的助手。

他把助手叫到床前说："我的蜡烛所剩不多了，得找另一根蜡烛接着点下去，你明白我的意思吗？""明白。"那位助手赶快说。

"可是，"苏格拉底慢悠悠地说，"我需要一位最优秀的传承者，他不但要有过人的智慧，还必须有充分的信心和非凡的勇气……这样的人选直到目前我还未见到，你帮我寻找和发掘一位好吗？"

"好的，"助手说，"我一定竭尽全力去寻找，不辜负您的栽培和信任。"

忠诚而勤奋的助手领来一位又一位他认为合适的人，都被苏格拉底一一婉言谢绝了。

这天，那位助手再次无功而返回到苏格拉底病床前，病入膏肓的苏格拉底硬撑着坐起来说："真是辛苦你了，不过，你找的那些人，其实还不如你……"

"我一定加倍努力。"助手言辞恳切地说，"找遍城乡各地，找遍五湖四海，也要把最优秀的人选挖掘出来，举荐给您。"

苏格拉底笑笑，不再说话。

半年之后，苏格拉底眼看就要告别人世，最优秀的人选还是没有眉目。助手非常惭愧，泪流满面地坐在病床边，语气沉重地说："我真对不起您，令您失望了！"

"失望的是我，对不起的却是你自己。"苏格拉底停顿了许久，才又不无哀怨地说，"本来，最优秀的就是你自己，只是你不敢相信自己，才把自己给忽略、给耽误、给丢失了……其实，每个人都是最优秀的，差别就在于如何认识自己、如何发掘和重用自己……"话没说完，一代哲人永远地离开了他曾经深切关注着的这个世界。

有句话说，"如果不去试一试，你永远无法知道自己的潜力有多大"，但我们都生活在平凡的环境中，太习惯于平凡的生活后，往往会忽略自己的能力。

比如，一名员工每日都重复着简单的工作，突然有一天老板要提拔他成为管理者。而这位普通的员工第一时间并不是开心，反而是怀疑，他不确定自己能否胜任管理者的工作，担心自己没办法做好。

一件事，还没开始去做，内心之中早就否定了自己。

反之，那些一直很自信的人，只要得到一个机会，就会毫不顾忌周围人的眼光，一心一意去把这件事做到底。

坚定信念，相信自己。

修心，心怀一切乃大智

古时，有两个小摊贩，其中一个摊贩的位置多占了另外一个摊贩的位置，两个小摊主发生口角，越吵越激烈，最后俩人大打出手，打得头破血流。

整整一上午，俩人从吵架发展到打架，当俩人精疲力尽地瘫坐在地上的时候，来了一位老者。

老者得知俩人打架的原因后，微微一笑，来到其中一个摊主面前，问道："你多占他一点摊位，你的生意会变得更好吗？"摊主摇摇头，说："生意好不好，跟这一丁点摊位没有关系。"

老者又问另外一个摊主："你的摊位少一点点，会让你的生意变得更差吗？"摊主摇摇头："那一丁点位置，不能影响我的生意。"

老者对俩人说道："你们一上午能卖出多少钱？"俩人回答："差不多几十文钱。"

老者继续问："那么，你们今天上午的收获是什么？"

此话说完，俩人互相看着，一时间，明白了什么。俩人站起身来，互相道歉，一场闹剧也就此告终。

现实中，类似这样的事情太多，许多时候我们都忘记最初的目的是什么，总是被事物发展的方向所控制，导致我们慢慢偏离初衷，人生之路越走越偏。

我们都是平凡之人，生在世俗之中，难免会被事物的发展所牵制。所以，要修炼自己的心境，修炼一颗能海纳百川的宽阔之心，包容万物，不畏艰险。

秦始皇灭六国一统天下之后，国家内部矛盾激烈，想要杀死秦始皇复国的人数不胜数。如果秦始皇没有一个俯视天下、海纳百川的帝王胸怀，恐怕也难以稳坐皇位，更难以将秦朝治理好。

李世民开创唐朝盛世，不仅使用前朝的老臣，还任用敌人的部下。在位期间，大臣魏征经常直言进谏，时常让李世民恼火，但最终李世民对魏征的评价是“今魏征殂逝，遂亡一镜矣”。正是因为李世民有一颗包容之心，才会有唐朝盛世的出现。

张骞出使西域，前后被匈奴俘虏数次，在匈奴的地盘上苟且偷生13年。如此漫长的岁月，即便是一块石头也会被磨平。如果张骞没有坚定的信念，是无法完成出使西域之大任的。也正是因为他有那样一颗坚定之心，才会有如今依旧造福我们的丝绸之路。

纵观古今，成大事者，必然从修心开始。

苏轼一生才华横溢，却生活得很不如意，在他的一生中，曾多次被皇帝贬至偏远地区，过得艰难而平凡。

当时的神宗皇帝虽然对苏轼关爱有加，但弹劾苏轼的人中有老臣，也有新官，有朝中大腕，也有地方小吏，他们织起一张密密的网，于是皇帝下令逮捕苏轼。

当时苏轼是湖州太守，突然之间就变成了囚犯，审问期间很长，前后40多天。审问的方式很残忍，常常是通宵侮辱。一位与苏轼的牢房只有一墙之隔的官员曾写诗道："遥怜北户吴兴守，诟辱通宵不忍闻。"苏轼受到的摧残可想而知。

审问结束后，苏轼就被贬到了黄州。

但是黄州当地官员并没有给苏轼提供住所，哪怕是一个简陋的茅草屋。苏轼一家只好寄住在城外的一座破庙中。

苏轼的生活由此跌入低谷，不但社会地位一落千丈，前途一片渺茫，就连生活来源也被一刀切断，而且是在这个人生地不熟的偏僻小镇。

然而苏轼天生具有豁达的精神和宽阔的胸襟，他不会被眼前的窘境吓倒。不是没地方住吗？他很快就在黄州城郊东边的坡上盖起了一座农舍，一家人有了安身之所。

不是没有生活来源吗？他便在农舍附近开辟几亩荒地，种起稻谷，俨然成了一位农夫。农夫能养活一家人，苏轼也能。这时的苏轼有了一个新的名号，叫苏东坡。

当时的苏东坡虽然是位农夫，但他这个农夫与一般的农夫不一样，因为他还是个文人。文人即有文人的雅兴，因此，苏东坡在农事之余，便会到黄州附近走走，看看大自然有没有给黄州人留点比较特别的礼物。

果然大自然对黄州人不薄，在黄州附近竟然有个叫赤壁的地方。苏东坡误以为那就是三国打仗时的赤壁，于是就在那留下了在文学史上光耀千古的两赋一词。

公元1094年，苏东坡又被贬谪到广东高山大庾岭以南的惠州，政治犯被贬到离京城这么远的地方，苏东坡是第一人。

大庾岭为入粤必经之地，岭南不似中原之文明，自古为蛮荒之区，宋代尚未完全开化，蛮烟瘴气，鴃舌鸟语，人多视为畏途，迁客至此，犹如隔世。

苏东坡五年后从大庾岭回来，曾在岭上遇见一老翁，老翁对苏东坡说："我闻人害公者百端，今日北归是天佑善人也。"

苏东坡感慨万千，当即题了一首诗给老人："鹤骨霜髯心已灰，青松合抱手亲栽。问翁大庾岭头住，曾见南迁几个回？"不管是老人善意的安慰，还是苏东坡激愤的疑问，我们都可以看出，大庾岭几乎是一条不归之路。

可是胸襟开阔的苏东坡在当时的蛮荒之地——惠州竟然生活得很好。他在河东的一个小山顶上盖了一座房子，取名"白鹤居"，还在南边一块小空地上，种上橘子、柚子、荔枝、杨梅、枇杷和桧树等。

这里风光秀美，北望可见河水由此折向东北缓缓流去。东方山上，一座寺院依偎在乔木参天的树林之中，时时会传来隐隐钟声。

苏东坡在这里学会修炼丹田之气，还经常自己酿酒，生活过得非常自在。他在这里还写了许多诗，其中有一句至少从表面上能看出他当时的心境——"日啖荔枝三百颗，不辞长作岭南人。"

他以为可以在惠州安度晚年，但朝廷里的奸臣未就此放过苏东坡，他们根据苏东坡的一首描写在春风中酣美地午睡的诗，判断苏东坡一定生活得非常舒畅，于是颁发了新的贬谪令。

还要把苏东坡贬到什么地方去呢？岭南已经是最远的地方了，

再远就要到别国去了。颇有文学修养的章淳（当时的宰相）依据苏东坡的字——子瞻，找了个与“瞻”字写法有点相像的地方——海南的儋州。

当时的儋州，根本不适宜人居住。春天潮湿，夏天闷热，秋天雨连绵，冬天雾气重。

苏东坡刚到海南时没地方住，县官张中就把属于官舍的一小间平房暂借给他，但不久就被章淳派来的视察员发现，苏东坡就被赶出了官舍，张中也因此丢了职。

苏东坡被赶出官舍以后去哪里住呢？我们从他的一首诗中可以略知一二。“但寻牛矢（屎）觅归路，家在牛栏西复西。”原来他住在牛栏的最西头，要寻着牛屎堆才能走到。

虽然宋朝的版图在历朝中算是最小的，但也不至于小到让一代文豪无处安身，而只能寄居在牛栏旁边的地步。而且苏东坡不但没有地方住，此时的他真是一贫如洗，连吃的也没有，他只好常常煮苍耳等野草吃。

苏东坡甚至尝试了一种特殊的止饿方法——食阳光，但人不是植物，不会进行光合作用，万般无奈的苏东坡也只好把自己当作植物来看待。

但是令章淳等人觉得不可思议的是，苏东坡在海南那样的地方，居然也能跟当地的黎人打成一片，与他们交朋友、共忧乐，写下一大批内容通俗、感情真挚的田园诗歌，而且还完成了《尚书》的注释和《东坡志林》的整理。

苏东坡的豁达精神和宽阔胸襟真是古今难寻第二。苏东坡就这样把他一生中的大部分时间都耗在这三个州上，但这并不影响他成为一代文豪而让后人永远地敬仰。

苏轼的一生，几乎没有安逸的时候，尽管如此，他依旧能在坎坷的一生中散发光辉，在艰苦的环境下修炼自己，最终成为一代文豪。

如果让我们遭遇苏轼一生中的一两个坎儿，恐怕早已被现实的残酷所打败，因为大多数人没有像苏轼那样的精神境界。

苏轼的成就之所以能流传千古，正是因为他有超出常人的境界，能够坦然面对一切的不美好，以强大的内心对待眼前发生的一切，并能把不美好的事情完全消化掉，把美好留给大家。

修心，使人睿智；修德，使人明理。人生境界无非就是心境与德境的结合，心境提升，德境必然随之而现。

修德，万物至简乃大道

《易经》里有这样一句话“德不配位，必有灾殃；德薄而位尊，智小而谋大，力小而任重，鲜不及矣。”意思是说，一个人的品德如果和地位不匹配的话，那么必然会有灾祸发生；德行不行而位置尊贵，智力浅薄而谋略庞大，力量弱小而负担很重，都是不行的。

品德是一个人最基础的修养，从古至今依旧如此。在华夏五千年的文明史中，凡是有所作为的大人物，无一不是具有高尚品德之人，如老子、孔子、孟子等拥有大智者，他们无论是智慧还是品德，都要远远超出常人。

现代人也一样。我们仔细观察一下当代社会中的一些大人物，他们的生平往事无一不是处处彰显品德。品德、修行越高，其成就就会越大。

修德与修心是息息相关的，一个人心境平和，才能让品德随之提升。试想一下，一个心浮气躁之人，如何能拥有高尚的品德？在心境抵达一定境界后，就需要我们花费一些时间去努力修炼自己的品德。

1. 为什么要修德？

在现代社会，品德是彰显一个人能力最佳的方式，同时也是一个人行走社会的重要“通行证”。比如，当大家都对某人给予“那个人办事不怎么样”的评价后，那么这个人就很难在社会上发展，因为大家都对他的品德有意见，这样的人是难以做成大事的。

孙茂才是晋商乔致庸的得力助手，其家境贫寒，依靠贩卖花生度日。在一次科举考试期间结识了乔致庸。孙茂才科举落榜，唯一的希望也破灭了，走投无路之下他骑着毛驴投奔乔致庸。

孙茂才的才华很快得以展现，他先帮助乔致庸打理在包头的生意，后来又帮助乔致庸南下武夷山贩茶，一举打通了南北茶道，甚至将茶叶贩卖到俄罗斯。这期间，乔致庸给他的年薪高达三千两白银，在当时的整个山西来说，能拿到如此丰厚薪酬的人，仅孙茂才一人。

孙茂才有钱之后，个人品性逐渐暴露出来，他经常去妓院，不惜重金包养歌姬，甚至为了给女人花钱，克扣茶农的工钱。

在乔致庸经历牢狱之灾后，孙茂才的野心便展露出来，他已经不满足三千两银子的年薪，开始觊觎整个乔家产业。

孙茂才的心中浮现出一个计划，他要先说服乔致庸退居幕后，由自己掌管乔家所有商铺，此后再迎娶乔致庸的大嫂，分得乔家一半的产业，最终一点点吞噬掉乔家的所有产业。

这个计划让孙茂才莫名兴奋，他一步步开始实施起来，当他准备迎娶乔致庸大嫂的时候，他的野心被乔致庸察觉。

乔致庸质问孙茂才：“我给你年薪三千两白银，你还不满足，我认了，我可以再多给你。你包养女人，还不止一个，我也认了，你克扣茶农工钱，我还是认了，但是你为什么还要夺我乔家产业？难道你还不满足吗？”

孙茂才没有说话，他心里很清楚，乔致庸在他最困难的时候帮他，是乔致庸给了他施展才华的机会，如今走到这一步，他已经无话可说，只能怪自己贪心太重，将大好的前程毁掉了。

孙茂才被乔致庸轰出乔家后，四处寻找生路，当他找到达盛昌商铺的时候，达盛昌的掌柜这样对他说：“你孙茂才是有才华的人，但是你要清楚，是乔家成就了你孙茂才，而不是你孙茂才成就了乔家。就算没有你孙茂才，乔家的产业依旧能做起来！”

整个山西的商号没有人敢容留孙茂才，大家心里很清楚，孙茂才的贪欲太重，为了一己私欲不惜背叛培养他的乔家，这种野心太重又没有品德的人，哪个商号敢用？

德是立身之本，才是立身之基。有句话叫作“德行天下”，一个人若是拥有良好的品德，就可以在这个社会上生活得很顺利。还有一句话叫“失德之人，寸步难行”，如果一个人失去最基本的品德，这样的人不管走到哪里，都不可能做出成绩。

我们的社会是高度文明的社会，而品德在社会中占据着重要地位，修德就自然成为每个人必须做的事情。

2. 怎样去修德?

如何修德，成为道德修养高的人？修德要从内心认知开始，首先要清楚什么样的人是失德之人，什么样的人是有德之人，然后再以这样的标准去反思自身。

我们的传统文化中关于修身立德的方法，当成为我们的行为准则。

（1）务要日日知非，日日改过；一日不知非，即一日安于自是；一日无过可改，即一日无步可进。天下聪明俊秀不少，所以德不加修，业不加广者，只为因循二字，耽搁一生。——《了凡四训》

一定要天天发现自己的错误和不足，一定要天天改过自新。倘若一天没有认识到自己的错误和不足，就会在这一天里安心于自以为是的状态；倘若一天没有过失可以改正，就一天没有进步可言。天下聪明伶俐的人不少，但很多人德行未修，事业不广，就在于“因循”二字耽误了一生啊。

（2）与善人居，如入芝兰之室，久而自芳也；与恶人居，如入鲍鱼之肆，久而自臭也。君子必慎交游焉。——《颜氏家训》

与善人相处，就像进入满是芝草兰花的屋子中一样，时间一长自己也变得芬芳起来；与恶人相处，就像进入满是鲍鱼的店铺一样，时间一长自己也变得腥臭起来。君子与人交往一定要慎重。

（3）凡做人，须有宽和之气。处家不论贫富，亦须有宽和之气。此是阳春景象，百物由以生长，所谓“天地之盛德气也”。若一向刻急烦细，虽所执未为不是，不免秋杀气象，百物随以凋

殒。——《训子语》

做人必须要有宽和之气，居家不论贫贱或富贵，也都要有宽和之气。有这种气就像阳春三月的景象，万物都由此而生长，这就是《礼记》中所说的天地四时之盛气。如果向来都是苛刻严峻、繁杂琐碎，即使自己所坚持的不见得不对，也还是难免如同秋天的肃杀气象，万物也随之凋零败落。

（4）自待与待人有异，处己不嫌其高，于人则不可自高。——《毓兰轩训语》

自己对待自己与对待别人是有区别的。对待自己，不嫌其标准高（严格要求）；对待别人，则不可以自以为是，高高凌驾于别人之上。

（5）清夜内省，颇知自励。不敢丧心，不求满意，能甘淡泊，能忍闲气，九十年来于心无愧，可偕众而同欢，可含笑而长逝。——王象晋《辞世小言》

夜深人静的时候反思生命真谛，能够深知自我勉励的重要性。不敢丧失本心，不求尽如人意，甘于淡泊，心态坦然，一生于心无愧，可与众人同乐，可含笑而眠。

（6）休存猜忌之心，休听离间之语，休作生忿之事，休专公共之利。吃紧在尽本求实，切要在潜消未形。——章仔钧《太傅仔钧公家训》

不能存猜忌怀疑别人的心，不要听不利于团结的话，不能干引起公愤的事，不要有贪图公众利益的行为。最要紧的是实事求是、以诚为本，要将不良行为及早消灭在萌芽状态，切不可发展成恶习。

（7）齐家本于修身。身也者，祖考之遗体而子孙之观型也，继往开来，担当世道，皆于是乎赖之。故必敬以持己，恕以及人，三畏儆心，四知接物，庶身端心诚，合族有所准则矣。——《陶氏家训》

管好家庭，必须以修身为根本。一个人的修养，体现了历代先祖留下的精神遗产，体现了昭示子孙的行为准则。继承传统，开拓未来，担负社会责任，都有赖于一个人的修养。因此，对自己必须要求严格，对待他人要仁爱宽恕，用“畏天命、畏大人、畏圣人之言”来警示自己，用“天知、神知、我知、你知”的原则来待人接物，这样才可以做到心地诚实、为人端正，使整个家族的行为都合乎规范。

（8）其道维何？约言之有四戒四宜：一戒晏起，二戒懒惰，三戒奢华，四戒骄傲。既守四戒，又须规以四宜：一宜勤读，二宜敬师，三宜爱众，四宜慎食。——《纪晓岚家书》

教育孩子应有哪些原则呢？简单地说有四戒四宜：一不准贪睡；二不准懒惰；三不准奢华浪费；四不准骄傲。既要遵守四戒，又要规劝四宜：一要勤奋用功，多读圣贤书；二要尊师重道，才能学有所成；三要博爱众人，心胸宽厚；三要节俭、规律饮食，不贪嘴。”

（9）慎勿谈人之短，切勿矜己之长。仇者以义解之，怨者以直报之。人有小过，含容而忍之，人有大过，以理而谕之。——《朱子家训》

不要随便议论别人的缺点；切莫夸耀自己的长处。对有仇隙的人，用讲事实、摆道理的办法来解除仇隙。对埋怨自己的人，用坦诚正直的态度来对待他。别人有小过失，要谅解容忍！别人有大错误，要按道理劝导帮助他。

（10）轻听发言，安知非人之谮诉，当忍耐三思；因事相争，安知非我之不是，须平心再想。——《治家格言》

轻听别人发表言论，怎么知道不是他在谗毁攻讦别人呢？应该抑制住情绪反复考虑。因某件事情与别人发生争执，怎么知道不是自己的过错呢？应当平心静气地暗自思考。

没有任何思想体系能教育人如何修德，就好比没有任何具体的办法能教人成功一样。修德是对自身的一种历练，每个人的人生路不一样，每个人修德的方式也不一样。和尚坐禅打坐是一种修行，道士惩恶扬善也是一种修行。不管以怎样的方式去做，对自身都是很好的历练。

3. 修德的意义是什么?

我们都是平凡人，没有那些大智者的境界。但是，不能因为我们是平凡人，就放弃对自身的修炼，因为修德是人一生的事情，也是能成就一个人的事情。

如果把修德这件事往小看，那么修德至少可以让一个人拥有良好的人际关系，能让一个人生活和睦、生活幸福。如果把修德往大看，那么修德可以直接决定一个人的事业高度，拥有多高的品德，就能做成多大的事业。

一个人的品德和一个人的事业，永远都是成正比的关系。品德越高，事业越大，品德越低，事业越小。

杨广是历史上有名的暴君，也是将隋朝江山一手毁掉的人。杨广在很小的时候，就彰显出聪明才智，深得大家的喜欢。甚至有人预言杨广会成为一代明君，能让大隋朝更加强盛。

杨广 13 岁的时候，由于太过杰出的表现，早早被委以重任，成为晋王。可能由于杨广长期生活在争权夺势的环境中，他小小年纪，就不再满足于晋王的职位，反而一心想做皇帝。

他深知继承皇位、一统天下的好处，也知道自己是皇帝的次子，继承皇位的可能很小。可他不甘心居于兄长之下，也不可能因一个小小的晋王爵位就满足了。

杨广并未因父皇立兄长杨勇为太子就灰心丧气。他有缜密、运筹的心机，也有沙场征战的功业和威德，更有为达到目的而不择手段的野心，在皇位这一巨大的诱惑面前，他决不心慈手软。

他很聪明，知道如果想要登基，就要先得到太子的宝座，而要坐上太子宝座，就需要父皇和母后的信赖以及亲信党羽的辅佐帮助。杨广自己制定了争夺皇位的策略后，就紧锣密鼓暗自行动起来。

他的第一步是想方设法博得父皇和母后的欢心。文帝和皇后一向是倡导勤俭持家的，都不喜欢奢华的生活方式；而皇后也恨那些用情不专的男人，她经常指责那些有宠姬爱妾的官员。

杨广对这些都很了解，于是他检点自己的行为。先是脱掉华服，换上粗布衣服，接着又把筝弦弄断，弄出一副远离荒淫娱乐的假象。

其实他本是一位纵情女色的纨绔之人，在他的私宅里蓄养了许多绝色的美女，但是他为了能讨得母后的喜欢，明里与妻子出双入对、恩恩爱爱，暗地里把与其他女子所生的孩子全部掐死，一个活口都不留。

当文帝跟皇后到他的府中时，看到屋内没有一件珍宝摆设，筝上也落满了灰尘。身边的孩子都是杨广正妻所生，为数不多的几个侍茶奉水的下人也是布衣荆钗、面目憨厚。

厨房里除了柴米，根本没有什么山珍海味。文帝见了之后非常高兴，不断赞扬杨广的温良恭俭，皇后也忍不住地夸奖儿子远离声色，可以担当重任。

在父皇、母后面前树立了正人君子形象后，杨广就开始诋毁太子杨勇的形象。而太子杨勇的确不是杨广的对手，他性格粗莽直率，可以说是胸无城府，根本觉察不出二弟的险恶野心。

每次杨广在外任职回来，都要暗地里给太子送一些珍玩、锦衣、美女，而太子每次也都一律收下，而且一点也不知道去遮掩。每日都华服出入，招摇过市，在自己的府中纵情声色。

文帝及皇后渐渐对太子越发厌烦，常常私下里谈论：太子品性顽劣，而广儿却仁孝恭俭。

杨广第一步的目的达到，几乎在所有人面前树立起贤德、仁孝、磊落的形象，他开始了第二步——广结党羽。

他的处世手腕极高，那些对他有用的人，他或是以名，或是以利来诱惑他们，抑或以他正人君子的作风假象来迷惑他们，假以时日，一大批的朝臣就会聚到他的周围。

朝臣们不仅在文帝面前赞颂他的节操和美德，还对太子的不耻行为大加渲染。看多了，听多了，文帝的心自然也就动了，最后终于下决心废太子杨勇，立杨广为新太子。

阴谋得逞，杨广终于取得皇位继承权，就等父皇驾崩，自己登基了。可他实在等不及，看到须发已经花白的父皇身体依旧那么硬朗，而自己这么多年来伪装得实在太辛苦。

夜深人静之时，杨广用一方手帕阻住文帝的呼吸，结束了他的性命，大隋朝的开国皇帝就是这样驾鹤西去。

隋炀帝杨广登基，他原本的荒淫奢华、阴狠毒辣立马显露出来，不仅将自己所有的胞弟全部杀死，还大兴土木，把原本强大的大隋朝糟蹋得千疮百孔，使得大隋朝成了一个短命王朝。

纵观杨广的一生，他几乎没有做什么好事，尽管他是尊贵的皇帝，但最终的下场却很凄惨。不仅没有把隋朝治理好，还落得惨死的下场，既毁掉了一个国家，又在历史上遗臭万年。

一个人，如果没有良好的品德，那么身处的位置越高，摔落得就会越重。

品德就像梯子一样，人们需要依靠梯子一步一步走向成功。一旦人的品德出现问题，那么这个支撑人们攀登的梯子就会变得不再坚固，甚至会直接粉碎掉。试想一下，当一个人站在高处的时候，而梯子却消失了，那将是一件多么可怕的事情。

人生在世，不管什么时候，不管做什么事情，都要修炼自己的品德。只有品德可以帮助一个人成长，帮助一个人把事业做大、做长。

境界有多高，事业就有多大

人生境界是一个宏观而模糊的定义，积德行善是一种人生境界，修身养性也是一种境界。对于我们普通人来说，所经历的一切都是对人生境界的一种磨炼。

或许你经历过失败，或许你经历过成功，或许你经历过悲伤、难过，不管是好的，还是坏的，经历得越多，自身的境界就会越高。

正所谓，胸怀天下者必有王者作为，心胸狭隘者必是市井之徒。

范仲淹从小读书十分刻苦，常去附近长白山上的醴泉寺寄宿读书，晨夕之间，总是沉浸在书中。

他坚持不懈的精神，给僧人留下深刻的印象：那时，他的生活极其艰苦，每天只煮一锅稠粥，凉了以后划成四块，早晚各取两块，拌几根腌菜，调上醋汁，吃完继续读书。

后世便有了“划粥割齑”的典故。但他对这种清苦生活却毫不介意，而把全部精力用在书中寻找着自己的乐趣。

天圣二年（1024 年）秋，兴化县令范仲淹率领来自四个州的数万民夫，奔赴海滨。但治堰工程开始不久，便遇上夹雪的暴风，接着又是一场大海潮，吞噬了一百多名民工。

一部分官员认为这是天意，堤不可成，主张取缔原议，彻底停工。事情报到京师，朝臣也踌躇不定。而范仲淹则临危不惧，坚守护堰之役。

大风卷着浪涛冲到他腿上，兵民们纷纷惊避，官吏也惊慌失措，范仲淹却没有动，他有意看看身旁的同年好友滕宗谅，宗谅正从容不迫地评论着一段屹立的堤堰。大家发现他两人泰然自若，情绪也安稳下来。

经过范仲淹等人的努力坚持，捍海治堰又全面复工。不久，绵延数百里的悠远长堤，便横亘在黄海滩头，盐场和农田的生产，从此有了保障。

往年受灾流亡的数千民户，又扶老携幼，返回家园。人们感激兴化县令范仲淹的功绩，把海堰叫作“范公堤”。兴化县不少灾民，竟跟着他姓了范。至今兴化仍有范公祠遗址，为父老乡亲所怀念。

范仲淹自幼多病，患上肺疾，不久，妻子李氏也病死在饶州。在附近做县令的诗友梅尧臣，寄了一首《灵乌赋》给他，并告诉他说，他在朝中屡次直言，都被当作乌鸦不祥的叫声，愿他拴紧舌头，锁住嘴唇，除了吃喝，只管翱翔高飞。

范仲淹立即回应了一首《灵乌赋》，禀复说，不管人们怎样厌恶乌鸦的哑哑之声，我却宁鸣而死，不默而生！

范仲淹担任邠州地方官时，有一天闲暇无事，带同僚属下登上高楼，设置酒宴，还没有举杯饮酒，看到有几个披麻戴孝的人在营造下葬的器具，并没有十分气愤，而是急忙派人去询问他们。

原来是一个客居在邠州的读书人死了，准备埋葬在近郊，但是棺材、墓穴和其他送葬器物都还没有着落。

范仲淹听后露出哀悼的神情，立即撤去酒席，并给丧家一笔可观的钱，让他们办完丧事。参加宴会的客人中有的为此感动得流下眼泪。

范仲淹正是拥有高于常人的境界，才会做出异于常人的事情，让他能够名留青史，成为后世学习的典范。他曾在《岳阳楼记》写道："先天下之忧而忧，后天下之乐而乐"，短短一句话，就可以看出范仲淹胸怀天下的人生境界，正是这种高于常人的境界，才使得他能成为一代名臣。

此时此刻，我们不妨让自己彻底放松下来，仔细思考一个问题："这一生，我所追求的究竟是什么？"这个问题恐怕很少有人能立即回答出来，因为我们想要的东西太多了，幸福、快乐、无忧、财富、事业……

想要的东西太多，必然就带给我们太多的烦恼，要知道人是永远无法满足的。当你拥有幸福的时候，就会继续想要得到快乐，当你已经拥有快乐后，必然又想得到财富。

那么，我们再想一想，既然自己想要得到如此之多的事物，那自己的付出足够了吗？要清楚，在这个世界上，想要得到任何东西，都需要付出。没有付出，就永远没有回报。

如果我们已经被这种矛盾现状所影响，那就说明此时此刻的我们需要提高人生境界了。让自己的心境变得平和一些，脚踏实地地去为我们想要的去付出、去努力。

凡·高16岁离家工作，在荷兰谷披尔公司（伯父曾是该公司合伙人之一）做了六年画商，后打过零工。他曾一度希望像父亲那样当个牧师，几经周折，最终做了六个月的传教士。

凡·高26岁那年，被分配到比利时的博里纳日矿区做非正式的传教士，由于他过度奉献自我，向贫病的人送出几乎所有的财物，弄得自己生活难继、形象狼狈，从而失去继续任职的机会。同时他深感无力改变矿民受灾难与贫困滋扰的现实，传播福音的愿望遂渐渐止息。

这意味着他要为前程作出新的选择。因与家人观念不一，他继续留在博里纳日，读书、画画，在贫穷与孤寂中度过了一个艰难的蜕变期。

之前他一直靠打零工或亲友接济过活，现在则彻底失业。失业的原因是他认为掌权者总把职位留给合乎己意的人。

他无法按照弟弟或亲友建议的那样，做个画商、雕版师、木匠等，但也并非如弟弟所说，他是在无聊中虚度时日。

他说，鸟儿有脱毛的蜕变期，人也有困于逆境的艰难期，人可以停留在蜕变期里，也可以新生地走出其中，但一定要暗暗地完成蜕变。

他读了许多书，莎士比亚、狄更斯、雨果……对书本他有难以抗拒的热爱，总是认真研读他能得到的每一本书。

对于绘画，他更是怀着无比的热情。虽然远离了图画的世界，那些著名的画家，林布兰特、米勒、德拉克洛瓦……他们的画常常在他的心中浮现并被不断地探讨着。

他意识到自己不同寻常的素质，他的内心有一个目标，那个目标就像一张草图变成一张画那样，渐渐明晰起来。

他开始大量临摹米勒的素描画帖，并借来解剖学与透视学的书。为了得到指点，他徒步远行去拜访一位画家。但画家那崭新的画室外观，让他望而却步。

凡·高此时需要同行的帮助与指点，但他总是衣衫褴褛，令他不受欢迎，他强烈的个性和对自我的坚持更让同行纷纷疏远他。

莫弗让他画石膏像，他不画，他说只有无活人的手脚可画时，他才去画石膏像。谷披尔公司经理提斯蒂格让他画更有销路的水彩画，他不画，他认为只有具备了稳健的素描功力，才能画好水彩和油画。

他不会为了迎合市场急于求成，也不会为了迎合朋友丧失自我。保持自我和诚恳的创作态度本无可厚非，但天性的敏感让他在听到意见相异或是没有销路、不能赚钱还得靠资助这类批评的话时，总是表现得过于激动。

此后的凡·高一直在贫穷、艰难中度日，但他却一直坚持作画。他生前的时候，只卖出过一张画，价格低到可怕，只有区区400元。在凡·高去世后，人们对他的画作大加赞赏，其画作的价值已经无法用金钱来衡量。

凡·高是生在平凡生活中的一个人，但他从头到尾都是一个不甘平庸的人。在他身边出现的都是来自世俗的嘲笑与讥讽，尽管如此，他依旧能坚定自己的信念，朝着自己的目标前行。一生都在奋斗之中，直到离开这个世界，他的光芒才逐渐散发出来，以至成为影响整个世界的艺术大师。

抛弃世俗的观念，让自己肩膀上的包袱更轻一些，也让自己走得更快一些吧。不必在乎别人的眼光，相信自己所相信，按照自己的目标勇往直前地去走，别去在意周围的人，更别去在意别人的嘲笑，因为他们根本不懂你的境界。

重塑人生高度

人生是一个漫长而短暂的旅途。

有些人，一生都过得浑浑噩噩，不清楚自己的人生目标是什么，不清楚自己的未来是什么，甚至根本不清楚活着是为了什么。这样的人生是格外漫长的，为了活着而活着，人生的旅途上只有无尽的寂寞与孤独。

有些人，胸怀大志，为实现自己的目标，不断地努力，不断地与人生这趟单行列车抢夺时间。他们在人生旅途中创造了一个又一个的精彩瞬间，为整个列车增添了一幅又一幅的精彩画卷，这样的人生是精彩且完美的。

没有人想自甘堕落，更没有人愿意放弃自我。凡是有志向的人，都会不断地朝着美好的方向努力。只是现实的残酷，往往会阻挡我们前行的脚步，有时候，有些人在这些障碍面前停住了前进的脚步。

没关系，停下脚步歇一歇，反思一下过去，让自己的思路更加清晰一些，让自己的步履更坚定一些。

不用担心眼前的苟且，不用害怕未来的艰辛，既然已经决定做一个有意义的人，那么就不要轻言放弃。因为在这个世界上，没有什么困难能阻挡一个有志向的人，再大的困难、再大的障碍终究还是会过去。

当我们翻过眼前的高山，迎接我们的便是美好的风景。

如果你对现状还有不满，如果你对生活还有期待，如果你不甘于平庸，那么，从现在开始，忘掉过去所发生的一切，把那个以前的自己永远藏在心中，从这一刻开始，重新塑造自己，重新认识自己，为自己的人生设定一个高度，朝着这个目标走下去。

古时有一人名叫周处，他从小就特别坏，经常与邻居家的小朋友打架，总是把别人打哭。不仅喜爱打架，还经常带着小朋友使坏，让大人们头疼不已。

年少时，周处成了彻头彻尾的坏蛋，不仅欺负乡里乡亲，还时常与人打斗。渐渐地，大家都开始惧怕他，看见他的时候都绕路走，生怕被他抓住一点不好就大打出手。

慢慢地，当地人越来越恨周处，把他和老虎、蛟龙合并成为“三害”。可见人们对他有多痛恨。

有一天，周处看见许多人围在一起，他也上前凑热闹。听到大家在说有关“三害”的事情，周处很不解，问道：“现在天下太平，日子过得富足，怎么又有‘三害’了呢？”

人们不敢接话，周处就硬是逼问什么是三害！其中一个老者鼓足勇气说道：“第一害，是指山上的猛虎，因为它威胁人们的生命。第二害是水里的蛟龙，吞噬鱼虾，祸害百姓。至于第三害嘛……”

老者支支吾吾半天不敢往下说，周处着急了，他看着老者可怜的表情，误以为老者希望他帮助人们除掉“三害”。

于是，周处真的除“三害”去了，他背着弓箭，带着钢刀，迈开大步，爬上南山，用弓箭射死张牙舞爪的猛虎。

他又来到长桥，纵身跳下水，去擒拿蛟龙。那蛟龙异常凶猛，周处和它在水中搏斗起来，蛟龙顺水下游了几十里，周处紧追不舍，三天三夜没上岸。

村里的人见周处一去不回，以为他与蛟龙同归于尽，大家就互相道贺，庆祝“三害”已除。

可是周处凭自己的智慧和力量最后杀死蛟龙，爬上岸，回到村里。他一见大家正在庆祝“三害”已除，这才知道原来自己也是“三害”之一。

他难过极了，心想：一个人被看作和吃人的老虎、害人的蛟龙一样，还有什么意思。他痛下决心，改过自新。

周处去访问名师陆机、陆云。周处向二人说明来意，并把自己的所作所为详细讲述一遍。陆机、陆云二人听完后哈哈大笑，周处不解，询问道：“您为何大笑？难道也是在笑我吗？”

陆机、陆云回道：“你为何前来找我们？”周处回道：“我想改过自新，做一番事业！”陆机、陆云点点头，说道：“既然你来找我们，那就说明你相信我们。你跟我们素未谋面，都能如此信任我们，那你为何不能相信自己呢？”

周处听完此话，顿时觉悟。他回到家乡，振作起来，改变以前的所作所为，不再专横无理，尽心尽力帮助别人，尊老爱幼，严格要求自己，做一个忠厚老实的人。

周处这种勇于改过的行为，得到了乡邻的赞扬和拥护，后来有人推荐他在吴国做了官，西晋灭吴后又出任晋朝的官吏。

人生没有末班车，不论何时，只要能获得新的认知，只要能重新认识自我，那么就是开启了人生的又一辆崭新列车。

人的一生，最害怕盲目前行，看不清方向地乱撞。在许多时候，这样的人行走的并不是前进的新路，而是在原地转圈。

平庸的人，日复一日地过，年复一年地活，他们没有什么目标，更没有什么志向，既安于现状，又抱怨现状。尽管如此，他们依旧无法付诸行动去改变，只能一辈子都庸庸碌碌，事业无成。

智慧的人，他们每一天都生活得不一样，每一年都过得很精彩。在他们的人生里，时刻都在更新目标，每当抵达一个目标之后，全新的目标就会立刻出现，驱使他们不断地前进。

从现在起，重新看待自己，看看过往的事情，想想现在的状态，憧憬未来的美好。

改变永远都不晚！

从现在开始，为自己的人生定一个目标。

从现在开始，为未来的自己付出些努力。

从现在开始，开启崭新人生的高速列车。

参考文献

[1] 大英图书馆搬迁故事 [EB/OL].[2021-11-13].https://wenku.baidu.com/view/3b7a20165b1b6bd97f19227916888486876 2b8e1?fr=sogou.

[2] 霍金的故事 [EB/OL].（2021-03-04）[2021-11-13].https://www.duanmeiwen.com/zongjie/xuexi/17012.html.

[3] 敦颐资产颜为海 . 亨利的故事 [EB/OL].（2019-05-29）[2021-11-13].https://caifuhao.eastmoney.com/news/20190529113838509525330.

[4] 海洋 . 让好习惯主宰人生 [EB/OL].（2009-01-27）[2021-11-13].https://www.cnblogs.com/oceanchen/archive/2009/01/27/1381104.html.

[5]qw5588813qw. 常规有时是陷阱 [EB/OL].（2015-07-13）[2021-11-14].https://www.doc88.com/p-5989589384344.html.

[6] 中冠教师 . 实践能力 [EB/OL].（2020-01-16）[2021-11-14].https://www.sohu.com/a/367324484_799907.

[7] 坎普 · 吉列 [EB/OL].[2021-11-14].https://www.gerenjianli.com/Mingren/15/n4gtb43end.html.

[8] 搜狗百科 . 鸿门宴 [EB/OL].[2021-11-14].https://baike.sogou.com/v180712261.htm?fromTitle=%E9%B8%BF%E9%97%A8%E5%AE%B4.

[9] 搜狗百科 . 张骞 [EB/OL].[2021-11-14].https://baike.sogou.com/v147656.htm?fromTitle=%E5%BC%A0%E9%AA%9E&ch=frombaikevr.

[10] 搜狗百科 . 晋文公 [EB/OL].[2021-11-14].https://baike.sogou.com/v271845.htm fromTitle=%E6%99%8B%E6%96%87%E5%85%AC.

[11] 爱迪生的故事 [EB/OL].[2021-11-14].https://wenku.baidu.com/view/61fa0665b

c1e650e52ea551810a6f524cdbfcb4c?fr=sogou.

[12] 马蹄钉的故事 [EB/OL].（2014-09-26）[2021-11-14].https://www.dyhzdl.cn/k/doc/b41bd97810a6f524cdbf8557.html.

[13] 做一个自律的人 [EB/OL].（2019-09-30）[2021-11-15].https://www.sohu.com/a/344476314_99940029.

[14] 曾国藩家书 [EB/OL].（2021-09-17）[2021-11-15].https://www.yuwenmi.com/fanwen /xinde/2386972.html.

[15] 搜狗百科 . 王翦 [EB/OL].[2021-11-15].https://baike.sogou.com/v138054.htm?fromTitle=%E7%8E%8B%E7%BF%A6&ch=frombaikevr.

[16] 名人励志故事 [EB/OL].（2018-01-22）[2021-11-15].https://www.oh100.com/lizhi/1013939.html.

[17] 没有故事的男人 . 肯德基的故事 [EB/OL].（2012-05-12）[2021-11-16].https://www.163.com/dy/article/H6A1A9UH0553275E.html.

[18] 橙子 . 刘堪和殷景仁的人生故事 [EB/OL].（2018-05-29）[2021-11-16].https://www.99zuowen.com/zuowensucai/mingren/379974.html.

[19] 真的相信我吗 [EB/OL].[2021-11-16].https://www.zbyw.cn/717.html.

[20] 信念 [EB/OL].[2021-11-16].https://wenku.baidu.com/view/d6d1f306f242336c1fb95e6a.html?fr=sogou.

[21] 最优秀的人是谁 [EB/OL].[2021-11-16].https://tiku.afanti100.com/web/questiondetail/9ac6fdcca07fab6ce7a3eead214ed63d.

[22] 范仲淹的故事 [EB/OL].（2021-03-09）[2021-11-16].https://tongxiehui.net/by/ 6046ae1ec7e88.html.

[23] 梵高的抉择 [EB/OL].（2020-11-08）[2021-11-16].https://tongxiehui.net/by/5e9cd8c960073.html.

[24] 胡飞雪 . 创新思维训练与方法 [M]. 北京：机械工业出版社，2019.

[25] 里斯 · 特劳特 . 定位系列 · 人生定位 [M]. 北京：机械工业出版社，2011.

[26] 谢冰欣 . 跳出思维的怪圈 [M]. 北京：现代出版社，2013.

[27] 王健 . 王者的智慧 [M]. 太原：山西人民出版社，2008.

[28] 爱德华·德·波诺.横向思维[M].北京：新华出版社，2002.

[29] 罗伯特·西奥迪尼.细节——如何轻松影响他人[M].北京：中信出版社，2016.

[30] 乔纳森·莱蒙德.高效管理[M].北京：北京联合出版公司，2018.

[31] 连山.超级自控力：如何有效的自我管理[M].吉林：吉林文史出版社，2018.

[32] 宋志平.企业迷思：北大管理公开课[M].北京：机械工业出版社，2020.

[33] 古人十句治家格言，修身立德十种方法[EB/OL].（2020-02-04）[2022-06-12]. http://www.360doc.com/content/20/0204/17/9121521_889674865.shtml.

经营的智慧

格局

智 道◎著

哈尔滨出版社
HARBIN PUBLISHING HOUSE
中国环境出版集团

图书在版编目（CIP）数据

经营的智慧. 格局 / 智道著. -- 哈尔滨 : 哈尔滨出版社 ; 北京 : 中国环境出版集团, 2022.11
ISBN 978-7-5484-6945-2

Ⅰ. ①经… Ⅱ. ①智… Ⅲ. ①企业经营管理 Ⅳ. ①F272.3

中国版本图书馆CIP数据核字(2022)第217742号

书　　名：经营的智慧．格局
JINGYING DE ZHIHUI. GEJU

作　　者：智道　著
责任编辑：韩金华
装帧设计：艺友品牌

出版发行：哈尔滨出版社（Harbin Publishing House）
中国环境出版集团
社　　址：哈尔滨市香坊区泰山路82-9号　邮编：150090
北京市东城区广渠门内大街16号　邮编：100062
经　　销：全国新华书店
印　　刷：北京鑫益晖印刷有限公司
网　　址：www.hrbcbs.com　www.cesp.com.cn
E-mail：hrbcbs@yeah.net
编辑版权热线：（0451）87900271　87900272
销售热线：（010）67125803，（010）67113405（传真）

开　　本：787mm×1092mm　1/16　印张：57.25　字数：616 千字
版　　次：2022 年 11 月第 1 版
印　　次：2022 年 11 月第 1 次印刷
书　　号：ISBN 978-7-5484-6945-2
定　　价：192.00 元(全四册)

成大事者首重格局

心中有梦，人生的路便有了方向。每一个想要做成一番事业的人，都怀揣着自己的梦想，企盼着开启自己精彩的人生。然而，多少人败给了眼前的苟且，又有多少人在苟且中遭受磨砺。梦想不一定有结果，诗和远方却逐渐被消磨。

对于大多数人来说，做成自己理想的事业，拥有精彩的人生，想要朝辞白帝彩云间，眨眼间便能轻舟已过万重山，太难，太难。向着梦想出发的我们，或是饱受现实折磨的我们，躲不开生活的柴米油盐，只能硬着头皮应战。

在打拼事业的战场上，没有底牌的人，大敌当前，就只能落荒而逃；能够运筹帷幄的人，千军压境，也无所畏惧。当我们面对磨难，不知所措的时候，不妨试着去提升自己的格局，让自己拥有应战的底气。

战场上的常胜将军，打的多是有准备之仗。格局决定布局，布局决定结局。赢取胜利的结局，格局一定要高，布局一定要大，能够为事情做好谋划，从容应对未知的风险，如此一来，胜利的机会也会变大 。

比如，我们拿出一瓶水，走到大街上，卖给路人，只卖 2 元钱，路人还不一定愿意买；把水放到景区，瞬间价值就翻倍；用这瓶水酿造美酒，价值翻了百倍，甚至千倍。同样一瓶水，用法不同价值不同，这就是布局不同的结果。

格局决定布局，正如那句谚语所说，再大的烙饼也大不过烙它的锅。我们所希望的结果就好像这张大饼一样，是否能烙出满意的“大饼”，完全取决于烙它的那口“锅”。所以，布局的高手，格局一定不会太小。我们所布的局若是太小，再努力也做不成什么大事。

成大事者，首重格局。一个人的格局，影响着他的个人发展，格局越大的人，越能成大事。很多人不注重自己的格局，也从未花心思为自己的格局扩容，因此事业总是停滞不前。

本书致力于帮助企业家扩大自己的格局，内在布局变化了，才能具备引领外界变化的影响力。有多大的格局，就能成就多大的事业。

内在的布局是思想和行动的布局。一个人的思维高度和办事能力相辅相成，能想得更高更远，才能够做得更好。人的行动既体现着内在，也促使人的内在不断地丰富。

木桶理论中，短木板才是最终决定装水量的关键。人们总是看得清别人，却难看清自己。对自己的认知，其实是一个人思维承载量的最短板。本书上篇，是希望企业家们能从认识自己开始，慢慢将自己的思想升级，成为一个大格局的人。本书下篇，是希望企业家们能够从具备平衡工作和生活的能力开始，逐步成为一个会办事的人，在行动之间，扩大自己的格局。

智　道

目　录

CATALOGUE

上篇｜认知的力量

下篇｜行动的力量

上篇

PART ONE

认知的力量

格局是一个人对认知范围内事物的认知程度，格局的大小受认知范畴的影响。当一个人对认知范围内的事情认识得深刻，他的格局也会处于一定的高度。当一个人能够不断扩大自己的认知，他的格局就将扩大。当一个人的认知变得更广阔，他所走的路也将更加宽广。

第 1 章

思想认知：
对自身思想的深度反思

别让你的思维被束缚

思维是推动人类进步的动力，也是阻碍人类进步的阻力。人的思维方式形成后，很容易固定下来，遇到事情会自然地沿着固有的思维模式进行思考。当人们开始循规蹈矩的时候，社会便停滞不前。

爱因斯坦曾说过，“思维世界的发展，在某种意义上说，就是对惊奇的不断摆脱。”在我们固有思维的世界里，如果出现不合乎常理的事情，这件事便是“惊奇”。我们需要做的是让这些所谓的“惊奇”变成“寻常”，在“寻常”中寻找一个又一个的“惊奇”，这个过程就是摆脱固有思维的过程。

有一个秀才特别喜欢四处游历，一次他来到海边看到浩瀚无垠的大海，心中颇为感慨，便决定在此居住一段时间。每天傍晚时分，秀才在海边漫步时总会看见一个打鱼的老人，老人每次熟练地将渔网拉上来，仔细挑选一番后，总是将个头大一点的鱼放归大海，只留下几条小鱼。秀才十分不解。

接连几日后，秀才忍不住问老人：“您为什么总是把费力捕到的鱼放回大海呢？若是因为您发善心，那也应该把小鱼放回去呀，为什么要放走大鱼，留下小鱼呢？”渔夫说：“这有什么好奇怪的，我家锅太小了，大鱼根本没办法下锅，我只能把它们丢回大海。”

秀才听完渔夫的解释更觉得不可思议：“那您为什么不换一口大一点的锅呢？这样大鱼能下锅，您全家都能吃到鱼了呀。”渔夫听了秀才这番话，脸上的表情比秀才还吃惊：“那怎么可能呢，我家的锅和灶是相匹配的，锅太大的话根本没法用。”

秀才更加吃惊了：“那您为什么不重新砌一个大一点的灶台呢？这样就能拥有一口大锅，煮下大鱼。”

渔夫有些生气地回道：“锅和灶是我爷爷留给我父亲的，我父亲又留给了我。我只知道如何使用这口锅和灶煮饭，不知道怎样砌一个新灶、换一口新锅，我父亲当年没告诉我这些！”

现实生活中，我们会遇到各种各样的问题，大多数人在遭遇问题的时候，会依靠过往的经验寻求解决办法。一旦以往的经验成功解决眼前的问题，那么这套经验就会被人们深深铭记，甚至下意识地去依循它做事。

同一件事，所发生的环境、地点、位置不同，就可能需要用不同的方法去解决。然而，当我们深刻记住某种过往经验的时候，遇到事情时想当然就去使用。看不到事物悄然发生的变化，找不到问题的真正所在，在参照旧经验的同时，思维也就容易被束缚住。

对以往的旧经验，人们通常不情愿放下，因为改变意味着要多面对一份风险，旧的经验至少代表曾经成功过，上次能成功解决问题，下次很可能也会成功。于是人们在积攒经验的同时，会一直秉持自己一贯的思考模式。

其实，这种思维模式是很可怕的，我们周围的环境总是处于不断的变化之中，总有一些问题我们还没遇见过，当新问题出现，我们还按原来的旧思路去对待，就会被问题所困扰，旧的方法也很难解决新问题。

那些有远见、懂得变通的人不会将自己置于这种无奈的境地，他们不会惧怕改变带来的风险，总是勇于尝试、努力打破束缚，使自己的思维更加灵活、更加开阔。这样的人更容易形成自己的竞争力，也更容易获得发展机遇。

因此，中小微企业领导者在经营企业时，要有勇气，冲破思维定式的束缚，使自己看事情、处理问题能够更快地找到合适的方法。

有一家制鞋厂想要开拓海外市场，于是派遣销售团队去非洲考察。当销售人员来到非洲时发现，大街上几乎没有人穿鞋子，经过询问才知道，原来当地人几乎没有穿鞋的习惯。

这种情况出乎所有人意料，对此团队展开激烈的讨论。一部分人认为，当地人都不习惯穿鞋，所以非洲没有市场。另一部分人认为非洲人没有习惯穿鞋，所以市场十分巨大。

双方各自坚持自己的看法，于是团队分成了两拨人，认为没有市场的离开，认为有市场的则留下来销售鞋子。

留下来的销售员们致力于吸引当地人体验穿鞋子，当地人在穿过鞋子之后，不愿意再忍受赤足的痛苦，越来越多人知道了穿鞋子的好处，慢慢习惯了穿鞋子。最后那些留下来卖鞋的销售人员成功地开拓了非洲市场。

按照以往经验来看，非洲人不喜欢穿鞋子，那么对于非洲市场来说，鞋子便成为一个可有可无的商品。若想在这种环境下开拓市场，对于任何人来说都是一件艰难的事情。

的确有一部分人凭借以往的经验，感觉无法开拓市场而选择离开。另一部分人则抛弃过往的经验，凭借自身的勇气与毅力，成功在貌似希望渺茫的地方开拓出新的市场空间。

一个企业领导者，当他受困于思维的局限，就会变得越来越没有勇气，企业随之就会失去发展空间，造成企业不论怎么样做都无法突破自身瓶颈，处于“半死不活”的状态。因此，身为企业领导者，不仅需要非凡的勇气，还需要敏捷的思维，抓住机遇勇敢去做，才能为企业带来活力。

当前社会是数字化、信息化的现代社会，日新月异的发展速度，已经让许多中小企业在生死存亡的边缘挣扎。身为企业领导者，一定要摆脱固化思维的束缚，不要总想着用以往的经验面对眼前的难题。

例如，当“90后”进入社会之后，许多老板觉得“90后”难以管理，事实上并不是“90后”难以管理，而是管理者在用管理“80后”的办法管理“90后”，那怎么可能管好呢？

跟随时代的变化而改变自身，学会与时俱进，以最前沿的思维去看待企业的发展,以最符合企业发展的思维去考虑企业的未来,是一个真正领导者应该具备、也必须具备的基本能力。

曾经，诺基亚手机红极一时，长期占据手机市场的半壁江山，而如今的手机市场几乎看不到诺基亚的存在。

20世纪90年代手机刚刚兴起时,诺基亚依靠强大的开发团队,推出经久耐用的手机，受到用户的青睐，并且因为技术过硬在业界独具竞争力。

此后，诺基亚一直致力于开发足够经久耐用的手机，不断地革新相关技术。然而，在它埋头苦干的时候，智能手机快速兴起，用户不再满足于单一的手机性能，音乐、视频、社交、学习成为用户更想使用的功能。

用户需求、市场方向已经发生改变，而诺基亚依旧在坚持以往的成功经验。最终，当诺基亚彻底无法满足用户需求的时候，只能被用户所抛弃，被手机市场所抛弃。当诺基亚幡然醒悟，从过去的旧经验中走出来时，一切都已经变了，手机市场已经被各个品牌的智能机瓜分。

在时代的力量面前，那些有实力的大型企业尚且如此渺小，更遑论中小微企业如今时代更迭变化的速度越来越快，跟不上变化迟早会被淘汰。领导者在做战略布局的时候，如果难以突破思维的局限，就会将企业置于危墙之下。

打破思维的局限,勇气不可少,真正的勇士不会惧怕、不会逃避。

单纯依靠勇气还不够，自古逞匹夫之勇的人虽不容易被束缚，却难成事，想要长久地脱离束缚，还要使思想更有深度，需要不断锻炼自己的思维，培养拓展思维的能力。

束缚我们思想的因素有很多，在诸多因素中，人最难走出的恰恰是自己的认知。大多数时候，人们能够看清别人，却总是很难看清自己，其实是源于对自身的认识不够，总是被自己内心那些想法所影响。

摒弃那些影响理智的偏见

不要忘记，任何偏见，都是过了时的真理的残余；应该记住，思想解放，人在精神上才越富有。

——高尔基

1. 偏见的产生。

人总是很容易产生偏见，比如，我们听到有人批评某件事或某个人，即使我们不曾参与那件事或见过那个人，也很可能会因为自己听到的批评而对其产生偏见。

偏见一旦产生，就很难保持理智。会使人在对待人或者事情的时候，不断放大那些不好的方面，并且习惯将自己放在道德的制高点，居高临下地进行审视。在这种情况下很容易形成负面思维，让自己走进偏执的怪圈。

有一回，我和我的一个学生一起吃饭，在饭桌上，他谈起前几年做生意的经历，诉说着他的辛酸和愤慨。

事实上，我对这个学生的性格比较了解，他的性格比较固执，认准的事情要一直做到底，即便最后是失败也会盲目地坚持。

他跟我提及经营企业的一些问题，在他的企业中，一直秉承着一个不成文的原则：不与“穷苦”类型的经销商合作。因为这些“穷苦”的经销商特别喜欢占小便宜，还经常要小聪明，给他的企业带来许多麻烦。

这位学生诉说了一大堆“苦水”后，又问我怎样才能把企业做大。我并没有直接回答，而是反问他：“一个企业的发展依靠什么？”他说：“人，资源，机遇……”我又问：“人和人都会一样吗？”他回：“当然不会！”

后面的话我没有再说，他似乎明白了一些道理。虽然不清楚未来他的企业会怎样，但眼下来看，他的企业一直想扩大，却一直在原地打转。最核心的原因还是他的思想一直没有突破，固执的人做着固执的事情，企业就会徘徊不前。

这个学生就是典型的偏执思维，不仅表现在和经销商的合作上，还表现在处理企业问题上，总是以自己的一己之见去指导别人做事情，思维变得越来越窄，事业自然做不大。

偏见的产生就是如此简单，人们可能因为一点小事、一个念头就轻易对人或事情产生一种偏见。片面的了解加上片面的结论，结果行动变得越发激进。

2. 什么是偏见。

想要避免偏见，我们先来了解什么是偏见。

心理学家将偏见定义为人们脱离客观事实而建立起来的对人、事、物的消极认知与态度，它是人们对事物以偏概全的看法，并且这种看法总是带有强烈的个人感情色彩。简单来说，就是带着负面思维，片面地看事物。

其中，负面思维对偏见的形成十分重要，有时候，我们因为对事情的了解不够全面和深入，很可能会产生一些误解，误解能够伴随认识的全面而解除，但是带有负面思维的偏见却很难解除。

从前，有户人家，家徒四壁，十分贫穷，一家人靠几亩薄田糊口，田地和粮食在他们看来是极为重要的东西，为了能吃饱饭，这家人十分用心地侍弄田地。

一次，家里的锄头坏了，这家人很着急地跑去找邻居家借锄头，结果平时对农活不怎么上心的邻居却说自己家要用，没有多余的锄头外借。

这家人心中着急，便埋怨起邻居。他们认为，邻居可能是因为什么事情对他们有意见，或者就是邻居不够热心，又或者邻居想要看他家的笑话，故意不借锄头给他们用。从此，这家人在跟邻居相处的时候，总是看邻居不顺眼。

直到有一次家里的锄头丢了，这家人心中的怨气积攒到极点，他们第一时间怀疑是邻居偷了自家的锄头，每天都没有心情去田里干活，总是偷偷地观察邻居的举动，动不动就会跟邻居发生口角。时间一天天过去，田地也一点点荒废。

到了秋收的时候，这家人收拾仓库时发现，锄头一直在仓库中，他们这才停止对邻居的怀疑和憎恨。回过头来发现，今年粮食的产量明显减少很多，已经不够一家人过冬。如今想要过冬需要向人借粮，但是他们难以向邻居开口，心中追悔莫及。

很多时候，偏见就是这样无声无息地滋生出来的，局限住我们的思维，使我们难以保持理智，进而影响我们的生活和事业。对此，我们自己往往不仅不自知，还会将错误归结为外因。

3. 如何避免偏见。

摒弃偏见。请记住，当我们总是受思想的束缚、不理智的时候，就是要停止用偏见审视别人的时候。

一个人的主观思想会受自己的价值观、情绪和所处环境的影响，因而每个人都不尽相同。当一个人展现出和自己不一样的样子的时候，当对方没有按照自己的期待做事的时候，就很容易产生偏见。

避免偏见，我们可以不去过度地寻求自己的认同感，而是应该更加尊重实际情况，使自己看人、看事，更加客观、理智。

道理人们都懂，但是往往很难做到，究其因，是自己的认识还不够深刻，理解还不够全面。从影响人主观思想的因素方面，我们为管理者提供几点参考，帮助领导者对比自身，加深对偏见的省察，从而避免偏见。

（1）树立正确的价值观。

人的生活环境、受教育程度不同，看待事物的价值观就会不同。与社会整体价值观相符的个人价值观，我们称之为正确的价值观；与社会整体价值观不符的个人价值观，我们称之为错误的价值观。

个人价值观是建立在社会整体价值观的基础之上的，因此就首先要求我们清楚当前社会的价值观，如当前社会价值观中的“正能量”“友善”“诚实”等，这些都是正确的价值观。

以正确的价值观为标准，以事物的具体情况为基础，从宏观的角度去看待，能够更好地分辨这件事物是否正确，同时也能有效提升自身格局。

（2）保持情绪稳定。

人非草木，孰能无情。人很难避免情绪波动，当一个人的情绪处于某种极端状态时，就很容易失去理智，进而给负面思维可乘之机。

比如，一个人买彩票中了500万元，大喜之下，丧失理智，可能会为了保护自己的意外之财，对身边的人产生过度猜疑。又或者一个人因为跟某个人闹了矛盾，生气时，想的总是对方的坏处，并且越想越极端。

这就要求我们做一个情绪稳定的人，尽力使自己平和下来，给理智思考提供一个良好的情绪支持。

（3）拥有独立思考的能力。

有些人之所以容易产生偏见，很大一部分因素是这个人不具备独立思考的能力。这类人往往听见别人说什么，就主动去迎合说什么，从不会独立判断，只会跟随其他人的想法。

遇到任何事情，不要单纯听别人“怎么说”，而是需要自己去独立思考，去理智分析事物的好坏。凭借自身能力对事物有一个初步判断，在此基础上再去参考别人的一些意见，从而让自己的判断更准确。

当然，这种独立思考的能力并不是与生俱来的，许多时候需要我们在日常生活中不断积累，不断学习和磨砺。

（4）保持谦虚的态度。

人们对陌生的事物更容易产生偏见，比如当有人说另外一个人有多糟糕的时候，我们在根本不认识另外一个人的情况下，往往会被这个人所说的话所引导，从而对这个陌生人产生偏见。

因此，若想摒弃偏见，就需要我们保持谦虚的态度。面对一件新事物，而我们从未有过类似经验时，一定要保持谦虚学习的态度，不要在第一时间下定论，在全面了解这件事情之后，再做判断。

不要削弱自己的力量

很多时候，我们不清楚自己到底拥有多少力量，但是总会根据自己能够做到的一些事情，给自己的能力圈定一个范围，并习惯在这个范围内做事情。范围一旦被圈定，人们便会认为自己无法做好超出能力范围的事情。

量力而行的人，总是给自己预设一定“高度”，维持在这个安全水平线上，觉得自己能平稳地做事。可是，当困难来临时，就会发现，自己处在一种难以承受的状态，因为从来没有想过自己还能做到那条水平线以外的事情，因而心中十分恐慌。

其实，人的能力是需要不断磨砺和激发的。尤其是对于企业领导者来说，当领导者决定去做一番事业时，就需要不断努力，不断前进。创业的道路如同逆水行舟，一旦停下来，就等于在后退。

一个人想要获得成功，就需要不断为自己积攒力量，每一次的困难和挑战，都是一次力量的积攒。

有些人在面对困难和挫折时，会因为一时的挫败而心灰意冷，以后每当遇到挫折便暗示自己：太难了，我不可能做到。

在一个偏远的小镇上，有一个酷爱打棒球的小男孩儿，梦想有一天能够进入专业棒球队，参加比赛得到大奖。

事实上，小镇上连像样的棒球队都没有，小男孩儿却依旧每天刻苦练习。就这样，通过刻苦练习，他顺利考进了专业的棒球队

一直以来他都因为自己的勤奋努力而十分自信，并且很满意自己练习的结果，可当他来到专业棒球队，才发现自己与别人存在的巨大差距。面对严格、专业的训练，他感到很吃力。

在众多球员之中，他算是最努力的，但是水平是最差的，球员们有时候也会在背后议论他，嘲笑他不是打棒球的那块料。

在多重打击之下，小男孩儿对自己越来越没有信心，他多次找到教练，恳请教练同意他离开，因为他认为自己不可能有机会参加专业比赛，训练也没有什么意义。

教练并没有理会小男孩儿退队的申请，只是每次都告诉他，是手套出了问题，关于训练自己没有看出任何问题。教练还把自己曾经戴过的手套拿来给小男孩儿用，并且告诉他，这是自己的幸运手套，自己带着它赢过很多比赛，现在戴上这个手套的人，将会获得幸运之神的眷顾。

小男孩儿对教练的话深信不疑，在接下来的日子里，他咬紧牙关，努力训练。经过一个学期的训练，他成为团队中最优秀的学员。

小男孩儿认为自己的成功全靠那副“幸运手套”，其实不是，成功源自他对自己积极的自我暗示，手套只不过帮助他重拾了自信

心。当一个人拥有信心时，就不会专注于自身的不足和困难的大小，而是不自觉突破对能力所设下的界限。

当我们默认自己能行，并且信心十足时，潜力就会被激发，心态会更好，获取成功的信念就会越来越坚定，就不会轻易被困难打倒。人的心性也不都是生来就坚韧且强大的，有时候当自己因为困难而感到恐惧时，不妨试着为自己寻找一副“幸运手套”。

有一群以打猎为生的人，他们常年结伴去深山狩猎，遇到危险时大家互相照应，彼此间非常信任、团结。

这天，一个年轻的猎人发现了一只灰熊，匆忙尾随灰熊前去，却忘记向其他猎人发信号。当他意识到自己一个人的时候，已经走出去很远了，根本看不到其他猎人的身影。

年轻猎人知道单凭自己的力量是根本无法战胜灰熊的，他放慢脚步，准备按原路返回，但此时他的行踪已被灰熊发现，灰熊紧紧盯着猎人，准备随时发动攻击。年轻猎人不敢再移动脚步，就那样站在原地与灰熊对视。除了保持镇定，不能让灰熊感受到自己的胆怯，剩下的他只能交给天意了。

一人一熊就这样在森林里对视着，谁也不敢先迈出第一步。大概过了半炷香的时间，灰熊朝着猎人迈出了一步，猎人的内心十分恐慌，他不敢动，也不知道该如何应对，此时他的双腿早就麻木，想跑已不可能……

灰熊越来越近，年轻猎人却丝毫没有办法。就在这个关键时刻，他背后传过来一个声音：“不要怕，我们来了！”这个声音非常洪亮，如同几百人同时高喊出的声音一样。年轻猎人回头看去，发现不远处一个老猎人正朝自己奔来。年轻猎人顿时来了精神，对着眼前的灰熊大喝一声，朝着灰熊奔跑而去！

灰熊被眼前的一幕吓傻了，急忙转身逃走了。年轻猎人追了一段距离后，身后的老猎人急忙拉住他："别追了，就我一个人！"年轻猎人听闻此话急忙停下脚步，回头看去，才发现背后空荡荡，除了老猎人再也没有人了，顿时有些后怕。

老猎人说道："年轻人，你很勇猛，你是第一个敢追灰熊的猎人。在我几十年的打猎生涯中，没人敢追着灰熊跑，哪怕我们有五六个人，也仅仅是将灰熊吓跑而已。"

年轻猎人按着怦怦乱跳的心回应道："大叔，我哪里知道就你一个人来了呀，你那一嗓子声音洪亮，我以为咱们所有人都来了，所以才敢去追灰熊的！"

自我否定不可取，但是面对困难，我们又难以在瞬间变得强大，不如学会为自己寻找一份支撑。就像年轻猎人一样，当他面对灰熊时，老猎人的一嗓子为他注入了很大能量。

人对自己的积极暗示，可以是一句自我鼓励的话，可以是一个总是在不停鼓励自己的人。能够建立自己的信心，就无惧困难的可怕，从而生出想要战斗到底的力量。

中小型企业家，在经营企业的过程中，难免会遇到挫折。面对挫折，能否应对，人的意志是第一位的，不战而降永远不会成功。而这份意志的大小，常常会被我们自己设下的界限所限制。

就如那长在室内的大树会比长在外面的树矮一样，因为它们生长的空间不一样，最后的高度自然也就不一样。

不削弱自己的力量，就不要给自己设限，不去否定自己的潜力，使自己始终处于自信的状态。当一个人足够自信，他的思维会更加开阔，潜力就有了释放的空间，并且自己也会变得越来越坚定，越来越从容。

在变化的世界里坚持做自己

在美国有一个叫威尔玛·鲁道夫的小孩，很小的时候由于患上小儿麻痹，左腿萎缩无法走路，必须依靠铁架才能正常走路。

威尔玛 12 岁时第一次摆脱铁架，此时她的运动天赋逐渐展现出来。威尔玛爱上跑步这项运动，终日坚持跑步训练，终于在 4 年后入选美国短跑队。

她第一次参加奥运会时，在 200 米项目中未能进入决赛。威尔玛并未灰心，反而更加努力地锻炼。随着年龄的增长，威尔玛迎来了第二次参加奥运会的机会，尽管此时她的年纪已经不小了。

这一次，威尔玛代表美国女子队参加比赛，获得 100 米、200 米、4×100 米接力赛三项铜牌。威尔玛因比赛期间的出色表现，也被人们称为“黑羚羊”。

1962 年，有多年赛跑经验的威尔玛正式退出田径比赛，开始了教练生涯，帮助美国培养年轻的运动员。1983 年，她入选美国奥运名人堂，并被授予美国体育奖。

很多人渴望成功，并羡慕那些取得巨大成就的人，希望自己有朝一日也能成为他们那样的人。大多数时候，人们只看到成功者头上的光环，却忽略了他们曾经做出的努力。

没有谁能随随便便成功，我们很多人在做事的时候，会遇到无数难题和困惑，也可能备受打击，大多数人都倒在了前几次的失败上，不肯再坚持一下，只有少数像威尔玛一样的人坚持下来，最终做出成绩。

每个踏实做事的人，都在走一条奔向成功的路，这条路的长度和难度因人而异，但总归需要人走下去。唯有坚持走，才有可能取得成功。

还有很多人，他们很困惑，不知道哪一条路是通往成功的。他们没有目标，虽然不停地在往前走，但总是随波逐流，总是在跟随别人的脚步做事。

每个人都是独一无二的，人们可以复制别人的行为，但很难复制别人的思想。一味地模仿，会让人迷失自我，看不清自己真正想要的，看不清自己应不应该做，使自己的思维处在混乱之中。

前段时间，我外出讲课，在课程现场遇到一个几年前来听过课的学生。多年不见，他热情地邀我一起吃饭。

谈笑间，他告诉我，这次来听课是笃定要加入尚泽，说了许多豪言壮语，立志要干一番事业。我依稀记得他有自己的产业，便提醒他注意平衡两项事业，慎重考虑好再做决定。

他的出现让我回忆起许多事情，几年前，他的公司经营得并不是很好，看到生意上的朋友在尚泽学习，自己也来试试。听课过程中他多次向我请教企业经营上的问题，我们一见如故，联系尚泽的团队帮助他解决了经营问题之后，他考虑加入尚泽。

当时他和几个关系不错的朋友一起来听课，课间休息的时候，几个人经常一起探讨生意发展上的问题。他提起自己想要加入尚泽的想法，结果遭到一群人的调笑，几乎所有人都说他，自己的企业刚刚喘口气，就想着另起炉灶。

也有些人提出质疑，觉得风险太高。大家七嘴八舌地讨论半天，结论是：要是我，不考虑去做。

回到家后，他跟家人商量起加入尚泽，还是遭到所有人的反对。一时间他恍惚了，身边所有人都不看好的事情，还应该坚持吗？是应该坚持自己的判断还是听取别人的经验？显然他选择了听取别人的经验。

看着眼前熟悉的身影，我问他，是什么让他如今这么笃定地要来和我做事业，毕竟我们已经多年未见。

他回答我，当初考虑做也是结合自身的情况，自己的生意有多大发展空间自己是清楚的，当初觉得加入尚泽是一个机遇，机遇当然是越早抓住越好，只是当时不够坚定，被风险吓住了。

他感叹，当初那些劝他的人，都有着自己的一份事业，再看看自己不温不火、扩展不起来的生意，越想越后悔。

其实人有时候就是这样，内心有渴望得到的东西，但是却不愿意相信自己，他们惧怕风险，不肯全力以赴做自己想做的事情，还很容易被别人的言行所干扰，盲目改变自己的想法。

人们习惯盲从是源于对自己的不自信，源于不肯为自己负责任，源于思想上的软弱。世界在不断变化，每个人都有着自己要做的事情，会走上不同的道路，坚持自己的人，遇到的都是结伴而行的人，盲从的人，只能追着别人跑。

战国时期韩国有一个贩卖马匹的商人，看见别人在秦国贩卖布赚了钱，他便急忙拉着几车布去秦国。结果在秦国逗留半年之久，一匹布都没卖出去，无奈之下只好又拉着布匹回家。

商人回到韩国后，听闻有人前往魏国贩卖丝绸赚了钱，他便低价卖掉布匹，换成丝绸前往魏国。当他来到魏国的时候，发现根本没人购买丝绸，他只能拉着丝绸回家。

商人很纳闷，为什么别人能用布匹、丝绸赚钱，而自己两次都扑空，不仅没有赚到一文钱，还倒贴出去很多。

商人找到一位智者求教，智者对商人说："你只看见别人赚到钱的结果，却没有看见赚钱的过程。别人去秦国贩卖布匹的时候，秦人刚打完胜仗，每个士兵都得到奖赏，所以才有钱购买布匹，而你去的时候，大家刚好把手中的钱花完，你的布匹自然卖不出去。""那我去魏国贩卖丝绸为什么会失败呢？""能买得起丝绸的人都是贵族，魏国每年对丝绸的消耗是有限的，别人卖掉的丝绸已经足够魏国贵族使用，谁还会购买你的？"

商人听完智者的话，叹息一声，问道："那我如何才能赚到钱呢？"智者回答："不要人云亦云，坚持你自己的行业就好。"

人需要坚持去做事，在做事的过程中更需要坚持自己，因为在奋斗的路上，无论你遇到什么样的人，总有曲终人散的一天，无论你遇到什么样的事，总有过去的时候。成功者总是孤独的，一个坚持自己的人，懂得享受成功路上的孤独。

在变化的世界里坚持做自己，做事业的时候思想才不会迷茫，才能定下心来认真赶路。

埋头前行，也需要时常抬头看路

西方神普罗米修斯在创造人的时候，在人的脖子上挂了两个口袋，一个装着人的优点，一个装着人的缺点。他将人的缺点挂在了人的身后，将人的优点挂在了人的身前，人们因此总是先看到自己的优点和别人的缺点。

笔者在书中看到这则寓言故事后，常常拿它来反省自己。就如故事里所言，人总是很容易关注到别人身上的缺点，对自己的缺点却认识不足，这就导致人不自觉地会放大自己的优点，形成片面的自我认知。

一个不能认清自己的人，他的短板很难得到弥补，因为他根本无法看到自身的缺点。他的优点也难以正常发挥，因为总是被高估。在这种情况下，人很难成长，也很难做成事业。

想要获得成功，想要走得更远，人需要在审视别人的时候，匀一些精力去看清楚自己。很多时候，人会沉浸在对别人的审视中，而忘记对自己作出反思，也不清楚失败源于缺少自我反省，因此付出了沉重代价。

山林之中，将军和他的队伍刚刚经历一场激战，队伍只剩下

28 名骑兵，敌军就要追赶上来，败局已定，为首的人丝毫不见慌乱，比任何人都坚定自信。

面对自己经历的败局，将军对部下说道："我从起兵到现在已经八年，经七十余战，抵挡我的人都被我打败，我打击的人都表示臣服，未尝败北，遂称霸天下，现在困于此，不是我不会打仗，而是天要亡我！今日是要决一死战了，我要为诸君痛快地一战，必定要胜利三次，为诸君击溃包围、斩将、砍旗，让诸君知道，是天要亡我，非我不会打仗。"

于是将军一人对阵，他英勇无人能敌，毫不费力地斩杀数百敌军。直到这时他依然相信，败仗是因为时运不济，是天妒英才。

凭着一身英雄气概，将军一路退，一路拼杀，到了乌江江畔，终于退无可退。江边一位老者，劝他渡船逃跑，伺机东山再起，他感叹自己无颜面对江东父老，选择挥剑自刎，这位著名的将军正是历史上有名的楚霸王项羽。

项羽乌江自刎的故事，想必很多人都听过，每每想起他的故事，笔者总是很感慨：一个力拔山兮气盖世的英雄，因为不懂得审视自己而将自己推向深渊。也感叹，一个人可以将审视自身忽略得如此彻底。

回看项羽的一生，他似乎一直在践行"宽以待己，严以待人"的处事原则。项羽身边有谋略过人的亚父范增，劝他尽早除掉刘邦，劝他入关为王，劝他不要听信谗言，可项羽总是选择猜疑亚父，最后不肯再用亚父。

直到生命的最后一刻，项羽也不曾后悔自己不信亚父，不承认自己犯下的失误，这便是对自己过于宽容。

其实我们很多人像项羽一样，有着自己独一无二的长处，凭借自身的优势得以在社会上立足,但是由于我们总是宽容对待自己，花费更多的精力去审视别人，所以总是重蹈失败覆辙。

很多时候，我们认识不到自省的必要性。大多数人虽然不会像项羽一般至死不悔，但也总是在失败之后才开始后悔，时常懊悔自己当初的作为，感叹如果时光能倒流，自己当初一定不会那样做。

开弓没有回头箭，人生注定是要一往无前，很多错误一旦犯下就难以弥补，而当我们认识到自己的不足，却早已错过改正的机会。

在通向成功的道路上，需要坚持自己，踏实苦干，埋头前行，更需要时常抬起头来，看看自己所坚持的是否正确，否则就会在错误的道路上越走越远，等发现用错方法，走错路，为时已晚。

人不能正确审视自己很多时候是因为还没有学会认识自己。认识自己时，如果过于关注自己的缺点就容易自卑，过于关注自身优点就容易自负；只关注自己，又容易对自己定位不合理。学会认识自己，需要我们更加客观。

1. 跳出主观思想的束缚。

人总是看别人容易，看自己很难，是因为我们思考的时候，下意识会从主观角度出发，站在自己的立场上去看别人。因此人们缺少对自己的评价，也很难公正地对自己进行评价。

在我们做判断的时候，需要脱离自己的主观思想，建立一个客观的标准。比如，我们需要更加宽容地看待他人，在评判别人的时候，看到别人的缺点，同时也看到别人的优点。

放到自己身上，就要更加严格地对待自己，看到自己优点的同时，也看到自己的不足，做到客观评价自己。

2. 将自己放在人群中作比较。

人不是一个孤立的个体，一个人对自我的认知，一部分源于他对自己的主观评价，一部分源于对外部环境反馈的参考。

比如，我们自认为自己的事业做得很成功，自己是一个很了不起的人，但是相比之下，有很大部分人，比我们更加优秀，拥有更高的成就。

人在认识自己时，无论对自己的优点还是缺点做评判，都是源于自己的主观判断，主观的判断容易使人偏袒自己，或者由于自己认知的局限而判断失误，客观地评价自己，选择参照物必不可少。

认识自己，让我们能够在这不断变化的世界里，时刻保持清醒，尽可能避免失误，做出正确判断，从而能够更加坚定。

同时，认识自己让我们不再惧怕犯错，不被所犯下的错误困扰，使我们能够在犯下错误的时候，积极思考自己的不足，从改正错误中得到成长。

吾日三省吾身，认识自己的时候就是拨乱反正、提升自己思想高度的时候。

第 2 章

能力认知：
尊重那些你不具备的能力

不主动，永远不会有奇迹

当人们被困难包围，一时间又找不到出路时，很容易将解决问题的希望寄托在别人身上，期待有一个救星来到身边，帮助解决所有问题，比如很多人喜欢在遇到困难的时候求神拜佛。

其实，能否解决困难，关键不在于别人能帮助自己多少，而是自己是否足够主动地去解决问题。对方伸出援助之手，我们不主动抓住，再好的机会也会流失，毕竟奇迹需要创造。

从前，有一个虔诚的教徒，在一个小村子里做神父，他相信上帝能解决一切难题，每天都会做祷告。

一天，外面下起暴雨，洪水向小村庄涌来，神父跪在教堂里正专注地向上帝祈祷，洪水漫过他的膝盖。

一个救生员划着船赶来，向他呼喊："神父！快上船，洪水来了！"神父说："不！我不走，上帝会来救我的，你先去救别人吧。"

过了一会儿，洪水已经快要将整个教堂淹没，神父只能抓着教堂顶端的十字架。这时候，一架直升机飞过，救生员丢下绳梯，向神父大喊："神父！快上来，洪水就要把你淹没了！"神父十分坚定地拒绝道："不，我要留在教堂，上帝会来救我的，你还是先去救别人吧。”

过了一会儿，洪水淹没教堂，神父也被淹死。

神父上了天堂，他十分气愤地质问上帝：“主啊，我是如此的虔诚，为什么你要见死不救呢？”

上帝说：“我怎么不肯救你呢？第一次，我派人驾船去救你，你不愿意接受，我以为你担心坐船会有危险；第二次我派一架直升机去救你，你还是不愿意。我本想再派一架直升机去救你，但看你如此坚决，我觉得你肯定是想来到我的身边，于是我决定让你来见我。”

大部分人一生也不会遇到一次洪水，但是生活中大大小小的困难却无处不在，那些不主动的人，即使遇到帮助他的“上帝”，一样走不出困境，因为他们抓不住“上帝”的援助之手。

不主动，难以走出困境；不主动，前进的路也会随之消失。

在生活中，我们难免会听到有人这样说：我只是不想做，要是我想的话，一定会办得很好。将这样的话代入我们自己身上，我们会惊奇地发现，有太多事情，是我们会做、能做，但没有做的。

《孟子·梁惠王章句》中有个故事：

孟子来到齐国，见到了齐宣王。孟子对齐宣王说：“有人说我的力气能够举起3000斤的东西，却拿不动一根羽毛；我的眼睛能够看清楚鸟羽末端新长出的绒毛，却看不到一大车木柴。大王相信吗？”

齐宣王说："不相信。"孟子说："拿不动羽毛，是因为完全没有用力；看不到一大车木柴，是因为闭上眼睛不去看。不是不能做，而是不去做。"

"不去做和不能做有什么区别呢？"齐宣王问。

孟子回答："抱起泰山，去跳跃北海，那是不能做；坡上遇到老人走路不便，不愿折枝给他当拄杖，那就是不去做。"

具备做事的能力，但是不去做，能力再高又有什么用呢？"我只是不想""暂时没有时间""这件事不值得"等借口，其实都表明自己是一个"拿不动一根羽毛"的人，因为自己没有真正的行动，即使自己能够做到。

我们要明白，"会不会做"不是最要紧的，只要我们想做成，并积极主动地为之付出努力，就有可能做好；会做事，但是不做事，则一定不能成事。

当我们已经成为一个踏实做事的人时，大多数人都期盼能少遇到些阻碍，最好能诸事顺遂。实际上，我们不但无法选择所处的环境，而且还会面临许多没有经历过的问题。

笔者有一名学生，家境一般，早年经历十分波折，后来决定自己做生意，依靠自己的勤劳和智慧，做起了自己的事业。我们在一起聊天的时候，他向我讲起他早年的经历。

他文化水平不高，也没有什么技术，找工作很不容易，经常会在节假日的时候，排队帮人买火车票。那时候不像现在这样方便，买票只能去车站，由于排队买票的人很多，由此产生排队代买的现象。

他回忆起那段日子，说自己因为排队买票吃了不少苦，排队的时候冷了、饿了、想上厕所了都得忍着。

后来，有一次排队的时候，时间很长，大家聚在一起聊天，彼此也就熟悉了。为了大家都少受点苦，他提议给所有人发序号，这样大家都可以在附近随意活动。得到所有人同意后，他找来几个人和他一起发放号码牌，维持队伍秩序。

售票处开门之后，他负责维持队伍秩序，等到他的号码，就将维持秩序的工作交给号码更加靠后的人。因为大家都不想有人占了自己买票的机会，所以都自觉遵守约定好的规矩。

这名学生告诉笔者，这段经历给了他很大的启发，在之后的日子里，只要有他想要做的事情，都会主动去争取。因为主动，他学到一门技术，也找到几个合适的合伙人，经营起属于自己的生意。

一个人，想要成就一份事业，首先就要踏实肯干，积极主动做事，处理面临的各种问题。但有时候，我们还需要更加主动一点，尤其是当我们身边的环境不是足够有利时。

这名学生的经历，放到小微企业的经营发展上同样适用。作为企业经营者，我们不难发现，中小微企业想要在市场上存活下来，越来越难，激烈的商业竞争、复杂的社会环境、日新月异的商业模式……都在向经营者施压。

回想自己经商的前几年，很多时候，遇到难题，都是凭着毅力在扛着。当初心想要是有人能够指导自己，帮助自己渡过眼前的难关就好了。如今看来，当选择成为创业者时，其实已经踏上一条孤独的道路。

很多时候，我们不够主动，也是源于我们懂得太晚。如今的我秉承着帮助更多中小微企业家基业长青的发心，一直在不断学习成长，课程一再升级。希望中小微企业家对待自己的事业，更加积极主动地为之奋斗。

做事之前，先听听反对意见

如果尖锐的批评完全消失，温和的批评将会变得刺耳。如果温和的批评也不被允许，沉默将被认为居心叵测。如果沉默也不再允许，赞扬不够卖力将是一种罪行。如果只允许一种声音存在，那么，唯一存在的那个声音就是谎言。

——柏拉图

企业家是领导者，但绝不是独裁者。我们在做决策的时候，会面临诸多意见，作为领导者，综合各类意见，凭借自身的判断力作出最终决定。其实，明智的决策者，不仅应具备寻求意见一致的素质，还应具备在决策中倾听反面意见的素质。

那些不太顺耳的反面意见对领导者的决策也有着不小帮助：

（1）反面意见存在，决策者才能保持在组织中的中立。在任何一个组织中，每一个人都有求于决策者，都希望决策者的决策对他有利。当我们把矛盾和争论公开，进行有真凭实据的辩论，决策者才能找到说服各方的依据，避免被任何一方影响。

（2）反面意见本身，实际上是决策的另一方案，是对现有决策的补充。表明决策者有了进可攻、退可守的多种策略打算。

（3）反面意见可以激发决策者的想象力，咄咄逼人的反面意见给人的印象极为深刻，可以极大地丰富人的想象力、判断力、创新力。

保留那些反对意见，其实就是给领导者树立一面镜子，能够让自己看清自己，成为一名睿智的决策人，避免自己独断专行和恣意妄为。

这一点刘邦做得很好。

刘邦早年间不过是个不学无术的混混，后来赶上秦末大乱世，机缘巧合之下又被逼造反。但谁能想到后来他竟然能攻克咸阳，打败项羽，建立大汉王朝成就一番霸业。

刘邦的成功，后世之人将其原因归功于刘邦的唯才是举和善于用人，对于那些人才，刘邦作为领导者，总是能虚心听取他们的意见。

娄敬是齐国人，满腹才学却家境贫寒，在刘邦平定天下之后，娄敬通过同乡的举荐投靠刘邦，两人地位虽然悬殊，刘邦还是召见了娄敬。

当时，已经一统山河的刘邦正在考虑，应该将帝国的首都定在哪里。原本刘邦的第一选择是洛阳，因为洛阳的位置居于天下之中，刘邦此举是想效仿当年的周天子，居天下之中而受天下朝拜。

但是这样的设想却遭到娄敬这个平民的极力反对，他认为定都应从国家命运考虑。他对刘邦说，中原地区连年战乱，洛阳早已是残破不堪，所以不宜定都于此。而关中之地不仅地势险要，而且沃野千里。如果定都于此，一旦天下有变，凭关中之险之富，一下子组织起百万人的队伍守住天下非常容易。

娄敬的一番话引起了刘邦的重视。

定都一事毕竟有关国家命运，所以后来刘邦又去询问张良，得到的答复是张良赞成娄敬的建议。因此后来刘邦定都在关中的长安，从此开启西汉王朝200余年的国运。

相比之下，刘邦的对手项羽则因为不肯听取反对意见而吃了大亏：

项羽攻进咸阳，入关后放纵士兵，烧杀抢掠。他杀掉秦王子婴，搜集宝物美女，准备回江东建立自己的政权。

谋士范增劝他建都咸阳，关中富饶，坐拥关内，进可攻，夺取天下；退可守，蓄势再发。由此可以成王霸之业。

项羽见秦王宫都已经被毁坏，自己迫切地想回到江东，向家乡人炫耀自己的功绩，根本听不进别人的反对意见，对范增说道："富贵不还乡，如锦衣夜行。"于是他放弃留守咸阳，返回江东。

最后，项羽死在乌江江畔，刘邦在咸阳盘踞势力，取得天下。

很多时候，反对意见会令人感到不愉快，但是我们不得不承认，反对意见能够弥补决策的短板，给决策者警示，使决策者做出更加理智的决定。

反之，那些不愿意听反对意见的、随心所欲做决定的人，最后将沦为情绪的奴隶，被自己的心情蛊惑着，走上一条通往失败的道路。

伍子胥是一个非常有才华的人，他从楚国来到吴国，出谋划策，吴国得以西破强楚、北败徐、鲁、齐，成为诸侯一霸。

吴王夫差继位后，打败了越国，越王勾践投降，伍子胥认为应一举消灭越国，但是奸臣的话，比伍子胥的主张更动听，夫差不听“联齐灭越”的主张，反派伍子胥出使齐国。

伍子胥对他的儿子说：“我多次规劝大王，大王不采纳我的意见，我现在已看到吴国的末日了。你与吴国一起灭亡，没有好处啊！”于是将他的儿子托付给齐国的鲍牧，就返回吴国向夫差汇报。

奸臣乘机进谗言，诬陷伍子胥有谋反之心。夫差便赐死伍子胥，赠剑令他自尽。

伍子胥在愤恨之余，留下遗言，要家人在他死后把他的眼睛挖出，挂在东城门上，亲眼看着越国军队灭掉吴国。

吴王夫差对伍子胥更加愤怒，五月初五把伍子胥的尸首用鸱夷革裹着抛弃于钱塘江中。

后来吴国果然被越王勾践灭掉，夫差羞于在阴间见到伍子胥，用白布蒙住双眼后才举剑自尽。

那些敢于向我们提出反对意见的人，一定是看到了我们没有看到的某些方面，就如伍子胥笃定勾践以后必成大患，这是一个谋士敏锐的直觉和经验判断。不愿听取谋士的话，使夫差自取灭亡。

所谓忠言逆耳利于行，有时候，那些具有价值的建议，都披着令人讨厌的外衣，作为企业领导者，我们在做决策时，应当保持理性，重视那些反对意见，从而使自己的决策变得更加科学。

人性本自利，听取反对意见，会使我们感到不舒服，从而下意识地拒绝反对意见，久而久之，我们的思想会变得越来越自我。在发展事业的道路上，过度的自我并不是一件好事。

利益需要分享，决策自己来做

利可共不可独。

——曾国藩

古人云：天下熙熙，皆为利来；天下攘攘，皆为利往。利益，是大家都渴望得到的东西。如果有利益，谁独占了，不与大家分享，便会招致怨恨，甚至成为众矢之的。

人处在社会之中，是社会的一部分。个人的力量再大，也还要依靠他所在集体对他的支持。任何人的事业成功，都需要天时、地利、人和这三样东西。天时是社会创造的机会，地利是你所在发迹地创造的条件，人和就更不用说了，是大家对你的支持。

懂得分享利益，其实就是帮助我们去获得外界的支持。善于分享，就善于与人合作，也就善于谋求更大的发展。有利独占，众叛亲离，只会走进死胡同，最终无利可图。

一个善于与人分享利益的人，有一种特殊的吸引力，会产生一个不断扩大的人脉圈，他的事业会越做越大，走向持续发展之路。所以，面对利益，一定要权衡取舍之道，不要一叶障目，不见泰山。

懂得分享利益，还要让利益分享形成习惯。

我曾在一本书中读到这样一则故事：

一个留学生，来到国外求学，他学习很刻苦，做出不少研究成果，在著名的期刊上面发表了很多论文。

一次，留学生的导师批评他不懂规矩，只是因为他在发表论文时，没有对曾经跟他讨论课题，并激发他灵感的人表达感谢。

留学生感到很委屈，因为按照常识，一般论文在发表时，只需要注明自己的合作对象，在获奖的时候，对曾经支持过他的人，表达感谢就可以了。

留学生的导师告诉他：尊重别人对你的帮助，不在于别人对你帮助的大小，而是帮助的本身，因此每一份帮助都无比珍贵，值得你去分享自己的感谢，值得你在获得荣誉的时候，提及他人。

在导师的强烈要求下，留学生郑重地向每一个曾在研究上帮助过他的人表示感谢，弥补论文发表时未表达感谢的歉意。

后来这名留学生留在国外工作，习惯性地与人分享自己的利益，使他在同龄人中脱颖而出。在公司里，他是众人公认的意向合作者，几乎每个与他接触过的人，都十分愿意再次跟他合作。

愿意分享自己的利益，与他人共享成果，无形中便会形成一种合力，将自己与他人紧紧联系在一起，从而建立一个友好合作的交际圈，并且使圈子越来越大。

很多人不愿意共享成果，其实是出于自己的自私性，是对利益的过度渴望。每个人心中都有私欲，真正的高手不是没欲望，而是能够合理支配欲望。

现实中，有许多人时刻被欲望支配着，看见利益就想不择手段据为己有，却不知道利益的背后极有可能是陷阱。至于给别人提供力所能及的帮助，那更是无稽之谈。

世界上的大多数人，其实就是行走的欲望。

有三只老鼠相约去厨房偷油吃，当它们找到油缸时却犯难了，原来油缸太高，根本够不着。唯一的办法是，一只老鼠咬着另一只老鼠的尾巴，吊下去喝。等第一只老鼠喝好以后，再换第二只喝，第二只喝好再换第三只喝。

这个办法听起来完美无瑕，但是忽略了一个很重要的问题：动物的属性是自私的。当最先吊下去的老鼠来到缸底，它想到的是：我今天运气真好，可以喝个饱了。于是敞开肚子喝起来。

第二只老鼠见状着急，眼看油被喝了一大半，轮到自己根本就没几滴了。于是决定松开嘴巴，跳下去喝。

第三只老鼠见状更是不管，既然你们不仁，休怪我不义，于是扑通一声也跳进油缸里争抢。

当三只老鼠都喝好以后，方才发现，油缸又深又滑，绝无出去的可能。结果，三只老鼠都被困死在油缸里。

现实中，很多人会像三只老鼠那样，在合作中，因为过度考虑自己，而导致合作失败。合作的失败，源于我们很难做到主动分享利益。

阻挡我们分享自己利益的，是内心深处的贪婪本性，人与动物的区别就在于人具有动物所不具备的精神修养，用思想控制欲望，在看到私欲的不利性后，修炼自己，让分享成为一种习惯。

习惯一旦养成，就会逐渐变成自己的能力。想要做成大事业，除了拥有分享利益的能力，还要懂得独立做出决策。

现实中，绝大多数人不愿意独自做出决策，其实是他们不愿意思考。

伯特兰·罗素说过“大多数人宁愿死，也不愿意思考，事实上他们也确实至死都没有思考过”。思考对大多数人，是困难的事情，也是强人所难的事情。

因为思考是要有付出的，付出时间大量地阅读，花费钱财增长见识，然后开动脑筋苦思冥想。

还有很多人是害怕犯错，不愿意独自承担责任。当给我们一项难以完成的任务或者把责任推到我们身上时，我们本能的反应是抗拒的，虽然有时候不会表现出来。

会抗拒担责任，本质是因为我们认为没有能力做好，处于本能的自我保护，于是开始抱怨。

从前有一个人，把粮食存放到了瓮中。一头骆驼偷吃粮食把头伸到瓮中，结果头被卡在里面出不来。因为骆驼的头出不来，这个人就为此事发愁，他担心骆驼，又不想损失粮食和瓮。

有一个老人说："你不要发愁，我教你一个能让骆驼头出来的方法。你把骆驼的头斩断，自然就能够出来。"这个人听后随即就采纳了老人的意见，用刀把骆驼头斩断。

然而已经杀死了骆驼，依然要把瓮打破才能取出粮食，当发现结果不如自己的意，他开始埋怨起老者来，认为一切都是老者的错误。

我们作为企业经营者，身边并不缺乏向我们提出意见的人，在诸多意见面前，最终主导权我们还是要掌握在自己手里，自己做出决策。

自己能够独立做出决策，意味着我们在不断考虑，意味着我们能够承担责任，意味着我们不再去惧怕犯错。努力做出决策的过程也是我们发展能力的过程。

自己做决策，就是要求我们要有主见，做自己的主人，主导事情的发展。有没有主见，是区别你和他人的标志，是区别普通人和领袖的标志，更是让别人承认自身价值的东西。

一个人不听劝告不好，但若听任何劝告，则是一千倍的不好。

《管子·白心》中有句话：人言善亦勿听，人言恶亦勿听，持而待之，空然勿两之，淑然自清。无以旁言为事成，察而征之，无听辩，万物归之，善恶乃自见。

意思是说人们不要轻易听信好话，也不要轻易听信不好的话，保持中立而加以等待，终究会豁然开朗的。不要把道听途说当成事实，要观察验证。不信花言巧语，做事要尊重客观事实相互比较，自然善恶就分辨出来了。

有一个故事说得非常好：

爷孙俩买了一头驴往家走，爷爷看孙子小就让孙子骑在驴身上，走着走着，有人说这孙子不懂孝敬。

孙子听后就让爷爷骑着驴走，此时又有人说爷爷不疼孙子。怎么办？爷孙俩干脆都不骑了，牵着驴走。

可又有人笑话他们，放着好好的驴不骑纯粹是俩傻瓜。听到这话，爷孙俩都骑在驴身上，可还是有人说：这俩人心真狠呀，存心想把驴累死。最后，没办法了，爷孙俩把驴蹄绑起来抬着走了。

祖孙两个由于缺少主见，在别人的多次指点下落得个尴尬与愚昧的下场。虽然是一个虚构的故事，但细想起来，其中还是蕴含着深刻的道理的，那就是做人一定要有主见，不可没有主见。日常生活中如果事事都需要别人点头，能做成什么事情呢？

那么，怎样才能分辨出来哪些是正确意见呢？

（1）无论做什么事情，都要有自己的主观思路。

无论事情发展到什么地步，自己的主观思路要始终起着引领作用。对于别人的意见或者建议，可以听取。是否采纳别人的建议，需要根据事物的整体发展情况进行判断后再决定，不可盲目地听从别人的建议。

（2）做事不可急躁，不可盲目。

要有计划，要沉稳处理各种事务，并要做好应急的心理准备。对于特殊情况下出现的任何状况，要有最低限度与最高限度的把握，这样才不会出格，才能使事情顺着你制定的思路与方向发展下去。

（3）不可感情用事，凡事要以原则、目标为准。

原本计划好的事情，可能会因外在因素而发生改变，但是主题思想是不变的，宗旨是不变的，变的只是达成目标的过程和方法。

成大事者，摒除私欲，学会分享利益，是向外延伸，广结善缘；保持有主见、深刻思想、明确思路，是向内修炼，保障成果。

人能力的提升，会随着他认识的拓展而提升，填补那些被忽略的思想漏洞，提升自己欠缺的能力，能力的格局才会变大。

在是非面前，多看“是”少想“非”

勿以小恶弃人大美，勿以小怨忘人大恩。

——清·申居郧《西岩赘语》

人生在世，没有谁的付出是理所当然的，可我们却常常是习惯了享受别人的好，慢慢忽略了别人的付出。当别人有一些不足时，我们却记在心里无限放大，不懂感恩。

在创业者当中，我曾听人说过这样一个故事：

某企业的老板，我们喊他张总，他为人豪爽大方，自己白手起家，奋斗很多年，才有如今的成就。

脱离穷小子的生活，功成名就的他早就举家搬出村子，来到城市定居。本着不忘本的思想，他决定资助自己村子里的贫困学生，帮助他们减轻负担。

他希望村子里的年轻人能好好读书，不要像他一样，因为贫困年纪轻轻就出来工作，吃尽生活的苦头。

做出决定后，他为村里的学校捐助一大笔助学金，村里的人纷纷赞扬他的善举，专门为他召开表彰会。

后来，张总的企业经营遇到一点问题，竞争对手故意抹黑他的企业形象，有人提议：不妨让那些曾经受过张总帮助的贫困生，站出来感恩张总的善举，挽回被人蓄意抹黑的企业形象。

张总找到那些资助多年的贫困生，他们早已成为大学生，开始崭新的人生，却没有一个人愿意站出来，愿意帮助张总，理由是贫困生也有自尊，也有隐私，他们不希望自己的家庭状况被暴露，况且资助是当初张总自愿的。

在之后，村子里就传出张总资助贫困生是别有目的的……

当初听完这个故事，我们几个朋友在一起展开了讨论：

类似这种企业家资助贫困生事件倒是很常见，问题是，捐助者应不应该讨要一定的回报呢？被捐助者应不应该拒绝回报捐助者呢？

最后我们得出一个结论，没有什么应不应该，别人肯帮助自己就是一种大善，因为帮助难能可贵。而面对那个拥有大善的人，我们也不必要求对方是一个十全十美的“善者”，允许他身上存在一定的“小恶”。

如果我们要求那些做善事的人，必须纯粹地散发善心，达到这样条件的人又有几个呢？按照这个标准，谁又愿意来做善事呢？

待人待事，善恶的大小是很难有一个统一标准的，这取决于我们自身对“善”需求的大小，与对“恶”排斥的程度。其实归根到底还是源于我们自己的内心，自己有着什么样的感觉和态度。

一个人的个人情感是不稳定的，依靠感情做事，往往会使人失掉公允，变得不辨是非、善恶与美丑。企业家们要学会修炼自己的职业素养，在做事情的时候不掺杂过多的个人感情，心平气和地就事论事。

春秋时期，晋献公偏爱自己的爱妾，执意废嫡立庶导致晋国大乱。

晋献公有八个儿子，其中太子申生、公子重耳、公子夷吾都有贤能德行。晋献公出兵征伐骊戎的时候，得到骊姬和她的妹妹，晋献公对她们姐妹宠爱有加。几年后，骊姬生下一个儿子，叫奚齐。

自骊姬生子后，晋献公越发偏爱骊姬，慢慢就疏远了太子申生和公子重耳、夷吾，甚至产生了废掉太子的想法。

于是晋献公派太子申生居住曲沃，派公子重耳居住蒲邑，派公子夷吾居住屈邑，而把骊姬和奚齐母子留在自己身边。

可骊姬是一个心狠手辣的女人，奚齐的才德也远远不能与其他公子们相比，晋献公的偏爱使她滋生出祸心。

晋献公私下对骊姬说："吾欲废太子，以奚齐代之。"骊姬假惺惺地哭着说："太子之立，诸侯皆已知之，而数将兵，百姓附之，奈何以贱妾之故废嫡立庶？君必行之，妾自杀也。"她表面上夸奖太子，暗地里则指使人说太子的坏话，恨不得早日废掉太子，改立自己的儿子奚齐。

当申生来到都城，骊姬对申生说："君王昨晚梦见你的母亲齐姜，你赶快到曲沃去祭奠她，回来后将祭肉献给君王。"太子于是马上到曲沃祭祀他的母亲齐姜，回来后将祭肉送给献公。

当时献公出外打猎未回，申生遂把祭肉留在宫中。骊姬就派人在祭肉里下了毒药。两天后，献公打猎回来，厨师拿出祭肉，献公刚要吃，骊姬在一旁阻拦，把肉汤泼在地上，地面立即鼓了起来；再拿肉给狗吃，狗一吃就死了；又拿肉给太监吃，太监也死了。

于是骊姬哭着说："太子怎么忍心这样做呢！生身父亲都想谋杀取而代之，更何况他人？再说国君已经老了，已是有早晨没晚上的人了，居然就不能等一等，而非要下此毒手！"献公信以为真，勃然大怒，立刻杀了太子的师傅杜原款。

太子听说此事，只身逃往新城。当时重耳和夷吾也在都城里，骊姬对献公说他们也知道太子的阴谋，他们听说后马上逃回自己的封地，据城自守。

太子申生一方面心疼自己的父亲，恐怕父亲知道真相后因失去骊姬而寝食难安，另一方面自己又不愿做逃亡者，最终秉持忠孝的观念自杀身亡。公子重耳和夷吾本为了自保而逃跑，也遭到自己父亲的猜忌和抓捕。

就这样，本来贤能的公子们，因为骊姬逼迫，离开了自己的国家。本来稳定的国家，因为骊姬的祸心，开始动摇根基。

晋献公死后，将王位传给了奚齐，但是奚齐没有坐稳几天王位，就被人害死了。晋国兄弟争权的局面就此开展。

作为一国之君，最应该摒弃的就是自己的个人情绪、私心。面对自己宠爱的骊姬，居然将国家大事掺杂进去，这种做法是对国家的不负责任。

放到今天也一样，我们与人共事时，很容易因为对这个人某些地方有意见，而产生不良情绪，使我们被情绪掌控，做出不理智的行为。

想一想我们在生活中、工作中、创业的路上，有多少次被自己的情绪包围，从自己的私心出发，看待人、看待事很多时候都是非难辨，善恶难分，而我们总是更多关注“非”、关注“恶”，而忽略那些真正有价值的“是”与“善”。

不要将自己的错误与别人相联系

生活中，我们常会遇到这样的人，当他自己做错事情，偏要拉别人下水，让别人与他一同承担犯错的代价。

这其实一种典型的阴暗心理，是人性的丑陋之处，即使别人被拉下水，对自己没有任何好处，也要这么做，仅仅为了抵消自己一个人受罚的痛苦。

这样的行为助长滋生内心的阴暗，使人变得越来越胆小怕事。自私自利，也损害了别人的利益，磨灭了别人对我们的尊重。

生活中，有这样一个有趣的现象：

有一个人开车闯红灯，被交警拦下来，当交警要给他开罚单时，那个人愤怒地说：“为什么只罚我一个，在我前面有好几个人都闯了红灯。再说，如果不是他们在前面影响我，我也不会跟着他们闯红灯！”于是被罚的人就和交警争吵起来。

这其实就是在将自己的错误代入到其他人身上。不管其他人有没有犯错，自己犯错是不争的事实。可是大多人往往会不甘心只有自己受到惩罚，非要将其他人拉下水，心里才感到平衡。

企业中，某个职员做错事情，如果其他人也曾犯过同样的错误，只要他被惩罚了，结果很可能是他会与处罚他的领导者争论，觉得只惩罚自己不公平。

其实，无论老板也好，员工也好，我们大多数人都缺少这种直面自己错误的勇气，以及勇于担当过错的决心。

根据记载，孔子带着他的几个徒弟，一起到海州去游历。在他们走到一半的时候，突然天降大雨，所以他们需要找一个地方去避雨。

这时他们遇到一个老渔翁，老渔翁带着他们来到一个山洞，让他们暂时避雨。由于山洞中环境比较幽暗，而且有点闷，所以当时孔子就走到洞口处，想要呼吸新鲜空气。这时他看到外面大雨倾盆打在沙滩上，当时他诗兴大发，写下了：风吹海水千层浪，雨打沙滩万点坑。

孔子写下这两句诗后，渔翁开始反问他：你怎么知道这个沙滩上面的坑就有一万点，难道你数过吗？这么一问孔子有点懵，没有回答上来。

这时他的学生子贡十分生气地说道："我们老师所做的事，也是你一个普通的渔翁能够随便评论的吗？"孔子打断子贡，让老先生把他的见解都说出来。

老先生认为这个万点坑有点牵强，所以说应该把这个万点改为点点，这样的话听起来更加自然，也比较符合实际。

孔子听后觉得很有道理，就教育他的学生说："每一个人都有每一个人的见解，和你的学问高低没有太大的关系，每一个人的见解，都有可能是对的。”所以当时孔子又说出了“知之为知之，不知为不知，是知也”这样的名句。

一个没有上过学终日打鱼晒网的渔夫，质疑为人师表的孔子，学生子贡都因脸上无光而内心不爽，更何况孔子呢？可是孔子不愧为圣人，他能够压制自己内心的不适，直面自己的不足，虚心向渔夫求教。

人生的体悟也从“生而知之”升华到“知之为知之，不知为不知，是知也”，更进了一个境界。这是一个智者对自身错误的担当，值得我们每个人去学习，去修炼。

亚里士多德曾说：阴暗心理的人之所以痛苦，是因为折磨他的不仅是自己本身的失败和挫折，还有别人耀眼的成功。

在我们做事业的路上，总有因为错误而失去的时候，也总有人比我们幸运或是优秀，与其不平别人的机遇，不如踏实地做好自己。当一个人学会承担，他将会变得更加坦然，更加洒脱。

别让得失纠缠住自己

如今越来越多的人抱怨自己没有幸福感，其实是我们活得不够洒脱，在意很多东西，想要的很多，得不到的也很多。越在意什么，什么就会越折磨我们，从而导致我们做事缩手缩脚，并且逐渐丧失激情。

尤其是想要做成一件事情的时候，那些影响我们做出决定的顾虑，都是我们对于得失的纠缠，瞻前顾后，最后的结果往往是鸡飞蛋打。

从前有一位神射手，他练就一身百步穿杨的好本领，立射、跪射、骑射样样精通，而且箭箭都射中靶心，几乎从来没有失过手。人们争相传颂他高超的射技，对他非常敬佩。

国王也从属下的嘴里听说了这位神射手的本领，想要看看他的功夫。这一天，国王把神射手召入宫中来，单独给自己演习一番，好尽情领略他那炉火纯青的射技。

在御花园里，国王命人找了个开阔地带，叫人拿来一块靶心直径大约一寸的兽皮箭靶，用手指着说："今天请先生来，是想请你展示一下你精湛的本领，这个箭靶就是你的目标。为了使这次表演不至于因为没有赏罚而沉闷乏味，我来给你定个赏罚规则：如果射中的话，我就赏赐给你黄金万两；如果射不中，那就要削减你一千户的封地。现在请先生开始吧。"

神射手听了国王的话，一言不发，面色变得凝重起来。他慢慢走到离箭靶一百步的地方，脚步显得相当沉重。然后，神射手取出一支箭搭上弓弦，摆好姿势拉开弓开始瞄准。

想到自己这一箭出去可能发生的结果，一向镇定的神射手呼吸变得急促起来，拉弓的手也微微发抖，瞄了几次都没有把箭射出去。神射手终于下定决心松开弦，箭应声而出，“啪”地一下钉在离靶心足有几寸远的地方。

神射手脸色一下子白了，他再次弯弓搭箭，精神却更加不集中，射出的箭也偏得更加离谱，后来神射手勉强赔笑向国王告辞，悻悻地离开王宫。

国王在失望的同时掩饰不住心头的疑惑，就问手下道：“这个神箭手平时射起箭来百发百中，为什么今天跟他定下赏罚规则，他就大失水准呢？”

手下解释说：“平日射箭，不过是一般练习，在一颗平常心之下，水平自然可以正常发挥。可是今天他射出的成绩直接关系到他的切身利益，叫他怎能静下心来充分施展技术呢？”

能够不被得失纠缠，关键在于自己是否有足够的定力，守住心灵的清净，始终保持内心的至真至纯、至善至美。不计得失、不为名利，既能放得开，也能守得住，一个人越是有这种定力，越是能成就一番事业。

据史书记载，唐初，一个运粮官因粮船沉没事故受到处罚，专管官吏考绩评功的卢承庆在考核时给他评定为“中下”等级。运粮官坦然面对这个考核结果，连一句申辩都没有。

见此一幕，卢承庆心想：“粮船沉没，不是他个人的责任，也不是他个人力量所能挽救的”，思虑再三，改评为“中中”等级。没想到运粮官并未因此感激涕零，依然不喜不愧。

卢承庆非常赞赏这种不计得失、宠辱不惊的态度，又将其评定为“中上”等级。

放得开，就是以平常心对待平常事，只有以平常心做人处事，不以物喜、不以己悲，才能把浮躁的心安顿下来，减少烦恼。

当一个人淡泊得失，宠辱不惊，不消极回避，不借“看淡名利”而自甘平庸，跳出患得患失的小我，做人做事的格局将更为开阔。

守得住，就是要守得住清贫，耐得住寂寞。“得”与“失”是每个人工作和生活中都需要面对的，要“化解”这种压力，就必须认清“得失之患”的分界线，把好人生“总开关”。无论什么时候、什么情况下都要把握住自己，懂得自制，晓得轻重，真正做到名惑不移志、利诱不动心。

如果不能正确对待得与失，满脑子都是名与利，利欲熏心，贪婪成性，就会思想跑偏，言行越轨，最终丢掉理想信念这个“压舱石”，走上邪路。

放得开、守得住，不能只做语言上的巨人，更要有脚踏实地的行动。

我们要以积极的态度去面对人生发展过程中的得与失。两者之间要处于一种平衡的状态，得失取舍间，也能看出一个人的价值观，体现一个人的人格本性。

不要把得到当成理所当然，把失去当成自己的无能和遗憾，而要明白这是必然的过程。正确看待人生得与失，方得始终，才能走得更远，生活才会更有意义。

靠近边塞地方住着一群人，里面有一位善于推测吉凶祸福的人。他家的马无缘无故跑到胡人那里去了，大家都安慰他。他的父亲说：“这怎么就知道不是福气呢？”

过了几个月，他家的马带着胡人的骏马回来，大家都祝贺他。父亲又说：“这怎么就知道不是祸患呢？”家里多了良马，他儿子喜欢骑马，有一次从马上摔下来折断了大腿骨，大家都安慰他。父亲又说：“这怎么就知道不是福气呢？”

过了一年，胡人大举侵入边塞，壮年男子都拿起弓箭参战，住在边塞附近百分之九十的壮年男子都因战争而死去，他儿子因为腿瘸的原因，父子的性命都得以保全。

人生的所谓得与失，在很多时候并没有什么实际的意义。而失意的坏心情，却可以使人丧失对人生的信心。这种因心情引起的得与失，比起物质上的得与失，更加致命。

一个人的快乐，不在于他得到的多，而在于他计较的少。多是负担，是另一种失去；少非不足，是另一种有余。舍弃不一定是失去，而是另一种更宽广的拥有。

如果抓住想要的东西不放，就会给自己带来无尽的痛苦，甚至走向死亡。所以，在现实生活中，需要有一种放弃的清醒。

真正的强者，应该学会放弃，放弃才可能重新再来，才有机会获得成功。这样的放弃是要开始新的进取，是要有所获得。

如果能拿得起却放不下，那么就无法令自己生活得更好，甚至丧失生命。荒漠中行进的人最明白这一点，如果不扔掉过重的行囊，就不能减轻负担，就无法保存体力，就无法走出困境。

所以人生就应该做到该扔的就扔，那种生存都不能保证的坚持是没有意义的。

人的一生，需要我们放弃的东西太多，如果不是我们应该拥有的，我们就要学会放弃。

有所得就必然有所失，只有学会放弃，才能拥有更多，才能活得充实。

喜欢一样东西，不一定要得到它，有时候为了强求一样东西而令自己身心疲惫不堪，是很不划算的。

如果在盲目付出后，到头来却发现失去的东西比得到的更珍贵时，一定会懊恼不已。所以当喜欢一样东西时，如果条件不允许，就不要太执着，放弃它是最明智的选择。

康纳斯出生在美国科罗拉多州丹佛市一个通俗的家庭，从小他就是一个活泼、好动的人，爱好参加各类竞技运动，尤其是看到曲棍球比赛时，他的眼中总是充满向往，他希望能够成为一名职业曲棍球运动员。

为了进一步接近“妄想”，康纳斯天天都要花大量时间演习曲棍球。为此，他经常将自己弄得伤痕累累，疲惫不堪。但一想到“妄想”已在眼前，他又充满了斗志。然而，在一次比赛中，意外摔倒的他头部重重着地，被诊断为脑震荡。从此，他不得不放弃心爱的曲棍球。

面对双重袭击，康纳斯一蹶不振。他不再是那个为了“妄想”可以倾其所有的追梦者，他的人生也从云端跌落到谷底。然而，又一次意外，不仅将他从低迷之中解救出来，也为他重新点亮又一盏照亮“妄想”的灯。

一天，坐在钢琴前面落寞发呆的康纳斯，无意间用手指触动了键盘。没想到五音不全的他，竟能弹奏出别有韵味的曲子。这不仅令他欣喜若狂，也为他那黯淡的人生带来一缕亮光。此刻，他决定找寻另一条通往“妄想”的途径。

于是，他开始研究那些被他视为“天书”的乐谱。往往一个简单的音符，对于康纳斯而言都异常艰苦，他必须反复揣摩才能将其熟记于心。有时，刚刚熟悉的乐谱一转眼就几乎全部忘光，他必须重新熟悉。

康纳斯还主动进修各类乐器，有时为了弹奏一首完整的曲子，康纳斯甚至要练习上百次。这时，他那双本就粗拙的手，被自己熬煎得更加“苍老”，而他并不觉辛苦，反而乐在其中。

正是凭着这股执着的劲头，康纳斯熟练掌握了十三种乐器的吹奏方法。那一首首通俗的曲子，在康纳斯的演绎下仿佛被赋予了生命，曼妙动听。

逐渐的，康纳斯对音乐有了另一种情感。音乐不仅成功促使康纳斯摆脱阴霾，更让他从中体会到一种前所未有的快乐和满足感。

他说："我很感谢那次意外，虽然让我无法成为一名曲棍球运动员，但却使我从中学会了放弃。有时，放弃并不代表失败，只是为下一次的华丽转身蓄积能量，而当这种能量到达一定程度的时刻，定会带来意想不到的成功。"

在得与失面前我们要以积极的心态去面对，大胆而自然地去接受，不必为一时的得失而让自己陷入烦恼和纠结后悔当中。每个人都希望自己得到一切，但事实上没有任何人可以做到永远得而不失。

面对得与失要认清自己所走的路，得之不喜，失之不忧，不要过分在意得失。只要自己努力过，为之奋斗过，就算结果不是自己想要的也不要太在意，也许结果不尽人意，但过程是美好的。

在得与失面前要学会换位思考，得到的未必就是最好的结果，失去的也许会有意想不到的收获。与其纠结那些影响心情的得失，不如现在就着手，修炼自己淡然处世的能力。

第3章

远见认知：把未来的路变得更宽广

人生未来的样子自己要清楚

人生未来的样子自己要清楚，一个人只有清楚未来的模样，人生才会有明确的方向，就可以一直奔着自己的方向去努力，获得自己想要的人生。

每个人心里都有着自己理想中的人生，勾勒它很简单，实现它并不容易。人生是如此漫长，一个人从出生到老去，会遇到各种各样的事情，当初所幻想的理想人生，也许就在生命的历程中被遗忘了。

使人遗忘的也许是漫漫人生路上的坎坷，因为太难我们选择了放弃；也许是那些令人着迷的诱惑，因为太舒适我们选择了放弃；也许是那些令人迷惑的问题，因为困惑我们偏离了本来的方向。

当我们忘了自己的理想，人生的方向便不再明确，人很容易被命运裹挟，随波逐流地过一生，最终难以实现自己的理想。那些拥有理想的人生，大多对自己理想的人生拥有热忱。

姜子牙出世时，家境已经败落，所以姜子牙年轻时为了生计干过宰牛卖肉的屠夫，也开过酒店卖过酒。

但姜子牙人穷志不短，无论宰牛也好，还是做生意也好，始终勤奋刻苦地学习天文地理、军事谋略，研究治国安邦之道，期望能有一天为国家施展才华。

因为心中拥有远大理想，姜子牙虽然做些小生意，但却并不上心，生活一直很困苦，有时还需要朋友接济。

一直到70岁姜子牙都过着平民的生活，他的妻子马氏因为家中贫困离开他，身边的人都笑话他活得窝囊，可姜子牙从来没有忘记自己的抱负。

后来姜子牙在72岁时，凭借钓鱼与姬昌相遇，得到姬昌的赏识，最终帮助君王兴建周王朝八百年基业，造福于民，被后人尊敬。

我们人生的样子自己要清楚，人生之路漫长，总会经历一些变故，如果我们想要的生活、想成为的样子连自己都不清楚，那最终只能随波逐流，难成事业。

态度决定行为，对待人生的态度也决定了自己的一生。有的人对人生并没有清晰的规划，他们总是会被外界环境牵扯着做事，看似在努力为实现梦想而奋斗，其实是做了很多无用功。

那些成功者，总是先将自己人生的目标确定好，然后想方设法去实现人生目标。他们在人生路上从不慌乱，每一分努力都在为未来的成功做助力，这种谋定而后动的方式使人更高效地接近成功。

一日，老猎人带着他的两个儿子上山打猎，出发之前老猎人问："你们知道这一次咱们将要去什么地方吗？"

大儿子回答："去北方的深山之中！"二儿子回答："我们

要去有猎物的地方！哪里有猎物，我们就去哪里。”

老猎人听完两个儿子的回答满意地点点头，又说道：“既然你们已经知道这次的行程，那么你们凭借自己的认知，去准备吧。”

两个儿子点点头，开始各自准备起来。过了一会儿，老猎人看见两个儿子都带了不少东西，老猎人并没有多说什么，直接带着两个儿子朝着远处的深山而行。

三个人在森林中度过了两天的时间，大儿子有些不耐烦，抱怨道：“父亲，我们已经在这里停留两天了，却什么都没有发现。是不是应该换个地方？”

老猎人没有直接回答，对着二儿子问道：“你也觉得应该换个地方吗？”二儿子摇摇头，说道：“这两天我仔细看过，这里有动物出没的痕迹，我们应该继续等待。如果我们选择离开，那么意味着要去寻找全新的地方，而那个未知的新地方是否有猎物呢？如果没有的话，那我们这两天岂不是白白浪费了？”

老猎户点点头，继续带着两个儿子前进。又过了两天的时间，他们依旧一无所获，身上带的粮食也快吃完，此时大儿子有些担忧，再次说道：“父亲，我们没有粮食了，是不是应该返回了？”

老猎人看着大儿子，脸上有些忧伤，开口说道：“你还记得四天前我们出发的情景吗？那时候你的心态是怎样的？现如今又是怎样的呢？”

大儿子回想到四天前的样子，那时候他意气风发，总觉得自己能打到猎物，并且对自己的能力充满信心，但是，仅仅过去四天时间，却变得如此脆弱，甚至想回家。

大儿子有些羞愧，说道："父亲，我的目标是打到猎物，如果没有打到猎物，我再也不提回去的话。"

父子三人继续搜寻猎物，又过了两天，猎物终于出现。父子三人凭借最后一丝力气将猎物制服。

在回家的路上，老猎人对着两个儿子说道："打猎和人生一样，我们身为猎人，捕获猎物就是我们最大的人生目标。当然，若想实现这个目标，就需要我们不断准备，不断承受困难。"

"就拿这次捕猎来说，我们一共出来六天时间，这期间你们想过退缩，想过更换捕猎场所。但是你们有没有想到，我们煎熬的这六天，其实正是通往目标的道路，也是必经之路！只要我们目标坚定不移，那么你们遇到的困难，都将成为通往实现目标的道路。"

老猎人说完后，两个儿子都认真点点头。多年以后，老猎人已经去世，而两个儿子凭借优秀的捕猎能力，很好地生存下来。

有句话叫作"有目标，才会有动力"，事实正是如此，一个人若想做成一件事，就需要为自己制定明确的目标，然后在达成目标的路途上，不断前进，不断努力，当所有积累到一定程度时，目标自然就会实现。

在人们看来，一生是如此漫长，谁也不知道何时会到达生命的尽头。但人的一生又是如此短暂，将生命放在流逝的时间里，如同白驹过隙一般短暂。

生命只有一次，人生不可重来，如果不能在有限的时间里活出理想的人生，那么最后只能追悔莫及。我们应该懂得珍惜生命的每分每秒，花费心思，经营自己的人生。

据记载：

李白小时候很贪玩，他的父亲为了让他成材，就把他送到学堂去读书。可是那些经史、诸子百家的书很不好学，李白学起来很困难，就更加不愿意学，有时候还偷偷跑出学堂去玩。

一天，李白又没有去上学，在街上闲逛后，走到城外。暖和的阳光、欢快的小鸟、随风摇摆的花草使李白感叹不已："这么好的天气，如果整天在屋里读书多没意思？"

他走着走着，不知不觉走到一条小河边。看见一位白发苍苍的老婆婆蹲在小河边的一块磨石旁，一下一下地磨着一根铁棍。李白走过去问道："老婆婆，您在做什么？"

"我要把这根铁杵磨成一个绣花针。"老婆婆抬起头，对李白笑了笑，接着又低下头继续磨着。

"绣花针？"李白又问："是缝衣服用的绣花针吗？"

"当然！"

"可是，铁杵这么粗，什么时候能磨成细细的绣花针呢？"

老婆婆抬起头，停下手，亲切地对李白说："孩子，铁棒虽粗，可挡不住我天天磨，滴水能穿石，难道铁棒就不能磨成针吗？"

"可是，您的年纪这么大了？"

"只要我下的功夫比别人深，没有做不到的事情。"

老婆婆的一番话，令李白很受感动。心想："是呀，做事只要有恒心，不怕困难，天天坚持做，什么事都能做好。读书不也是一样吗？"李白转身跑回学堂。

从此以后，李白每天学习特别用功，历代诗词歌赋、诸子百家都熟记于心，终于成为名垂千古的诗仙。

古往今来，那些已经到垂暮之年，依然老骥伏枥、志在千里的名人数不胜数，清楚自己人生未来的样子，努力使自己的人生达到理想状态，从什么时候开始也不晚。

如果我们想要做成一番大事业，那么还有什么理由蹉跎时光，浑浑噩噩地过自己的人生呢？

你的格局，决定你人生的样子

人生在世，总会有所求，有所看重，每个人追求的东西不一样，人生的样子也不尽相同。

为了活出理想的人生，我们会被那些追求的东西催促着成长，得到它们的同时也被它们所累，没人知道未来到底会是什么样子。

实际上，人生的最终样子由自身的格局所决定。

人们常说做人要有格局，其实很多人不太明白，到底什么是格局，提到格局，脑海中浮现的恐怕是框起来的架子。其实理解格局并不难，将格局放到人生中，就是指一个人的眼界和胸襟。

一个眼界足够远、胸襟足够宽广的人，不会将自己局限在一个较小的范畴里，他们总是立足高远，为自己的人生布局。当人的格局够大，他为人生所布的局也会越大，同时因为懂得规划，而更能承受人生的波折。

从前，有个富商，辛勤一生，生意做得十分成功。如今年事已高，想从两个儿子之间选择一个做继承人。

一天，富商喊来两个儿子，对他们两个人说：“给你们一袋钱，谁能在一天时间内买到价值最高的东西，就奖励谁跟着我照看家里的生意，前提要求是必须是正常的交易。”两个儿子都想获得管理家里生意的机会，对此跃跃欲试。

大儿子并不着急去集市上买东西，他约了一位好友喝茶叙旧，谈话间他跟好友打听有谁在变卖贵重物品，并将父亲的考验告诉朋友，朋友表示愿意帮助他，给他介绍卖家，结果大儿子买到了超出一袋钱价值的古董。

小儿子则直接找地方休息了一会儿，之后他去集市，逛了一家又一家，但都两手空空地走出来，看起来是在闲逛，一直到傍晚都还是两手空空。

时间到了，两个儿子来到父亲面前，大儿子看到两手空空的弟弟，很是得意地拿出自己的古董。

父亲点点头，又看向小儿子，只见小儿子不急不慢地拿出几张纸。富商拿过那几张纸来仔细一看，原来是几张收据，都是预定的防雨材料。

小儿子向众人解释道：“我们是做布匹生意的，再过段时间就要到梅雨季节，今年家里生意不错，布匹产量会比往年高，我现在和那些卖防雨材料的店家预定，不仅他们得到大订单，也能保证我们在雨季的时候，用上价格低廉的防雨材料。”

两个儿子都买到超出一袋钱价值的东西，富商思考一下，觉得大儿子虽然能干，但是做不大生意，于是将生意交给小儿子打理。

结果如富商所料：小儿子开始掌管家里生意之后，家族生意很快扩大，而大儿子有接管家里生意的心思，但是一次大生意也没做成过。

一个只能着眼于眼前利益的人，会只盯着眼前的人和事，每天围绕着小事转，得到的也将会是蝇头小利。一个能着眼于更长远利益的人，他们看得更高更远，能够未雨绸缪，掌握主动权，获取更大的利益。

当一个人看得更高远，心中装的都是更加长久的事情，他的事业将越做越大。因为他能想到别人想不到的层面，有着可以做大事的准备，往往能有条不紊地向更高的层次冲刺，取得比一般人更高的成就。

同时，拥有大格局的人，因为总是着眼于那些重要的事情，所以他们不会被琐事所累，他们的人生往往更加顺心如意。

生活中我们容易因为一些小事与人争执，即使错在对方，与对方纠缠也会消耗我们宝贵的精力，有格局的人不会去做“丢西瓜捡芝麻”的事情，他们似乎总是走在充满光明的路上。

我曾听过这样一个故事，主人公的经历令我感触颇深：

一个小伙子和他的老板一起出差办事，一路奔波，事情一件接一件，两人都很疲惫。令小伙子惊奇的是，无论事情堆积得多厉害，老板都能有条不紊地处理，几天下来，他们几乎没有出过大乱子。

这天，小伙子和老板从工厂办完事情，返程路上两人都饿了，于是准备下车找家饭店，因为路上比较偏僻，两人只好在一家比较脏乱的小店凑合一下。

小伙子去买饭，老板则在一旁打电话处理事情。当小伙子买完饭往回走的时候，因为环境过于杂乱，他不小心将身边人的饭撞掉了。他急忙道歉，并表示会赔给对方一份。

结果令他气愤的是，对方居然狮子大开口，要他赔一百块。他愤怒地和对方展开理论，痛斥对方的恶劣行径。但是对方却毫不在乎地冲他笑，无赖地抓着他的衣服，表示不赔钱就不让他离开。

这时候老板走了过来，问清楚事情之后，打开钱包，直接给了对方一百块钱，对方十分惊讶，但是没有犹豫，拿了钱马上就离开。

小伙子好奇地问老板为什么要给那无赖钱，老板只是跟他说，别在意这点小事，咱们今天还有很多工作要处理，吃完饭继续赶路。

在生活中，我们会遇到很多“烂人”，遇到一堆不顺心的事情，与之纠缠，我们的情绪会被干扰，精力会被消耗，做事情的节奏会被扰乱。拥有大格局的人则不会被这些人和事困住，他们总是着眼于那些重要的事情。

像故事里的老板一样，将那些干扰自己的人和事赶出自己的生活，其实是将自己的眼界保持在一定高度的好办法。生活中，很多会做事、能做大事的人，大多都具备这样的能力，他们用自己的大格局为自己避免了很多麻烦。

我的一个学生给我讲述了他开公司的一段故事：

张老板早年间开了一家装修公司，主营室内设计，他们公司规模不大，所以对客源十分重视。

一次，公司接到一个装修企业办公室的单子，从设计到装修能挣一大笔，并且这家公司分公司众多，合作如果愉快，接下来估计陆续会接到不少单子。

张老板十分重视这单生意，亲自盯着做方案，双方很快达成共识，但是在推进细节的时候，张老板发现，对方公司的负责人是一个格局很小的人。

对方公司要求他们在每一个条例上空出半页纸，用来添加具体要求，即使他们当初商量得已经非常细致，而对方的要求也大多是"彩绘所用的漆料要和我方商量决定"这一类细致到极致要求。

这时候，只等商量好细节，双方就可以展开合作，张老板毅然决定放弃这笔订单。仅仅是因为对方公司有些过分要求细节、对装修者限制太多就放弃合作，当时公司里很多人都不理解张老板的决定。

张老板对员工们解释道："我们已经做到我们能力范围内最好了，对方公司更加严苛、更加细致的要求，不过是担心我们会在装修的过程中占便宜，对方公司的负责人格局太小，一点点小利都抓着不放，以后合作一定麻烦不断。"

后来，没过多久就传来那家公司和其他装修公司打官司的传闻，员工们都感叹张老板的睿智。

同样的事情，格局不同，看法不同，所做出的行为也就不同。那些满眼小利，被小事所累的人，人生路上总是有处理不完的麻烦。那些眼光足够长远的人总是能够洒脱地放弃一些不值得的小利，从而使人生更加顺遂。

一个人若想拥有理想人生，需要拥有远见和开阔的胸怀。人生没有彩排，想要过上理想的人生，修炼、开拓自己的格局就要趁早。

有什么样的格局，你将会去往什么样的平台

你的格局决定了你人生的层次，有什么样的格局，你将去往什么样的平台。

古往今来，凡成大事者，必有大格局。格局的前提是“看多宽”，大格局必有大视野。不同的人，因为看法不同，即使在同一时间做同一件事情，事情的结果也会不一样，所以说不同的人格局不一样。

有大格局的人会努力发展自己，给自己规划出远大的目标，他们拥有大视角，首先看到更高更好的平台，又在不断发展中寻求新的定位，不断发掘自身的潜力，探索更大的融合。

曾听过这样一个故事：

三个工人砌墙，有人问他们在干吗。

第一个人没好气地说：“砌墙，你没看到吗？”

第二个人笑笑：“我们在盖一幢高楼。”

第三个人笑容满面：“我们正在建一座新城市。”

10年后，第一个人仍在砌墙，第二个人成了工程师，而第三个人是前两个人的老板。

所以说格局真的能决定人生层次，格局不仅是一个人在人生重大命题上的眼光和胸襟，更是一个人思维的高度，是一个人做人做事大气的程度。真正有格局的人，不会拘泥于眼前的得失，更加不会把自己困于方寸之地，他们注重自己精神世界的丰富，会把眼光放在自己能力的提升上。

多去看看那些优秀的人，他们的学识、阅历、眼界会告诉你什么叫作大格局。

当我们被这样的人吸引时，就跳出了日常的琐碎和平庸的思维。站在思想的云端朝下看，才懂得“燕雀安知鸿鹄之志”。我们的胸怀、气魄、视野、目标都会变得豁达和超脱起来。

大格局是拥有气节，不会为了生计忘记自己的追求。俗话说：“谋大事者，首重格局。”有格局的人，思想有高度，人品有厚度。格局小的人，做事没水准，做人没远见。

有格局的人，怀善心，行好事，能体谅他人的不易。很认同一句话：“爱出者爱返，福往者福来。”

人活着有各自的不易，有的人愿意搭把手，有的人选择扭头走。殊不知，善因结善果，善待别人就是善待自己。

善良的心遇上了感恩的人，一次伸手搀扶，换来的是一辈子的善意流动。所谓格局，就是人间事再苦再难，都能对身边人心怀善意。

有格局的人，用善心对万物，用包容心对他人，福报已在路上。

在一个远古部落中，有一位颇具传奇色彩的族长。这位族长年轻时，遇到过一件十分艰难而危险的事情。

那时候，族长还是一个小伙子，这一天他在路边捡到一名昏死过去的小男孩。族长很为难，如果将这个男孩私自带回部落，那么肯定会遭受大家的唾骂和嫌弃，甚至自己也会被赶出部落。

但是，如果眼睁睁看着眼前男孩被野兽吃掉，他的良心会一辈子不安。思前想后，族长还是决定将孩子带回家。趁着夜色黑暗，他悄悄将孩子背回自己的家中。

事情虽然很隐秘，但终究还是被发现，大家以“违反部落规定”为名，要求族长立即将男孩送走，或者立即处死。

事情已经发展到僵持不下的地步，族长十分为难。就在此时，部落的警钟敲响，一群外族人携带武器闯入部落中，见人就杀，见房子就烧。

事发突然，族长只能带着妻子和捡来的孩子逃跑。慌乱之中，他们闯入另外一个部落的地盘，被外族人团团围住。

很快，一个头发花白的老者出现，仔细打量族长一番后，一眼看到他身边的小男孩。此时，小男孩开口说道：“爷爷！”

老者将男孩抱入怀中，并好好招待族长。原来，这个部落也被袭击了，而袭击这个部落的外族人正是那帮袭击族长部落的人。

此后几年，族长带着人将那帮袭击他们的外族人彻底消灭，那位老者将族长位置让给他，从而有了现在的部落。

试想一下，如果当初族长没有收留那个小孩，那么族长可能过着四处流浪的生活，就不会有后来统领整个部落的事情。而这一切的由来，都是源于族长当年的一个善念，才使他获得最终的一切。

有句话这样说“胸怀天下者，必成大器；心胸狭隘者，必是庸人”，一个人拥有怎样的格局，那么他必然会拥有怎样的成就。如同韩信一样，落魄之时依旧胸怀天下，最终成就一生的功绩。

有怎样的胸怀就会创造怎样的平台，一个心胸狭隘的人，不管做怎样的事情，都不会有太大的发展空间，因为他自身的格局已经将他的事业“锁死”。而那些拥有大胸怀、大格局的人，不会长期屈居人下，不论是自己做事情还是帮助别人做事，必然会做出一番成绩。

大格局者能顺应自己的本性，保持自己的良知，内心笃定，不被诱惑。人须在事上磨，方能立得住；方能静亦定，动亦定。艰难困苦的境地，大富大贵的时候，正是对心性的最好磨砺。

这是一件真实发生的事情。

在北京的一家企业，招聘到一位负责企业文化的员工，名字叫小赵。小赵平时工作积极主动，经常会出一些新点子，让整个公司气氛变得积极而富有能量。

老板很欣赏小赵，于是安排小赵升任文宣部主管。然而，虽然职位提升，但工资并没有增长，小赵不仅要比平时多干活，身上肩负的责任也更大。

有一段时间，小赵闹情绪，老板看出小赵的心思，于是在会议上向小赵颁发了荣誉证书，并颁发了 500 元奖金。

小赵毕竟刚毕业，工作经验不丰富，得到证书和奖励后，工作积极性有明显的提高。此时，小赵的工作变得更加繁忙，需要经常到外地出差。

在一次出差回来后，小赵报销出差费用时，老板亲自把小赵叫到办公室，跟小赵一张一张地核对发票。最后发现少了 8.5 元的发票，老板质问小赵为什么没有发票，原来，小赵觉得高铁上的食物太贵，就从外面的小商店买了吃的，所以导致 8.5 元没有发票。

虽然最后老板也没有多说什么，但是这件事深深刺激了小赵。第二天小赵办理了离职手续，没有人知道他为什么离职，只有小赵自己清楚。因为他觉得老板格局太小了，自己一心一意为公司着想，而老板却因为 8.5 元的发票质问他。

几年后，小赵已经是另外一家企业的文化总监，而当初的老板依旧还是那个小公司，似乎从未改变过一样。

一个人拥有怎样的格局，就能做出怎样的事业。如同故事中的老板一样，他的格局停留在“8.5 元”上，那么他的企业也只能价值“8.5 元”。

人生不论在什么时候，都要时刻保持大格局，只有具备大的格局，才可能在未来的生活中真正找到属于自己的人生平台。只有在符合自身格局的平台上发展，人生才可能充满精彩。

为人生的奇迹留出空间

每个人的认知都有一定的范围，这个范围的大小不尽相同，人们通常很难认识自己认知范围以外的事情。一个人认知范围的大小决定着他人生的空间，局限在自己的认知里便看不到更广阔的世界。

庄子《逍遥游》中有这样一句话：小知不及大知，小年不及大年。这句话是讲：才智小的无法理解才智大的，寿命短的无法理解寿命长的；认知总有界限，只不过界限各不相同。

庄子这样解释认知差距：

鹏鸟想要向南方飞行，便展翅高飞，将积聚的风压在身下，借风力飞行，能够顺利到达南方。寒蝉与小灰雀对此感到奇怪，它们猛地起飞，力图到达榆树和檀树的树枝，有时飞不到，也就落在地上而已，为什么要费力飞到高空再向南飞呢？

到近郊去的人，晚餐前就可以返回，肚子还没饿，不需要干粮；到百里之外去，晚上就要准备第二天的干粮；到千里之外去，就需要三个月的时间来准备粮食。这就是才智小的无法理解才智大的。

朝生暮死的虫子不知道一个月的时间有多久，夏生秋死的蝉不明白一年有多久，这是寿命太短，无法认识生命以外的世界。

楚国南面有一个神龟，它的寿命很长，八百岁当作春季，八百岁当作秋季。远古还有一棵椿树，八千岁当作一个春季，八千岁当作一个秋季。这是它们的寿命很长，对时间的认知与我们不同。

我们的认知就如庄子所说的那样，有一定的范围，并且会被所在的范围局限住而不自知。认识不到自己认知存在的边界，人生的空间很难变大。

有这样一则笑话：

两个乞丐在一起聊天，其中一个乞丐问另一个乞丐："假如你有钱了，你打算干点什么？"

另一个乞丐说："什么叫有钱？你说的是有多少钱？"

那个乞丐想了想说："花不完的钱吧！可以随便花的那么多。"

另一个乞丐说："那我以后要顿顿吃肉包子，还得有自己的房子，要饭的碗也得换成金碗！"

乞丐可笑的想法其实是囿于他的认知局限，他认为美好的人生就是不用居无定所，就是每天享受肉包子这样的美食，就是更"体面"地要饭。有认知局限的人根本想象不到人生更精彩的样子。

很多时候人会给自己设限，他们对待事情总是用固定的标准去衡量，用框架将自己圈在一个固定的范围内，在这个范围去做事，因此，难以取得更高的人生成就。打破局限才能给更高成就获得更多的空间。

古希腊寓言故事中有这样一则故事：

两只兔子比赛，如果谁先跑到对面的山顶，那么谁就获得胜利。

两只兔子都对自己充满信心，它们觉得自己奔跑的速度很快，必然能获得胜利。

于是，两只兔子都抱着必胜之心朝着对面的山顶奔跑，结果两个兔子奔跑的速度几乎一模一样，它们都拼尽全力在奔跑。最终，两只兔子一起抵达终点，两个都并列第一，都获得了最终的胜利。

这件事很快传开，其他动物都知道两个兔子奔跑得很快，于是两只兔子的名气也越来越大。

随着时间的推移，两个兔子都开始愁怨起来，因为它们都发现同一个问题，不论自己如何努力，始终无法超越对方。正因为如此，导致两只兔子始终并列第一，但是两只兔子都很好强，都想将对方比下去，但同时却又无可奈何。

这一天，两只兔子受邀去参加一场运动比赛。比赛开始之前，两只兔子都决定必须赢了对方，所以它们准备拼尽全身力气奔跑。

比赛正式开始，两只兔子像风一样朝着山顶奔跑。一路上，两只兔子都互相看对方，发现它们的速度几乎一致，不管怎么用力，始终无法把距离拉开。

此时，在半路上突然跑出一只饥饿的野狼，野狼看见其中一只兔子后，开始追赶。这只兔子也发现了野狼，为了不被吃掉，它拼命地跑起来，不知不觉中，这只兔子已经超越了另外一只。

一直跑过山顶，兔子还在不停地奔跑，最终野狼觉得无法追到兔子，选择放弃。当获胜的兔子再次回到赛场的时候，大家都开始为它庆祝。因为它获得了第一名，终于跑赢了另外一只兔子。

赛后采访的时候，这只兔子这样说："我一直以为我的极限是跑到对面的山顶，是能够不被另外一只兔子追赶上。但是，当我的生命受到威胁时，我才发现，原来我所认为的极限已经超出我的认知，而我又重新认识了自己。”

很多时候，人们不愿意打破局限，是因为待在一个相对稳定的框架中，相对安全和舒适，这种利己心，使我们不想突破局限，更别提努力去做了。

利己是人的本性，人们通常会竭力降低使自己利益受损的风险，因而不愿意尝试改变，更愿意按照常规办事。我们所熟悉的办法并非万能的，它应付不了所有即将到来的问题。害怕尝试，困难就会堵住我们前行的路。

从前，有一群老鼠世世代代居住在森林的一片洼地里，无忧无虑地生活着。

有一天，一只野兔闯了进来，告诉老鼠们，洪水要来了，它们必须在今晚跑到南边那座山上，才能脱离险境。说完，野兔一溜烟地跑掉了。

老鼠们顿时慌了神，南边那座山那么远，凭它们的力量根本无法跑到。它们一个个惊慌失措，六神无主。只有一只小老鼠认为，留下来等死不如奋力试一试，便组织大家，要它们一起逃走。

其他的老鼠们并不这么想，它们中有的说：“我们住在这里这么多年，这里就是我们的家，这里最安全。我们哪儿也不去。”

还有的说：“就凭你，真是自不量力。”

“是呀！丢我们老鼠的脸。真是狂妄，连兔子都未必跑得到，你凭什么！”

“大家安静！”鼠群的首领说道：“我们跑是跑不掉的，不如现在大家一起去修筑大坝，挡住洪水。相信老天会眷顾我们的。我们一定要将洪水抵挡住。”

大家听完，都争先恐后地去干活了。只有那只小老鼠觉得，修建的堤坝只能一时挡住洪水。于是没有和大家在一起，而是独自奋力向山那边跑去。

小老鼠跑了不知多久，终于跑不动了。就在这时，一匹善良的小马看见了它，问道：“你在干什么，洪水要来了，快逃难去吧！”

老鼠说：“我已经没力气了，休息一会儿再跑。”

小马说：“我也正要走，你坐到我背上来，我带你走吧。”

于是小马就带着小老鼠飞奔而去。到天黑的时候，它们终于爬上了山。洪水在大山的阻挡下向别处流去。小老鼠总算松了口气。

而那群修建大坝的老鼠呢？它们的大坝还没有一个小土堆大，洪水一到，就把它们全卷走了。

自己给自己设限，自己认为自己不行，自己的生活也就只能安于平淡了。像山下的老鼠那般，对上山连想都不敢想，还按照旧的思维应战生活的挑战，最终面临的是被生活打败，他们的人生永远难以出现奇迹。

格局够大，成长才没有天花板

苏轼在《留侯论》中这样说：“古之所谓豪杰之士者，必有过人之节，人情有所不能忍者。匹夫见辱，拔剑而起，挺身而斗，此不足为勇也。天下有大勇者，卒然临之而不惊，无故加之而不怒。此其所挟持者甚大，而其志甚远也。”

这段话大意是说，被人称作豪杰的志士，一定具有胜人的节操，有一般人的常情所无法忍受的度量。有勇无谋的人被侮辱，就急得拔出剑来与人搏斗，这不算真正的勇者。真正的勇者是遇到危机情况而不惊慌，无故遇到冒犯而不动怒。这是因为真正的勇者胸怀开阔、志向高远。

格局越大，越不容易受到干扰。通常我们认为，一个人容易受到他人的干扰，是由于这个人心性不坚定，很容易被影响。其实很多人不明白，当人的格局不够大，就会很容易受到外界的干扰。

北宋年间有一个商人名叫段明，经营一家瓷器店。由于多年的精打细算，他所积累的财富逐渐多起来，在当地也是小有名气的富商。不久，瓷器店隔壁开了一家糕点店，开业之初生意非常火爆，排队购买糕点的人挤到了瓷器店门前。段明看见隔壁生意火爆，便生起妒忌之心。

他找到隔壁糕点店老板，对他说：“你的客户排到我家门前，严重影响了我的生意。不管你用什么办法，不要让你的客户在我家店门前排队！”糕点店老板答应给段明一些钱，以弥补他店铺里的损失。

瓷器店对面布匹店的老板听闻瓷器店与糕点店闹矛盾，心中暗喜，于是找到段明说道：“段老板，糕点店的顾客太碍事了，人家本来想去你店里买瓷器，结果人都进不去，长此下去不行呀。”

这句话刚好戳中段明的内心：“谁说不是呢？您有没有什么好办法？”布匹店老板给他出主意：“你派几个人到他的糕点店买东西，在糕点里放几只虫子，再趁人多的时候去闹事，如此一来，糕点店必然做不下去，到时候你的生意自然就好起来了。”

段明照做了，蛋糕店的生意果然冷清起来，但瓷器店的生意并没有转好，反而更加冷清。此时糕点店老板又给他出了一个主意，让他便宜出售瓷器招揽人气。段明亏本出售瓷器，很多人排队去购买，长长的队伍将糕点店的大门堵得严严实实。第二天，糕点店也开始便宜出售糕点，人们又开始排队买糕点。

一个月后，段明赔掉了多年的积蓄，再也无力支撑店铺经营，只好托人把店铺卖掉，做起了走街串巷的生意。糕点店的老板也没办法支撑生意，同样把店铺卖掉了，开始在路边摆摊卖糕点。

而他们两家原来的店铺已经合并成一家，门头上写着大大的“布匹店”，店老板正是原来对面的布匹店老板。

一个格局小的人，一旦受到外界的干扰，那他将很难走出干

扰所带来的局限。

局限一直存在，比打破局限更加有用的是让自己的格局变大，格局变大之后，那些原来使你发展受阻的局限也都将不复存在。拥有大格局，需要坦然面对那些困扰我们的挫折和磨难。

一个坦荡的人，面对生活会更加从容，他们是真正的强者。真正的强者往往拥有强大的内心。他们向往成功，也不惧失败；他们接纳命运，也不忘乐观对待；他们勇往直前，也时常反思。

反思是理性的思考，可很多人却总是处于感性的忧思之中。总是将所有的事情尽量记在心里,哪里还有空间去承载更加重要的事。一个人格局够大，就会懂得忽略那些不值得的人和事。

东汉时期，孟敏曾经客居太原，一次他挑着甑，一不小心掉在地上，他头也不回就走了。这里所说的甑，是古代的一种瓦制器皿。

当时的名士郭泰看见了,就问他为什么不去检查甑的破损情况，孟敏说，甑都破了，再看它有什么用呢？

郭泰觉得他不一般，就劝说他去游学。十年以后，孟敏果然名闻天下，位列三公。

堕甑不顾，这是孟敏的通透和豁达，因为不值得，所以不在乎，生活的烦恼也会少很多，现实中能做到这样的人，少之又少。大多数人会自己将自己锁在狭小的空间里，每天过得不快乐。

除了给自己的内心做减法，大格局者还要避免被眼前的困局所迷惑。不把阻挡我们成长的绊脚石当作拦路的巨石，直面它，使它成为我们前进路上的垫脚石。战胜困局，人生才没有天花板。

拥有大格局者，很难被生活和工作中的小事困扰，他们思维清晰，拼搏进取，能够一直成长下去。

下篇

PART TWO

行动的力量

成大事者不会被生活所累，他们不以牺牲生活幸福为代价做事业；成大事者不会满足现状，他们总是在成长自己；成大事者懂得修养自己、习得智慧，站在更高的高度做事情。

第 4 章

规划：

掌控你生活的节奏

最好的状态是生活和工作得到平衡

每个努力做事的人，日子总是忙忙碌碌，充实的一天带来疲惫也带来快乐。很多人总是被眼前的忙碌所“困住”，慢慢习惯于这种忙碌的状态，从而忘记曾经想拥有理想生活的美好愿望。

关于生活的理想状态，不同人有着不同的标准。中小微企业家们致力于追求一份属于自己的事业，往往会以事业的成功定义自己的生活状态。

当我们为追求的事业竭力奋斗时,不要忘了人生不只是要做事,事业只是其中的一部分。

一个有智慧的人，懂得在纷扰中获取片刻的闲适，现实中太多人处于焦虑状态。人们感叹时光荏苒，希望时光过得再慢一些，因为自己好像被生活的忙碌剥夺了太多东西，人未老心已衰。

很多人将自己置于沧桑的境地而不自知，以为梦想还在，奋斗不止，自己便会一直处于人生的辉煌阶段，可是我们的身体是诚实的，健康的状态不会欺骗我们，越来越多人在人生最美好的阶段，处于身体亚健康、脱发、焦虑的状态，耗空了自己革命的本钱。

我的一个学生，很早之前就跟着我听课，一路走来，我看着他从一家公司的高管到创业成为老板。

如今人人叫他一声王总，事业有成的他却开心不起来。王总创业到现在也有七八年了，以前总觉得为别人工作很累，创业之后才发现，原来当老板才是最累的。自从创业以来，他的时间变得完全不自由，有时候累得睡不着觉，甚至有点怀念以前给别人打工的日子。

在创业的几年里，他拥有自己的团队，也打造出了自己的口碑，可他经常工作到深夜，聚会应酬也不间断，就连好好休息一天都是奢望，更别提度假和陪伴家人了。本以为熬过创业初期就好，没想到这样的状态一直持续到现在。

前段时间，王总觉得自己的身体有点不对劲儿，他经常会头痛，睡眠质量很差，做一点事情就会觉得很累。有一次心慌气短不得已去医院，医生告诉他，他的身体机能下降，属于亚健康状态，需要好好休息一段时间。

生活中像王总这样的人有很多，他们总是处于忙忙碌碌的状态，自己并不觉得这种生活方式有什么不妥之处，直到身体健康出现了危机，被医生要求改变生活方式才开始反思自己的生活。

总有一些极为优秀的人，他们的成功不是以牺牲自己的生活为代价，他们将自己变成了真正的人生赢家。

扎克伯格是世界上最大的社交网络公司 Facebook 的 CEO。他的名字一般和巴菲特、比尔·盖茨相提并论。

科技公司的 CEO 自然是非常忙的，他早上八点就开始工作，一周工作 50 ~ 60 小时，而我们一般人是每周工作 40 小时。

忙碌的事业并没有让他的生活失去光泽，锻炼身体、到处旅游、陪伴家人甚至学习普通话，一样都没有落下，他是妻子眼中的好丈夫，女儿心中的好爸爸。

扎克伯格认为，工作和生活并不是不可协调的矛盾，关键是在对立中找到统一。

相信即使是对于那些工作狂来说，能够在拥有事业成就的同时拥有美满的生活也是一件幸事。只是我们大多数人在过“王总式”的生活，认为“扎克伯格式”生活是源于他们拥有足够的财富。

人们总是安慰自己，等我们实现财富自由，如今的苦难都将消失。

还有一些人，会被欲望牵扯，向往更高的成就，但是却又不够自信，他们害怕停下来，哪怕是片刻的歇息。他们是生活的战士，神经时刻紧绷，只为保持自己的竞争优势，感叹“人在江湖，身不由己”的同时，自己渐渐变得麻木。

实际上，随着负重越来越多，很多人自己不愿意去寻找理想的生活状态，不为之付出努力，最后往往变成了一个“吃不到葡萄，抱怨葡萄有点酸”的人。聪明的人，不会为了面包放弃诗和远方，他们懂得将面包变大，也让远方更远。

其实，“难做到”不代表不需要做。需要做但是不去做，是因为“难做到”所以给自己找借口。平衡工作和生活，关键是把

握两者的节奏，找到两者的平衡点，探索出自己的节奏。

当我们用心去平衡工作和生活的时候，会发现人要先懂得享受生活，才能去平衡工作和生活。享受生活不同于干事业，付出巨大努力，变得无比优秀，它更多的在于一个人的心态，毕竟每个人都拥有享受生活的权利。

从今天起，开始注意自己的生活：

1. 学会给自己放假。

许多企业家认为，老板比员工承担得更多，员工有老板做支撑，可以放心休假，而老板背后只有自己，没人可以给自己放假，于是索性也就不再期盼休假。其实，这是我们片面解读了假期的含义。

假期真正的意义在于放松身心，长假期也好，短假期也罢，凡是能够为我们赶走疲惫、补充能量的都可以算作我们的“假期”。

如此定义假期，假期似乎也可以是我们在工作中遇到了开心的事，也可以是闲暇时听了一段愉悦身心的音乐，也可以是回到家里感受温馨的家庭氛围……

类似的娱乐自身的方式还有很多，不拘泥于特定的放假时间、娱乐形式，我们会发现，每个人都可以掌握生活的主动权，自己为自己放假。

生活中总是有着这样那样的小确幸，只不过我们疲于奔命，总觉得这些小事甜度还不够，不足以消除生活的苦，慢慢地就忽略了它们。

其实生活的苦涩哪里能够完全消除掉呢？因为苦涩，微微的甜也变得弥足珍贵，因为微微的甜，苦涩也变得有滋有味。不妨试着去体悟生活中的小美好，放大它们的作用，舒缓紧绷的神经，丰富自己的生活。

2. 当断则断。

摒弃那些影响自己生活质量的东西和习惯。我们总是很忙，被各种各样的事情牵扯着，很少有人统计过自己的忙碌是否有意义，自己的时间都去哪儿了。

比如，在这个电子产品泛滥的时代，我们逐渐变得离不开手机。很多人一会儿没看手机，就以为自己会错过什么重要的东西，然而很多时候，手机上的消息大多数是可有可无的，除了消耗我们的心神，并不能为我们带来什么。

很多人的休息时间在手机上度过，上网看看八卦新闻、朋友圈，将所有的资讯都刷一遍，耗到很晚再睡觉。这种浅层次、被动的放松，既不能丰富精神世界，又不能滋养心灵，还无端地消耗我们不少时间。

我们想要提升生活的质量，需要断绝这种无谓的消耗，改变自己的习惯。当然完全地抛下手机也不现实，我们可以在一天中那些并不忙碌的时间里，放下自己的手机，花心思做点有意义的事情。

当然，手机只是一方面，当断则断是断绝那些我们不需要的东西，给生活做减法。将自己生活的节奏变慢，我们才能在生活中处于享受的状态，舒缓因为工作造成的疲惫，集聚精力去做别的事情。

也就是说，生活的节奏不必和我们工作的节奏保持一致，生活重在和谐美满，这样才能为努力工作的我们充电。而想要拥有美好的生活，则需要我们匀一些时间和精力给生活，保持对生活的探索。

一个人的精力是有限的，如果每天的工作都处理不完，很容易没有心情去体味自己生活中的美好，高效的工作为我们提供更多可以支配的时间，使我们更容易平衡自己的工作与生活。

聪明人从不用蛮力

有句话说得好，如果想要取得比别人更高的成就，就需要比别人付出更多的努力。天道酬勤，足够勤奋得到的结果总是不会太差。但是我们想一想，人的精力、能力都是有限的，并且有着一定的差距，如果只用蛮力，我们就会被那些比我们资本更雄厚的人打败。

在自然界中，人要比那些猛兽弱小得多，但是最后统治世界的却是人类，这一切源于人比其他生物更具智慧，能够在更强大的力量面前保护自己，并且将那些强大的力量为自己所用。如何使用力量其实远比你有多少力量重要得多。

还记得举鼎而亡的荒唐君主嬴荡吗？身为一国之君，却只知道使用蛮力，当自己的蛮力不够用了，便彻底地失败了：

秦武王嬴荡勇猛无比，他崇尚武力，看轻文人，凡是勇猛好斗的人都能够得到他的重用，那些善于谋略的人则遭到冷落。生性粗直的秦武王，处理起事情来总想着依靠武力解决。

秦武王四年（前 307 年），秦国攻占韩国重镇宜阳。秦武王带着他宠信的武将到宜阳巡视，然后直入洛阳，窥探周王朝的情况。

周赧王派遣使者在城郊迎接秦武王，使者告诉秦武王，周天子会在王城迎接他，然而秦武王却对太庙中的宝鼎产生了兴趣，执意要率先看一看宝鼎。

一进入太庙，就看见九个龙纹大鼎一字排列，龙纹鼎象征着九州，有一统天下之意，且华美威严，不知道到底有多重。秦武王赞叹不已，他指着其中一个鼎说："这是雍州鼎，代表秦国，寡人要带回秦国去。"

秦武王挑衅的意味很明显，守鼎的官员回答道："这鼎自从立在这里，再也没有人动过，没有人能将鼎举起来。"想要以此为借口，拒绝交出宝鼎。

秦武王为了得到宝鼎，让随从去举鼎，结果只是微微抬起而已。好用蛮力的他，执意要亲自举鼎，他的随从们只有一个叫任鄙的人劝他三思。

结果，秦武王不肯听从建议，真的将鼎举了起来，但是身体因为承受不住鼎的重量而遭到损伤。一国之君就此丧命。

秦武王想要得到宝鼎，借此灭周王室的威风，其实有很多办法可行，可他偏偏选择了出力最多、风险最大的方法，竭尽全身之力举鼎，放下鼎时力气已经用光，最后惨死鼎下，这就是在使用蛮力做事。

很多时候，我们使用蛮力去工作，看似努力，最后的效果却不理想，其实自己不能将自己的精力合理分配，使自己在工作中不断被消耗。有技巧地做事，是懂得掌握工作的节奏，使工作更具效力。

有一个年轻人到山上工作，每天到森林里去砍柴，他非常努力地工作，在别人休息的时候，他依然还是非常努力地砍柴，非得到天黑，否则绝不罢休，他希望有朝一日能够成功，趁着年轻多拼一拼。

来了半个多月，年轻人竟然没有一次能够赢过那些老前辈，明明他们在休息，为什么还会输给他们呢？年轻人百思不解，他以为自己不够努力，下定决心明天要更卖力才行。

结果隔天的成绩反而比前几天还差。这时候，有个老前辈喊这个年轻人过去泡茶，年轻人心想：我的成绩太差了，哪里有时间去休息呢？便大声回答："谢谢！我没有时间！"

老前辈笑着摇头说："傻小子！一直在砍柴都不磨刀，成绩不好迟早要放弃的，真是精力过剩。"

原来，老前辈利用泡茶、聊天、休息的时候，会在一边磨刀，因此很快就能够把树砍倒。

老前辈拍拍年轻人的肩膀说道："年轻人要努力！但是要记得省力，千万可别用蛮力！"

磨刀不误砍柴工。在工作时，不是只明确自己要做的事情就可以了，匀出少量的时间来，为工作做些准备工作，再去工作时，会发现工作更加顺利了。提升自己的技巧、能力，才会有时间做你应该做的事情。

在工作精力的分配上，还要给那些能使我们进步的事情留出时间。人们通过工作获得报酬的同时也通过劳动获得成长。想一想经营企业的自己，如今挣到属于自己的财富，是不是也会调侃自己一句，当时年轻不懂事？

所谓成长，不过是我们比别人经历得更多，学到得更多，聪明人懂得先别人一步变得更有能力。

有这样一则故事，戏说年轻人的刻板，其实其中也有我们每个人的影子。

有个学习物理的年轻人，十分聪明好学，做起事情来十分认真。物理学离不开做实验，他每天待在实验室里，甚至在别人休息的时候，还在做实验。

一天晚上，已经是深夜了，实验室还亮着灯。一位知名的教授路过实验室，看到正在埋头做实验的年轻人，奇怪地问道："这么晚了，为什么你还不休息？晚上还在做实验，你白天在做什么？"

年轻人回答道："白天也在做实验。"

教授听完年轻人的回答，说道："勤奋是好事，可是白天晚上都在做实验，你什么时间去思考呢？实验本身就是为了验证我们思考的结果啊。"

如今我们早已脱离学生时代，生活中重要的事情是做好自己的工作，经营好自己的事业。试想一下，如果作为企业的经营者，每天盯着业绩，处理各种问题，但是从未思考过企业为什么会出现这样那样的问题，从未为企业的未来思考一下，企业什么时候才能变强呢？

当我们懂得合理地去分配自己的精力，便会更加懂得如何经营自己、经营事业。人不仅要懂得如何使自己得到提升，还要懂得如何施展自己的能力。我们常说“高调做事，低调做人”，其实就是懂得收放的生存智慧。

聪明人懂得在低调中修炼自己，尤其是当我们还不够强大时。低调是我们要谦卑，修炼平和的内心，韬光养晦，给自己争取更加有利的外部环境。

我们在经营企业的过程中，都想要成就属于自己的事业，但是中小微企业自身规模还不够大，作为经营者其自身的成长还有很长的路要走，这时候学着“低调做人，高调做事”，便能免去很多烦恼，为事业增砖添瓦。

《三国演义》中，落难的刘备与曹操煮酒论英雄：

刘备投靠曹操之后，心中的壮志仍然没有消失，他为了掩人耳目，选择每天在菜园里干农活。关羽和张飞很不理解，认为他不应该每天为这些小事操劳，刘备安抚了两人一番，依旧每天侍弄菜园。

一天，关羽、张飞不在，刘备正在菜园浇菜，曹操派人带刘备去见他，刘备大惊失色。等他入府见到曹操，曹操笑着说：“你在家做大事啊！”刘备更是面如土色。

紧接着曹操拉着刘备的手，走到菜园，说：“玄德学习园艺不容易啊！”刘备听了才放心，回答说：“没事消遣罢了。”

曹操又说自己因为看到青梅，想起往事，想与刘备一同品尝，邀请刘备到小亭中，二人对坐，开怀畅饮。

酒至半酣，天空下起雨，曹操借着云雨的天气与刘备探讨起当时的英雄人物。刘备推托不得，只好点评起当时已经具备一定实力的袁术、袁绍、刘表、孙坚、张绣、张鲁等，夸赞他们的过人之处。曹操则指出这些人的不足之处，直言："这些人还称不上英雄，能够称得上英雄的也就是你我二人。"

此时刘备心中大惊，恰巧天空中雷声滚滚，他将筷子和勺子掉落在地上，佯装被雷吓到。曹操笑着说："大丈夫也怕打雷呢？"

刘备回答说："圣人听到刮风打雷也会变脸色，何况我呢？"

由于刘备的一系列怯懦表现，曹操才对他放下了戒备之心。

煮酒论英雄的真假我们不得而知，但不可否认的是，刘备的确是一个谦逊低调的人，从卖草鞋到成为蜀国君主的路并不平坦，低调做人、韬光养晦方能保存自己。

低调做人的同时，别忘记高调做事。厚积是为了薄发，只有将事情办得漂亮，我们的低调才能为人所欣赏。

《史记》中记载：

战国时，秦国出兵攻打赵国，包围赵都邯郸，情况十分危急，于是赵王派平原君前往楚国，请求援救。

平原君打算在其门下食客中挑选出二十个文武人才一同前往，但只挑选出十九个，剩下的都不符合条件。这时，有一个名叫毛遂的人，主动向平原君自我推荐，请求加入前往楚国的行列。

平原君问："你在我门下多久了？"

毛遂回答："三年了。"

平原君说："一个真正有才能的人，就好像一把放在袋子里的锥子一样，立刻就会显露出锋利的锥尖。而你在我门下三年，我却没听说过你有什么表现，你还是留下吧！"

毛遂说："我现在自我推荐，就是请求你把我放进袋子里，如果早点有这样的机会，那我就不只是露出锥尖而已，而是早就显露出才能，锋芒毕露了！"

平原君觉得毛遂说得有道理，就答应让他一同前往。

到了楚国，平原君和楚王会谈，从早上到中午，都还没有结果。毛遂于是持剑走到楚王面前，极力说明赵、楚联合抗秦的利害关系。

楚王终于被说服，答应赵国愿意出兵援救。于是两国当场歃血为盟，誓守联合抗秦的盟约。

毛遂这次不仅帮平原君完成任务，也为国家立下功劳，让大家对他刮目相看，平原君因此待他为上宾。

毛遂自荐之前，在众多宾客之中根本不显眼，他的含蓄内敛反而让人误以为他本来就没有什么才能。可当他显露出自己的才华，成功说服楚王之后，所有人都改变了对他的看法。

真正的聪明人从不用蛮力做事，他们懂得以技巧取胜，用有限的付出博取更大回报，纵使前方有千斤巨石挡路，也能用四两绵力拨开。

想要变成一个聪明人，我们既要懂得如何做人，又要懂得如何做事。俗话说，十年树木，百年树人，做事之前先要做人。

向阳生长，生活才会洒满阳光

拥有积极心态的人，精神也会更加强大，无论遇到什么样的困难，他们都不会被吓倒，能够时刻保持清醒，积极寻找对策。他们信念坚定，总是把事情往好的方面去想，因而能够抓住机会，解决那些生活中的难题。

有一天，某个农夫的一头驴子不小心掉进一口枯井里，农夫绞尽脑汁想办法救出驴子，但几个小时过去，驴子还在井里。

驴子痛苦地哀嚎着，希望主人能快些想出办法将它救出去。

最后，这位农夫决定放弃，他想这头驴子年纪大了，不值得大费周章去把它救出来，不过无论如何，这口井还是得填起来。

于是农夫便请来左邻右舍帮忙一起将井中的驴子埋了，以免除它的痛苦。农夫的邻居们人手一把铲子，开始将泥土铲进枯井中。

没想到刚开始哭得很凄惨的驴子安静了下来。农夫好奇地探头往井底一看，眼前的景象令他大吃一惊：当铲进井里的泥土落在驴子的背部时，驴子的反应令人称奇——它将泥土抖落在一旁，然后站到铲进的泥土堆上面！

就这样，驴子将大家铲倒在它身上的泥土全数抖落在井底，然后再站上去。很快，这只驴子便上升到井口，然后在众人惊讶的表情中快步地跑开！

被困在井中，对于驴子来说，没有人帮忙，自己必死无疑。处在井中的驴子，无论在什么时候，始终都相信自己的主人会救自己出去，所以在驴子的眼中，那些填埋枯井的土，是可以救它的。

生活中，我们也会被逆境包围，我们急切地想要解决问题，却发现自己无能为力，这时候，我们很容易处于一种焦虑的心态之中，慢慢被消磨意志。经历过逆境的人会发现，越是焦虑困难就越多，并且难以解决，令人感到窒息。

像驴子那样，在困境中始终保持积极的心态，在困难面前我们就能保持清醒，抓住走出逆境的机遇，进而摆脱现状。

生活中，我们会像驴子那样遇到极大的挑战，但那不是人生的常态，更多人的生活其实充斥着鸡毛蒜皮。人们就是在这些鸡毛蒜皮里，逐渐失去感知幸福的能力。挺过了生活的大风大浪，最后却渡不过淌水的河。

很多人很疑惑，明明生活条件变得越来越好，可却很难过出滋味，其实人活的就是一个心境，生活讲的就是一种心情，与财富、环境、年龄无关。

正所谓“世上本无事，庸人自扰之。”活得开心与否，取决于自己的心态，用积极的心态看事情，生活往往洒满阳光，坏事也不一定是坏事；消极的心态看事情，生活处处是磨难，好事也会变成坏事。

有一个老妇人，她有两个儿子，一个卖布，一个卖雨伞。

雨天的时候她担心卖布的儿子生意不好；晴天的时候她担心卖雨伞的儿子生意不好，于是她整天闷闷不乐。

有一天，一个人对她说：雨天你就想卖伞的儿子生意好，晴天你就想卖布的儿子生意好。于是老太太就天天快乐了起来。故事告诉我们，想事情有时候换一个角度就会大不一样，要学会变通。

人活着就是为了生活得更快乐，更幸福。幸福的生活很容易，只要你保持一种积极、愉悦、乐观的心态。当我们拥有积极的心态，会发现这样的心态能帮助我们向阳生长，更具力量。

生活并不总是一帆风顺，当不幸来临时，积极的心态是一个人战胜一切艰难困苦，走向成功的推进器。积极的心态，能够激发我们自身的所有聪明才智；使我们看到希望，保持进取的旺盛斗志。

困境中，当我们怀有希望，抓住这种希望，把它当作动力，就能够在困境中崛起。历史上许多伟大人物都是在困境中顽强奋斗并做出成就的。他们的一大优点就是，以乐观的心态直面挫折。

历史的道路不完全是在田野中前进，它有时穿过尘埃，有时穿过泥泞，有时横渡沼泽。那些在历史长河中奋力书写奇迹并致力做成一项大事业的人，面对困难和挫折，总是怀有事情还会有转机的乐观心态，才得以战胜挫折，争取成功。

乔致庸是清末大商人，在他经营票号生意的时候，一心想着为全国商户解决银两运输问题，实现“汇通天下”的宏愿。可惜，这样的做法触及了朝廷的权力，乔致庸因此被捕入狱。

他在监狱中被殴打成重伤，可依旧没有放弃“汇通天下”的事情。几经周折，乔家变卖了所有产业，花重金将乔致庸从监狱之中解救出来。面对一贫如洗的乔家，乔致庸并没有灰心，反而认为这是一次绝好的机会，现在乔家所有的产业都没有了，那他正好可以一心一意去做“汇通天下”这件事了。

于是，乔致庸花费心思找到潘为严，他知道潘为严是一个做大事的人，也有着“汇通天下”的理想。潘为严原本以为死里逃生的乔致庸应该会一蹶不振，应该会因为失去乔家产业而痛心，可是让他万万没想到的是，乔致庸不但没有一丝痛惜，反而越发有精神，这种宽阔的胸怀是常人所不能及的。因此，潘为严当即答应乔致庸的请求，成为乔致庸“汇通天下”事业的合伙人。

如何拥有积极的心态呢？

①积极的自我暗示。

经常地说一些正能量的话，慢慢转变自己悲观消极的态度。比如，当我们因为工作感到疲惫时，尽量不去吐槽工作带来的疲劳，而是强调积极的一面，试着将“今天太累了”改成“终于忙完了，心里轻松多了”。

我们面对事情积极的一面忽略消极的一面，时间久了就会发现，似乎生活中的烦恼也没有那么多。

②跟乐观的人在一起。

情绪是可以传递的，快乐是会传染的。生活中我们会发现，那些具有积极心态的人，身边总是环绕着欢声笑语，与他们相处会感到十分的舒适。当自己不够乐观的时候，我们可以借助外力，感受那些乐观的人带来的正能量。

③培养自信心。

一个不够自信的人，遇到事情就很容易采取逃避的态度，很多时候，越是逃避，困难就越是强大，让人陷入困境的旋涡。不够自信，即使我们遇到了好的机遇也难以把握，因为我们不相信我们能够做得很好，所以不愿意去把握机遇。

培养自信心，是从内心中尊重自己、看好自己，努力使自己变得强大，用足够的自信建立积极的心态。

一个人的心态决定他如何做事，积极的心态帮助人更好地做事。当一个人怀着积极的心态，努力拼搏的时候，还要记得学会知足，懂得珍惜。毕竟人生的路还很长，懂得知足才能走得更远。

知足常乐者懂得珍惜

知足是懂得适可而止。适可而止是在贪欲面前停步。

身处世间，你我皆是俗人，总有太多的诱惑围绕在我们周围。人的欲望也总是无穷无尽，永无止境的，总是得到一点，还想要更多。欲望就像一个万丈深渊，在贪欲面前不能止步的话，最终都会跌得粉身碎骨。

人需要有追求，但要懂得控制好欲望的深浅，贪多嚼不烂。面对欲望，要懂得适可而止，要懂得考虑他人利益。

春秋时期范蠡、文种帮助越王勾践争霸天下，范蠡适可而止急流勇退得以保全性命；文种不懂最终殒命。

适可而止，是在贪欲面前止步，是对自我的保全。欲望，是进步的阶梯，同时也是深渊的阶梯，不懂得控制贪欲，不知道适可而止，只能害了自己。

在生活和工作中，都需要与人交往，都要与人合作，利益总是不对等的，但不管如何，只考虑自己利益，一味争胜到底，忽略对方感受和利益，最终都只能两败俱伤，或者一拍两散，再无来往。

做人做事，不能只为自己考虑，对自己的利益要懂得适可而止，懂得为他人着想，多一些关爱，少一些抱怨，多一些理解，少一些指责。凡事顾全大局，把握好尺度，以和为贵，适可而止，这样才能皆大欢喜。

不贪心的人懂得适可而止，懂得将自己的人生调试到最好的状态。

知足是不再急于求成，适可而止，是急于求成前停步。

人总是希望有进步的，也总是愿意为此付出努力的。但进步不是说你付出越多就能得到越多的。每个人都要为梦想而努力和坚持，但一定要记得在努力和坚持的过程中，需要适可而止，而不是拼尽全力。

每个人都有为梦想坚持的理由，一个梦想追了几年十几年还没看到影，那么就要懂得适可而止，而不是拼尽全力不留退路。追梦的人多如繁星，但成功者却寥寥无几。要懂得自己的实力和方向，盲目的执着，只能是弓折箭弯，痛苦一生。

有时候我们为梦想拼尽全力，心力交瘁，却在不知不觉中用力过猛。事实上，好的人生其实不需要多么光鲜的门面，多么耀眼的光环，反而是需要懂得适可而止，放弃实现不了的梦，人生才会豁然开朗。

正如我们手握沙子，握得越紧，沙子掉得越多，适时放松手掌，才发觉沙子握得更多。我们出拳已到极限，力已竭还是直打出去，其实没什么用处，只有缩回拳头，再次出拳才能更有力量。

适可而止，不是退步，而是另外一种形式的前进。我们渴望成功，所以很容易急于求成，所以总是不遗余力，总是倾尽全力，但总是事与愿违。就是不懂得收敛，不懂得休息，不懂得适可而止。

凡事都要循序渐进，不可急于求成。如果一味地追求速度，逆事物发展之道而行的话，最终只能是适得其反，离目标越来越远。想要快速谋成事，想法固然不错，但不讲方法，急于求成，效果必然不佳，让自己大失所望。

一位一心想早日成名的少年拜一位剑术高人为师，他迫不及待地问师傅多久才能学成。

师傅答曰:“十年。”少年又问如果他全力以赴,夜以继日要多久。师傅回答：“那就要三十年。”少年还不死心，问如果拼死修炼要多久，师傅回答：“七十年。”

少年可谓是不惜一切想尽快成功，可在师傅的眼中，他越是着急就离自己的目标越远。其实少年拼尽全力想要成功的状态是我们很多人的生活写照，我相信很多人都如少年一样，不明白为什么越努力越难成功。

在我看来，这其实不是努力的过错，是人心态的问题，当一个人完全被渴望成名成功的思想所占领，没有平和的心态，反而欲速则不达。

除了追求成功，这样的心态还直接影响我们做事。

天色渐晚，一个卖橘子的人想赶在城门关上之前进城。小贩问一位路人，他要什么时候才能抵达城门。

路人回答说：“如果你慢慢走，关门之前能到达。如果你走得很快，就到不了了。”小贩感到很奇怪，没有理会路人的话，开始快速赶路，却因走得太急，打翻了橘子，不得不停下来捡拾满地的橘子，最终没能在关城门前到达。

仔细想想，很多时候我们都在急于求成，去超市排队结账的时候，总是换来换去，寻找速度最快的队伍，但是往往最后我们并没有节省时间，反而还浪费了很多时间。这就是不知足，所以总是处于一种焦虑、渴求的心态之中。

知足是不执着于追求完美。适可而止，不求圆满。

世间没有十全十美的事，但是人们又渴望得到的更多。其实我们忽略了残缺也是一种美，更是生活的一种方式。

俗语说：吃饭只吃八分饱，倒茶只倒七分满。都知道吃饭吃得太饱，就会撑着，吃八分饱可给肠胃的运动留有空间，反而有利于健康。倒茶也是同样的道理，喝茶都是烫的，如果太满就容易溢出来烫着喝茶人的手，所以倒茶的时候不倒满。

现实中很多人追求圆满，认为事情要做得完美无缺才是好的，殊不知做得太满反而让事情得不到圆满。适可而止，看似断绝了圆满之路，实际上却是圆满另一个方式的实现。

生活中也是如此，行事要把握分寸，说话要留有余地，认清自己，调整自己。为人不必追求圆满，做事不可苛求完美。人生求半，花看半开，酒饮微醺，好的人生就是要懂得适可而止。

我有一个学生，我们在一起聊天，说起一路走来创业的不容易，他讲起自己早年间的经历：

这个学生性格比较内向，刚刚步入社会的他，没有工作经验，也不知道自己适合做什么，十分迷茫。

他找了一个礼拜的工作但是都收不到回信，于是，他什么职位也不挑了，只要是一份工作能够要他，他就去上班。

抱着这样的心态他找到了一份销售工作，在能说会道的销售和客户面前，内向的他显得很笨拙。他相信勤能补拙，在公司他永远都是那个拨出电话最多的人，但是他却是唯一一个一单都没有签的销售。

面对每天早上的早会，面对黑板墙上的业绩汇报总额天天是零的情况，他不知道自己到底错在哪里，他明明已经很努力，但是依旧改变不了不签单的实际情况。

在他入职公司三个月还是零业绩的情况下，他辞职了，这段工作经历对于他来说，影响很大，因为失败的挫败感，时时都围绕在他的身边。

这件事情之后，他愈加发现自己性格的别扭，他一直觉得自己还算是上进的人，只要能改变他懦弱内向的性格，那么他就成功了。

在随后的工作中，他一直都想要弥补自己的缺点，但是这让他每一天都活得非常累。

后来他拥有了一定人脉和资金，选择了自己创业，脱离了销售岗位，发现自己在很多方面都还做得不错，并且越来越有成就感，日子也过得越来越舒心。

追求极致的完美，是一件非常折磨人的事情，追求极致完美，是我们在放弃自己的优点，而弥补缺点的过程。如同“木桶效应”，我们总是想要将短的那一根补齐，但是在修补过程中，我们只会耗费大量时间，最终变成一个最为平庸的人。

所以补齐短板，还不如将自己的长处发挥到极致。在职场中，只要自己某一方面做得足够拔尖，这就会成为自己职场上受人尊重的标签，就会因为自己的这一个长处而获得尊重，甚至是升职和加薪。

我们对于自己的短板，要努力去克制，努力去补齐，就算是补不齐，也不必太过沮丧。因为只要我们懂得去控制自己，那么短板就不算是短板。

追求完美，失败的挫败感会吞噬一个人的自信心，而挑战自己一直以来的短板，本就是一件非常不可取的事情，这个世界对性格外向的人格外优待，但是不见得性格内向的人，全部都应该去将自己变成一个性格外向的人。

放下自己对于极致完美的追求，放下自己对于自己的执念，唯有如此，你才能最终真正获得生活所赐予你的生命的美好。

因为不贪、不再急于求成，不再追求圆满，我们变得更加懂得珍惜，懂得知足常乐。当我们学会做人，拥有好的心态，就可以放手去做事。在这之后再去想着如何将事情做好。

没有效率是因为你没有目标

做事不能没有效率，而目标是影响做事效率的关键因素。有人会说，自己明明目标明确，可是就是没有效率，总是达不到想要的结果。其实对待事情，我们通常难以做到具体情况具体分析，因此才会导致效率低下。

想一想平时自己所设定的那些目标，总是会有大小、高低的区别。那些小的目标，通常比较容易实现，而那些较大的且耗时耗力的目标，则充满变数，这时候我们需要懂得拆解目标。

当一段路太长太远，走起来就会很累，把它拆解成一个一个的小目标，不去看路的尽头，精神集中在这一个一个的小目标上，当我们轻松完成所有小目标时，这段看似漫长的路已经被我们走完。

我们也许没有能力一次就取得最终的成功，但我们可以积累无数个小的成功，即使看似无法解决的困难，被分解之后，解决起来也轻而易举。

罗马不是一天建成的，我们在面对复杂的大规划、大项目时，要有耐心，从微小的局部开始，一步一步做起来。等将局部的问题都解决以后，你会发现，大目标也指日可待了。

有这么一个著名的心理试验：

一位心理学家将试验者分成三个小组，每个小组被要求分别向着距离起点 10 千米的村庄前行。

第一个小组出发时，心理学家没有告诉他们村庄的名字，也没有告知他们路程的远近，只说让他们跟着向导走，直到向导停下来。

才走了两三千米路程，就有人开始叫苦叫累；走到将近一半的路程时，有人开始抓狂发怒，抱怨说这是什么鬼试验，为什么要让他们走这么远的路。

有人拉着向导问什么时候才算走到头，有的人干脆找个地方坐下来不走了……越走人们的情绪就越低落，只有一小半的人坚持走到了目的地。

第二个小组出发时，心理学家把要去的村庄名字和路程的远近都告诉了参与试验者。但是行进的路上没有竖立里程碑，他们只能凭借自己的经验来判断当前的位置和距离。

走完一半路程时，大多数人都想知道已经走了多远，有经验的人估摸着说大概走了一半了。

听到这样的答案，大家又继续向前赶路。当走完将近 3/4 的路程时，大家的情绪都低落起来，都觉得全身上下疲惫不堪，抬头望去，前路漫漫无尽头。

此时，有人说“快到了、快到了”，闻言，大家的精神振作起来，前进的速度也随之加快。最终，整组的人都坚持走到了目的地。

第三组人出发时，心理学家把他们要去的村庄名字和路程的远近告诉了参与试验者，而且，还在公路两旁设置了里程碑，每隔

1千米都能看到里程提示。

试验者一边走一边看里程碑，每走完1千米，人群中就会响起一阵小小的欢呼声。大家边走边谈，人群里不时地传出欢声笑语，甚至还有人唱起歌。

一路上，大家都维持着高涨的情绪，很快就走到目的地，没有一个人在路上有过抱怨之词，也没有一个人掉队。

一个人没有目标，肯定不能成功。但是如果设定目标过大，很长一段时间仍然达不到，就会让人觉得非常疲惫，继而容易产生懈怠心理，甚至可能会认为没有成功的希望而放弃追求。

生活有岁月静好的安然，也会有跌宕起伏的磨难，我们在摸索中前行，度过一个又一个的坎坷，当我们撑不住的时候，目标就是最好的激励。设定好自己的目标，其实就是给自己指明了努力的方向，使我们不再迷茫，不再轻易放弃。

很多时候我们容易向困难低头，是难以忍受黎明前的黑暗，看不到方向，最后错过了成功。

1952年7月4日清晨，加利福尼亚海岸下起了浓雾。在海岸以西21英里[①]的卡塔林纳岛上，一位43岁的女人准备从太平洋游

① 1英里≈1.609千米。

向加州海岸。她叫费罗伦丝·查德威克。

那天早晨，雾很大，海水冻得她身体发麻，她几乎看不到护送她的船。时间一个小时一个小时地过去，千千万万人在电视上看着。有几次，鲨鱼靠近他，被人开枪吓跑。

15小时之后，她又累又冻得发麻。她知道自己不能再游，就叫人拉她上船。她的母亲和教练在另一条船上。他们都告诉她海岸很近了，叫她不要放弃。但她朝加州海岸望去，除了浓雾什么也看不到……

人们拉她上船的地点，离加州海岸只有半英里！后来她说，令她半途而废的不是疲劳，也不是寒冷，而是在浓雾中看不到目标。查德威克小姐一生中就只有这一次没有坚持到底。

故事中的女人，不是不具备过海的能力，是因为没有方向，难以忍受折磨，最终失败。用目标指引我们的工作，因为有目标我们才能主动去做事，不被扰乱节奏，不会轻易放弃，当一切稳步进行，无论遇到什么坎坷，我们工作的效率也不会被拉低。

如何拥有清晰明确的目标？

①人贵有自知之明。

规划自己的人生，从了解自己开始。在制订人生规划时，必须准确地了解自己的兴趣、爱好、性格、脾气、能力、学识及潜质。看自己喜欢什么，适合什么，能胜任什么。

②志当存高远。

一个人的心胸有多宽，他生活的天地就有多广；一个人的志向有多高，他的能力就有多强；一个人的人生目标有多远，他的意志就能支持他走多久。

③目标宜明确。

一个人仅有远大的志向还不够，还要根据社会的发展和自己的实际情况，确定一个切实可行的奋斗目标。目标有近期和远期之分。近期目标就是目前的奋斗目标，远期目标就是未来的奋斗目标。目标要具体，要有可行性。

④拟订计划，落实措施。

有了明确的目标后，还要围绕目标拟订一个切实可行的计划，制订出落实计划的具体措施。

⑤随时调整自己，让自己的身心始终处于最佳状态。

放松身心，放弃成见，放下执着，随时准备接纳可能出现的一切。对于出现在自己面前的一切，不排斥，不拒绝，不轻信，不盲从，坦然地接纳，以善恶的标准去判断，去消化。

第5章

突破：

在改变中不断突破极限

没有局限，未来才会生机无限

一个人的局限说到底是源于自身意识的局限。世间万物都是客观存在，我们不知道、不明白的只是自己认识不到而已。人的认知是有限的，活在自己的思想局限中，我们便只能在有限的范围内做事，打破局限向外延展，了解更多，未来才会生机无限。

当一个人想要拥有一份自己的事业，找到自己的价值并不难，难的是在实现理想的过程中，会接触到自己以前很难接触到的东西，需要不断突破自己，将自己提升到更高层次。

很多时候，我们并不是不想成功，也不是不想努力奋斗，却往往会被一些阻挠所困扰。在受到阻挠后，我们会把这些东西归结为个人能力、外部环境或社会时代的局限。其实摆脱束缚的关键在于勇于突破心中的局限。

当我们向外归因的时候，会产生诸如“生死有命、富贵在天”的想法，做起事来也就失去动力和激情。

实事求是地说，局限是一定会存在的。每一个社会时期和历史发展阶段都会对人的追求起到一定的限制作用。这就要求我们在做事情的时候，考虑到社会和历史条件。但是，这并不是说当我们一遇到制约就退出或者转身。

绝大多数情况下，我们感受到的限制，只不过是自卑的心理为自己设定的障碍罢了。正是因为我们把自己放在一个狭隘的范围内，才会感到困难重重，从而产生“不可能”的思想。

一切困难和限制只不过是人的心障。因为害怕困难，我们就给自己设置了一堵墙，把自己关在墙内，不敢越雷池一步。其实，只要我们敢于打破这种心理的限制，就会发现，困难并没有那么可怕，成功也并没有那么遥远。

意大利人米什尼登上了珠穆朗玛峰后，受到全世界的关注，一些记者特地赶来采访他。

记者问道：“海拔8000米的高度被登山运动员称为‘死亡高度’，你是怎么做到在这氧气极为稀薄的死亡高度下不带氧气瓶成功登顶呢？”

米什尼回答说：“其实我的肺功能和一般人差不多。我只不过是想证明一下8000米的高度不是人的死亡高度罢了。当我登上8000米的高度时，我感到体力不支、呼吸困难，但是我觉得只要有信心，就一定能够突破这种局限。当然，我并没有鲁莽行事，而是每走一步都要停下来深呼吸20次，吸入维持生命活力的氧气后再继续。”

记者又问道：“别人登上高峰的时候都会携带一面自己国家的国旗，而您却掏出了一块手帕，这块手帕对您来说有什么重要意义吗？”

米什尼笑了，他说：“这块手帕并不是别人想象的那样充满浪漫情调，它不是我的妻子或情人送的，而是我从商店里买回来的。我掏出这块手帕在高峰上挥动，只是想告诉别人，我登上珠穆朗玛峰就像爬上自己家的屋顶那样普通。我不带国旗，就是想告诉人们，只要敢于突破心中的局限就能够登上这个高度，不管你是意大利人还是其他国家的人。”

人生所能到达的高度，往往就是人们在心理上为自己选定的高度。如果一个人心中从来没想过到达顶峰，那么他也就永远不会获得成功。

纵观历史，每一次创新，每一次新事物的出现，每一个平凡人的成功，都是突破局限的结果。假如所有人都把自己设定在狭小的范围内，那么我们的世界就不会是现在这个样子。

贫穷乡村里的两兄弟无法忍受贫困生活，决定去海外发展。哥哥来到美国旧金山，弟弟则跟着别人来到菲律宾。从此之后，兄弟二人天各一方，开始各自的生活。

四十年过去，兄弟俩终于又见了。现在的他们已经不再是当初的穷小子。哥哥在旧金山开了一家中式餐馆和一个杂货店，过上了小康生活。

他的孩子们都能自食其力，对他也非常孝顺。弟弟则成了身价上亿的银行家，他在东南亚拥有数量相当可观的山林、橡胶园和银行。

不管怎么说，两个人的生活都比四十年前强了许多，只不过，兄弟两人取得的成就却是天壤之别。原因是什么呢？

哥哥说："我们华人来到美国之后，因为人生地不熟，只能去干别人不愿意干的活。我们没有什么特别的才能，只能靠双手给人洗衣服做饭。别人不愿意做的工作，我们都做过了。也正是因为我们做了别人不愿意做的工作，才解决了基本的生活问题，至于事业，就真的不敢想了。因为想了也白想，根本就办不到。"

哥哥说完之后，长叹了一声，羡慕起弟弟的幸运来。

弟弟却告诉他："这个世界上并没有什么幸运。在离开家乡时，我就发誓要干出一番名堂来。我不缺力气，也有头脑，我相信总有一天能够成功。我刚刚来到菲律宾时，也从事一些收入低微的工作。不过，一段时间之后，我发现有些事情他们不敢想，更不敢做，我就感觉自己的机会来了，于是便做了他们不敢想、不敢做的事业。通过不断地收购和扩张，我的生意便逐渐做大。"

我们应该相信自己的能量，不能主观地自我设限。毕竟，很多事情的解决并不是我们的能力达不到，而是因为我们给自己设的"局"太小。

土耳其有句谚语："每个人的心中都隐藏着一头雄狮。"只要我们不对自己做出太多限制，不给自己设定狭窄的格局，就一定能够将不可能变为可能，让成功不再遥远，最大限度地实现人生的意义。打破小格局，突破自我限制，就能拥有更广阔的人生空间了。

打破局限，是我们不再限制自己的眼光，努力为自己争取机会。我们会发现，同样的事情，不同的人去做，结果不一样，为什么别

人能够比我们做得好，是别人想到的东西，我们想不到。

同样的道理，同样一个东西，把它放在不同地方，价值完全不一样。升维思考，会使我们发现本来没有关系的人和物，通过物与物之间的关联能力，互相之间能够产生有效的互动，从而突破性地解决问题。

突破自己的局限，站在不同的高度，看到的是完全不同的世界，这就是格局扩大的价值。

宋国有一家人擅长制造防止手皲裂的药物，他家世世代代都以漂洗丝絮为业。

有个客人听说有这种药膏，愿意出一百斤黄金收买他的药方。于是这个宋国人就跟全家人一起商量说：我们家世世代代以漂洗丝絮为业，只得到很少的钱，现在一旦卖出这个药方就可以获得百金，就卖了吧！

客人得到了这个药方，便去游说吴王。这个时候，越国侵犯吴国，吴王就派他带兵应战，正值冬天，吴军与越军水战，因为吴国的士兵使用了这种能够使手脚不被冻裂的药而打败了越国。

吴王割地封赏了这位进献药方的客人。

我们可以看一下，这个过程中，同样一个药方，有的人因此裂土封疆，有的人却只是用来为别人漂洗丝絮，而最大的受益者是吴王，因为他不仅打败了越国，而且获得了更大的利益。

同样的一件东西，在不同人的手里，价值完全不同，产生这种区别的原因是什么呢？其实，这就是格局。我们会发现，那些拥有大格局的人，往往比一般人懂得要多，所以拥有更大的格局，自身需要充实。

不断学习方能不断成长

在信息时代，就算是刚学到的知识也会很快更新。世界变化得很快，社会竞争十分激烈，要想自己不被时代抛弃，只有不断地充实、学习。

对于一个人而言，最重要的是保持持续学习的能力，保持对这个世界的好奇，并能快速将自己的所见所学运用到实际中去。

现在，早已不是那个经验至上的职场时代，而是万物互联的知识时代。

生活中有好多事，我们本来已经领先，于是开始慢慢地走路，可没想原本落后的人稍稍加把劲就追了上来甚至赶超了我们。职场中，安身立命的根本不是岗位，而是你的不可替代性。

持续学习的习惯一旦养成，将成为你一生的财富，短暂成功不算什么，持续奋斗的人才值得敬佩。

前段时间，网上有个热度很大的新闻：

某大公司聘请了一群退休的老年人，他们中有些人甚至已经80岁，公司特别为他们成立了一个特殊的部门。

不少年轻人感叹：找工作越来越难，老头老太们都在跟自己抢工作，甚至自己还抢不过他们。

经过调查才发现，这些老年人都是高学历的知识分子，退休前一直是单位的骨干，业务能力一直很优秀，退休后也与时俱进，学习年轻人喜欢的东西，努力与时代接轨。他们热爱锻炼，身体硬朗，上了年纪依旧富有活力，所以退休之后，仍然能够发挥余热。

反观如今不少二十出头的年轻人，对什么都提不起兴趣，随时随地"葛优躺"，除了头发没白，身心早就步入老年人的行列。

这样对比之下，"年轻人"自然没有"老年人"有竞争力。

人最怕的是身虽未老，心已老，不愿奋斗，辜负韶华。看看那些到了晚年，依旧具有价值的人们，我们得知道那些持续奋斗的人，他们的汗水从未白流。如今年富力强的我们，也许取得了一定的成就，可人这一辈子，不能因为阶段性胜利而放弃持续的奋斗。

越是优秀的人，越懂得学习的重要性，因此主动坚持学习，所以无论面对怎样的变革，他们总能迎风而上，在他们的人生字典里，别人眼中的中年危机从来就不存在。

商业奇才陆奇就是其中之一。

他曾经是美国科技行业职位最高的华人，被誉为"硅谷华人的传奇"。后来，他加入百度，担任集团总裁和首席运营官。

在百度期间，陆奇亲自操盘了公司从搜索到人工智能的转型业务，让百度重新焕发了生机和活力。

他的离职，让百度一夜之间市值蒸发近900亿，让很多人为之惊讶。要知道，陆奇除了是一个典型的工作狂人，更是一个懂得不断学习的人。

虽然每天几乎都是高强度的工作，而无论工作再忙，他每周都要坚持至少5个小时的学习，尤其是对前沿论文研究更是了如指掌。

除了以身作则，陆奇也会在各种场合告诉大家不要停止学习，在一次内部的工程师会议中，他讲道：

你们要坚持每天都要学习英语，让自己每天都要活得不一样。每个杰出的工程师，都要保持自己学习的能力。

把自己想象成一个软件、一个代码，今天的版本一定要比昨天的版本好，明天的版本肯定会比今天好。

那些持续学习的人，往往足够主动，他们有足够的自驱力，使自己变得优秀：

在美国，一位名叫约翰的年轻人想找份工作，遇上经济大萧条，工作很难找，怎么办呢？

他去一家公司排队面试，HR问他："你想要什么样的工作？"

他回答："你们所有职位中薪水最低的，因为我急需一份工作。"

就这样，没有任何关系的他进入这家工厂工作。

上班第一天他就意外受伤了，征得上司的同意后，当天晚上他留在公司，发明了一件工具，既可以防止工人受伤，又可以将工作效率翻倍。

尽管拿着最低的薪水，但他没有抱怨、没有偷懒，而是早早完成工作并多做一点。

然后提出要求："这个岗位已经不能让我的能力得到提升，请给我一个更有挑战的机会吧。"

换了你是老板，你会不会提拔这样切切实实为你创造利润的人？你会不会喜欢眼里有活的员工？结果可想而知。

入职 3 个月后，这位最底层的组装工人，一路升职加薪成为部门经理助理。然后他辞职了，他只想测试怎样从零开始走到重要岗位。他就是后来的美国石油大王洛克菲勒。

我们普通人不需要像洛克菲勒这样聪明，只要你眼里有活，愿意多做一点、创造价值，那就是在为自己创造机会。

"主动"是个神奇的词，今天多做一件你没做过的事，往后就多一件你能做的事。不得不说，机会从来都是留给有自驱力的人。

简单地说，自驱力就是发自内心想要完成某件事的力量。拥有自驱力的人，懂得化被动为主动，承担属于自己的责任，他们往往会走得比想象中更远。

如果我们事事应付，日复一日、得过且过，就算机会掉下来，我们也未必能掌控。

用知识武装出强大的自己

生活中充满了未知数，今天过得好不代表明天也好，因而很多人活得没有安全感。世界变化很快，我们必须抓住相对稳定的东西，才能沉下心来，过属于自己的人生，修炼强大的自己，应对生活的磨难。

什么东西最稳定呢？有人认为是房子和车子，有人认为是钱和人脉。俗话说，靠山山会倒，靠人人会跑，万事不如靠自己。

一个有能力的人，往往懂得用知识来武装自己。他们懂得在学习中历练自己，因为真正的强大不是匹夫之勇，是具备知识储备后的强大。

曹操任命典韦为都尉，安排在自己身边，让他带领亲兵几百人，常绕着大帐巡逻。典韦强壮勇武，带领的人又都是挑选出来的精兵，每次作战，经常最先攻陷敌阵。

典韦性格忠厚谨慎，经常白天在曹操身边侍立，夜晚在大帐附近歇息，很少回到自己的住处。

他喜好酒食，吃喝都是别人的两倍，每次曹操赐他酒食，他总是纵情吃喝，在旁侍候之人相继给他端酒添菜，需要几个人才能供应得上，曹操认为他非常豪壮。

典韦好用大双戟与长刀等兵器，军中给他编了军谚说：“帐下壮士有典君，提一双戟八十斤。”

曹操南征宛城张绣，张绣迎降。曹操甚为欢悦，便邀请张绣及其将帅，一同置酒高会。曹操行酒时，典韦持大斧立于其后，斧刃径有尺余，曹操所至人前，典韦都举斧追视。

酒宴至终，张绣及其将帅均不敢仰视。十余日后，张绣因曹操纳其婶，颇感耻辱，于是在贾诩的建议下，突然反叛，奇袭曹操之营，曹操被杀得措手不及，出战不利，于是率轻骑逃走。

此后，张绣谋反，想要杀死曹操。典韦拼死保护曹操，却奈何不敌张绣的大军。虽然在战斗中典韦十分勇猛，却被张绣用计抓住，并将典韦杀死。

典韦是有名的武将，其武力值在整个三国都算是佼佼者。然而，典韦的不足之处是勇猛果敢，但缺少智谋。

三国时期还有一个叫吕蒙的将军，虽然也是武将，但他与典韦有着天壤之别。吕蒙通过学习，拥有知识之后变得更加强大，能够统领更多的军队，从而在整个三国时期获得更大的功绩。

吕蒙是三国时吴国大将，他曾多次立下大功，却不爱读书。

于是孙权对吕蒙说：“你现在是大将军了，肩上担子很重，一定要多读读书，长点见识。”

吕蒙便开始读书，慢慢地，他发现书中有很多以前他根本不知道的东西。一次，他读到孙膑用“减灶计”诱使庞涓轻敌，最后打败庞涓的故事，感到眼界大开。

于是，吕蒙逐渐爱上了读书，在军务繁忙之余，他便一头钻进书堆里，如饥似渴地阅读古代的兵法和史书。几年下来，吕蒙的军事才能大有长进。孙权大为高兴，就让吕蒙担任大都督，统领全国兵马。

当我们懂得更多，学会得更多，能力更强后，自然就变得更加强大。知识扩充我们的能力，与此同时也充盈我们的内心，所谓见怪不怪，少见多怪。懂得更多知识的人，往往更加从容淡定，无论是在面对新鲜事物，还是全新的挑战时，因为强大所以无所畏惧。

我们得承认，知识让人脱离焦虑和恐惧，拥有应对风险的能力。比如，一个人在森林中迷路，如果他具备野外求生的知识，那么即便迷路也会让自己很好地活下去。如果他不具备野外求生的知识，那么或许只有死路一条。

知识的匮乏让多数人陷入恐慌，可能如今依旧有许多企业家，处在一个迷茫的状态，每天因为自己的企业生意不好而发愁，一筹莫展，只能干着急。

此时就会出现一个“怪圈”，企业家因为生意不好而发愁，越是发愁生意越是不好，生意越是不好越是发愁。每天过得昏昏碌碌，甚至会自暴自弃。其实，与其如此困扰自己，倒不如去外界扩充一下自身的知识，去寻求解决困境的办法。

强大自己最好的办法就是读书、学习。历史上有名的人物，无一不是拥有强大知识储备的人，如李世民、赵匡胤、朱元璋、康熙、乾隆等，这些历代君王无时无刻不在读书学习。

我们可能无法与历代君王相比较，但道理是相通的。学习是一个人进步的最有力保障，也是一个人开阔眼界、扩大格局的有效“武器”。

学习能武装出强大的自己，比所学知识更重要的是自己所拥有的强烈求知欲，去探索，去使自己不断变得更加强大。

始终具有强烈的求知欲

终身学习是时代要求，这个时代正在淘汰那些“懒惰”的人。俗话说，学习如逆水行舟，不进则退。目前我们生活的时代，竞争日益激烈，不学习、不成长终究会被淘汰。只有不断学习、不断成长，才有机会获得成功。

塔勒布提出著名的“黑天鹅理论”：非常不可能发生和无法预测的事件，存在于世界上每一种事物之中。

这个世界的每一件事物、每一个行业，迟早会迎来“黑天鹅”。一个人想要得到长足的发展，要着眼于未来。看到趋势、了解趋势，才有可能抓住机会。

随着高科技和人工智能的出现，以及5G时代的到来，技术变化迅速，如果自身不努力，终会被那些不断努力、不断学习的人所替代。这个时代，正在犒赏那些终身学习的人。

终身学习这只“黑天鹅”值得我们敬畏，如果想要不被你的行业淘汰，你必须终身学习。

我有一个学生，创业前他做过很长时间的产品助理，在日常工作中领导要求他还要做一部分运营的工作。最开始他对运营并没有很上心，毕竟本质还是产品。

但是后来他的工作涉及运营的地方越来越多，知识盲区逐渐变多，对工作也渐渐变得有点无从下手，此时他才认识到不学习的可怕，于是只好去询问朋友运营的有关知识，买很多资料埋头苦学。

最后费了不少工夫，终于充电完成，没有耽误工作。

自此以后，这个学生再也不拒绝学习。因为今天偷一会儿懒，迟早还是要付出更多的努力去学习。如今他早已经是一家公司的老板，每天坚持早起一个小时，看看书，学习一些新知识，充实自己。

一个人如果真的能做到终身学习，那么他将始终强大。只有真正的强大，才能长久立足和受人尊敬。想要变得强大，主动学习是一方面，另一方面我们还要懂得如何学习。

多学东西是为应对困难做准备，厚积才能薄发。做主动破壳的鸡蛋，而不是被打破的鸡蛋，需要我们具有一定的储备，未雨绸缪地多学习，为自己积攒力量。

这让我想起我的一个学生：

一般参加我课程的，大多是企业家，都关心经营，眼界和格局也都在一定的层次上。有一个学生使我印象深刻，第一次听课，他走到台前，与我交流，告诉我，他还只是一个中层。

这个学生坚定地要跟我学习企业管理，我好心提醒他，踏实一点，课程中有专门针对中层管理人员的部分。

学生坚定地告诉我：“老师，我在现在的公司已经工作很多年了，论资历比好多高层要深，我觉得自己的能力也不差，总是因为这样那样的原因没有得到好的发展，我想自己创业，这个梦想不会因为我仅仅只是公司的一个中层就磨灭，我缺少的是经营的知识。”

一番交流过后，我对学生超前的学习意识感到十分佩服。

后来，他如愿学完了所有的课程，如今已经是某分公司的负责人，与他同处于中层位置上的同事们都说他“不鸣则已，一鸣惊人”。

大雁懂得在冬天来临之前南飞，家雀懂得在生育之前建造好巢穴。哪有什么一鸣惊人，不过是早早做好准备。做任何事情，总是有备才能无患。提前学习，提前准备的人，就会比别人容易成功。

所以我们学习要趁早。所谓早，就是趁自己还有精力做事业的时候，努力地去做，不论自己岁数大小。不要停下来，即刻就开始，所有的努力，都将成为成就自己的力量，所有的学习都源自自己的需要。

一切存在严格地说都需要“时间”，时间证实一切，因为它改变一切。气候寒暑，草木荣枯，人从生到死，都不能缺少时间。

努力地学习，我们终将成就那个优秀的自己，成为强大的人。

让优势变多，机会也会随之增加

真正的机会，从来都只青睐那些时刻做好准备的人。只有做好充足准备，才能抓住机会，感受美好，机会稍纵即逝，如果没有做好准备，只能追悔莫及。

所以，聪明的人都懂得先准备好自己。我们不是因为看到好的结果才去努力，而是足够努力了，才有资格得到好的结果。

那些肯低下头认真准备，为每一个可能性下功夫的人，当机会一旦来临，他们总会牢牢抓住，从而走上命运的“快车道”。

生活从不亏待每一个努力的人。

成功与失败从来也不是遥远的两极，有时恰恰是一步之遥。前进一步可能就是成功，后退一步不是半途而废，就是失败。

成功的道路并不拥挤，因为坚持的人并不多，许多人走着走着就散了，或是转向了，真正的成功者，无一不是沿着目标坚持不懈努力的人。

一个人只要努力，总会有属于你的机会出现。越努力机会越多，离成功的距离也会越来越近。真正的机会把握不在于机会来临的瞬间，而在于平时的努力。

当你努力到了一定程度之后，各种各样的机会都会冲你而来。那种专想等待良机的，无异于掩耳盗铃，自欺欺人。一个人不成功，一方面是努力不够，另一方面是对机会的把握不力。

人生是有准备才有机会，而不是有机会才去准备。保持耐心，为每一个可能性做好认真准备。相信准备的价值，因为所有的成功都离不开积累。

58 岁的维克斯曾是加拿大国会侍卫长，他负责国会的行政和礼仪，每天扛着议会权杖步入会场。

但是八年来，他每周都会做好射击和其他体能训练的各项准备。

2014 年 10 月 22 日，一名枪手杀死一人后冲入加拿大议会大厦。在对方正要开枪的时候，维克斯向左侧扑地翻滚并开枪，冷静击毙枪手，从而避免了事态进一步扩大。

事后，维克斯坦然地说："我的一生都在为此刻做准备。"

加拿大国会第二日复会时，维克斯一如往常进入议会大厅，全体国会议员起立鼓掌，以示尊崇和感谢。后来，维克斯被加拿大总理任命为新一任加拿大驻爱尔兰大使。

能时刻做好准备，是一个人最难得的品质之一。做好当下的每一次准备，就是为自己的未来负最大的责任。

充实自己，积累能量重要的就是行动，不行动一切都是空谈。所以珍惜当下的时光，努力为自己增添色彩才是首要的。

在一本书里看到某些人的画像：他们想勤奋，但抵不过自身存在的惰性；他们想努力，但总是内耗严重，陷入低效的状态；他们想精进，却总是弯路不断。

通常我们读了很多书，但记住的没有多少，付出努力，但没有办法坚持下去。最后，我们都没有实现当初想象中的美好生活，反而十年如一日般的像往常那样过着日子，然后看着平平淡淡的琐碎日常，开始埋怨年轻时不努力，虚度了年华。

也许是没有争取到满意的工作，也许没有携手找到合适的另一半，也许是在生活的历练下已经失去了年轻时的活力。

我们不仅身体衰老了，连灵魂也跟着老去了，没有冲劲，没有改变的意愿，浑浑噩噩地继续过着令人不满的生活。

不知从何时开始，我们停止了成长，滞留在某一个阶段无法前行。

在我的学生中有不少的企业家，他们中有好多人处于这样一种生活状态：

如今已经拥有了属于自己的事业，回顾自己的前半生：25 岁时纠结该不该耗费精力谈恋爱，在犹豫中错过适合自己的人。

30 岁时考虑经济独立，对自己和另一半的看法又产生了变化；35 岁时结婚生子的人，他们又后悔自己早早结婚生子，耽误自己的发展。

40 多岁时谈过很多恋爱，但还没结婚的他们，虽然他也不知道还能否找到陪他一生携手的伴侣，但在“脱单”的路上还能遇到骗子。然后一边气愤，一边只能无奈地把对方拉黑。

他们的生活，仿佛卡在自己不满意的现在。其实他们都有一个特点，就是想得太多，太美好，做得又不够好。这一类人，无论在什么年龄，总是在犹豫、纠结、后悔、伤感命运的路上。

很多时候，我们抱怨自己的生活停滞不前，其实是自己没有了“燃料”，变成了一个空心的人。至于原因大概是一路走来磕磕碰碰之后，有些决定便不敢轻易做出。开始犹豫，开始安于现状，习惯待在舒适圈里。

当我们一路走了很远，也许就忘记自己为什么而做，想一直这样下去。突然有一天醒悟过来，看看身边的人，发现他们已经走了很远，而自己还在原地踏步，久而久之便会与身边的人拉远距离。

总想让别人为我们改变规则，而不是我们去适应规则。总想让别人去退步，而不是我们去努力进步。好像我们不曾相信自己可以办到，因为我们经历过太多失败和自我怀疑。

凡尔纳是一位世界闻名的科幻小说作家，但很少有人知道凡尔纳为了发表他的第一部作品，曾经遭受过多么大的挫折！

1863年冬天的一个上午，凡尔纳刚吃过早饭，正准备到邮局去，突然听到一阵敲门声，他开门一看，原来是一个邮递员。

邮递员把一包鼓囊囊的邮件递到了凡尔纳的手里。一看到这样的邮件，凡尔纳就预感到不妙，自从他几个月前把他的第一部科幻小说《乘气球五周记》寄到各出版社后，收到这样的邮件已经是第十四次了。

他怀着忐忑不安的心情拆开一看，上面写道：“凡尔纳先生：书稿经我们审读后，不拟出版，特此奉还。”

每看到这样一封封退稿信，凡尔纳心里都是一阵绞痛。这次是第十五次了，还是未被采用。

凡尔纳此时已深知，那些出版社的“老爷”们是如何看不起无名作者。他愤怒地发誓，从此再也不写了。

他拿起手稿向壁炉走去，准备把这些稿子付之一炬。他妻子赶过来，一把抢过书稿紧紧抱在怀里。此时的凡尔纳余怒未息，说什么也要把稿子烧掉。

他妻子急中生智，以满怀关切的语言安慰丈夫，“亲爱的，不要灰心，再试一次吧，也许这次能交上好运的。”听了这句话以后，凡尔纳夺书稿的手，慢慢放下了。

他沉默了好一会儿，然后接受了妻子的劝告，又抱起这一大包书稿到第十六家出版社去碰运气。

这次没有落空，读完书稿后，这家出版社立即决定出版此书，并与凡尔纳签订了20年的出书合同。

没有他妻子的疏导，没有“再努力一次”的勇气，我们也许根本无法读到凡尔纳笔下那些脍炙人口的科幻故事，人类就会失去一份极其珍贵的精神财富。

如果不做出改变，我们始终无法得到理想中的生活，也始终无法实现最初的梦想。

而我们能否往前多走一些，是否可以踏入更辽阔的地界，看更多的风景，在于我们此刻如何把握当下。

用当下的一些时间，去充实自己吧！不要觉得梦想和未来遥不可及，当你一步一脚印地辛勤耕耘，就会得到该有的收获。人的突破是为成长蓄力，变得更优秀才能长成。

在失败面前做真正的强者

成功最大的阻力常常不是来自外在，而是来自一个我们都忽视的一个地方：害怕失败的恐惧心理。

恐惧是一种强大的负面力量，如果不能有效遏制，它的破坏性会很大。恐惧的感受比其他的情绪感受要强烈得多。强度越大的感受所产生的力量就越大，这一点很容易理解。

一个对成功愿望更强的人，相对更容易成功。一个有坚定信念的人，更不容易被动摇。一个带有“害怕失败”心理的人，如果不及时解除这种恐惧心理，心灵必然会把这个人引向失败的方向，在这个方向上走得远了，就是失败的结局。

成功只是偶发事件，失败才是人生常态。生活就像一场科学实验，需要在不断试错中调整方向。没有一个人不曾失败，很多成功的人在走上人生巅峰前，都曾遭遇失败，可以说失败是人生路途上的一种常态。

三十岁那年，乔布斯被自己亲手创办的苹果公司解雇了。

在公司成长期间，乔布斯雇用了一个他认为可以一起经营公司的人。一年后，他们对公司未来看法产生分歧，董事会站在对方那边。于是，乔布斯失业了。

他说自己最难受的时刻就是斯卡利在分析会上说，未来在苹果没有我的位置，几天以后他又说了一次，而且不是直接对我说的，而是对媒体说的。

“那感觉像是有人在你肚子上狠狠地打了一拳，你甚至无法呼吸，那就是我整个夏天的感受。”乔布斯说，“一开始几个月我真的不知道该干什么。我觉得我让公司的前一代创建者失望了，我把传给我的权杖给弄丢了。”

人生哪有那么多一帆风顺，那些获得成功的人，不过是从失败的暴击中站起来、拍拍灰尘不愿意妥协继续努力的人。

失败不可怕，真正可怕的是因为害怕失败而失去尝试的心。害怕失败，让我们变得畏缩不前。

事实上，失败并非一无是处。失败让我们收获更好的自己和人生，让我们放下骄傲和自大，引发我们对自己的思考，指引我们寻找失败的原因，思考自己的不足。

正是在这样的过程中，我们不断成长，收获经验和知识，收获更好的自己。

乔布斯说，当时我没有看出来，但事实证明“被苹果开除”是发生在我身上最好的事。成功的重担被重新起步的轻松替代，这让我感觉如此自由，进入一生中最有创造力的阶段。

接下来的五年，乔布斯创立了NeXT计算机公司，接着又创立了皮克斯动画工厂，取得了巨大的成功。

在我们不长不短的人生旅途中，会遭遇各种大大小小的失败。用失败激发自己的斗志，在一次次爬起来的过程中，就会发现自己变得更加勇敢。

这样自己才能明白自己想要什么样的生活，想要什么样的人生，并愿意实实在在地为这样的人生目标付出努力。告诉自己，不要让任何事情、任何人阻挡成长的脚步，重新出发，努力活出自己想要的样子，收获更好的自己。

在我们努力去做的过程中，难免会有犯错的时候，承认自己的错误，承认自己的失败，也是一个人的强大之处。

据《史记》记载，秦穆公没有听取百里奚和蹇叔的话，意气行事，劳师远袭，最终走漏军情，被早有准备的晋国军队大败于肴，整支军队无一人逃脱。

除此之外，更致命的是，三位执行军令的将领都被活捉。其中，孟明视是百里奚的儿子，西乞术和白乙丙是蹇叔的儿子。

蹇叔在知晓前方战况之后，以为自己的儿子必死无疑，只能无奈在家痛哭。所幸，当时的晋文公夫人文嬴是秦穆公的女儿，她知道了事情的始末后，就为这三位将领向晋太子请求："秦穆公怨恨这三个人到了极点，希望您能遣三人回去，好让我家秦穆公得以痛快地处决他们。”

晋太子愿意做这个顺水人情，于是便同意了，事实上这三人回去后，遇到的情况和文嬴说得恰恰相反。

秦穆公身穿素服远至郊区设宴等待，见到这三位囚将后，流着泪悔恨道：“都怪我意气用事，没能听百里奚和蹇叔的劝告，不仅让他二人日夜担心，还让你们受了这样的侮辱。你们本就没有罪过，姑且尽心尽力洗刷国耻争取各位的清白，万万不可懈怠啊！”

秦穆公恢复了三人的职务，优待他们。

三年后，秦军早已从往日的低迷中恢复过来，三位大将的武艺和谋略也得以精进。秦穆公觉得时机成熟，决心一雪前耻，于是在得到蹇叔等人的支持后，立刻派孟明视等一众将领前去攻打晋国。这次，众将士们破釜沉舟，渡河焚船，奋勇杀敌，大败晋军，一雪前耻。

然而，秦穆公在获胜之后，想的却不是庆功，而是反思三年前的决策失误，更是以《秦誓》悼念阵亡的将士，为自己的错误而自责。

秦穆公的一意孤行导致战争失败，幸好他具备自我反思的能力，同时也具备坦然面对失败的勇气，也正是因为秦穆公在失败面前的勇敢和坚强，才让他获得最后的胜利。

如果一个人常常随心所欲，就会容易犯错。尤其是对于中小企业家来说，犯错是一件再平常不过的事情，如果犯错后不懂自省，反而去责备自己的下属，那么这样的领导者很难成就一番事业。

在现实社会中，有许多中小企业家，经常将错误归结为下属的“能力不足”，从而对下属严加批评，更有甚者会直接开除下属。

那么为什么不自我反思一下呢？下属为什么会“能力不足”？

在一个企业中，下属能力不足与领导者息息相关，如果下属能够把每件事都做好，那么还要领导者做什么？因此，身为企业领导者，不仅要学会坦然面对失败，更需要学会教导下属做事，让下属在不断犯错、不断失败中成长起来，才是一个优秀领导者应该做的事情。

面对失败，我们要足够坦然，以正确的态度对待它。心存最好的希望，做最坏的准备。即使知道可能面对失败，但仍要奋力一搏，做好该做的准备，做最好的规划，这才是面对失败的正确态度。

以下是面对失败的七个正确态度：

①吸取教训。

从失败中学习，从经验中吸取教训，从实务中成长。从失败中吸取教训可以让你学得更快、更多。

失败并不是问题，只有当你无法从失败中吸取教训时，它才会变成问题。忘掉失败，不过要牢记失败中的教训。

②从中学习。

如果你可以从失败中学习，就不算是真正的失败。人生像攀登一座山，而找寻出路，却是一种学习的过程，我们应当在这过程中，学习稳定、冷静，学习如何从慌乱中找到生机。

你无法避免失败，但你可以从中学习。

③勇敢面对。

生命的本质是考验和学习，唯一的出路就是勇敢面对它们，勇敢面对生活中的任何事，就能活得精彩、活出生命。

路是人走出来的，只有勇敢面对，才能开拓新的人生之路。

勇敢面对失败，不失去明天的希望，用信念改变命运，把每一刻当成最后一分钟，把抱怨化为动力，坚持你的信念斗志，直到最后一刻。

④认清失败是成功必经之路。

很多人告诉自己：“我已经尝试过了，倒霉的是我失败了。”其实，他们并没有弄清楚失败的真正含义。

失败者总是把挫折当成失败，并让挫折深深打击追求胜利的勇气；成功者则是从不言败，在一次又一次的挫折面前，总是对自己说：“我不是失败了，而是还没有成功，我还没有输！”

在成功之前总是要面对很多失败，而当你把所有失败都经历过了，剩下的就只有成功了！在人的一生当中，会遇到各种困难与挫折，但是如果你很想成功，就必须懂得和这些困难和挫折共处，因为它们是迈向成功大道的必经之路。

⑤找出失败的原因。

面对失败时，找出失败的原因，失败并不可耻，但要避免犯相同的两次错误，如果你不能从失败中吸取教训，那么这次的失败经验对你来说将会变得毫无价值。

只有当你在经历过失败后，才能渐渐找出成功的方法。

当你把所有该失败的都失败完了，最后就剩下成功了。

如果你还年轻，别害怕失败，失败越多次同样也会累积越多的经验，你应该把失败当成指引你成功的明灯。

⑥仍然满怀热情。

经历了一连串的失败仍然充满着热情就是成功。

成功的人即使知道迈向成功的道路会充满阻碍与挫折，他们仍然勇敢地前进。一个人成功的原因有很多，其中一个关键因素便是对自己所做的事情怀抱有极大的热情。

一个人满怀信心，朝自己的梦想前进，并努力活出自己想要的人生，就会获得意想不到的成功。

⑦坚持到底。

面对别人的嘲弄，只要默默地坚持到底，换来的就是别人的羡慕。

坚持，就是将一种状态，一种心情，一种信念或是一种精神坚强而不动摇地、坚定而不犹豫地、坚韧而不妥协地、坚毅而不屈服地进行到底。

成功的唯一秘诀：坚持到最后一分钟。

人生永远掌握在自己手中，只要我们能不断提升、努力完善自我，且拥有永不放弃，坚持到底的决心，最后都能使自己的人生显现闪亮的光芒。

勇敢面对失败、保持面对失败正确的态度，不但可以改变任何的不顺遂，更可以在下次的挑战中帮助你做得更好、更加成功。

人在成长过程中，坎坷会有，不必在意，请坚持前行。

第 6 章

修养：

人生就是不断修炼的过程

大格局者胸怀足够宽广

历史人物苏轼是大家公认的很豁达的一个人，他的心境超越一般人，有一个很小的事能看出他的豁达。

苏东坡再次被贬官后去爬山，当时他的年龄已经很大，而且身体不好，爬到半山腰的时候，身体很累，再也爬不动。

看着远处的山顶，东坡居士陷入了深思：那是自己多么憧憬去的地方，就像自己现在的境遇一样，满怀报国的热情却被流放。

苏东坡又看着半山腰的景色突然顿悟：难道我非要爬到山顶吗？以我现在的状态很难做到，我能做的只有做好眼前罢了。

当一个人真正做到低调谦和，能够容纳周围存在的一切，不去争名逐利，做好当下的自己，做好眼前的事，整个心胸就变得宽广，心胸宽广的人有足够的豁达，从而能从烦恼中脱离出来。

当一个人拥有海纳百川的心胸后，做事情的格局自然就会变大。就像大海能容纳江河一样，虽然一直在容纳江河，但却从未想过把江河据为己有，反而是通过风雨把江河之水又返还给大地。

一个人的心境能达到什么样的境界，他的气量就能达到什么样的容纳度。人们常用海纳百川来形容一个人心胸开阔，豁达大度。

仔细思考海纳百川这个词的时候，就要想一想为什么百川都要被大海所容纳？原因很简单，水往低处流，大海把自己放在很低的姿态，百川自然都涌向自己了。

人们在成长过程中，培养自己宽阔的胸怀时，很多人不容易做到低姿态。低姿态的人谦虚、低调，就避免了嫉妒的产生。没有嫉妒之心，人自然就变得谦和，与人相处也更坦然。

低姿态只是一方面，另一方面还有一个“容”字在里面，能够接纳不同形式的流水涌向自己，不管它们是浑浊的还是清澈的，都给予容纳。

另外就是能容别人不能容之事。嫉恶如仇通常被人们所赞扬，这确实能够大快人心，让人觉得很痛快，但如果宽容地给对方一个机会，可能事情会向更好的方向发展。

嫉恶如仇是一种方式，初衷是为了让大家杜绝这种情况的发生，而实际上可能这样比较激烈的处事方式会让对方变本加厉。

一个老爷爷的手机被小偷偷走，老爷爷发现这个小偷，但是他并没有当面去揭穿，而是拉着这个小偷的手用恳切的声音说：“儿子刚给我买了没多久的手机不知道掉哪里了，儿子不能长时间回家，全靠这个手机联系。”“小伙子，我看你是好人，我年纪大了，老眼昏花，你能不能帮我找一找呢？”

小偷听后愧疚不已，蹲下身装作找手机，最后把手机放到老爷爷的脚下说：“在这里呢。”一边说，一边捡起来还给了老爷爷。老爷爷再三感谢小伙子，说他真是一个好人。小伙子尴尬地笑了笑，脸红红的，扭头走了。

旁边的人们都问老大爷为什么不直接报警呢？万一那个小偷不还手机呢？是不是就随他去了？老人意味深长地说：“可能我失去的是一个手机，但我同样失去的也是一个让人变好的机会，对我来说就失去了那份宽容。”

这个故事很耐人寻味，这其中就有很多“不争”的意义在里面，实际想一想为什么一个人会斤斤计较，容易指责别人，会自己生闷气，会常常让自己不痛快，其中就是一个“争”字在作怪。

当然不争不是说什么都不想，什么都不做，而是尽自己最大的努力，最大的精力去做，做好当下，不苛求结果如何。

不幸的是我们今天只强调结果，不在意过程，殊不知千里之行始于足下，做好当下才是关键。

用无私滋养出大格局

无私是一种力量，也是一种人生境界。当一个人能做到无私，他将会充满力量。用无私之心去帮助别人，就会获得别人给予的回馈，用无私之心帮助曾经触犯过自己的人，自身就会收获更大格局。

无私是一种智慧，若一个人私心特别重，为人处世只为自己着想，这个人就会变得越来越孤独。试想一下，当一个人始终在自己的小世界里做事情，那么这样的人恐怕终身都无法做出一番轰轰烈烈的事业。

修炼无私的心境，培养更大的格局，就需要我们脱离自私。

《吕氏春秋·去私》记载，有一天，晋平公问祁黄羊："南阳县官缺额，你看派谁去最合适？"祁黄羊想了想，说："派解狐去最合适！"晋平公觉得很奇怪："解狐不是你的仇人吗，你为什么要推荐他？"祁黄羊答道："你只问我什么人最适合这个职位，并没有问我解狐是不是我的仇人呀！"

晋平公采纳了祁黄羊的意见，派解狐到南阳县去上任。果然，解狐很有作为，为当地百姓办了不少好事，受到人们的称颂。

过了一段时间，平公又问祁黄羊说："现在朝廷里少个掌管军事的官，谁能胜任这个职位呢？"祁黄羊答道："祁午合适。"

平公问道："祁午不是你的儿子吗？你怎么推荐你的儿子，不怕别人讲闲话吗？"祁黄羊说："你只问我谁可以胜任，所以我推荐了他；你并没问我祁午是不是我的儿子呀！"平公说："好！"就又任用了祁午。后来祁午为人们办了许多好事，很受欢迎与爱戴。

孔子听到这两件事，称赞祁黄羊："祁黄羊说得太好了！他推荐人，完全是拿才能作标准，不因为他是自己的仇人，存心偏见，便不推荐他；也不因为他是自己的儿子，怕人议论，便不推荐。像祁黄羊这样的人，可以称得上是大公无私了！"

一个人若想脱离自私，首先需要减少过度挑剔。

人总是不愿意自己吃亏，做事情时往往都期望朝着对自己有利的一面发展，而这种现象是源于本性的挑剔，这会影响一个人的为人处世。在与人接触的时候，很多人惯于挑剔别人的缺点，很轻松地就能找出别人身上的一堆问题。

玉有瑕疵，人无完人，谁都有缺点，谁都有别人不具备的特长。过分挑剔别人的人，自己的人格魅力也会随之降低。如果故意去挑剔别人的缺点，那么就证明自己人品有缺陷。

古希腊有个哲学家叫东格拉底，他很喜欢挑剔别人，而著名哲学家苏格拉底则喜欢看人的优点。当时两人的观念相左，但是时间会证明一切，苏格拉底的成就更高，思想影响深远。关于两人有这样一则记载：

一次，柏拉图对老师苏格拉底说："东格拉底这人很不怎么样！”苏格拉底问：“这话怎么说？”

柏拉图说：“他老是挑剔你的学说，并且不喜欢你的扁鼻子。”苏格拉底笑了笑，缓缓地说：“可我倒觉得，他这人很不错。”柏拉图问：“你怎么会这样认为呢？”

苏格拉底说：“他对他的母亲很孝顺，每天都照顾得非常周到；他对他的老师十分尊敬，从来没有对老师不恭的行为；他对朋友们很真诚，常常当面指出别人的弱点，帮助改正；他对孩子很友善，经常和孩子们在一起做游戏；他对穷人富有同情和怜悯，有一次，我亲眼看见他找出身上最后一个铜板，丢进了乞丐的帽子里。”

“但是，他对你却不那么尊敬啊！”柏拉图说。

“孩子，问题就在这里。”苏格拉底站起身来，慈爱地抚摸着柏拉图的肩头，说：“一个人如果站在自己的立场上来看待别人，常常会把人看错。所以，我看人，从来不看他对我如何，而看他对待别人如何。”

很多人都会习惯性地观察别人的缺点，可是我们有没有想过自身也有很多缺点，而且大部分人的缺点基本都差不多。

也就是说，我们在挑别人刺的时候，其实自身也有这样的刺，只是我们会不自觉地去指责别人，而没有指责自己。

倘若你有细心观察，你会发现，每个人实际上都能“包容”，只不过大部分人都非常包容自己，允许自己有缺点，但是不允许别人有缺点。

想通这一点，我就对自己提出要求，要多观察别人的优点，要多包容别人的缺点。

多观察别人的优点，这会让我从别人身上学到很多，让我自己变得越来越好。

多包容别人的缺点，这会让他成为一个有大爱的人，一个有大爱的人，大家就会喜欢他。

脱离自私就是不被物欲裹挟。

人生在世，想要活得舒心，物质支持必不可少，因此我们内心充满物欲。有了欲望就会有私心，私心一旦扩大，人就会被裹挟。

在我们依靠物质来给自己的内心增添愉悦和富足时，自己也会因外物得失而产生变化，这样的内心是缺乏力量的。当人的内心力量不足，他的心会越来越小，最后只能支撑自己的私欲。

反之，如果内心能够保持富足，那么外界的物质不管匮乏还是充盈，都能始终保持豁达的状态，不被私欲牵绊，从而做出正确的抉择，战胜所有匮乏的窘境。

孙叔敖快要去世时，将儿子叫到自己身边说："如果大王赏赐给你封地，你只能接受那块名叫'寝丘'的贫瘠之地，不可以刻意去争功名利禄，贪图富贵之地。"

当他死后，他的儿子依照吩咐接受寝丘之地。在那个战乱年代，正是因为那块地过于贫瘠，所以也没有人去争抢，他的后辈好几代人都得以用那块地糊口。

从世俗的角度去看，很多人或许会评价孙叔敖“太傻”，放着名利不要，偏守着布衣素食生活，但是人生的“大爱”何尝不是用这种“太傻”的状态来支撑的呢，世人内心的富足，何尝不是用这种“装傻”的智慧来填补的呢，而最重要的是，“太傻”的人反而多福。

《菜根谭》中有一句话，叫：贫士肯济人，才是性天中惠泽。闹场能学道，方为心地上功夫。

一个多福的人往往不是自私的人，即使他处于贫穷的状态却能帮助别人，这是天性中的惠爱和恩泽；即使在吵吵闹闹的环境中依然能够安心修身养性，这是内心真正的强大。

摆脱自私心对我们的束缚就离拥有大爱不远了。拥有大爱，我们还要学着去爱人，在爱人的过程中，将自己的格局变大。

越分享越富有

如果你把快乐告诉一个人，你得到的将是两份快乐；如果你把忧伤告诉一个人，你得到的将是半份忧伤。

——培根

很多人不愿意分享，他们认为分享给别人一分，自己就会失去一分。其实不然，分享是一种双赢，当我们给予别人的时候，我们也会获得回报。只是我们看到太多分享的割舍，不能预估分享后的回报。

曾经有一个果农，经过多年的潜心研究，培育出了一种新果子。这种果子皮薄、肉厚、多汁，还好种活。这个品种的果子一经投放市场，引起商贩们的追捧，其他果农纷纷向他讨要种子。

果农认为：新品种是他多年苦心研究的成果，是自己的财富，如果大面积种植，就意味着自己手里的果子不再是稀缺品，自己的利益会受损。所以，果农拒绝了其他人的请求。

第二年，又到了丰收的季节，果农来到果园里，发现精心培育一年的果子，质量差反而变差了。这样的果子在普通果子中几乎没有什么竞争力，无法卖上价钱。

果农本以为果子不愁卖便没有做好存储准备，如今只能降价处理。

事后果农请来专家查看质量下降的原因。专家反复查看，发现果树在种植上并没有什么问题。最后专家发现，原来是周围种植的果子质量太差，果园中的果子在蜂蝶授粉的时候，沾染了旧品种的花粉，质量也随之下降。

在专家的建议下，果农决定将自己的种子分享给其他人。

又是一个丰收的季节，村子里的果农们都收获了品种优良的果子，果农的果子也没有被压价，大家都赚到了钱。

果农就是因为看不到与人分享的好处，结果自己的路越走越窄，险些断了自己的财路。生活中我们要懂得分享，需要舍得付出，帮助别人其实就是在帮助我们自己。谈到这里，我想起这样一则故事：

一个禅师走在漆黑的路上，因为路太黑，他和路上的行人几次相撞。正走着，远远看见有人提着灯笼向他走过来，这时旁边有个路人说道："这个盲人真奇怪，明明看不见，却每天晚上打着灯笼！"

禅师也觉得非常奇怪，等那个打灯笼的盲人走过来时，他上前问道："你真的是盲人吗？"

那人说："是的，我从生下来就没有见过一丝光亮，对我来说白天和黑夜是一样的，我甚至不知道灯光是什么样的！"

禅师迷惑了，问道："既然这样，你为什么还要打灯笼呢？你甚至都不知道灯笼是什么样子，灯光给人的感觉是怎样的。"

盲人说:“我听别人说,每到晚上,人们都变成和我一样的盲人了,因为夜晚没有灯光,所以我就在晚上打着灯笼出来。”

禅师非常震动地感叹道:“原来你所做的一切都是为了别人!”

盲人沉思了一会儿,回答说:“不是,我为的是自己!”

禅师更迷惑了,问道:“为什么呢?”

盲人答道:“你刚才过来有没有被别人碰撞过?”

禅师说:“有呀,就在刚才,我被两个人不留心碰到了。”

盲人说:“我是盲人,什么也看不见,但我从来没有被人碰到过。因为我的灯笼既为别人照了亮,也让别人看到了我,这样你们就不会因为看不见我而撞到我了。”

这就是分享的结果,不吝惜为别人付出,使人受益的同时也方便了我们自己。与人分享便会越富有。做人如此,做事业的时候也当如此。

司马迁说过:“名利本为浮世重,古今能有几人抛?”

很多人经营自己的事业,是想改善自己的生活,拥有更多的财富。于是很多人更加在乎物质丰富,忽略内心的贫乏,哪怕自私一些,也要做一个能够保全富贵的人。

这样的想法可以理解,但是很多人却从来没有想过,自私并不会让你的财富越来越多,只是满足你内心的狭隘心理而已。

《孟子》中有这样一句话:达则兼济天下,穷则独善其身。这是说一个人没有能力时,把自己做好就可以了。而当我们足够强大,拥有的比别人多的时候,就应该去分享,去给予。

不要误以为自私能获取财富，真正能守住财富的，恰恰是与自私相反的“大爱”。

霸王项羽对阵泗水亭亭长刘邦，最后刘邦胜利，霸王惨死。势力低微的刘邦能够在弱势中取胜得益于他身边辅佐他的那些能人志士。俗话说，良禽择木而栖，贤臣择主而侍。翻阅史书，我们看看那些能人都是如何评价项羽：

陈平：“项王为人，恭敬爱人，士之廉节好礼者多归之。至于行功爵邑，重之，士亦以此不附……项王不能信人，其所任爱，非诸项即妻之昆弟，虽有奇士不能用，平乃去楚。”

韩信：“请言项王之为人也。项王喑恶叱咤，千人皆废；然不能任属贤将，此恃匹夫之勇耳。项王见人恭敬慈爱，言语呕呕，人有疾病，涕泣分食饮；至使人有功当封爵者，印刓敝，忍不能予，此所谓妇人之仁也。”

郦食其：“项王有倍约之名，杀义帝之负；于人之功无所记，于人之罪无所忘；战胜而不得其赏，拔城而不得其封；非项氏莫得用事；为人刻印，刓而不能授；攻城得赂，积而不能赏：天下畔之，贤才怨之，而莫为之用。故天下之士归于汉王，可坐而策也。”

高起、王陵：“陛下慢而侮人，项羽仁而爱人。然陛下使人攻城略地，所降下者因以予之，与天下同利也。项羽妒贤嫉能，有功者害之，贤者疑之，战胜而不予人功，得地而不予人利，此所以失天下也。”

……

仔细读来，不难发现，几乎每个人都在嘲讽项羽太过小气，舍不得奖赏自己的功臣，舍不得放权给那些良将。舍不得分享，别人自然而然地会疏远他，不愿意与他共事。

做企业也是如此，我们想要谋取财富，离不开与人合作，员工、客户、合伙人，都是帮助我们获得财富的人，如果我们只看重自己的利益，不懂得利他，这些人最后都将离我们而去。

人生是一个起起落落的过程，不管一个人有多少能力，都不可能保证一部分财富永远能存在于自己的生命中，荣华富贵总有曲终人散之际，不管你怎么挽留，都不可能抓住物质使之成为永恒，任何繁华都是转瞬即逝的一场空。

唯有自己的内心摒弃自私，以大爱的心态处世生活，才能在事物变化得失之间游刃有余，而这也是守住人生财富最好的方式，也是让自己的财富变多的最好方式。

大爱让人变得更有厚度，巩固自己不断变大的格局。想要变成一个拥有大爱的人，变得能够爱人，需要我们不断地修炼自己。

稳定情绪，让内心平稳

生活中，我们通常喜欢与那些做事四平八稳、做人温文尔雅的人共事。这样的人通常情绪稳定、性子平和，为人低调独具人格魅力。我们想要成为这样的人也很容易，那就是要掌控好自己的情绪。

能够控制自身情绪的人，内心是强大的，这种内在的力量帮助我们修炼成大格局。决定一个人命运的，不是他的运气，而是他的格局。而一个人的格局，从他能不能掌控好情绪就能看出。

越是有格局的人，为人处世更理性，平和心对待世事，从而能更好地控制情绪。成大局者，必是控制情绪的高手。人们常说，水越深越静。但凡有所成就的人很难见他发脾气。

韩信还是平民的时候，性格放纵而不拘礼节。未被推选为官吏，又无经商谋生之道，常常依靠别人糊口度日，许多人都讨厌他，但他依旧我行我素。

当时下乡南昌亭亭长认为韩信非凡夫俗子，韩信曾经多次前往下乡南昌亭亭长处吃闲饭，接连数月，亭长的妻子嫌恶他，一早把饭煮好，在床上就吃掉了。开饭的时候，韩信去了，却不给他准备饭食。

韩信明白她的用意，虽然生气，但是却没有当场发作，只是转身离开，再也不去亭长家里。

还有一次，淮阴屠户中有个年轻人侮辱韩信说：“你虽然长得高大，喜欢佩带刀剑，其实是个胆小鬼。”又当众侮辱他说：“你要不怕死，就拿剑刺我；如果怕死，就从我胯下爬过去。”

韩信仔细地打量了他一番，低下身去，趴在地上，从他的胯下爬了过去。满街的人都笑话韩信，认为他胆小，他也没有发脾气，而是静静地走开了。

后来，韩信从军，其间一直默默无闻，但是始终能够沉住气，直到他结识了萧何，在没有任何功绩的情况下，得到萧何极力举荐，最终韩信在军事上取得了极高的成就。

一个人要想有所作为，需要足够理智，不被情绪左右。有什么样的情绪，就有什么样的格局，有什么样的命运。

掌控了情绪，就能掌控自己的命运。整天负面情绪爆棚的人，日子只能是越来越灰暗；而拥有积极情绪的人，即使是身处逆境也能向阳而生。

《菜根谭》中说：“性躁心粗者一事无成，心和气平者百福自集。”人生在世，谁都不会事事称心如意。只是有的人一开始就选择了冷静观世界，用生气的时间来升华自己。

人生路上，最大的障碍不是不够努力，也不是环境限制我们成长，而是控制不了自己的情绪，形成乖张跋扈的性格，惹来诸多麻烦，成为人生路上的绊脚石。强者修炼的过程，也是修炼情绪控制的过程。

那么如何保持情绪稳定呢？

①从一开始就熄灭负面情绪的苗头。

我们每个人在生活里面，多多少少都会出现一些情绪上的问题。比如，今天有事情要出门，可是天公不作美下起大雨，我们很容易因此不高兴。

这时，你就要去控制这个情绪，而且还要在短时间内，将不良情绪消灭在萌芽状态，不要让它扩展、蔓延、壮大。因为你越是给这个情绪浇灌养分，长此以往，内心的不愉悦，也越会影响你处理其他事情。

所以主观意识很重要，先意识到自己现在是处于情绪不好的状态，才能有意识地去转移当前的情绪。保持理智，主动采取控制措施，从苗头熄灭这个情绪大火，不良情绪就会慢慢消减，直至没有。

②处理好你的人际关系。

人与人之间相处，很容易出现一些小摩擦。如果我们总是被这些小摩擦困扰，处于不当的人际关系中，自身情绪就会受到影响，从而影响自己做事的心境。

其实很多事情都是“事出有因”，人与人之间的交往，更是这样。别人不会无缘无故地针对谁、攻击谁。我们遭到了别人攻击，要学会压制自己的情绪，理性地思考引起矛盾的真正原因。

当然，我们也要学会合理合法地进行反击，维护自己的利益，过度忍让并不能换来长久和谐的人际关系。

同时我们也要提高自己的为人修养，避免去做一些伪君子或者真小人的事情。自身端正便不会惧怕别人的抨击。

生活上很多负面情绪，有一半以上都是由于和人相处时矛盾太多造成的。所以学会更好地处理人际关系，提高社交的能力，会让负面情绪减半。

③修炼自我，学会自我反省。

每个人都可以试想一下，是否因为一时冲动酿成过“灾祸”，那些曾经的烦恼，又对我们的生活影响到什么程度。

很多时候，我们不是低估了情绪的影响力，就是高估了烦恼的严重性，从而导致我们的心时时刻刻都无法开怀。

打开烦恼的郁结，要学会自我反省，从以往的经验出发，分析自己的行为举止到底还有哪些可以改进的地方。

练习自我反省可以从记录自己的情绪开始。很多人觉得记录是一件麻烦的事情，本来情绪就不佳，更加不愿意去执行，其实不是你平静下来才可以去记录，而是当我们开始记录自己的生活，面对自己的情绪，自己就会平静下来。

记录使我们可以慢慢冷静下来反省自己的做法，久而久之，会发现自己越来越不容易被情绪左右，而是习惯性地更关注事情本身。

如果这种方式自己觉得并不适用，也可以试着去开阔自己的眼界。无论看一些积极有趣的影像，还是阅读一些提高自己处理问题的书籍，甚至跑到一个新的地方旅游，看看别人的生活，相信这些都能开阔我们的见识，使我们更能看清自己。

学会控制自身的情绪，我们将修炼出更稳重的自己，与人相处，平淡温和是最大的修养。想要修炼出谦谦君子、温润如玉，或是温文尔雅、温柔智慧的样子，除了控制自己的情绪，还要求我们懂得换位思考。

懂得换位思考

换位思考是我们懂得转换自己的立场，因为立场不同，我们很难相互理解，因为不能理解导致矛盾频发。当我们转换自己的立场，便能更加富有同理心。

生活中我们会喜欢与那些富有同理心的人相处，享受被人理解的舒适，同时也认可他的修养。我们亲近这样的人也因为，那些富有同理心的人往往也更加愿意帮助别人，温暖人的心灵。能使人感觉到自己的温情，是极高的修养。

《论语》里讲：己所不欲，勿施于人。凡事站在别人的角度去想一想，这是做人的一种境界，也是人世间高级的善良。

一头猪、一只绵羊和一头奶牛，被牧人关在同一个畜栏里。

有一天，牧人将猪从畜栏里捉了出去，只听猪大声嚎叫，强烈地反抗。绵羊和奶牛讨厌它的嚎叫，于是抱怨道："我们经常被牧人捉去，都没像你这样大呼小叫的。"

猪听了回应道："捉你们和捉我完全是两回事，他捉你们，只是要你们的毛和乳汁，但是捉住我，却是要我的命啊！"

每个人都有自己的立场，都只能看到自己面临的处境。人的傲慢就在于，我们总以为我们看到的世界，是所有人都在面临的处境。

一人请一个盲人朋友吃饭，吃得很晚，盲人说很晚了要回去了，主人就给他点了一个灯笼，他很生气地说：“我本来就看不见，你还给我一个灯笼，这不是嘲笑我吗？”

主人说：“因为我在乎你才给你点个灯笼，你看不见，别人看得见，这样你走在黑夜里就不怕别人撞到你了。”

不懂得转换立场会使我们很难理解对方，也会因此忽略对方的温情，更别提看到别人的难处、主动去帮助对方了。

在美国的一次经济大萧条中，90%的中小企业都倒闭了，一个名叫克林顿的人开的齿轮厂的订单也是一落千丈。克林顿为人宽厚善良、慷慨体贴，交了许多朋友，并与客户都保持着良好的关系。在这举步维艰的时刻，克林顿想要找那些朋友、老客户出出主意、帮帮忙，于是就写了很多信。可是，等信写好后才发现：自己连买邮票的钱都没有了！

这同时也提醒了克林顿：自己没钱买邮票，别人的日子也好不到哪里去，怎么会舍得花钱买邮票给自己回信呢？可如果没有回信，谁又能帮助自己呢？

于是，克林顿把家里能卖的东西都卖了，用一部分钱买了一大堆邮票，开始向外寄信，还在每封信里附上2美元，作为回信的邮票钱，希望大家给予指导。

他的朋友和客户收到信后，都大吃一惊，因为2美元远远超过了一张邮票的价钱。每个人都被感动了，他们回想起了克林顿平日的种种好处和善举。不久，克林顿就收到了订单，还有朋友来信说想要给他投资，一起做点什么。克林顿的生意很快有了起色。在这次经济萧条中，他是为数不多站住脚而且有所成就的企业家。

在生活中，我们需要有一定的同理心。当我们面对家人、朋友、员工、客户时，能否与人建立亲密关系，能够站在对方角度看问题，至关重要。

换位思考使我们懂得变换自己的视角，因为欣赏的角度不同，看到的神韵自然不同。

去过寺院的人都知道，寺里的佛像很多，但除了弥勒佛面带笑意审视着游人，一般的佛像都好似闭着眼睛。

有一次，一个小孩子问大人，佛像为什么不睁开眼睛呢？大人不知道如何作答。

一个老僧走过来，领着孩子走到人们跪拜的蒲团那里，让孩子跪下去，然后又问孩子看到了什么。孩子说，他看到了佛像不是闭着眼的。

老僧说："很多人觉得，跪在佛像正前方，只是膜拜，其实不然，因为只有这个方位，才能看清佛像不是只有下垂的眼睑，还有慈悲的俯视。”

听完这个故事，我才真正理解了很多人为什么见到佛像会跪下来。也因此了解了“换位思考”不只是对换位置，还有“用不同的视角”去透视人生的含义。

因此，如果你没有看到一件事物的美好，那可能就是站错了位置，应该修正的是你自己的心，而不是别人的摆放或者布置。

懂得换位思考是能够宽恕别人，宽恕别人就是成全自己。

生活中，我们与人争吵、发生矛盾，很多时候是对方对我们做出冒犯的行为，我们在维护自己利益的同时，很容易对对方产生敌对、仇恨的态度，使矛盾在解决之后还留有残余。

同时在我们极力与对方对峙时，也会因此消耗精力，最后很可能变得遍体鳞伤。

处理这种事情，敬而远之是一个好的选项，如果再进一步，那就是“宽恕”。

爱尔兰著名作家奥斯卡·王尔德对伤害过他的人说过这样一句话：“我必须饶恕你。一个人不能永远在胸中养着一条毒蛇；不能夜夜起身，在灵魂的园子里栽种荆棘。”那个伤害他的人也因为他的宽容大度而动容。

心中一直装有仇恨，难受的还是自己。学着去宽恕，将仇恨从心中剔除，反而成全了自己的洒脱，也使他人感受到温暖。

做到这一点并不容易，可能我们会因此错付了自己的善良，内心受到伤害。但我们还是应该坚持做，毕竟人不能因为曾被丑恶伤害过几次，就也变得丑恶。况且只要做到了，成就的是更高级的自己和更高格调的生活。

“换位思考”使我们整个人的格调都随之提升，使我们与人相处时，能够以更温和的态度待人，带着这种修养，我们更加容易建立和谐的人际关系。

提升自己的修养，使自己更加能容人，更加能吸引人心，就需要我们习惯与人求同，避免与人进行过多的争论。

求同存异少争论

在人际交往中，每个人都会遇到相异于自己的人。大到思想观念和为人处世之道，小到对某人某事的看法和评论。这些程度不同的差异都会外化成人与人之间的争执与论辩。

事实上，用争论的方法不能改变别人，而只会引起反感；争论所引起的愤怒常常引起人际关系的恶化，而被争论的事物依旧不会得到改善。但如果你不想树立情绪，而想处理好人际关系，请记住：永远避免同别人争论。

第二次世界大战刚结束的一个晚上，卡尔在伦敦学到了一个极有价值的教训。

有一天晚上，卡尔参加一次宴会。宴席中，坐在卡尔右边的一位先生讲了一段幽默笑话，并引用了一句话，意思是“谋事在人，成事在天”。

他说那句话出自《圣经》，但他错了。卡尔知道正确的出处。为了表现出优越感，卡尔很讨嫌地纠正他。那人立刻反唇相讥：“什么？出自莎士比亚？不可能，绝对不可能！那句话出自《圣经》。”他自信确定如此。

卡尔的老朋友弗兰克·格蒙坐在他左边，他研究莎士比亚的著作已有多年。于是，他们俩都同意向格蒙请教。格蒙听了，在桌下踢了卡尔一下，然后说：“卡尔，这位先生没说错，《圣经》里是有这句话。”

那晚回家路上，卡尔对格蒙说：“弗兰克，你明明知道那句话出自莎士比亚。”

“是的，当然。可是亲爱的卡尔，我们是宴会上的客人，为什么要证明他错了？那样会使他喜欢你吗？为什么不给他留点面子？他并没问你的意见呀！他不需要你的意见，为什么要跟他抬杠？应该避免这些毫无意义的争论。”格蒙说。

现实生活中，很多人喜欢争辩，对一个问题，一个观点，争得脸红脖子粗，大有针尖对麦芒之势。其实，跳出来看，有必要去争辩吗？有些事情根本没有必要争辩。

争论或许会让你暂时赢得胜利，但是即使赢了，实际上你还是输了。为什么？如果你的胜利使对方的论点被攻击得千疮百孔，证明他一无是处，那又怎么样？你会觉得洋洋得意。但对方呢？他会自惭形秽，你伤了他的自尊，他会怨恨你的胜利。而且他即使口服，但心里并不服。

因此，争论是要不得的，甚至连最不露痕迹的争论也要不得。如果你老是抬杠、反驳，即使偶尔获得胜利，却永远得不到对方的好感，真正赢得胜利的方法是不要争论。

位于美国纽约自由街114号的麦哈尼公司，是一家专门经销石油工业非标准设备的公司。

有一次，该公司接受了长岛石油集团公司的一批订单。长岛集团在石油界举足轻重，是麦哈尼公司的重要主顾。麦哈尼公司接受订单后不敢怠慢，抓紧时间把图纸设计好，送到长岛石油集团公司去审核。图纸经石油公司的总工程师批准后，麦哈尼公司开始动工制造。

长岛石油集团公司的订货人在出席朋友家的私人宴会时，无意中谈起了这批订货。几位外行人竟然信口雌黄，说什么设计不合理、价格太贵等，七嘴八舌，叽叽喳喳，不负责任的蜚语流传，使这位顾主产生被人欺骗了的感觉。

这位顾主开始时六神无主，继而觉得真有其事，最后竟拍案而起，勃然大怒。他打电话给麦哈尼先生，大发雷霆，把麦哈尼公司臭骂一顿，发誓不接受那批开始制造的非标准设备。说完，啪的一声把电话挂断。

电话那头，麦哈尼先生呆若木鸡。他被骂得丈二和尚摸不着头脑，他还没来得及回过神，没有申辩一句，顾主就把听筒撂了。

麦哈尼先生从事石油非标准设备制造多年，经验丰富，是一位懂技术的经理。他把蓝图拿来，一一对照仔细检查，看不出半点纰漏。凭经验他确认设计方案无误，于是就乘车去长岛公司求见那位顾主。

在路上，他想如果我坚持自己是正确的，并指责顾主在技术上错误的认识，那么必将激怒顾主，激化矛盾，使事态变得更加严重。

当麦哈尼先生心情平静地推开顾主办公室的门时，那位顾主立刻从椅子上跳起来，一个箭步冲过来，噼里啪啦地数落了一顿。

他一边龇牙咧嘴，一边挥舞着拳头，气势汹汹地指责麦哈尼公司。

在一个失去理智的人面前，麦哈尼先生不气不恼，两眼平静地注视着对方，一言不发。也许是麦哈尼先生不愠不火的态度感染了顾主，使顾主发现自己对一个心平气和的人发火是没有道理的。

他突然停止了指责，最后耸耸肩，两手一摊，用平常的声音说了一句："我们不要这批货了，现在你看怎么办？"

麦哈尼公司为这批订货已经投入了两万美元。如果对方不要这批货了，重新设计制造。公司就要损失2万多美元；如果与对方打官司，就会失去这家重要的顾主。

麦哈尼先生是一位出色的销售员，当顾主大肆发泄一通后，问他："好吧，现在你看怎么办？"麦哈尼先生心平气和地说："我愿意按照您的意愿去办这件事。您花了钱，当然应该买到满意合用的东西。"

麦哈尼先生只用两句话就平息了顾主的冲天怒气。他接着开始提问："可是事情总得有人负责才行，不知这件事该您负责，还是该我负责。"平静下来的顾主笑着说："当然得你负责，怎么要让我负责呢？"

"是的。"麦哈尼说，"如果您认为自己是对的，请您给我张蓝图，我们将按图施工。虽然目前我们已经花去两万美元，但我们愿意承担这笔损失。为了使您满意，我们宁愿损失两万美元。但是请您注意，如果按照您坚持的做法去办，您必须承担责任，如果让我们照着计划执行——我深信这个计划是正确的，我负一切责任。"

麦哈尼先生坚定的神情，谦和的态度，合情合理的谈话，终于使顾主认识到他发脾气是没有道理的。他完全平静下来以后说：

“好吧，按原计划执行，上帝保佑你，别出错！”结果，当然是麦哈尼先生没有错，按期交货后，顾主又向他们订了两批货。

麦哈尼先生说：“当那位顾主侮辱我，在我面前挥舞拳头，骂我是外行时，我必须具备高度的自制力，绝对不能与他正面冲突。这样做的结果很值得。要是我赤裸裸地直接说他错了，两人争辩起来很可能要打一场官司。那时的结果是：感情和友谊破裂，金钱受到损失，最终失去一位重要的顾主。在商业交往中，我深深相信与顾客争吵是划不来的。”

有时为了追求真理，双方在交流时发生争论是在所难免的，倘若仅仅是为了争论而争论，那是得不偿失的，这是对双方时间和精力的极大浪费。

当一个人的自身修养达到一种很高的境界和水平时，他是绝不会用争论的方式来解决问题的。学会避免不必要的争论可以从以下几个方面努力：

①接受不同的意见。

有这样一句话：“当两个人总是意见相同的时候，其中一个人就不需要了。”人的思维不可能是完整和全面的，总有一些客观或主观的原因让你有所忽略，那么，有人提醒你注意，使你避免下次犯下更大的错误，你真的应该衷心地对他说声谢谢。不同的意见不是引起争论的理由。

②不急于为自己辩解。

当我们一遇到对抗或者是攻击的时候，就会自己找理由去辩护，这就是争论的开端了。因此，先冷静地听完对方所有的观点，客观地分析和思考，说不定就真的能从中获得极大的益处。不要急于做出第一反应，这时冷静是比较好的。

③说话诚实。

假如发现自己是真的错了，就不要再为此而掩盖或找理由，那样只会欲盖弥彰。诚恳地向对方坦白自己的错误，并且请求他的谅解，别人是不会拒绝的，这样做就不至于争论起来。

④充分考虑对方的观点。

首先，我们每一个人都应当意识到自己思维的局限性，所以，保持谦虚学习的态度和多听取他人意见的心态是极其有益的。对方提出的观点，极有可能存在正确的一面，所以我们应该花时间多考虑对方的观点，防止自己犯错。对方觉得受到了尊重，争论也就不可能发生了。

⑤寻找与对方的共同点。

有些争论，到最后双方才发现彼此的观点其实有很多相似的地方，完全没有必要去争执不休。因此，刚开始就去寻找双方的共同点，既能保持双方的良好关系，又有利于找到灵活解决的办法。

第7章

智慧：

大智慧者大格局

智者懂得独木不成林

合作力是最好的竞争力，懂得合作的人，才可以走得更远。合作，让复杂的事情变得简单：

奥雅纳是世界上最好的工程公司之一，这家公司曾担任过北京奥运会马术中心的建造商。在奥运会期间，这个团队要负责通过长途飞机，运送2500匹高质量纯种赛马。这些马有很严重的时差，身体状况也不算好。

但工程师们面临的更大问题是，要应付多少马粪？这个问题在工程学院可没学过。奥雅纳公司可能需要花上几个月时间和兽医们交流，做各种研究，调整电子数据表，还未必能达到预期效果。

但实际上他们选择了另一种方式：寻求合作。团队找到一位曾经设计过纽约赛马场的人，不到一天就解决问题——让奥雅纳成功的，正是这种互帮互助的文化。

它意味着：你没有必要了解所有事，而是只需要在一群愿意寻求并给予帮助的人之间工作。

哈耶克有一句著名的话：市场经济是“人类合作的扩展秩序”。人们不仅能合作，还能把合作不断地扩展，产生“1+1>2”的倍增效果。

在高度流动性的社会中，商业思维的本质是合作。世界正逐步向简单化、专业化、标准化发展，分工合作成为必然选择。

每个主体都可以发掘自身最大的潜力，将自身的优势和专业发挥到极致，将复杂的事情变得简单，把简单的事情变得容易，最终实现相互协作，共生共赢。

智者不会自私地使自己独身一人。做人不能太过于自私自利。在现代社会里，一个人想要把事业做起来很难，只有一群人的努力，才能够走得更远。

我的一个学生跟我讲述他身边朋友的故事：

朋友跟别人合伙创业，但是因为太过于自私，把利益都独吞了，而且在外面开小灶，做一些自己的事情，结果，弄得合伙人跟他分崩离析。合伙人走后，合作的项目也就直接以失败告终了。

“你说，这人就不能太过自私了，很多时候，跟别人合作，才能够达成双赢的局面。一个人的能力，始终是有限的呀。”学生感叹道。

我听完后点点头，表示完全同意他的说法。想要把事情做大做强，就得学会跟别人合作，唯有合作才能够让你走得更远。那些自私自利的人，最终都落得孤身一人的下场。

智者懂得寻求合作，用合作带来更大的收益。俗话说，二人同心，其利断金。由此可见，团结可以产生出乎预料的效果。

现代社会，一个人的能力和社会资源有限，而且单凭自身的能力，办成一件复杂的事情，相对困难，不但耗时长，负担和压力也倍增。

因此，连同他人一起完成一项工作，不但提高了效率，合理利用了资源，还能增加成功的概率。

俗话说“一个和尚挑水吃，两个和尚抬水吃，三个和尚没水吃”。做事情需要讲究合作，但是也要懂得利益共享，这样才能促进合作的顺利开展，促进以后能持久的合作。如果不懂得利益共享情怀之心，心胸狭窄，那么最终会导致“三个和尚没水吃”的结局。不仅会因此失去人心，之后的合作也无法促成。

两个饥饿的人正在赶路，但是已经饥肠辘辘，无精打采了。

这时，迎面走来一位老者，他对这两个饥饿的人说：“我这里有一根鱼竿和一篓鲜鱼，分别送给你们。”

其中一个人选择了鱼竿，继续艰难地向前赶路，以为只要找到有鱼的大海就能解决饥饿，无奈路途遥远，这个人没有走到海边就饿死了。

另外一个人选择了一篓鲜鱼，他饿极了，就地生起篝火，烤起鱼吃，他贪念鱼肉的鲜美，每顿都要吃个十二分饱，不出几天，就把满满的一篓鱼吃光了，最后饿死在空空的鱼篓旁。

而另外两个饥饿的赶路人，同样遇到了老人，老人给了他们同样的东西：一根钓鱼的鱼竿和一篓鲜鱼。

两个人分别选一样东西，但是他们思考了一下，决定还是一起前进。他们商量好，鱼篓里的鱼在饿的时候只能一次吃一条，因此，他们靠这篓鱼支撑到海边，利用老人送的鱼竿，钓到了更多的鲜鱼，他们不但活下来，还以捕鱼为生，盖起房子，有了家庭和孩子，过上了幸福的生活。

同样的条件下，选择合作，可能达到共赢；选择各自为战，最后可能都走向灭亡。因此，我们做事情的时候要学会合作，找到自己的合作伙伴，这样不仅能够统一一个战壕的力量，还能各取所长协同高效解决自己无法解决的问题。

《吕氏春秋》中有这样一句话“万人操弓，共射一招，招无不中”，由此可见，团结合作可以使难事成功。

美国的韦伯斯特也说过：“人们在一起可以做出单独一个人不能做出的事业；智慧＋双手＋力量结合在一起，几乎是万能的。”团结合作好过单打独斗，合作能创造奇迹。

如何选择你的朋友

一生成败，皆关乎朋友之贤否，不可不慎也。

——曾国藩

人生在世，我们大多数人都不可能离开朋友而存在，从牙牙学语到不惑之年，儿时玩伴、学时同窗、老友故交，都在我们身边扮演着无可替代的角色，影响着我们的决定。有句老话说得好："选择朋友，就是选择命运。"

交友不可不慎，从某种角度而言，跟谁交朋友，决定着我们拥有怎样的生活与人生。

1. 需要远离的"朋友"。

（1）心不善，不可交。

与不善人居，如入鲍鱼之肆，久而不闻其臭，亦与之化矣。

——孔子

孔子这句话的意思是，跟不善的人一起，就如同走入出售鲍鱼的店里，时间久了，也不觉得臭了，因为自己身上也被熏臭了。朋友可以没有钱，可以不优秀，可以不用看外表，但一定要善良。

我们和哪种人来往，就会被那种人影响，最后过着相似的人生。和不善良的朋友在一起，我们会不知不觉地跟着同流合污，为非作歹。而所谓善人，人皆敬之，天道佑之，福禄随之。

（2）品不正，不可交。

有的人像秤一样，如果我们比他重，他就卑躬屈膝低着头；比他轻，他就一副高高在上的样子；这种人就是人品不正的“损友”。

人品正的朋友，或许有缺点，但是危难关头一定可以挺身而出，帮我们一把或者共患难；

人品正的朋友，为人正直，不一定处处让着我们，不会口蜜腹剑，当我们走向歧路时，敢于批评我们，及时挽救我们。

人品正的朋友，充满正能量，能以积极向上的心态看待一切。跟这样的人相处，才会保持一颗勇敢的心，不屈的心，让自己远离堕落，远离抱怨，勇往直前！

2. 值得用心经营的朋友。

（1）懂你的朋友。

懂你的朋友，贴心。他知道你需要什么、在乎什么、喜欢什么、介意什么、忌讳什么。

能看透你的内心，把话句句说在你的心坎上，让你听起来就明白，就豁然、敞亮，不会有烦心的事，恼火的事，愁苦的事，让你舒心、开心、欢心，而不是句句都跟你唱反调，给你添堵，甚至火上浇油。

（2）风趣的朋友。

风趣的朋友，富有幽默感，天生的乐观派、豁达人，善于从平凡的生活中寻找幸福的火种，从苦难的境况中找到希望的未来，让生活过得像蜜一样甜，像花一样美。

他们热爱生活，过得无忧无虑，简直就是快乐的天使，幸福的播种者。人这一生，一定要交个风趣的朋友，努力把自己的生活过得有滋有味，多姿多彩！

（3）懂得感恩的朋友。

不懂感恩的人，就是白眼狼，永远也喂不熟。他只会无底线地向你索取，从来不会回报你。你对他做得再多，他也不会念你的好。你把他当朋友，他只把你当白痴。以为你就应该对他这样好。你稍不如他的意，他就会说你的坏话。交友，一定要看清人性，要交知恩图报的人，远离忘恩负义的人。

3. 学会选择你的朋友。

（1）慢慢选择。

一个人心里怎么想的，做出来的事情就是怎么样的。看人的外表看不透，但是通过观察一个人的行事就可以大致认识一个人，当然也需要长时间的考验，慢慢地观察他是否适合做朋友。选择朋友要慢，改换朋友要更慢。

（2）**不在背后非议**。

“朋友”两字，是一个令人读了就心生感动的词汇。朋友有好有坏，好朋友可以让你安坐锦帛，而坏朋友让你猝不及防。

对人的恩惠是好朋友心中的一种爱，他能够无怨无悔地将友情给予他人；在你面前议论他人错误的是坏朋友的习惯，因为，他帮助人只是一种交易。

一开始就选错了朋友，即使再怎么用心去交往，再怎么用心去经营这份友谊，都是徒劳，最后受伤害的终归是自己。

（3）**近朱者赤**。

人总是有那么一个致命的弱点，自以为是地重情重义，总是以所谓的“情义值千金”来原谅那些坏朋友的不端行为和不正的思想，到头来反而让自己的生活秩序被搅得凌乱不堪，痛苦不已。

而我们往往不会想到，生活之所以会变得杂乱无章，凌乱不堪，正是因为受到那些“烂苹果”的传染而重病难治，轻则原地踏步、踯躅不前，重则颓废萎靡、一蹶不振而黑暗一生。

（4）**交新朋友，用朋友扩大自己的世界与格局**。

如果我们身边有破坏你奋斗热情的庸碌之辈，如果不想被破坏心情，赶紧把他拖进黑名单。而我们要想让自己变得更厉害，不应该只依靠旧友，还需要不断建立新的人际关系。

通过新的人脉扩大自己的世界，拓宽视野。发展更大的空间，才有利于我们获得更多的选择。比起相同立场的人，接触不同行业、不同职业的人，或者不同时代的人，无疑是精进自己最好的方式。

选择朋友是创造成功生活的外在条件，只有和那些乐于接受建议、敢于确定明确目标的人在一起，我们才会产生行动的冲劲儿。有了行动我们才能在新环境中摄取新的经验，为今后的成功打下基础，才能开创另外一个崭新的天地。

社会环境与一个人有着直接的关系，人与世界的关系是引导人走向成功的一根命运之绳，这根命运之绳能否将你引向成功的巅峰，取决于你如何编织、如何让它变得粗壮。

成大事者不贪小利

传说古代蜗牛角上有两个国度，左角上的叫触氏，右角上的叫蛮氏，这两个国度尽管小，但常常由于争取地皮而接触。

有一次，触氏和蛮氏又发生了战斗，触氏打了胜仗，杀了蛮氏的士兵好几万人。蛮氏败走逃跑了，触氏就兴兵去追，追了五十多天，才告捷返回。

不少的争斗就像蜗牛角上两个国度产生厮杀一样，从本人的小角度来看厮杀好像惊天动地，从天下的大角度看来双方争取的好处实在小得可笑。所以后代便有了“蜗角浮名”“蝇头微利”的真言。

贪图小利，使人们的眼界变得狭小，使简略变得庞杂，使轻松变得繁重，使人身陷泥潭而不可自拔。想要取得更大的进展，就要有久远的计谋眼力，要禁受得住面前的诱惑，抛弃面前的蝇头小利，才能取得更久远的进展。

人实际上是异常智慧的，可是，在面临好处诱惑时又常常是不理性的。究其缘由，无非是贪婪，尤其是贪小利。

战国时代，有两位好朋友，同受业于其时的名师鬼谷子门下。他们便是我国历史上著名的说客苏秦和张仪。

苏秦出道较早，胜利也来得顺利；张仪出道时较为一般，郁郁不得志，不知出路在哪里。

看到苏秦已成小事，便想投身门下，找到一条提升的捷径。

连续几天，苏秦也没有来见他，张仪便在苏秦的住处住下来，几天后，张仪好不容易才碰上这位发达了的好友。

但苏秦没有好好招待他，用饭时，非但没有同坐，还安排他在最末的位子，吃着下人们才吃的粗饭。接着苏秦又用话语羞辱他，说："以阁下的才华，怎么会潦倒到如此境地呢？我真是没有法子帮你，你还是靠自己的命运吧！祝你好运。"

远道而来的张仪，满以为见到老朋友以后，一定会得到热忱的款待和帮助，没想到反而招来无名的耻辱，因而气愤地离开了苏秦的住处。他发誓要凭着自己的能力，与苏秦一争高低。

当张仪走后，苏秦又暗地里派人沿途救济他，支持他游说秦国。苏秦的门人们很奇怪，纷纷问苏秦是怎么回事，苏秦说："张仪的才华，在我之上，我怕他为了贪图眼前的小利，太过安于近况而丧失了斗志。因此我凌辱他一番，以便激发他上进的心。"

最后，张仪果然在秦国做出了一番事业。

"欲速则不达，见小利则大利不成"，张仪是幸运的，有他的好朋友在鼓励他、帮助他，使他没有被小利所惑，安于近况而丧失斗志。

一个人做事是如此，做人也是如此，有的人把个人的利益、名声、地位、权势看得高于一切，地位略有动摇，利益稍有损失，权势稍有削弱，就看成是大祸临头，结果活得非常痛苦。

作为企业领导者，一心为一己之私只顾敛财是干不成大事的，利用人仅限于一时，一旦被人识破真面目，所有人都会离开他、反对他。为多数人谋取福利，首先要放弃个人的私利，这样才能处事公平，赢得大家的信任，贪婪使人很难做到这一点。

五代时，后唐的皇帝李存勖以救国救民号召百姓，招募将士，先后灭掉后梁等国，势力达到了顶点。

天下略为安定后，李存勖开始贪图享乐，他对大臣们说："我军征战多年，今日有成，应该休息罢兵，享受太平生活。"李存勖从此不理朝政，天天忙着看戏玩乐，一些忠直的大臣也被他疏远。

皇后刘玉娘特别爱财，她把国库窃为己有，积攒了堆积如山的财宝。她任用自己的亲信，四处暴敛，到处横征，百姓怨声载道。

忠诚的宰相把刘玉娘的行为报告给李存勖，说："当天下人的君主，应该关心天下人的生死，这样人们才能爱戴他，国家也会安定。现在皇后只顾自己捞钱，全不管百姓如何生活，这样下去要出大事的，皇上一定要好好管教她。"

李存勖这时也失去了往日的爱民之心，他为皇后辩解说："筹钱粮，救民于水火，百姓一定会感激皇后的仁德，誓死保卫国家。"

刘玉娘把国库的东西视为自己的财产，她拒不交出财物赈灾，还生气地说："你是宰相，救济百姓是你的事，与我有什么关系？"

她只拿出两个银盆，让宰相卖了当军饷。宰相长叹一声，掉头就走，他对自己家人说："皇上、皇后只为自己享乐积财，这样怎能治理好国家呢？他们太自私了，国家一定会灭亡，我们也另做打算吧。”宰相也不管事了，朝廷陷于瘫痪。

时间不长，大将李嗣源就率兵反叛，李存勖领兵平乱，愤怒的士兵纷纷投向叛军，不愿再为李存勖卖命。

李存勖见事不好，急忙用重赏安稳军心，他对士兵们说：“我带领你们打天下，绝不是为了我自己，是为了你们啊！这次如果平定了叛乱，你们每个人都有重赏，我说到做到，绝不食言！”

士兵们早不相信他了，这时见他还在说谎，不禁更加愤怒。他们发动兵变，乱箭射死了李存勖。刘玉娘逃进尼姑庵，被士兵搜出绞死。

这就是贪婪的下场。贪小利者，大事难成。

成大事者不拘小节

古人云：成大事者不拘小节。不图小利必有大谋。那些做大事的人不会过度计较小的得失，而是追求大的成就。那些不贪图小利的人，通常心中有大的谋划，这就是一个人的大格局。

齐襄公时，国政混乱。管仲、召忽保护公子纠逃到了鲁国，鲍叔牙保护公子小白（后来的齐桓公）逃到莒国 。

国君王位空缺，公子小白赶回齐国，当时他被管仲半道埋伏，管仲对小白射出一箭，小白装死才逃过一劫，然后快马加鞭赶回齐国当上国君。

齐桓公（公子小白）当上国君后，要报这一箭之仇，可鲍叔牙对齐桓公说：管理好齐国，有我们是可以了，但是国君您要称霸诸侯，非管仲不可，管仲的才华胜过我百倍。齐桓公听后决定摒弃前嫌任用管仲。

齐桓公拜管仲为相，君臣同心，励精图治，对内整顿朝政、例行改革，对外尊王攘夷，存亡续绝。这一时期，起用了一批各有所长、尽忠职守的出色人才。其中最具代表性的便是“桓管五杰” 。

管仲不负所望，帮助齐桓公成为春秋霸主之首。

齐桓公重用曾当面谋杀自己的管仲，是因为他知道管仲是个不可多得的人才，与其计较管仲曾经犯下的错误，不如就此将错误抹消，留下管仲，为国家效力。这是一个做大事的人不计较小利益的经典范例。

《庄子·外物》说了一个有趣的寓言：

有个叫任公子的人，在东海边钓鱼。他用的钓具与饵料骇人听闻。他专门打造了巨大的钓钩和粗黑的长绳，用的饵料是五十头牛。他坐在会稽山上，把巨大的钓竿投入海中……

所有见过的人都在嘲笑，这叫钓鱼吗？果然，任公子天天去垂钓，一年过去了，一条鱼也没有钓上来。

然而，忽然有一天，有一条大鱼咬钩了，它牵着大钓钩沉入海中，又急速地跃起摆动鱼鳍，涌起的巨浪像山一样，海水振荡不已，发出的声音犹如鬼哭狼嚎，千里之外的人都听到了这种恐怖的声音，感到十分害怕。

过了很长时间，大鱼精疲力竭，任公子叫来几百人把鱼拉到岸上，趴在沙滩上的大鱼就像一座山。

任公子叫人把鱼切开制成肉干，分送到各地，从浙江之东到苍梧以北，没有人不饱吃一顿以至于看到鱼肉就想吐。

这件事之后，那些有着小聪明又爱好谈论的人，都大吃一惊，奔走相告，他们拿着小鱼杆、细钓绳，拴着小蚯蚓走到水沟边，守候着泥鳅鲫鱼上钩，这样子能钓到大鱼吗？

庄子为此说道："饰小说以干县令，其于大达亦远矣，是以未尝闻任氏之风俗，其不可与经于世亦远矣。"

意思是说，以浅薄的学说作标榜，去追求高名美誉，这样距离领悟大道太遥远了。所以，未曾听说过任公子钓鱼事迹的人，就没有办法治理天下，因为相距实在遥远。

谋大者不在小利，志远者岂在朝夕。当一个人被小的利益蒙蔽住双眼，他将再难看到长远的利益，也很难做出长远的规划。

做一个干大事的人，就不要计较那些微小的利益，成大事者，他们对物质的计较之心往往没有普通人那样重。中国历史上有许多不图眼前之利而刻苦自励为学治事，在历史上留下美名的伟大人物。

宋朝的范仲淹，他年轻的时候寄居寺院读书，每日只煮一锅粥，将粥划为四块，早晚各两块，聊为充饥，留下大量的时间刻苦攻读，这是他懂得在享受食物与抓紧时间学习之间的取舍。

后来他到应天府学院读书，生活依然清苦，有同学看不过去，特意从家里带来了丰盛的美食请他享用。但几天过去了，同学发现他送的食物都变质了，范仲淹却没有动一筷子。同学有责怪之意，范仲淹带着歉意解释说："我已经习惯了喝粥，担心一旦享受了美食，以后就再也咽不下粥和咸菜了。"

有一次宋真宗路过应天府，城里万人空巷，都跑去大街上一睹龙颜，学院的师生也跑去看热闹，只有范仲淹一个人静静地在学堂内读书。一位同学特意跑来拉他同去，他说："早晚得见，急什么呢？”头也没抬继续读书。

范仲淹是个有大气魄的人物，他高中进士之后，步入仕途，在地方官任上政绩卓著，后来被拔擢为丞相，主持中枢，发动庆历新政，虽然没有成功，但他欲为天下扫尘除弊的赤子之心可感召日月。也只有像他这样的人，才能写出：“先天下之忧而忧，后天下之乐而乐”的豪迈之作。

范仲淹的志向可谓大矣远矣，他对物质的要求极俭，才能把主要的精力放在远大的事业上。

越是有追求，格局越大的人，反而不会过多地贪求物质上的享受。例如，那些为祖国做出卓越贡献的人，那些已经成为世界级富豪的人，他们大多数在生活中秉承着够用即可的理念，而非我们想象的有钱就可以随心所欲地使用。

做一个成大事者，先要摆脱自己计较小利的私欲，才能着眼于更广阔的空间，才能提升自己的境界，摆脱烦扰，这其实就是一种智慧。

读懂生活的智慧

生活的智慧在于活得快乐，而一个人持久的快乐在于过好自己的生活。

我们总是难免会被外界的诱惑所蛊惑。有人羡慕未婚同事的单身自在；有人羡慕别人的副业做得风生水起；有人嫉妒别人自娱自乐的悠然性格。我们总有一双善于发现的眼睛，屏蔽了我们自身的优势，而只专注我们所没有的事物。

我们可以偶尔“自私”点，将烦恼暂时放下，过一过属于自己的生活，清醒地思考下自己真正想要的是什么样的生活，这样才有意义。

生活不可能总是如愿以偿，没有你想象的那么好，但也没有你想象的那么糟。前路难免弯弯曲曲、坎坎坷坷，但我相信只要我们各自努力，知足且坚定、温柔且上进，一定会在自己热爱的世界里闪闪发光。

过好自己的生活才是王道。杨绛先生曾说过“我们曾如此渴望命运的波澜，到最后才发现：人生最曼妙的风景，竟是内心的淡定与从容；我们曾如此期盼外界的认可，到最后才知道：世界是自己的，与他人毫无关系。”

只有把自己的生活过出想要的样子，你才是最大的人生赢家，而这无关世俗，无关他人，只关乎自己的内心是否丰盛，是否发现生命的富足都取决于自己的内心。

让生活快乐的智慧在于一个人的自立。一个人唯有自立自强，才有了生活的资本，只有当你有了安身立命的能力，才有可能收获幸福的生活。

人的命运，要靠自己一步一个脚印走出来。正所谓千里之行，始于足下。

无疑，人生中的每一条路，都需要奋斗精神的浇灌，都需要有脚踏实地的实干精神。只有经过奋斗征程的洗礼，我们才能抵达美好生活的彼岸。漫漫人生路，唯有靠自己，才能闯出一片天地，靠自己，才能活出非凡的人生。

戏剧之王莎士比亚出生于英国一个富商家庭。13岁时，他便离开学校，帮助父亲料理生意。16岁离开家庭，外出独自谋生。

他在伦敦一家剧院门前替看戏的绅士们照看马匹，在剧院打杂，有时给演员们提提词或跑跑龙套。此外，还在屠宰场当过学徒，给人家做过书童，做过乡村教师，当兵，做过律师，任过小官。

为了谋生，他漂过英吉利海峡，到过荷兰、意大利。正是独立谋生的闯荡，丰富了他的人生经历，增长了他的才干，为他后来创作一大批著名悲喜剧奠定了基础。

虽然，一个人的成长离不开父母的抚养、老师的教导，但这些都是外在的因素，学会自立才是关键。

自立的人，人生往往会有追求，他们会在追求人生理想的过程中，获得成就，得到满足，无论是物质还是精神上。比如，人在成就事业时，因为事业而辛苦劳累，但是也在其中得到成长。

有一个事业有成的美国商人，坐在海边一个小渔村的码头上，看着一个渔夫划着一艘小船靠岸。小船上有好几尾大黄鳍鲔，这个美国商人对渔夫能抓这么高档的鱼恭维了一番，还问要多少时间才能抓这么多？

渔夫说："才一会儿工夫就抓到了。"

商人再问："你为什么不待久一点，好多抓一些鱼？"

渔夫不以为然地说："这些鱼已经足够我一家人生活所需啦！"

商人又问："那么你一天剩下那么多时间都在干什么呢？"

渔夫解释说："我呀？ 我每天睡到自然醒，出海抓几条鱼，回来后跟孩子玩一玩，再跟老婆睡个午觉，黄昏时到村子里喝点小酒，跟哥们玩玩吉他，我的日子可过得充满又忙碌呢！"

商人不以为然，帮他出主意说："我是美国哈佛大学硕士，我倒是可以帮你忙，你应该每天多花一些时间去抓鱼，到时候你就有钱去买条大一点的船。自然你就可以抓更多的鱼，再买更多的船。然后你就可以拥有一个渔船队，到时候你就不必把鱼卖给鱼贩子了，而是直接卖给加工厂。然后你可以自己开一家罐头工厂，如此你可以控制整个生产、加工处理和营销。然后你可以离开这个小渔村搬到城里，在那里经营你不断扩充的企业。”

渔夫问：“这要花多少时间呢？”

商人回答：“十五年到二十年。”

渔夫继续问：“然后呢？”

商人大笑着说：“然后你就可以在家里当皇帝啦！时机一到，你就可以宣布股票上市，把你的公司股份卖给投资大众。到时候你就发啦，你可以几亿几亿地赚！”

渔夫再次问道：“然后又怎样呢？”

商人说：“到那个时候你就可以退休啦！你可以搬到海边的小渔村去住。每天睡到自然醒，出海随便抓几条鱼，跟孩子玩一玩！再跟老婆睡个午觉，黄昏时晃到村子里喝点小酒，跟哥们儿玩玩吉他！”

渔夫疑惑地说：“我现在不就是过着这样的生活吗？”

听完故事，很多人会疑惑，既然商人和渔夫的生活殊途而同归，结果一样，那我们还奋斗什么呢？

我们仔细想一想，商人功成名就之后，捕鱼是在享受生活，也就是说捕鱼只是他娱乐的方式之一。而渔夫为了填饱肚子出海打鱼，心情不会总是处于愉悦之中。况且，两个人的见识和对生活的享受是完全不同的。

生活其实就是这样，努力奋斗一生，创造出属于自己的辉煌，最终还是要回归简单与纯粹，但是我们不能因此而停止前行，待在原地不仅不能读懂生活的智慧，还难以脱离蒙昧。

自立使我们足够勇敢，因为勇敢才能够摒弃生活中的那些不快乐。生活中难免有些事刺痛着我们的神经，干扰着我们的情绪，使我们不愿意面对。逃避不能解决问题，还会令问题更糟，勇敢则能助人拨开阴霾。

这天清晨，弗格斯家的电话铃声骤然响起。他刚握起话筒，一个陌生而嘶哑的男中音便在电话那头响起："弗格斯先生您好，我是杰克法官。刚刚有人指控您偷了一家商店的两本书，请您于下午一点钟到达法庭接受审理，希望您积极配合我们。"

弗格斯一头雾水，他已经有段时间没有去过商店了，再说以他的地位与经济实力，还用得着去偷书？很显然，这是有人设计陷害他。

弗格斯刚刚被上司任命为私人秘书，这项工作虽然累人又费时间，但却是事务总管，是一个人人羡慕的职位。

虽然对于弗格斯的当选，很多人都赞同并给予了充分支持，但并不代表没有人嫉妒甚至希望他身败名裂。弗格斯实在是懊恼极了，原本愉快而轻松的早晨就这样变得愁云惨淡。

下午一点钟，弗格斯准时到达法庭。指控人是个英俊的年轻人，话语如锋利的刀剑，弗格斯也不是任人宰割的软饼。二人你来我往，互不相让。法官一时难以判断，只好休庭宣布第二天再审。

弗格斯很气愤，他的上司是个精明能干的女人，对人对事一向要求严格，就在清晨还因为他的事假而不悦。直觉告诉他，明天的审理也肯定不会有什么结果。真不知道要这样到什么时候。

第二天清晨，弗格斯还没想清楚该以什么样的借口再次向女上司请假，女上司就打电话过来，急于要知道他这天打算怎么办。言外之意是她已经知道了这件事。想不到单位的人这么快就知道了这件事。

弗格斯红了脸，仿佛他真的做了贼。他告诉女上司，他要去法院，然后直接回家，因为他没脸见其他人了，一个堂堂正正的事务总管却被别人指认为贼，想想都觉得丢人，真不知道同事们会怎样看他。

女上司告诉弗格斯：去过法院之后，一定要到单位来，事情再糟糕，一个大男人都要拿出足够的勇气去面对。她还特别要求弗格斯在处理完法院的事情后去见她。

弗格斯很沮丧，干了这么多年，辛辛苦苦得来的职位可能就要这样没有了。

正如弗格斯预料的那样，法庭审理还是没有结果。

下午，弗格斯不得不假装什么事也没有发生过，硬着头皮回到单位。推开单位的大门，同事们都不约而同停下了手中的工作，不过一秒钟，全世界的目光都聚焦到弗格斯的脸上，弗格斯的脸一阵阵发烫，他一遍遍在心里说：我不是贼，我是清白无辜的，是被人陷害的。

可是没用，他的声音别人听不到。他成了“过街老鼠”，同事们不是斜眼瞄着他，就是绕他而行。弗格斯实在受不了这样的难堪，径自来到女上司的办公室，他想还是自己请辞吧。

女上司先开了口：“来，我们去散散步。”弗格斯还没明白是怎么回事，女上司已经出了门。

弗格斯跟随女上司来到走廊，女上司并没有和他说什么偷窃的事情，不过是让他聊聊他的孩子。提到孩子，弗格斯的紧张情绪立刻轻松下来，孩子的诸多趣事让他脸上不自觉地露出笑容，一向严肃的女上司也不时地点头微笑。

女上司同他走遍了这座办公大楼的所有走廊，很多同事都看到了他们愉快交谈的情景。在走完了所有走廊后，女上司带弗格斯进了茶室，这里的门时刻敞开着，女上司选了临近门口的座位坐下，并示意弗格斯坐在她的对面，使得经过和进入茶室的人第一眼就看得见他们。在这里，视时间为金子般珍贵的女上司居然同弗格斯闲坐了一个多小时。

事情很奇怪，当弗格斯再次推开办公室大门的时候，同事们的态度竟然有了180度的大转弯，他们的眼睛里盛满了友善，脸上挂满了笑容……

当弗格斯终于被宣判完全无罪，和他的妻子离开法院准备回家的时候，他看见他的女上司穿过人群大步向他走来，与他及他的妻子一一拥抱。

“我想我不必对你说什么了，是吧？”女上司故意板着脸。

是的，还用说什么呢？在这一令人伤心烦神的事件中，女上司始终是弗格斯的朋友。她毫不吝啬自己的信任并巧妙机智地维护住弗格斯的尊严，使弗格斯能够勇敢地面对鄙夷，最终走出困境。

这位女上司就是英国历史上第一位女首相，被称为政坛“铁娘子”的撒切尔夫人。

人们称撒切尔夫人为“铁娘子”，也是因为她坚强勇敢的一面。在“铁娘子”的处事原则里，怯懦不会存在，不会想着用逃避回应别人对自己的误解，勇敢地面对，内心坚定而坦荡，反而顺利解决了问题。

生活的智慧在于我们懂得将日子变得快乐，而智慧的人懂得从自立中寻求快乐的真谛。

智慧与勇气同行

英国诗人珀西·比希·雪莱曾这样说：“一个人如果不是真正有道德，就不可能真正有智慧。精明和智慧是非常不同的两件事。精明的人是精细考虑他自己利益的人；智慧的人是精细考虑他人利益的人。”

智慧的更高层次是人生的境界、格局。

人需要智慧但不一定需要聪明，智慧是人的一种格局，一个人在世间能活到什么样的程度是他的格局决定的，格局小自然也就活得平庸。

打开智慧的方式就是打开格局，格局打不开，智慧也就进不来。格局小的人就像一只井底之蛙，他们再聪明，其所认知的天也就是井口那么大，他们怎会想到天是无边无际的呢？

一个有智慧的人，他的思想是活跃的，可以相信和包容一切，他知道超越自己认知的事物不代表它是不存在或不可能的，只是自己的认知有局限。

没有智慧的勇气，是鲁莽；而缺少了实行的勇气，再有智慧也是枉然。只有智慧和勇气完美结合，成功才更容易到来。

美国管理学家韦特莱曾提出一个韦特莱法则：成功者所从事的工作，是绝大多数的人不愿意去做的。

做别人不愿意做的事，是一种格局，也是一种勇气。

被誉为“经营之神”的台塑集团创办人王永庆，正是因为做了别人不愿意做的事而成为一名成功的企业家。

王永庆 15 岁时就在一家大米店里当学徒，之后他向父亲借来 200 元作本金开了一家自己的大米店。

那时候的大米加工技术比较落后，出售的大米里大多混杂着米糠、沙粒和小石头等，买卖双方都已经是见怪不怪的。

但王永庆却想：如果我把大米中的杂物都拣干净，人们肯定会更喜欢我卖的米。果然，此举一出后就深受顾客的欢迎，除此之外，在其他店铺都不提供上门服务的时候，他却亲自送货上门，还用本子记录了顾客家里有几口人？一个月吃多少米？何时发薪水？推算顾客的米该吃完了，他就主动送米上门。

如果顾客家里的米缸里还有米，他就会将旧米倒出来，将米缸刷干净，将新米倒进去，然后再将旧米放在新米上面，这样米就不会因陈放过久而变质。

就是因为他这一系列小小的举动，感动了顾客，之后，顾客就只买他家的。越来越多的人也因此而光顾他家的大米店。就因为如此，王永庆一步一步成为企业巨头。

勇气，是敢于去做自己没有做过的事。

卡罗·道恩斯原来在一家银行工作，捧的是金饭碗，但是，他却放弃了。他认为待在银行并不能充分发挥自己的才干。他来到了杜兰特公司——也就是后来名扬天下的通用汽车公司。

在新的工作环境干了6个月后，道恩斯很想了解一下杜兰特对自己工作的评价，他便给杜兰特写了一封信，问道："我可否在更重要的职位从事更重要的工作？"杜兰特批示说："现在任命你负责监督新厂机器的安装，但不保证升迁或加薪。"

道恩斯接受了，但他手里只有杜兰特给的一张施工图纸，杜兰特说："你要按图纸施工，看你做得如何。"而道恩斯实际上从没有受到过这方面任何训练，面对那么多完全陌生的困难，却要在短时间内完成任务，道恩斯心里清楚，一个千载难逢的机会就在眼前，如果就此退缩，可能就再也没有机遇会垂青他了。

他调整好自己的心态，认真地钻研图纸，再找到相关的人员，一起做了缜密的分析和研究，很快他就搞清楚了工作的要点脉络，工作进行得很顺利，而且还提前一个星期完成了公司交给他的任务。

杜兰特说："给你那些图纸时，我知道你是看不懂的。但是我要看你如何处理。结果我发现，你是个领导人才。你敢于直接向我要求更高的薪水和职位，这很不容易。我尤其欣赏你这一点，因为机会总是眷顾那些能拿出勇气主动出击的人。"

很多时候人们没有勇气去尝试，只是因为他们被想象中的困难束缚住了手脚。其实只要拿出勇气主动去试一试，也许很快就能排除想象中的困难。

勇气就是坚持、不放弃。

奥斯特洛夫斯基只有手腕能活动，眼睛又看不见，写字很吃力，也很慢。他躺床上先构思整部书的轮廓，并把每章每节想好，再由他口述，妻子亚拉为他记录。时间长了，这也不是个办法，一旦妻子不在就写不了了。于是他要人用硬纸板做了一个框子，在上面刻成一个个方格，把稿纸放在下面，然后用手摸着框子自己写。

夜深了，只有他房间里传出写字的沙沙声。他不需要光，只要大脑和手就够了。他不停地写下去，写好一页就用僵硬的左手颤颤抖抖地抽出一页。为了避免一行字串到另一行里，他的铅笔从来不离开纸。每天清晨，当妻子醒来，写好的稿纸已散落一地，她赶忙帮他捡起来整理好。这时，妻子发现，睡着的奥斯特洛夫斯基嘴唇上有一层淡淡的血痕。显然，这是为了抵抗病痛的折磨，忍痛写作而咬出来的……

最后他完成了《钢铁是怎样炼成的》这部名作。

有时，生活中的失败和否定会接二连三地到来，也许每个人都会产生对自己的怀疑，但是最终获得成功的人只是多坚持了一下、再尝试了一次，结果他们征服了命运。因此，在我们心灰意冷，想要放弃时，不妨对自己说：再试一次，再坚持一下。

对于创业者而言，需要“大勇”，也需要“大智”，缺一不可，所谓“大智大勇”也。如果你能够以自身知识与经验作为后盾，凭着高屋建瓴的远见卓识、果敢迅猛的冒险精神，当机立断地做出决策并付诸实施，那么创业成功就真的离你不远了。

人生是一场单行旅行，需要智慧与包容，需要坚强与勇气，也需要放下与选择。在这个旅途上，重要的不是我们从这个世界上获得多少东西，而是能给世界留下多少东西。用心经历，细细品味，人生才会有滋有味。

参考文献

[1] 威尔玛·鲁道夫 [EB/OL].[2021-11-18].https://wenku.baidu.com/view/7f5aac315a8102d276a22f3b.html?fr=sogou.

[2] 雪球 . 神父与上帝 [EB/OL].（2015-08-03）[2021-11-18].https://xueqiu.com/8799078831/53412116.

[3] 搜狗百科 . 伍子胥 [EB/OL].[2021-11-23].https://baike.sogou.com/v97580.htm?fromTitle=%E4%BC%8D%E5%AD%90%E8%83%A5&ch=frombaikevr.

[4] 三只老鼠偷油 [EB/OL].[2021-11-23].https://wenku.baidu.com/view/c5f8f751f142336c1eb91a37f111f18583d00ca2?fr=sogou.

[5] 管理学大师 . 神射手的箭法 [EB/OL].（2017-05-06）[2021-11-23].https://www.sohu.com/a/138759554_350350.

[6] 康纳斯的励志故事 [EB/OL].（2018-02-04）[2021-11-24].https://www.yuwenmi.com/lizhi/xiaogushi/630819.html.

[7] 鼠目寸光 [EB/OL].[2021-11-24].https://wenku.baidu.com/view/0af1835dbcd5b9f3f90f76c66137ee06eef94e19?fr=sogou.

[8] 一路平安 . 磨刀不误砍柴工 [EB/OL].（2012-03-12）[2021-11-24].https://edu.iask.sina.com.cn/zw/gmJIaZZIFa8W.html.

[9] 搜狗百科 . 煮酒论英雄 [EB/OL].[2021-11-24].https://baike.sogou.com/v64261950.htm?fromTitle=%E7%85%AE%E9%85%92%E8%AE%BA%E8%8B%B1%E9%9B%84.

[10] 搜狗百科 . 毛遂自荐 [EB/OL].[2021-11-24].https://baike.sogou.com/v174805583.htm?fromTitle=%E6%AF%9B%E9%81%82%E8%87%AA%E8%8D%90.

[11] 老皮来说事 . 你的目标可能是愿望 [EB/OL].（2019-01-20）[2021-11-25]. https://www.jianshu.com/p/543da40e8434.

[12] 一澜瞳河 . 做人当有大格局 [EB/OL].（2017-04-07）[2021-11-25].https://www.jianshu.com/p/39e62acce0a6.

[13] 烟台市蝴蝶泉 . 持续学习是一个人的能力 [EB/OL].（2018-11-15）[2021-11-25]. https://www.sohu.com/a/275584634_807227.

[14] 人淡如菊 chen. 时刻准备着 [EB/OL].（2021-04-07）[2021-11-25].https://www.jianshu.com/p/7bb5a57984b6.

[15] 再努力一次 [EB/OL].（2019-03-19）[2021-11-25].http://mip.lizhigushi.com/lizhixiaogushi/a10263.html.

[16] 周易与传统文化 . 如何让自己的心胸变得开阔 [EB/OL].（2012-09-23）[2021-11-28].https://www.sohu.com/a/491519827_121148972.

[17] 盲人点灯的故事 [EB/OL].[2021-11-28].https://tongxiehui.net/bm/614d0d276de50.html.

[18] 韩信的故事 [EB/OL].[2021-11-28].http://www.qulishi.com/renwu/hanxing/#top/.

[19] 纸窈 ZHYOO. 不懂别乱说，懂了别多说，有话慢慢说 [EB/OL].（2018-03-28）[2021-12-02].https://www.sohu.com/a/226461260_100132608.

[20] 小松 . 麦哈尼不战而屈人之兵 [EB/OL].（2000-08-03）[2021-12-02].http://www.emkt.com.cn/article/29/2935.html.

[21] 奥特曼 . 两个饥饿的人 [EB/OL].[2021-12-03].https://zhuanlan.zhihu.com/p/409788661.

[22] 穆柒悟道 . 俭故能广，宁静方能致远 [EB/OL].（2021-06-20）[2021-12-05]. https://www.bilibili.com/read/cv17184347.

[23] 美国商人和墨西哥渔夫的故事 [EB/OL].（2012-11-06）[2021-12-05].https://tongxiehui.net/by/6185e675aea34.html.

[24] UCGQFX. 信任比金贵 [EB/OL].（2012-11-12）[2021-12-05].https://zhuanlan.zhihu.com/p/527894771.

[25] 那些话戳进心坎里 . 别人不愿意做的事，你做就赢了 [EB/OL].（2018-10-13）

[2021-12-08].https://www.sohu.com/a/259356851_669753.

[26] 成功的门是虚掩的 [EB/OL].（2020-03-21）[2021-12-08].http://www.ceasm.cn/renshengzheli/2239.html.

[27] 严碧华 . 成大事的格局 [M]. 北京：光明日报出版社，2016.

[28] 布赖恩・费瑟斯通豪 . 远见 [M]. 北京：北京联合出版公司，2018.

[29] 希尔 . 积极心态的力量 [M]. 北京：新世界出版社，2011.

[30]《吕氏春秋・去私》原文及翻译 . [EB/OL].[2021-12-08].http://wyw.5156edu.com/html/z8127m6320j2984.html.

[31] 道格・亨施，弗兰齐丝卡・赛柏特，克里斯多夫・柯特曼 . 掌控情绪，掌控自己的生活 [M]. 北京：北京斯坦威图书有限责任公司，2019.

[32] 左夫 . 换位思考 [M]. 北京：海潮出版社，2008.

经营的智慧

育人

智　道◎著

哈尔滨出版社
HARBIN PUBLISHING HOUSE
中国环境出版集团

图书在版编目（CIP）数据

经营的智慧. 育人 / 智道著. -- 哈尔滨 : 哈尔滨出版社 ; 北京 : 中国环境出版集团, 2022.11
ISBN 978-7-5484-6945-2

Ⅰ. ①经… Ⅱ. ①智… Ⅲ. ①企业经营管理 Ⅳ. ①F272.3

中国版本图书馆CIP数据核字(2022)第217739号

书　　名：**经营的智慧．育人**
JINGYING DE ZHIHUI. YUREN

作　　者：智道　著
责任编辑：韩金华
装帧设计：艺友品牌

出版发行：哈尔滨出版社（Harbin Publishing House）
中国环境出版集团
社　　址：哈尔滨市香坊区泰山路82-9号　**邮编**：150090
北京市东城区广渠门内大街16号　**邮编**：100062
经　　销：全国新华书店
印　　刷：北京鑫益晖印刷有限公司
网　　址：www.hrbcbs.com　www.cesp.com.cn
E－mail：hrbcbs@yeah.net
编辑版权热线：（0451）87900271　87900272
销售热线：（010）67125803，（010）67113405（传真）

开　　本：787mm×1092mm　1/16　**印张**：57.25　**字数**：616 千字
版　　次：2022 年 11 月第 1 版
印　　次：2022 年 11 月第 1 次印刷
书　　号：ISBN 978-7-5484-6945-2
定　　价：192.00 元(全四册)

优秀企业家的两件事
——找人、用人

当代企业家大致可以分为两类：第一类，虽然不见其人，但整个企业的运转都在他的运筹帷幄之中；第二类，终日守在企业里，事事必定身先士卒，时刻准备拯救企业于水火之中。

大部分中小微企业家属于第二类，他们在企业中身兼数职，不论大事还是小事都要亲自过问，甚至会亲自去解决芝麻大的小事。这样的企业领导者会格外忙碌，忙完一件又一件，每天都有解决不完的问题。

在这样的企业中，员工也是格外“辛苦”，不敢独立做任何一件事，做任何事情都需要得到领导者的准许。久而久之，员工变成“被动、机械的工具人”，凡事都等老板的安排、指示，从而失去主观能动性。

在这样的企业中，领导者更是显得格外“辛苦”，且自认为在自己的不断“指点”下员工会逐步成长，但是却发现员工越来越没有积极性。于是，领导者开始四处学习管理技巧，想以各种先进的管理方式来管理企业，结果企业却出现“越管越乱，越乱越管”的怪现象。

很多领导者在经历过“越忙越乱”的阶段后，开始逐渐明白，急于从琐碎的事务中脱身，然而面对企业现状却无能为力，甚至已无从下手。

事实上，企业若想解决这种困境，只需要做好两件事：第一件事，找人；第二件事，用人。

刘邦是找人的高手，他找到具备运筹帷幄能力的张良，找到带兵攻城的韩信，找到治理国家的萧何。此三人齐心合力帮助刘邦夺得天下，换言之，刘邦之所以能得天下是因为他找到了具备强大能力的人才。

同样，刘备也善于找人，先是找到关羽和张飞，此二人带兵打仗的本领很强，但缺少智谋。于是，刘备“三顾茅庐”找到了智谋过人的诸葛亮，此后刘备又拉拢了赵云、马超、黄忠等一众人才，最终建立蜀汉政权。

能发挥自己的优点，实现个人价值的是人才；能识人善用的才是领导者，是王者。做领导者一定要善于笼络人才，要用愿景、价值观、人格魅力等去吸引各种人才。

未来企业最值钱的资源就是自己的人才，其他的资源都可以共享，都可以购买，唯有人才是自己的。

如今，公司架构越来越开放化、平台化，作为一个领导者，必须不断地吸纳各种人才进来。

领导者要善于识人、发掘人才，这是衡量一个领导者能力的最重要的标准之一。芸芸众生，各有不同，领导者要善于从人群中一眼识别出最有潜力的那一个，然后要让这个人为我所用。

领导者千万不要无所不能，弄得自己样样都能干，干得都比员工好，甚至让员工跟自己学习，凡事都能给员工做榜样；相反，领导者一定要装作很“无能”，就像刘备那样，拼命给员工加油，鼓励他们干得越来越好。

领导者要做的是一个精神领袖，在精神上能让大家拧成一股绳，上下同欲者胜。怎么才能做到上下同心？这才是领导者需要下功夫的，而不是整天陷入具体事务中。

再说用人。

找人之后就是用人，领导者该如何用人呢？

其实只要记住这句话：用师者王，用友者霸，用徒者亡。能用比自己更厉害的人，成事不在话下；用和自己差不多的人，也能成就事业；用不如自己的人，只会自取灭亡。

现实中，很多领导者往往只能招到比自己弱的人。人性如此，驾驭能力弱小的人容易些，驾驭那些比自己能力强的人则比较难。

能使用比自己厉害的人，需要一种大格局和大胸怀，以及人格魅力，否则别人为什么会跟你干？

能否找到和使用自己的“师”和“友”，以师道、友道尊重他们，并且竭力地放低自己的姿态，让他们发挥所长，是领导者用人的关键。

真正的领导者，都在解决人的问题。所谓：二流领导者经营产品，一流领导者经营人才。

智　道

目　录

CATALOGUE

上篇 | 人才

中篇 | 经营

上篇

PART ONE

人才

一个没有人才的企业，如同一艘随风漂流的小船，随时可能沉没在大海中；企业拥有人才，等同于这艘船拥有了划桨手，拥有了扬帆远航的动力；企业拥有核心人才，等同于为这艘船配备了舵手，在前进的路上不仅能躲避风浪,还能以更短的时间抵达胜利的终点。

第 1 章

以人为镜，可以明得失

中国式人才观

人才，指具有一定的专业知识或专业技能，可以进行创造性劳动，并对社会做出贡献的人，是人力资源中能力和素质较高的劳动者。

能人，指在某方面能力突出，在社会生产活动中能做出突出贡献的人。能人并不一定拥有高学历或者高智商，却能在处理事务中，解决别人所不能解决的问题。

相比之下，能人的综合能力要高出人才的能力，更适合中小企业的发展需求，这类人一旦进入企业，往往会通过自身强悍的能力推动企业发展走向新阶段，甚至能左右企业的未来。

而大多数中小企业都缺少能人，原因之一在于企业经营者不具备驾驭能人的条件，自身的修为不够、格局不大、境界不高，无法容忍能人的行为处事方式，无法摆脱中国式人才观的固有思维模式，总以自我为中心，即便遇到能人也无法“为我所用”。

我们经营企业，要有容纳百川的心胸，还要有高瞻远瞩的目光，因为一个企业的快速发展，需要人才，也需要更多能人，依靠这些人为企业带来发展动能。

春秋时期，越王勾践被吴王夫差打败，为了保全越国子民，勾践只能答应夫差去吴国当奴隶。

事实上，勾践战败后，一心求死。勾践身边一个叫范蠡的谋士劝说勾践，只要越国还在，只要越王还在，那么越国就还有希望。勾践听取范蠡此番话后，决定向夫差投降，甘愿成为奴隶。

勾践以奴隶的身份进入吴国，范蠡同样以奴隶的身份追随勾践。初到吴国，勾践并不想完全屈服，在忍受百般折磨后，范蠡再一次劝说勾践，他告诉勾践，只要勾践不死，越国就不会亡国，一旦勾践死亡，越国必然亡国。到时候，屈服于夫差膝下的不是勾践，而是整个越国子民。

范蠡的一番话点醒了勾践，从此之后，勾践装疯卖傻，做出一副完全屈服于夫差的样子。三年之后，夫差认定勾践已经没有一点意志，成了一个废人，便将勾践放回越国。

范蠡跟随勾践回到越国后，开始秘密培养军士，在夫差的眼皮子底下不断地扩充实力，为日后与吴国决一死战而悄悄准备。

几年后，勾践率领越国军队打败吴国，并杀死夫差。而此时，一直跟随勾践的范蠡却悄然隐退。离开勾践后，范蠡过上平凡的生活，几度经商，又几度散尽家财帮助穷人。

越王勾践手下有许多人才，而能人却只有范蠡一个。范蠡能够帮助勾践“卧薪尝胆”，最终使越国获得胜利，这在历史上都是一个奇迹。也只有像范蠡这样的能人，才能在关键时刻展现作用，才能让一个战败国国君得以复国。

随着时代的不断进步，人们对人才的要求也在不断发生变化。

1982 年，国家教育委员会第一次对专业人才进行界定，专业人才即“具有中专以上学历和初级以上职称的人员”。

2003 年 12 月，第一次全国人才工作会议重新定义人才为“有知识、有能力，能够进行创造性劳动，在政治、精神、物质三个文明建设中做出积极贡献的人”。

2010 年 6 月，国务院颁布实施的《国家中长期人才发展规划纲要（2010—2020）》重新定义人才，“人才是指具有一定的专业知识或专门技能，进行创造性劳动并对社会做出贡献的人，是人力资源中能力和素质较高的劳动者”。

关于人才的不同定义，反映了不同时代对于人才的不同认识。当代中小企业已经十分重视人才的使用与培养。在如今的招聘启事中，我们往往可以看见这样的要求——“本科学历及以上”。大多数企业会以学历及综合能力为依据，初步判断人才的能力，设置更高的门槛，从而招揽更高级别的人才。

这种较为传统的人才观，如果用在大型企业是符合实际的，如果用在中小企业，却不能完全符合。因为，中小企业需要的更多是能人，而衡量能人的标准不仅仅只有学历，而是全面、全方位的综合能力。

美国社会心理学家麦克利兰提出的“冰山模型”，将人员个体素质的不同表现划分为浮在表面的“冰山以上部分”和深藏的“冰山以下部分”。

其中,“冰山以上部分”包括基本知识、基本技能等,是外在表现，是容易了解与测量的部分，相对而言，比较容易通过培训来改变和发展；而“冰山以下部分”包括社会角色、自我形象、特质和动机等，是人内在的、难以测量的部分，不太容易通过外界的影响而得到改变，但却对人的行为与表现起着关键性的作用。

选择“能人”的标准，在满足“冰山以上部分”后，更偏向于“冰山以下部分”，而这一部分则包含一个能人的智商、情商、个性、经验、潜力、价值观等诸多方面。

秦昭王雄心勃勃，欲一统天下，在引才纳贤方面显示了非凡的气度。范雎原为一隐士，熟知兵法，颇有远略。

秦昭王驱车拜访范雎，见到他便屏退左右，跪而请教：“请先生教我。”但范雎支支吾吾，欲言又止。于是，秦昭王第二次跪地请教，且态度更加恭敬，范雎仍不语。秦昭王又跪，说：“先生真的就不愿意教寡人吗？”

秦昭王的第三跪打动了范雎，他道出自己不愿进言的重重顾虑。秦昭王听后，第四次下跪，他说道：“先生不要有什么顾虑，更不要对我怀有疑虑，我是真心向您请教的。”

范雎还是不放心，就试探道：“大王用计也有失败的时候。”秦昭王对此责问并没有发怒，并领悟到范雎可能要进言，于是，第五次跪下说：“我愿意听先生说其详。”言辞更加恳切，态度更加恭敬。这一次范雎也觉得时机成熟，便答应秦昭王，帮他统一六国。

后来，范雎鞠躬尽瘁，辅佐秦昭王成就霸业，而秦昭王千百年来也被人们所称誉，成为引才纳贤的楷模。

范雎本是一隐士，脾气性格颇为怪异，即便如此，秦昭王身为一国之君，宁愿五次向范雎下跪，也要求得范雎的帮助，这一点就足以说明秦昭王拥有超出常人的眼光,他能够看清楚范雎的能力，并且能意识到范雎对自己的重要性。

故事看似比较简单，但是如果把这个故事放在我们自己身上，那么又有几个人能做出“五跪范雎”这样的举动呢？

在大多时候，企业内极有“个性”的员工，往往被领导所“压制”，让员工不再有个性，变得更像“员工”，有些领导甚至以“价值观不符”为借口将这种富有“个性”的员工直接抛弃。

在中小企业中，能为一个企业工作的员工，仅仅只是一个符合企业需求的人才。而那些真正能够在企业生死存亡时刻发挥作用的员工，往往是“另类”的、充满“个性”的。作为企业领导者，应该注意那些富有“个性”的人。

关注那些“异类”的人

有这样一件十分有趣的事情：

2013 年，第一批“90 后”刚刚走出校门，各大企业纷纷开始招揽人才。当这批“90 后”进入企业后，老板们发出一个共同的感叹：难管！

北京一家生产饲料添加剂的企业招聘到一位负责企业文化岗位的“90 后”人才。

初入公司，这位“90 后”便做了第一件“怪事”——下班时间一到便立马走人。这一幕让许多“老人”感到吃惊。

于是，就有了接下来的一段对话：

部门领导：小张，你每天下班都有急事吗？

小张：没有。

部门领导：那为什么别人都在加班，而你却走了？

小张：下班为什么不能走？

部门领导：可是别人都在加班啊！

小张：那说明他们能力有问题。

部门领导：你的思想有问题，以后不准下班就走。

小张：我完成了本职工作，为什么不能走？

部门领导：我说不能走就不能走，以后你每天六点半走。

这次谈话以后，这位“90后”变得不大爱说话了，而且经常迟到，经常请假，没有工作热情，更没有所谓的“企业文化”。

一个月后，小张提出离职，于是又有了以下对话：

部门领导：你刚毕业，试用期都没过，为什么要离职？

小张：我能力不足。

部门领导：你的工作能力，我们有目共睹呀，是个可以培养的人才。

小张：我能力不足。

部门领导：要不你再仔细考虑一下？

小张：不用了，我能力不足。

部门领导：……

4年后，也就是2017年，这家公司看到自媒体的影响力，便开始在自媒体投放广告。很巧，当这家公司与一位自媒体“大V[①]”谈成合作后，却发现原来这个“大V”正是当年从公司离开的小张。

曾经的部门领导成了宣传部门的总监，而曾经的“90后”小张已是坐拥一家媒体公司的老板。当两人再次面对面时，当初的部门领导内心五味杂陈。

“千里马常有，而伯乐不常有”，不是企业缺少人才，而是

① 大V：指粉丝较多、在网络上有一定影响力的人物。

企业领导者缺少发掘和使用人才的能力，这种结果源自领导者的固有认知，多数领导者更倾向于使用那些“听话”“照做”的员工，很少有人愿意关注那些看似“另类”的员工。

比如魏国的商鞅，拥有治理国家的大才，却得不到魏惠王的重视。魏国的相国公孙痤几次三番向魏惠王引荐商鞅，并再三强调商鞅是治国大才，若魏国能用商鞅之才，则国盛民安。很可惜，魏惠王根本没有把商鞅放在心上，导致商鞅前往秦国，开启变法之路，让本来贫穷的秦国一跃成为霸主之国。

中小企业所需要的是这些能改变企业命运的大才之人，若想招揽此类人为己所用，企业领导者要拥有异于常人的智慧，要勇于挑战固有的识人方式，以全新的目光去发掘人才，尤其关注那些“另类”的员工，因为凡是有才华的人，往往都不会安于现状，他们更善于打破常规。

事实上，那些不同于常人的人，不遵循常规的人，往往更具有创新性、建设性。关键在于企业如何使用，如果企业能够合理使用，那么这种人必然是“能人”。

三国时期，水镜先生曾说：“卧龙（诸葛亮）、凤雏（庞统），二者得其一，可安天下。”诸葛亮出仕后，庞统却依旧闲云野鹤般游荡于世间。

庞统来到荆州见刘备，并未出示诸葛亮的举荐信。刘备看庞统容貌丑陋，心中不悦，于是问道：“足下远来不易，想谋何职？”庞统答道：“听皇叔招贤纳士，特来相投。”

刘备说："荆州稍定，苦无闲职。东北一百三十里，有一县，名耒阳县，缺一县令，请你去那儿赴任。如以后有空缺，必当重用。"

庞统到了耒阳县，不理正事，终日饮酒为乐。有人将此事报告刘备，刘备派张飞、孙乾去巡视。张飞、孙乾到了耒阳县，军民出来相迎，唯独不见县令。同僚说："庞县令来已百余日，每日饮酒，现只在醉乡，还未起。"

张飞大怒，叫庞统出来，只见庞统衣冠不整，扶醉而出。张飞怒问："我兄长叫你来做县令，你怎敢尽废县事！"庞统笑说："量个百里小县，有甚公事，何难决断！将军稍坐，待我发落。"随即升堂，把百余日所积公务，都取来剖断。

不到半日，将百余日之事，尽都断完了，庞统对张飞说："所废之事何在？"张飞大惊，离席谢曰："先生大才，小子失敬。我当于兄长处极力举荐。"

张飞回去向刘备说明庞统的才学，刘备高兴地说："人都说伏龙凤雏得其一，可安天下，今我二贤才都得，汉室有兴矣！"于是刘备拜庞统为军师中郎将，与孔明共赞方略，教练军士。

刘备如此贤能之人，为获得诸葛亮的帮助，不惜三顾茅庐。而面对从未谋面的庞统，也免不了"以貌取人"，只让庞统做了一个小小的县令。在得知庞统的才学后，刘备深知自己的错误，最终挽回庞统，使之成为自己身边的又一位得力智囊。

任何人都有"看走眼"的时候，尤其在人才判断上，许多企业领导者无法直观地看到一个人是否有才能，更无法直观地判断一个人是否能做出对企业有利的大事，也就导致企业领导者陷入“终日寻找能人，却终日找不到”的怪圈。

企业人才识别体系

中国有句古话，叫作“知人，知面，不知心”，我们永远无法看出一个人内心的真实想法，更无法彻底了解一个人的本质。这导致企业在招纳人才时，往往无法全面衡量一个人的才能。

尤其对于中小企业而言，由于企业自身规模不大，如果无法有效、准确地找到合适的人才，那么对于企业来说就是变相地增加成本。如果一个企业经常招聘，员工进入企业后又经常离职，那么这种企业内部一定存在重大的问题。

究竟是什么原因导致人员流动频繁呢？根本原因还是员工与企业需求不符，企业招聘员工的时候，无法清晰识别员工的能力。

没有太好的办法可以解决这个难题，因为企业本身已经拥有一套固有的用人模式，在短时间内是很难改变的。需要领导者从思维认知开始改变，去尝试了解那些看似“另类”的员工，尝试容纳他们，从一点一滴的改变做起，只有这样才有可能真正发掘和使用大才之人。

历史上有秦孝公重用商鞅，使秦国一跃成为战国霸主；有刘备三顾茅庐拜请诸葛亮，最终成就蜀汉霸业；更有李世民不计前嫌重用魏征，开启唐朝的贞观盛世。

古今中外，能成就伟业者，无一不是从选对人开始！

而当前中小企业领导者缺少的正是这种选择人才的能力。本书结合一些资料，总结出以下几点，提出人才的标准，希望能帮助企业更好更快地找到人才。

1. 敢创新，敢想象。

在这个技术突进、商业迭代、新赛道日益清晰的变革年代，创新和超越成为企业的成功基石。

优秀人才是敢于不断突破自我的，并勇于承担在突破自我中带来的风险。

创新是人才的重要选择标准之一，岗位的能力匹配是基本条件，在适度的能力匹配度上，不断地创新提升，对于企业而言就是拥有了发动机，可以使企业在日新月异的时代发展潮流中立于不败之地。

2. 有担当。

人才，一定是敢于担当的，不然一遇问题就撂挑子，受损失的还是企业。怎么样才是敢担当呢？摒弃争议，抛弃推诿，真正地做到与企业“同舟共济，齐心协力”，不能将眼光只放在个人利益上，而是要有团队合作精神，时刻顾及企业这个整体，站在企业全局的角度看问题，时刻站在利于企业发展的立场上。

任何情况下遇到问题不逃避，主动想办法去解决，主动发现和预防工作中容易出现失误的地方。对外做到维护企业声誉，对内做到精益求精，把工作当自己的事业来经营，为企业开源节流付出行动，实现个人价值最大化。

3. 学习能力强。

科学技术的发展日新月异，市场竞争瞬息万变，保持现状即意味着落后。企业要想持续进步，只有不断创新。学习能力就成为企业选择优秀人才的一个重要维度。

如果你认真去观察就会发现，各个领域优秀的人，无论他们做什么行业、无论他们的基础学历有多高，或者他们的起点有多低，这些人在各种压力、需求下都具备很高的学习能力。

学习能力强的人，意味着他拥有一套自己的知识体系，在面对新问题的时候，善于从自己的知识体系中寻找解决思路，并在此基础上不断优化改进，快速找到应对方法。

4. 能快速适应环境。

“物竞天择，适者生存”，地球上数以亿计的生物，经过漫长岁月的淘汰、筛选，大量不适应环境变化的已销声匿迹，现存的都在随环境变化而不断进化着。适应环境是优秀人才的必备条件。

优秀人才一般都拥有适应环境的能力，能在最短的时间内熟悉工作环境，并且能与同事和睦相处，取得大家的认同和信任，从而快速地将自己的才华施展出来。

企业把用人标准当作“眼睛”，直观地去看人才的能力和不足，深知了人才的长处和短处，对于企业选人来说已经成功。在日后使用人才的时候，企业只需要“扬长避短”便可充分发挥人才的作用。

韩信原是项羽的部下，他有勇有谋，是天下无双的军事家。但在项羽手下却得不到重用，于是就投到刘邦麾下。

起初，刘邦让他做了一个管理粮草的小官，韩信大失所望。一次偶然的机会，萧何结识韩信。

在接触过程中，萧何发现韩信有胆有识，是个不可多得的人才，于是多次向刘邦推荐，但并没有引起刘邦的重视。转眼间两个多月过去了。

汉军将士不愿在蜀中久驻，整天思念家乡，念叨东归，开小差的人也越来越多。一天，韩信见自己久在汉营仍不受重用，一气之下离开汉营。

萧何得知后，马上放下尚未处理完的紧急公务，策马追赶韩信，连个招呼也来不及向刘邦打。刘邦正为军中开小差的人日益增多而焦急，忽然有军吏来报告说：“萧丞相也跑了。”

刘邦一听大惊失色，说：“这还了得！我正要与他商议军中大事，怎么他也逃走了！”当下派人去找萧何。一连两天也不见萧何的影子，急得刘邦坐立不安。

再说萧何为追韩信，不辞辛苦，一路问，一路追，直到天黑，还没追到韩信。正想下马休息一下，忽然远远望见有个人牵着马在河边徘徊。

萧何顿时抖擞精神，快马加鞭，大声喊着：“韩将军！韩将军！”萧何策马赶到河边，气喘吁吁地下马，说：“韩将军，咱们总算一见如故，够得上是朋友。你怎么不说一声就这么走了？”韩信不吭声。

萧何又说了一大堆劝他回去的话。这时候，滕公夏侯婴也策马赶到，两个人苦苦相求非要韩信回去不可。

他们说：“要是大王再不听我们的劝告，那我们三个人一起走，好不好？”韩信只好跟着他们回去。

追回韩信后，萧何去见刘邦，刘邦见到萧何又惊又怒，责问道：“你为什么也想逃跑？”萧何说：“我不敢逃跑，我是去追逃跑的人了。”刘邦问他：“你追的是谁？”萧何答道：“韩信。”

刘邦听后，很不以为然地说：“逃走的将军有十多个，也没听说你去追过谁，怎么偏要去追韩信？这明明是在骗我！”萧何说：“那些将军都容易得到，可韩信却是当今数一数二的杰出人才，跑了就再也没有第二个了。大王如果只想当个汉中王，没有韩信也就算了；如果要准备打天下，那就非用韩信不可。”

刘邦下决心说：“那就依着丞相，让他做个将军，怎么样？”萧何说：“叫他做将军，他还得走。”

“那拜他为大将军怎么样？”萧何说：“很好。”刘邦当时就让萧何召韩信来，马上就拜他为大将军。

萧何直率地说：“大王真要拜韩信为大将军，先得命人造起一座拜将台，选个好日子，大王还得沐浴更衣，亲自戒斋，然后隆重地举行拜将仪式。这样，才能让全体将士都听从大将军的指挥，就像听从大王的指挥一样。”

刘邦说：“好吧，我都听你的，请你去办吧。”几天以后，萧何命人筑好了拜将台。

汉王刘邦择吉日，带领文武百官，来至台前，缓步拾级而上。只见台前悬着大旗，迎风招展，四面列着戈矛，肃静无哗。

台下一班金盔铁甲的将官，都翘首伫望，不知这颗斗大的金印，究竟属于何人。只见萧何代宣王命，高声喊道：“谨请大将军登台行礼！”当下陡然闪出一人，从容步上拜将台。

大家定睛一看，原来是韩信，顿时一片哗然。这也难怪，一个军中不出名的小吏，如今一下子拜为大将军，怎不令众人议论纷纷。众人见汉王刘邦、丞相萧何却是那么毕恭毕敬，越发感到莫名其妙。后来，韩信果然没有令刘邦失望，没有辜负萧何的良苦用心。

在楚汉战争中，韩信率汉军度陈仓、战荥阳，破魏平赵、收燕伐齐，连战连胜，在垓下设十面埋伏，一举将项羽全军歼灭，为刘邦平定了天下。

如果没有萧何，就不会有韩信的一世英名，更不会有刘邦的一番霸业。在韩信的经历中，刘邦并不看好韩信，也没有看出韩信的过人之处。只是碍于萧何的再三推荐，刘邦才开始重用韩信。

在韩信取得阶段性胜利后，刘邦对萧何的推荐深信不疑，意识到韩信是一个不可多得的人才，于是将整个军队交给韩信，并依靠韩信的武力，战败项羽，完成天下一统的大业。

在当代中小企业中，领导者不仅要学会识别千里马，更需要发掘伯乐。就像当年的萧何一样，萧何看人很准，为刘邦推荐一个好韩信，便可稳定刘邦百年江山。

企业亦是如此,企业领导者需要去招纳一些懂得识别人才的人，依靠这些人为自己吸纳能人，发挥人才价值。

理论与实践结合的人才观

本书第1章已经阐明“人才”与“能人”的基本定义，但运用到企业实际发展中，这种广义的定义就显得缺乏实践指导性。因此，针对中小企业，我们通常又把“能人”的定义分为“道”与“术”两个层面。

“术”指一个人的职业能力，比如一个人的学识、见识，这是企业选择人才的一个标准。只有在满足这个标准的前提下，才能更深一层地去挖掘隐藏在人才背后的“道”。

“道”所包含的内容比较广泛，包括一个人的素质、品德、性格、习惯、言谈等方面。就本书而言，我们把重点放在一个人的“性格”上，因为人的性格在定性后，很难改变。

三国名将关羽，其武力值在当时当属第一位。在那个以武力夺天下的时代，具有如此能力的人，称得上是百年难遇。然而，就是如此优秀的人，却有个致命的性格缺陷——骄傲。

当他受刘备重托留守荆州时，诸葛亮再三叮嘱“北据曹操，南和孙权”。可是，当吴主孙权派人来见关羽，为儿子求婚时，关羽一听大怒，喝道：“吾虎女安肯嫁犬子乎？”说话办事不顾大局，不计后果，导致吴蜀联盟破裂。最后刀兵相见，关羽也落个败走麦城、被俘身亡的下场。

本来嘛，人家来求婚，同意不同意在你，怎能以自己的个人好恶和偏激情绪对待关系全局的大事呢？假如关羽少一点偏激，不意气用事，那么吴蜀联盟可能会持续，后面的一切都可能改变。

关羽不但看不起对手，也不把同僚放在眼里。名将马超来降，刘备封其为平西将军，远在荆州的关羽大为不满，特地给诸葛亮去信，责问说："马超能比得上谁？"

老将黄忠被封为后将军，关羽又当众宣称："大丈夫终不与老兵同列！"目空一切，气量狭小，盛气凌人，其他的人就更不在他眼里，一些受过他蔑视侮辱的将领对他既怕又恨，以致当他陷入绝境时，众叛亲离，无人救援，促使他迅速走向败亡。

如果把关羽的综合能力划分为"道"与"术"来看的话，就会发现一个很有趣的现象，那就是当"术"远远高出"道"时，所带来的负面影响是深远且极度危险的。

有道无术，术尚可求，有术无道，则止于术。企业使用人才，不仅要关注人才的能力，更要关注人才的品格。对于那些能力不足且品行端正的人，要培养使用；对于那些颇有能力且品行不错的人，要重点使用；对于那些能力强悍但品行不端的人，要谨慎使用。

无术不成事，无道不长久。员工能力不足，企业发展必然会受到影响，对于这类员工要懂得培养他们的能力；员工品行不端，企业与这类员工的合作必然不会长久。

"道"与"术"的人才观是中小企业领导者辨别人才最好的办法。

之所以将“道”放在“术”之前，是因为对于中小企业来说，一个人的“道”更为重要。如果一个人的“术”不足，那么进入企业后可以培养锻炼，但是如果一个人的“道”不足，则很难加以改进。

魏藻德，明朝最后一任首辅。在明朝的官场上，能做到如此高位的人，不但十分懂得为官之道，而且头脑也十分灵活。

魏藻德特别长于辞令，在辩解方面很有天赋，他不仅能迎合崇祯皇帝的喜好，还能够领会崇祯皇帝的谋略，想想看，这样一位知心知趣的大臣，皇帝怎么可能不重用呢？很快魏藻德官居礼部右侍郎。

但就算再聪明的人也不可能一点错误不犯，在李自成逼宫的那一年，这位多才的侍郎犯了一个大错，而且还是无法挽回的错。

那年战乱频仍，加之国库没有充足的银两来补充军饷，后援无力。崇祯皇帝想出一计策，令群臣捐献银两来共同渡过难关。可笑的是，魏藻德这位深得皇帝喜爱的大臣只是嘴上号召而已，并没有捐献任何钱财，并且还反对此做法，因而崇祯的捐银政策就没有了下文。

捐银一事告一段落后，魏藻德被皇帝任命为内阁首辅，皇帝向魏藻德寻求解决国家危难的良策，魏藻德什么也说不出来，只是跪下，皇帝看见如此场面，内心充满无奈。

崇祯皇帝之所以在亡国之时提升魏藻德的官职，其实就是想收买人心，希望大臣们能帮他一把，但最终的结果是明朝灭亡，大臣们也做了亡国奴。

清军入关，新皇帝登基，没想到新皇帝也要求魏藻德捐银。迫于形势，魏藻德捐出四五百万两银子。

新皇帝并不相信他仅仅有这么点钱，于是不断地用刑折磨他，短短几日，这位满腹才华的首辅大臣便狼狈不堪，在狱中死去，而他的儿子也未能幸免于难。

魏藻德的能力必然是出众的，否则也不可能坐上首辅大臣的位置。然而，就是这样一个位高权重的大臣，在国家面临生死存亡的关头，想到的依旧是自己的利益，当他终于意识到没有国家就没有自己的时候，为时已晚。

企业中不乏这样的人。毋庸讳言，大多数员工是为了从企业中获得劳动报酬，很少有员工能与企业共进退。

“术”是员工为企业创造价值的基本条件，也是员工从企业获得报酬的资本。作为企业领导者，在看到员工的“术”之后，还要更深一层地看到员工的“道”，因为一个真正能跟随企业打天下的员工，往往需要更高一层的“道”。

企业总归是需要发展的，总归是需要人才的。只有那些能跟随企业共同进步，能跟随企业领导者设身处地奔忙的人，才是真正属于企业的“能人”，才是真正能在企业遇到困难时站出来支撑企业局面的人。

中小企业的发展太过艰难，可能随时面临破产倒闭的风险，因此企业领导者在选择人才的时候，应该坚持“道、术”结合的人才观，在现有条件下，尽可能地寻找富有“道”的人才。

第2章

千军易得，一将难求

企业的“个性”决定企业的人才

战国时期，齐国有一位著名的政治家、思想家名叫淳于髡。他博学多才，能言善辩，被任命为齐国的大夫。

他经常利用寓言故事、民间传说、山野逸闻来劝谏齐王，而不是通过讲大道理来说服他，往往能收到意想不到的效果。

有一次，齐宣王想攻打魏国，积极调动军队，征集粮草，补充兵源，使得国库空虚，民间穷困，有的百姓已经逃到其他国家去了。

淳于髡对此十分忧虑，他就去求见齐宣王。齐宣王爱听故事，淳于髡投其所好，说：“臣最近听到一个故事，想讲给大王听。”齐宣王说：“好啊，寡人好久没听先生讲故事了。”

淳于髡说：“有一条叫韩子卢的黑狗，是普天下跑得最快的狗。有一只叫东郭逡的兔子，是四海内最狡猾的兔子。有一天，韩子卢追逐东郭逡，绕着山跑了三圈，又翻山顶来回追了五趟，兔子在前面跑得精疲力尽，狗在后面追得力尽精疲，双双累死在山腰，一个农夫看见，没花一点力气，就独自得到这个便宜。”

齐宣王听出淳于髡话中有话，就笑着说：“先生想教我什么呢？”淳于髡说：“现在齐、魏两国相持不下，双方的军队都很疲惫，两国的百姓深受其害，恐怕秦、楚等强国正在后面等着，像老农一样准备捡便宜呢。”

齐宣王听后，认为很有道理，就下令停止进攻魏国，并让淳于髡举荐人才。

淳于髡一天之内接连向齐宣王推荐了7位贤能之士。齐宣王很惊讶，就问淳于髡：“寡人听说，人才是很难得的，如果一千年之内能找到一位贤人，那贤人就好像多得像肩并肩站着一样；如果一百年能出现一个圣人，那圣人就像脚跟挨着脚跟来到一样。现在，你一天之内就推荐了7位贤士，那贤士是不是太多了？”

淳于髡回答说：“不能这样说。要知道，同类的鸟儿总聚在一起飞翔，同类的野兽总聚在一起行动。人们要寻找柴胡、桔梗这类药材，如果到水泽洼地去找，恐怕永远也找不到；要是到梁文山的背面去找，那就可以成车地找到，这是因为天下同类的事物，总是要相聚在一起的。我淳于髡大概也算个贤士，所以让我举荐贤士，就如同在黄河里取水、在燧石中取火一样容易，我还能给您再推荐一些贤士，何止这7个！”

物以类聚人以群分，判断一个人究竟是怎样的人，只要仔细观察他身边的朋友便可知道。判断一个企业亦是如此，有什么样的领导就有什么样的企业。

如果一个企业领导者本身就是雷厉风行的人，那么他的企业的作风大体上也是雷厉风行的。如果一个企业领导者是个优柔寡断的人，那么这样的企业做事情往往也会拖泥带水。

企业领导的“个性”往往体现在企业面貌、工作作风等方方面面，

而企业所具备的这种“个性”，往往成为企业能否留住人才的重要因素。因为，当一个人进入企业后，如果无法适应企业的“个性”，那么必然会离开。

一个企业的“个性”一旦形成，是难以改变的。也就导致企业拥有怎样的“个性”，就会相应地吸纳怎样的人才，当两个“个性”相投的人相遇就会擦出创造的火花。

举个简单的例子，有两家公司，一家是销售公司，另一家是文化公司。销售公司的老总本身就是从销售一线做起的，他深知销售的精髓，所以不管做什么事情，都显得特别富有激情。

于是，这家销售公司就有了一项特别有意思的活动：每天早上大家一起愉快地跳舞，以此唤醒一天的精神状态。久而久之，企业里的员工变得跟老板一样富有激情，企业整体精神面貌是积极向上的。

另外一家文化公司，老板是一个文化人，喜爱写作，公司以图书出版为主业。老板喜爱安静，所以把每个办公区都隔开，这样大家都拥有一个独立的办公空间，互不干扰。

于是，这两家公司就有了天地之别的两种“个性”。当销售公司激情跳舞的时候，文化公司则安安静静。虽然是两种不同的状态，但两家公司都发展得非常好。试想一下，如果把销售公司的老总和文化公司的老总调换个位置会怎样？

可能会出现这种情况：一群文质彬彬的人在安静地做着销售工作，一群激情澎湃的人做着编辑工作。如此一来，两家公司必然都会失败。

事实上，领导者身处企业之中的时候，很难发现自身企业的“个性”。而对于企业之外的人，却看得清楚明了，尤其对于那些刚刚进入企业的人才，他们更容易感受到这种“个性”。企业的这种“个性”就是吸引人才的主要因素之一。

一位有学识、有内涵的企业领导，他的企业中能称得上人才的员工，必然与他不相上下。因为只有同类的人，才能相互吸引。如果企业领导是一位短视的人，那么他的企业里往往不会出现目光长远之人。

因此，若想造就一个企业的好的“个性”，就需要企业领导者拥有一定的好“个性”，一个企业领导如果出类拔萃的话，那么他的企业就会越来越优秀，而企业内部的人也会跟着领导一起变得优秀。

甘蝇是古时候的一位射箭能手。他只要一拉弓射箭，野兽就应声而倒；将箭射向天空飞翔着的飞鸟，飞鸟就会顷刻间从空中坠落。只要看到过甘蝇射箭的人，没有哪一个不称赞他是射箭能手，真是箭无虚发，百发百中。

甘蝇的学生叫飞卫，他跟着甘蝇学射箭非常刻苦，几年以后，飞卫射箭的本领赶上了他的老师甘蝇，后来，又有一个叫纪昌的人，来拜飞卫为师，跟他学射箭。

飞卫收下了他。开始学射箭时，飞卫对纪昌说：“你是真的要跟我学射箭吗？要知道不下苦功夫是学不到真本领的。”纪昌表示：“只要能学会射箭，我不怕吃苦，愿听老师指教。”于是，飞卫很严肃地对他说："你要先学会不眨眼，做到不眨眼后才谈得上学射箭。"

纪昌为了学会射箭，回到家里，仰面躺在他妻子的织布机下面，两眼一眨不眨地直盯着他妻子织布时不停踩动的踏脚板。天天如此，月月如此，心里想着飞卫老师对他的要求和自己表过的决心。

这样坚持练了两年，从不间断，即使锥子的尖端刺到了眼眶边，他的双眼也一眨不眨。纪昌于是整理行装，辞别妻子前往寻师。

飞卫听完纪昌的汇报后却对他说："还没有学到家哩。要学好射箭，你还必须练好眼力才行，要练到看小的东西像看到大的一样，看隐约模糊的东西像明显的东西一样。你还要继续练，练到那个时候，你再来告诉我。"

纪昌又一次回到家里，选了一根最细的牦牛尾巴上的毛，一端系上一个小虱子，另一端悬挂在自家的窗口上，两眼注视着吊在窗口牦牛毛下端的小虱子。一直看着，目不转睛地看着。

10天不到，那虱子似乎渐渐地变大了。纪昌仍然坚持不懈地刻苦练习。三年过去了，纪昌眼中那个系在牦牛毛下端的小虱子又渐渐地变大了，大得仿佛像车轮一样。

纪昌再看周围的东西，全都变大了。于是，纪昌马上找来强弓，搭上出产自北方的蓬竹利箭，左手拿起弓，右手搭上箭，目不转睛地瞄准那仿佛车轮大小的虱子，将箭射过去，箭头恰好从虱子的中心穿过，而悬挂虱子的牦牛毛却没有被射断。

此时，纪昌才深深体会到，要掌握真实本领非下苦功夫不可。他便把这一成绩告诉飞卫。飞卫听后很为纪昌高兴，并用手拍着胸脯，走过去向纪昌表示祝贺。

飞卫从他老师身上继承了刻苦学习的精神，他又把这种精神传递给他的徒弟，严师出高徒，徒弟的射箭技术也同样出类拔萃。

做企业的道理也同样如此，企业领导者是一个怎样的人，那么企业员工就会慢慢变成跟领导者一样的人。在这个过程中，那些无法适应企业“个性”的人会选择离开，而能够留下来的人，就会更好地传承企业的“个性”，从而形成上下贯通的凝聚力。

以身作则去影响人才

企业领导者的个性决定着企业的“个性”，而企业所展现出的“个性”又决定着企业将会吸引怎样的人才。

在实际经营过程中，企业往往会吸纳不同性格的人才，这些人进入企业后，如果价值观、世界观与企业本身的“个性”不相符，自然是留不住的。

这种情况下，不要试图去改变员工的性格、价值观。当员工进入企业后，环境对员工的影响才是最重要的。企业领导者需要考虑的是如何营造企业环境，如何用大环境去影响员工的思想和行为。

来看一则历史故事，感受一下环境对人才价值观、性格的影响：

秦孝公继位之初，秦国是一个贫瘠弱小的国家，连年的战争导致国库空虚，百姓民不聊生。周边国家对秦国虎视眈眈，甚至开始谋划如何瓜分秦国的土地。

在这种情势下，秦孝公认为若想让秦国强大起来，必然需要一位能治理国家的大才之人。于是他颁布了招贤令，希望笼络四海之内的大才之人，帮助秦国强大，使秦国在战乱之中拥有一席之地。

一道招贤令吸引来魏国的商鞅，秦孝公与商鞅相谈三天三夜，彻底被商鞅的才能所折服，认为商鞅所提出的变法之策是使秦国强大的本源，于是，开始在全国范围内推行商鞅的变法之策。

变法损害了秦国贵族的利益，王公贵族集体抗议，朝野上下开始沸腾，甚至有不少人认为商鞅是“祸水”，不断上书秦孝公，请秦孝公处决商鞅。其中最为反对商鞅的人是秦国太子嬴驷，他不仅公然反对变法一事，还率领卫队斩杀百姓，以此抗议秦国变法。

秦孝公听闻此事后大怒，依照变法规定，将嬴驷流放。此事震动朝野，那些反对变法的大臣们万万没想到秦孝公能有此举，为求自保，都不敢再反对变法事宜，虽然嘴上不说，但这些人心中却依旧排斥变法。

嬴驷在流放期间目睹变法给百姓带来的改变，所到之处，百姓无一不赞同变法事宜，甚至有些百姓已经将商鞅奉为神明，他们对新法的拥护程度远远超出嬴驷的想象。

全国百姓都赞同变法，为什么自己会如此反对？难道是自己错了吗？嬴驷开始反思自己此前的所作所为，渐渐地，他明白了一个道理，百姓富足则国家兴盛，百姓疾苦则国破家亡。

秦孝公去世之后，嬴驷以太子身份顺利继承王位，朝野上下的大臣似乎看到了希望，因为当年嬴驷是因为反对变法而被流放，如今他掌握国家大权，只要他一声令下，变法的事情就会彻底结束，王公贵族的利益自然能得到保障。

大臣们联名上书，要求嬴驷废除新法，推行旧制。而此时的嬴驷早已不是当年那个反对变法的嬴驷了，他已经看到百姓的疾苦，已经明白民强则国强的道理，他的性格、认知、价值观在流放期间已经发生了改变。

最终，嬴驷将反对变法的人罢免官职，公开支持变法事宜，并将商鞅的变法内容优化，整个秦国的实力得到极大提高，甚至能与当时的霸主魏国相抗衡。

从这个故事中可以得到怎样的启发？一个反对变法且玩世不恭的太子，融入秦国百姓生活的大环境中后，他的认知、思想、行为、习惯都发生了改变，并且这种改变是他自愿选择的，是愿意用一生去持续的。

联想一下我们的企业，你企业的大环境是怎样的？你企业的整体氛围又如何？如果对这两个问题没有清晰的答案，那我们就不应该抱怨企业没有人才，更不应该抱怨企业留不住人才。

我们一定要清楚，领导者是引导企业大环境的核心，必须要以身作则用实际行动去引导员工的思想、行为，当这种引导成为习惯的时候，企业富有能量且积极向上的整体氛围就会形成，即便领导者有一天不再管理企业，但留下的企业大环境依旧会存在，这是企业的魂！

来看一个发生在日本的商业故事：

小村一郎受命前往神奈川分公司出任总经理一职，他很早就听说过这家分公司很难管理，三年内已经换了四个总经理，却仍然没能管理好，依旧处于亏损状态。

抵达公司后，小村一郎并未着急上任，而是以员工身份在公司里观察了一周。他发现这家公司存在很多问题，基层员工懒散成性，中层管理者软弱无力，高层管理者不思进取……

小村一郎很清楚，公司整体懒散的文化氛围已经形成，是难以改变的。若是使用强硬的制度去约束员工，那自己的结果恐怕跟前四位总经理一样，只能被迫离开。

经过一番仔细的分析和准备后，小村一郎正式以总经理身份进入公司。他上班第一天便提前1小时抵达公司，站在门口迎接每一位员工，并亲切地向他们说上一句：“早上好，又是美好的一天，加油！”

所有员工都格外吃惊，他们从未经历过这样的事情，哪里有总经理向员工主动问好的？员工们私下议论，一致认为小村一郎在演戏，并约定一起抵制他，不管他怎样做，大家都装作看不见。

小村一郎依旧每天准时向员工问早安，他能感受到员工对他的抵触情绪，但这并没有影响他的热情，他脸上依旧挂着微笑。渐渐地，有些员工开始主动跟小村打招呼，甚至还会聊一些家常。一个月后，小村一郎能准确叫出每一个员工的名字，他与员工之间的关系变得亲切起来。

这一天，总部派遣山本前来询问小村一郎的工作进度，当山本踏进公司大门时，门口的保安满脸微笑地说：“您好，请问您找谁？有没有预约？”山本很吃惊，因为此前他每次来公司，没有人会主动跟他打招呼，更没有人对他微笑。

山本立刻以微笑回应，说道：“您好，我找小村经理，麻烦您帮我通知一下。”俩人见面后，山本格外兴奋地说：“小村，你究竟做了什么？那个保安居然主动跟我说话，还对我微笑！”

小村一郎神秘一笑，说道："我什么都没做，只是好好做自己而已！"

山本开始询问小村的工作进度，问他制定了多少新制度，开除了多少懒散的员工，招聘进来多少新员工……当他听到小村说自己什么都没做的时候，脸上露出吃惊的表情，根本不相信小村的话，如果真的什么都没做，那为什么整个公司的氛围突然变好了？为什么每个员工看起来都格外有精神？

临行前，山本嘱咐小村："你的工作数据都是零，这样的数据恐怕会引起总部的不满，我只能如实向总部汇报，同时也会把这里所发生的一切汇报给总部。"小村很清楚可能迎来的后果，如果总部看到这样的工作数据，那自己很可能被调离。

果不其然，总部的调令很快下达给小村，要求小村处理好目前所有事务，在15天之内回总部报到。

小村被调离的消息很快在公司传开，大家都很失落，舍不得小村离开，因为小村是第一个把亲切感带给他们的人，自从小村来到公司后，大家每一天都充满动力，工作都变得快乐起来……

公司全体员工联名给总部写了一份申请书，要求总部继续让小村担任总经理一职，并且所有员工承诺在一年内提高20%的效益。这份申请让总部高层甚是意外，他们没想到工作业绩为零的小村竟然如此"深得民心"，出于对总部利益的考虑，他们不得不派人前往分公司做现场调研。

为期一周的现场调研很快结束，当调研人员将分公司的实际情况上报后，总部会长单独接见小村一郎，问道："小村先生，你如何理解'管理'这个词？"小村回答："会长先生，我认为管理员工是一件很难的事情，当我去分公司的时候，我担心自己管不好他们，索性我先管好自己，所以我就那样做了！”

会长点点头，继续说：“你是第五个前往分公司的人，在你前往那里的时候，我已经做好放弃他们的打算。可是现在不一样了，你用实际行动给所有人上了一堂生动的管理课，此刻我才理解管理的真正含义！”

一年后，小村一郎所在的公司业绩名列前茅，总部大力提倡他那种以身作则的管理方式，并且要求所有高层人员深入一线，用实际行动为一线员工做出表率，实行人性化管理。

企业领导者可以看看自己的企业，回顾一下自己的所作所为，有没有以身作则去带领员工？有没有以身作则去影响中高层？如果没有做到这一点，那我们有什么理由去抱怨？连自己都做不好的事情，为什么要求员工去做？

对于中小企业而言，领导者是企业的行动领袖，企业氛围的形成与改变，核心还在领导者自身，领导者影响高层，高层影响中层，中层影响基层。层层相关，层层影响。正所谓以身作则，上行下效。

企业人才的“二八法则”

“二八法则”是由意大利经济学家帕累托提出的，起初的意思是，80％的财富掌握在20％的人手中。这一法则被广泛认知，也应用到诸多行业。对于企业人才来说，“二八法则”同样适用。

在一个企业中，80％的人属于人才，20％的人则属于能人。并且，这20％的能人，往往能决定企业的走向，甚至左右企业的成败。而企业领导者所需要做的便是对这20％能人的掌控。

三国时期的刘备，从一个卖草鞋的小贩，一步步成为蜀国皇帝。在刘备身边有诸葛亮、关羽、张飞、赵子龙等大将，这些人对刘备绝对忠诚，不管是刘备落难时，还是战败时，他们都不离不弃。

正是这样一个富有凝聚力的团队，帮助刘备最终建立起蜀国。蜀国建立之后，刘备的核心圈人数并没有增多，依旧是这几个人。因为只要有这些人存在，那么蜀国的江山就是稳定的。

当关羽、张飞、诸葛亮相继去世后，蜀国境内再无人才可用，开始一步步走向灭亡，最终被魏国所灭。

站在企业的角度来看待这段历史，以刘备为首的这些人，基本上属于整个蜀国20％的能人，这些人带领着上百万人建立蜀国，又带领上百万人一步步走向富足。然而，当这20％的能人相继去世后，剩下的80%的人只能任人宰割。一个国家也随之灭亡。

对于企业来说，领导者无法做到与每个人都建立有效的沟通，那么如何去掌控整个企业的走向呢?

其实并不难，依照企业人才“二八法则”，企业领导者只需要把身边20%的能人掌控好，就可以有效地掌控整个企业，带领企业依照自己的目标方向去发展，从而实现企业人才动能的不断增强。

“二八法则”在企业实际经营中处处都有体现。就拿一个部门小团队来说，团队的主要核心是主管和副主管，剩下的团队成员属于被领导者，只要主管和副主管保持稳定，整个部门都会稳定，若是这俩人辞职离开，不论团队成员有多少人，都会涣散。

乔布斯在创立苹果公司的时候，几乎创造了一个美国神话，苹果公司的股票也一度成为世界上最值钱的股票之一。如此辉煌的战绩，让苹果公司一度成为最有价值的企业。

然而，当一切都发展得很好的时候，乔布斯却一度被赶出自己创立的苹果公司。其真实原因我们无法得知，但至少从表象上能得到一个结论，那就是乔布斯身边的人，不愿意再追随他，想让他离开苹果公司。

能左右乔布斯离开苹果公司的人群是谁?其实就是苹果公司那20%的人，这些人几乎控制了整个苹果公司，他们能够在乔布斯的带领下使苹果公司成为世界上最值钱的公司，也能脱离乔布斯的带领，左右整个苹果公司的走向。

在中小企业中，“人才二八法则”体现得更加淋漓尽致。比如，一个小餐馆，有一个老板、两个厨师、七个服务员，当老板和厨师（技能型人才）发生矛盾的时候，厨师离开餐馆，那么这家餐馆一时就很难生存。

东汉时期，有一人名叫杨震，此人天资聪明，勤奋好学，长大学成之后，在家乡开办了一所学校，前来学习的人络绎不绝，也让他的名气开始大起来。当时的大将军邓骘想让杨震来将军府效力，派出管家前去邀请。

管家拜访杨震的时候，献上钱财，说道：“先生大才，我家将军想聘请先生到府内任职。”杨震看着眼前的财物，微微一笑，说道：“你家将军戎马一生，为国家安定立下功绩，我愿意跟随你家将军。”

杨震说完，却将眼前的钱财退还给管家，不日之后便来到将军府任职，先后升迁为襄城令、荆州刺史、东莱太守、涿郡太守，再调升为九卿之一的太仆、太常，后又晋升为三公中的司徒、太尉。

杨震的官职不断升高，但他对邓骘的尊敬从未减少，不论是否在邓骘将军的麾下，他都时刻不忘邓骘的恩情。

杨震算得上是一个大才之人，如果招纳杨震入仕的不是邓骘，而是官场上的一个贪婪之人，那么杨震宁愿选择继续教书办学，也不会进入官场。

现实社会中，那些富有才华的能人，往往都具备一定的独立品格，他们做事有自己的原则。对于这一类人，企业领导者就需要花费更多的心思，从这类人的内心出发，才能赢得他们的忠诚。

企业领导者需要学会掌控企业内20％的核心人才，而想要获得这类人的忠心，除金钱外，需要更多的是感情、品性、人格魅力……

宁失千军，不失一将

中小企业如同一棵成长中的树苗，想要最终长成一棵参天大树，需要众人的细心呵护。当前经济环境下，中小企业往往都是老板带着几个核心人员一起干，而这几个人直接关乎企业的生死存亡。

关键时刻，一旦出现核心人员的变动，对整个企业的打击是沉重的。举个简单的例子，一家汽修厂，老板带着四个员工劳动。四个人都有明确的分工，也有他们各自明显的长处。结果，其中有一个擅长给汽车贴膜的员工与老板发生矛盾，最后离开企业，这个人离开后，给老板带来的直接损失就是无法提供汽车贴膜服务。老板若想再找一个具备专业贴膜技能的人才，就需要花费很大的精力，甚至最终会不得已亲自带徒来填补这个岗位的空缺。

因此，对于中小企业来说，能够左右企业发展的能人必须要与老板保持高度一致，当企业在发展过程中遇到困难或者挫折时，这些人依旧拥有追随老板的决心，只要有这些人存在，即便企业一时遇到困难，依然有再次创业的机会。

当然，当企业发展到一定程度，变成大型企业之后，这种利害关系会弱化。因为企业在发展，时代在改变，大型企业内部人才更替成为必然，当企业足够强大的时候，人才更替才能使企业再次爆发活力。

但是，对于中小企业而言，在企业自身实力不足的情况下，企业领导者必然需要更好地掌控企业内的能人。因为中小企业的发展依靠这些能人，企业领导者的成功也需要依靠这些能人。

千军易得，一将难求。一个卓越的企业领导者应该具备哪些素质？优秀的思想品格、独特的领导方式、良好的心理素质……这些都与领导者的眼光与胸怀息息相关。因为，领导者最重要的两个任务就是决策和用人，而决策和用人都需要眼光和胸怀。

领导者如何拥有胸怀？具体可从以下五个方面来做起。

1. 容纳别人的短处。

要允许下属有短处，这是领导者最基本的胸怀。现实社会中不存在完美的人，不管多优秀的人，都会有自身的短处。

人与人的成长环境不同，对事物的看法必然不会相同。同样一件事，不同人有不同的认知。比如，表现忠诚也可能被认为是拍马屁，建立工作联系也可能被认为是拉关系，实行团队协作也可能被认为是拉帮结派……你怎么做，别人都会有不同的评价。

因此，作为企业领导者，对待别人不要总是抱有责备的心态，毕竟每个人都有不同的观点和理念。学会容纳别人的短处，对于领导者来说何尝不是一件扩展胸怀的好事。

著名的管理大师德鲁克曾经指出：倘若所用的人没有短处，其结果至多只是一个平平凡凡的组织。所谓样样精通，可能意味着样样稀松。有高峰必有深谷，才干越高的人，其缺点往往也越明显。正如列宁所说："一个人的缺点就是优点的延续，优点是缺点的延续。”

2. 学会接纳“异”人。

这里的“异”，是指人与人之间存在的差别，包括为人处世、思维方式、工作习惯等各方面的差别。领导者要正视差异，尊重差异，将差异看成资源。

在一个相当长的时期内，人们忽视个体差异，在管理上强调要制度化、规范化、标准化。但现实教育了人们，于是，在管理上产生了一种新的认知，即认识到个体之间是有差异的，管理要因人而异。

理论上来说，人们喜欢与他们性格相似、行为一致的人为伴。因此，要接纳不同，确实需要克服自己的一些固有认知和观念，需要宽广的胸怀。

国内某著名大学的A学院是由C系和B系合并组成的，院长由C系系主任担任。在工作中，该院长胸怀不够，偏爱原先C系的教师和职工，不习惯、不喜欢原先B系教职员工的行为方式，尤其糟糕的是，他在利益分配上厚C薄B。开始大家只是有些不满意，但这位院长一直无法克服自己的弱点，不能接纳差异，不能一碗水端平，使得矛盾越来越激化。最后，这位管理者在B系老师的抗议声中不得不放弃了院长的位置。

3. 容纳下属的过错。

人非圣贤，孰能无过，在工作中，只要不墨守成规，希望有创新和开拓，就会常常犯错。如果总盯着下属的短处和过错，就可能束缚下属的手脚，弱化他们的探索意识。

容人之过，还包括包容别人的误解、委屈，宽容下属偶然出现的无礼、失态乃至某种程度的背叛。例如，战国时期赵国上卿蔺相如以国家利益为重，不计较老将廉颇的误解、无礼，不与后者争高低，也是容人之过的典范。

4. 学会容纳反对意见。

每个人都有以自我为中心的倾向，都常常相信自己更正确，要听进反对的声音、批评的声音，需要克服很大的心理障碍。

如果一个领导只能听赞歌，听不进不同意见，就会越来越偏执。能虚怀若谷，听进不同意见甚至是反对意见，其实是不容易的。

当年王安石才干突出，其变法的出发点、宗旨、措施都应该是符合当时宋朝具体情况的，但他急于求成，听不进不同意见，更反感反对意见，凡有意见相左，一律痛斥。最后因为其胸怀不够宽广，树敌太多而不得不黯然离场。

5. 学会与人分享。

在领导和管理的过程中，常常需要与他人分享客户、财富、荣誉、机会、平台乃至权力等，总之，需要分享资源。分享资源比容人之短更有些难度，因为要把自己所拥有的拿出来，在某种意义上意味着损失。

根据心理学家丹尼尔·卡尼曼和特洛夫斯基前景理论的解释，

因为资源的稀缺性，不独物质资源，其他资源，包括权力、荣誉、机会等资源都是稀缺的，人对损失更敏感。

我们在日常工作和生活中处处可见分享的困难，例如，“同行是冤家”，因为同行要分享客户、机会等资源，不分享就不大可能是冤家。

肯于分享财富、机会、权力等资源的企业领导，因为其宽广的胸怀，可以吸引到更多的追随者。

需要强调的是，领导者的胸怀不仅指正确对待下属，还包括严于律己。应该做到：严格要求自己，尊重规则和制度；正确认识自己，有自知之明，能看到自己的不足；勇于承认错误，承担责任。

战国时期赵国名将廉颇，得知蔺相如不计个人恩怨，以宽广的胸怀接纳他，遂主动“负荆请罪”，成就了“将相和”的佳话，留下了严于律己、勇于认错的一段美谈，体现了一个优秀领导者敢于承认错误的修养。

领导者的宽广胸怀来自外因，也来自内因，包括对事业和理想的追求。领导者的胸怀决定了他的舞台。

中篇

PART TWO

经营

经营企业的本质，其实就是在经营人、经营人心。任何一个企业，只有将人团结起来，才能拥有不断发展的动力，才能在激烈的竞争中赢得市场。团结人的力量，就是团结人心，只有心往一处想，劲儿往一处使，企业才能很好地生存，才能获得更好的发展。

第3章

经营人才（上）：若即若离

拥有领导者的格局

企业领导者与能人之间的关系，更像是水和舟，“水能载舟，亦能覆舟”。一个具备领导才能的人，必然具备领导的格局，当领导者面对形形色色人才的时候，需要有一颗容人的心；当领导者面对性格各异的能人时，需要更广阔的心胸和更大的格局。

楚霸王项羽是一个心胸狭隘的人，他舍不得给部下赏赐官职，甚至在给部下册封官职时，还要将官印放在自己手中仔细欣赏。正是由于项羽的这种性格，导致韩信对他失望透顶，转而投到刘邦手下效力。

一个人的格局有多大，就能做出多大的事业。尤其对于中小企业领导者而言，更需要大格局，因为中小企业具备发展潜力，领导者的格局决定企业的发展。只有大格局，企业才能获得大发展。

大文豪托尔斯泰出身贵族，但却喜欢和平民百姓在一起，与他们交朋友，从不摆大贵族、大作家的架子。

一次，托尔斯泰外出旅行时路经一个小火车站，他想到车站上随便走走，于是就来到了月台上。

这时，一辆正要启动的火车拉响汽笛，突然，一位女士探出火车车窗向正在踱步的托尔斯泰大喊：“老头儿！赶紧到候车室将我的包裹取来，时间快来不及了。”

原来，这位女士看到托尔斯泰穿得朴素，还风尘仆仆的样子，把他当成了火车站的搬运工。托尔斯泰听完后，二话不说，连忙跑到候车室拿来提包，递给那位女士。

女士感激地说：“谢谢啦！”随手递给托尔斯泰一枚硬币：“这是给你的小费。”

托尔斯泰并没有拒绝，接过硬币，装进口袋。说来也巧，女士旁边的一位旅客认出了这个老头儿，于是大声对女士叫道：“太太，您知道您的小费给谁了吗？他就是列夫·托尔斯泰呀！”

“我的上帝啊！”女士脸色变了，连忙道歉和解释，“我怎么能干这种蠢事！尊敬的托尔斯泰先生，请别放在心上！把那枚硬币还给我吧，我怎么能给您小费，实在太唐突了！”

“太太，别激动，”托尔斯泰平静地说，“您没有做错什么！至于这枚硬币，是我自己赚来的，抱歉不能还给你了。”

汽笛再次长鸣，火车缓缓驶向远方，带走了那位依旧有些惶恐的女士，托尔斯泰则微笑着，继续他的旅行。

在中小企业中，领导者的格局决定着他身边是否有人追随，试想一下，如果一个领导者总是与员工斤斤计较，那么谁会愿意追随他呢？

如果领导者具备大格局，能够清楚地看到每个员工的优点和缺点，并以最恰当的方式包容员工，那么就如托尔斯泰一样，不仅能得到对方的道歉，还会赢得尊敬。

事实上，领导者的格局大小，所带来的影响要远远超出我们的预见。一个饭店老板，他自家的三轮车停在饭店门口，此时有一辆汽车开过来，老板立刻出门挪开自家的三轮车，并让汽车司机把车免费停在自己饭店门前。汽车司机十分感谢，在忙完自己的事情后，就带着一帮朋友到饭店吃饭，并与老板成为朋友。

这就是一个人在一件小事上，其格局所带来的明显作用，而真正的大格局，能释放出更大的能量。

西汉时，儿宽在廷尉张汤府上当差。下班后，府吏们都喜欢喝酒玩牌。儿宽却不然，他一有时间就埋头读书。

有个文书挖苦他说："你就玩会儿吧！你再怎么学，也不过是抄抄写写罢了，'小家雀'还能成'大尾巴鹰'？"儿宽正义凛然道："大丈夫当以天下为己任，真英雄欲为万世开太平！"任凭别人怎么劝，怎么拉，儿宽就是不肯入酒局饭桌。

这样过了几年，一次，汉武帝对张汤的一个奏折很不满意，吓得张汤诚惶诚恐，回来后就把文书臭骂一顿。文书愁眉不展，一旁的儿宽拿过奏折一看，指出问题所在。

文书哀求："救人救到底，送佛送上天，你就帮着写写吧。"儿宽文不加点，片刻便写好。结果，奏折让汉武帝眼前一亮，得知是儿宽所写，亲自召见他，先任命他为左内史，后又升任御史大夫。

别人喝酒作乐，儿宽却闭门读书，因为他的抱负不是谋个饭碗，而是经纬天下。

如果儿宽是一个小肚鸡肠之人，那么当那个文书请求帮忙时，他可以理所当然地选择拒绝。如果儿宽拒绝帮忙，那么就不会有他以后的仕途和成就。而给他带来后面一切的根本原因就在于他的格局。

一个心怀天下的人，怎么可能与一个小小的文书计较？一个拥有广阔格局的领导者，怎么可能与一名员工去计较对错？这就是企业领导者的格局！

企业领导者要始终跳出事物之外看事物，以领导者的角度看待问题，以更宏观、更长远的目光看待问题。当领导者把自己放在这种位置的时候，就能够很好地在企业内树立榜样，亦能让身边的能人产生敬佩，从而更有效地凝聚人心。

修炼心境、扩展格局是企业领导者的必修课。只有领导者心境足够宽阔、格局足够大时，才能容纳企业中形形色色的人，才能更加清楚地看到每一个人的真实内心，从而更有效地使用人才，为企业创造价值。

制度约束行为

1. 中小企业制度的作用。

任何一家企业都有它的制度，即便很小的一家餐馆，也会要求员工的工作时间、服务态度、仪容仪表、待客礼仪等。

对于企业而言，制度的存在是为了更好地约束员工的行为，形成标准化、规范化、系统化的管理，服务于企业发展，树立企业应有的形象。

中小企业的制度所带来的效果是立竿见影的，当一个制度出台以后，就会在短时间内收到很好的成效。

一家手机维修店的老板要求员工微笑服务，当员工微笑面对客户的时候，就传递出这个维修店的态度，从而增加客户满意度，为企业带来更多客户。

2. 中小企业制度误区。

大多数中小企业领导者，能够很清楚地看到制度所带来的效果，从而导致不少企业将制度的作用夸大，甚至发展成一切皆以制度为准，用制度捆绑员工的一切行为，把员工变成“工具人”。

久而久之，企业领导者慢慢会发现，自身企业发展速度变缓慢，企业没有发展活力，甚至变得死气沉沉。此时，企业领导者虽然已经看到企业出现的问题，却无法找到问题的根本所在。

其实，制度的过度约束往往导致员工机械化工作、失去目标，最终使整个企业失去前进的动力。

这种现象在中小企业处于发展中期的时候最为明显，因为中小企业处于发展中期，企业内部员工人数增多，优秀的人才也会增多。当企业用一套制度控制所有人的时候，不免会让那些富有创新力的人才失去动力，导致整个企业发展缓慢。

对于中小企业来说，制度并不是万能的。企业在不同的发展阶段，需要制定不同的制度，制度说到底只是为企业需求提供服务的一种方式。

对于企业中富有创造性的人才而言，要制定更加合理细致的制度，千万不能让制度成为阻碍企业发展的绊脚石。

3. 制定适用于能人的制度。

有一家科技公司，主要以 App 开发为主。起初创业的时候，公司没有什么强制性要求，随着公司不断发展，人员不断增多，公司制定了一整套企业制度。

开始要求员工按时上下班，规范员工着装服饰和行为举止……各项制度实施后，公司表面上看起来“规范”许多，但却引发出另一重矛盾。

跟随老板创业的几个员工，并不能从之前的工作环境中适应过来，他们依旧喜欢那种无拘无束的工作状态，需要无拘无束的工作环境。

毕竟开发一款 App 需要天马行空的想象力，更需要充满激情的创造力。但是，公司制定的这些制度，就如同一个套在他们身上的紧身衣，紧紧地把他们束缚住，不仅让他们感觉到不舒服，还束缚住了他们的思想。

结果，短短一年后，跟随老板创业的元老纷纷离职，有的独自创业，有的则跳槽到其他科技公司。直到公司倒闭，老板都没有搞清楚为什么当初在最艰难的时候，他们愿意跟随自己，而在他们收入颇丰的时候，却选择离开。

一个企业中，必然是由不同层次、不同能力的人才组成，一套完整的企业制度必不可缺。但是，此时企业领导者应该清楚地认识到“企业人才二八法则”。

对待企业内 80％的普通员工，可以用制度去管理。但是，对待其余 20％的优秀员工甚至是能人，就需要以另外的方式去管理。对于这类人，更多的是管理人心，而不是简单地依靠制度去束缚他们。

明代有一个叫王华的人，从小喜欢读书。

有一天，县令带着随从前呼后拥地到王华所在的学堂视察，那些小朋友因为从没见过这样热闹的场景，都争先恐后地放下书本，围上前去看热闹，唯独王华像什么事也没发生一样，依然坐在自己的位置上看书。

钱希奇是王华的先生，看到王华这个样子，就和他开玩笑说：“大家都过去了，只有你一个人不过去，假若县太爷认为你傲慢斥责你，你怎么办啊？”王华从容地回答道：“县令也是人，有什么可看的？我正在读圣贤书，恐怕县令也没有什么理由斥责我吧！”

钱希奇见王华小小年纪如此有见识，非常高兴，便对旁人说：“这个孩子将来一定有大出息！”果然，王华后来考中状元，成就一番功名。

宋朝有一个叫吕文靖的人，他有四个儿子。有一天，吕文靖对夫人说：“咱们的四个儿子将来都能成才，但不知道哪个是宰相之才，我要考验他们一下。”

于是，当四个孩子都在院子里玩耍的时候，吕文靖吩咐一个小丫环，手里拿着一件玉器，走到门边的时候，故意将玉器掉落在地上，玉器碎了。孩子们急忙去报告夫人，只有老二公著，凝然不动声色，好像什么事也没发生一样。

吕文靖见此情形，就问公著：“玉器碎了，你为什么一点不着急呢？”公著平静地回答：“已经碎了，急有何用呢？不如不去想它。”吕文靖于是告诉夫人说：“公著这个孩子，将来可当宰相。”后来，公著果然做到了宰相。

成大事者，心中需有大格局，遇事处变不惊，沉着应对，不慌不乱，是一种难得的气质。唐宋八大家之一苏洵在《心术》一文中所说的“泰山崩于前而色不变，麋鹿兴于左而目不瞬”，正是这种气质的具体表现。

王华面对县令不卑不亢，公著面对摔碎的玉器心态从容，说明他们内心都有大格局、大气象，所以旁观者才能据此推测他们将来前途无量，这不是瞎说，而是通过细节作出的合理判断。能有如此见识，当然也是一种难得的智慧。

企业管理的核心是管理人心，只要人心能够跟随企业领导者一起，那么这样的企业不管经历多大的困难，都会成就一番事业。

如同三国时期的刘备，在他最落魄的时候，张飞、关羽二人依旧对他不离不弃。再如战国时期的勾践，在他落魄为奴的时候，身边依旧有诸多大将跟随，最终勾践依靠这些人夺回了属于自己的一切。

能做到管理人心的企业并不多见，就拿历史上著名的大商贾乔致庸来说，在其不断扩展业务的时期，他发现各地商号中有不少伙计跳槽，这些伙计是乔家花三年时间培养出来的，结果伙计们学成手艺后却要跳槽，这让乔致庸很费解。

他找到几个想跳槽的伙计谈话，发现这些伙计都是年轻力壮的小伙子，他们表示对商号分给的薪酬很不满，工作几辈子都没办法买房置地娶媳妇，所以才选择跳槽。

乔致庸心里很清楚，跳槽先河不能开，否则人心会乱，乔家产业也会乱。为了留住这些有手艺的伙计，乔致庸独创出“身股”分红模式，凡是学成后有手艺的伙计，干满三年都能得到“身股”分红，原有的薪酬加上分红，足够伙计买房置地娶媳妇。此制度一经颁布，乔家各地商号上下一心，事业越做越大。

如果一个企业失去人心，再大的企业都会逐渐走向衰败，过程仅仅只是时间问题而已。反之，如果一个中小企业的领导者能够很好地获得人心，即便企业发展再慢，最终依旧能获得成功。

让能人变得更有价值

企业领导者的格局提升后，眼光必然会看得更远。当企业领导者面对不同类型人才的时候，往往能够看到更长远的未来，拥有如此远见后，才能更有效地处理眼下的事物。

举个简单的例子，一个高才生进入企业，但是他不善言谈，总是默默地做着自己的工作，对其他事情不闻不问。这种行为很不符合公司氛围，于是高才生的直接领导便向老板反映这种情况。

老板思考片刻后，仅仅回了三个字：随他去。一年后，高才生为企业改造了一项重要的生产环节，直接节约26％的生产成本。此时，他的直接领导才明白老板当年那三个字的真实含义。

有一次，这位上司与老板闲聊，又提起当年的事情，老板呵呵一笑，说道："在接纳那位高才生的时候，我仔细对他了解过，我曾去他的学校向他的老师、同学深入了解他。"

"这些人的评价几乎都一致，他们对我说那位高才生是一个十分聪明的人，虽然不善言谈，但却极富创造力。只要给他一个属于自己的'世界'，就能创造出让人意外的惊喜。"

老板的话说完后，那位直接领导若有所思。其实，这位老板是一位充满智慧的领导者，他懂得如何发挥一个人才的优点，更懂得如何激发一个人的动力。老板把高才生想要的环境给他，那么他就能展现自己的能力，从而为企业创造价值。

西汉开国功臣陈平，年少时期家里很贫穷，成年之后社会动乱，陈平一心想做番大事。当时项羽起兵对抗秦朝，陈平就来到项羽手下做了一名谋士。

陈平的智谋深得项羽赏识，很快就在项羽手下谋得爵位。在那个动乱的年代，陈平当时的地位已经很高，算是贵族，不愁吃喝，生活过得也很富足。

然而，在鸿门宴上，陈平目睹了项羽所做的一切，对项羽的优柔寡断十分反感。反观刘邦，他认为刘邦是一个能成就大事的人。此时，虽然陈平依旧在项羽手下，但是心思却早已投向刘邦。

刘邦被项羽软禁在咸阳，刘邦问计于张良，可惜此时的张良身陷敌营，对眼前的困境一筹莫展。刘邦只能将希望寄托于“敌人”陈平，私下向陈平求助。结果，陈平早就想投靠刘邦，便暗中使用计策，帮助刘邦脱离困境。

陈平向项羽进谏，要求项羽给楚怀王上义帝的名号，然后再把楚怀王送往老家，这样项羽就可以号令天下。项羽听闻此计十分开心，立即下令，要求所有官员回国。

如此一来，项羽得以昭告天下，已然成为“皇帝”。这一切都在陈平的计划之中，他再次劝谏项羽：“刘邦独守咸阳，已经是残兵败将。但是又不能让刘邦返回沛县，以防刘邦在沛县称王。既然您已经掌控天下，不如让刘邦回汉中。”

项羽听完后，十分犹豫，陈平接着说道：“您已经称王，如果不给刘邦以官职，那么显得您没有信用。不如把刘邦放回汉中，然后去沛县把刘邦的家人当作人质，这样既可以约束刘邦，又可以保全信誉。”

项羽思考许久后，同意了陈平的意见，将刘邦放回汉中。几年之后，陈平悄悄投靠刘邦，为刘邦效力。

陈平来到刘邦手下后，巧施离间计，让项羽和范增反目成仇，大大削弱了项羽的实力。此后陈平又用计谋解围荥阳，帮助刘邦建立汉朝，成为西汉有名的开国功臣。

陈平本身就是一位非常有才能的人，然而在项羽手下效力的时候，却没有做出太多的功绩，甚至让项羽感到厌烦，不再听取陈平的建议。

陈平已经看出项羽的本性，深知他并无帝王之志，再加上他对自己的冷淡，更加坚定了陈平离开的决心。而后，当陈平投靠刘邦之后，他协助刘邦完成了智释樊哙、解白登之围、诱擒韩信、解荥阳之围等大事。

同样一个人跟随不同人的领导，所发挥出的作用远远不同。究其原因，还是领导者自身的问题。当一个领导者拥有远大抱负的时候，那么他身边的能人才能真正发挥其作用。

一个领导者目光短浅、胸无大志，他们能看到的只有眼前的蝇头小利，能想到的只有自己的权力和利益，这类人不懂得为别人着想，更不懂得经营人心，舍不得一切权力和利益。即便能力再强的人，跟随这样的领导者都会被压制才能，很难做出一番惊天动地的大事。

这个道理同样适用于企业，一个企业从无到有，从小到大，必然是需要领导者拥有远大目标而不断努力的。就像明朝开国皇帝朱元璋一样，虽然出身贫寒，但从小就拥有远大的志向，在经历贫穷、饥饿、战乱之后，不仅没有被现实打败，反而更加坚定他的目标和信念，最终成为开国皇帝。

领导者永远是站在企业顶端的那个人，如果这个人没有远见和抱负的话，那么处于领导者下面的人又如何做事？

因此，作为企业领导者，若想让能人发挥更大的作用，首先要让自己变得更有作用。只有这样，才能成为真正意义上的领导者，而他手下的能人，才能真正地发挥自身的能力。

读懂秉性，攻守有道

战国末年，秦国大将王翦率60万大军伐楚，临行前他向秦王嬴政请求赏赐肥沃的田地和房宅，嬴政十分费解，问："将军马上就要率军出征，难道还担心家里贫穷吗？"

王翦笑着说："给大王做将军，立了大功，我没想着封侯拜将，只是想着挣回一些田地和房产，这样即便我战死，我的子孙后代也能维持生活。"秦始皇听完后哈哈大笑，立刻赏赐给他田地和房产。

出征后，下属部将问王翦："将军，为何您每次出征之前都要向秦王索要田地和房产呢？难道您真的在乎这些东西吗？"王翦摇头，说道："秦王多疑，我率全国之兵出征，秦王内心必定忐忑不安，对我必有顾忌。而我向他索要钱财，不过是安他的心而已！"

王翦与楚军征战两年多，秦王从未派遣督军来干扰，这一点足以说明秦王对王翦已经十分放心，让王翦能全身心对付楚军，最终为秦国赢得胜利。

一个企业领导者最重要的才能是什么？其实就是要了解你的下属是怎样的人，他们有什么长处，有什么缺点，在什么位置上最合适。当企业逐步做强后，领导者无法事必躬亲，就必须要有一批可靠而熟悉的能人来支撑，如此一来能最大限度地帮助企业发展。

唐贞观初期，李世民刚刚统一了全国，可以说是百废待兴，他身上的担子就特别地重。

年仅二十九岁的李世民在政治上有远见，为国家选择了“偃武修文”的建设道路，推行一系列开明的治国方略，把理政的重点放在促进农桑发展上。

公元601年，马周出生在清河郡茌平县，也就是如今的山东聊城茌平区。马周有个爱好，就是喝酒，酒量也大得出奇。

刚开始，他在一个刺史家中担任教书先生，但是他每日饮酒，并不把教书放在心上，刺史不止一次地训斥他，他不以为然，最后或许是犯了错，他连辞职信都没写，就愤然离职。

几经辗转，马周来到长安，寄住在中郎将常何的家中，成了常何的门客。

李世民让大臣们出谋划策，常何只是一介武夫，根本不懂什么建议。但是皇命不可违，常何只得拜托马周帮着整理了二十几条建议。

没曾想，再次上朝的时候，李世民发现常何提出来二十多条建议，甚合他意。但李世民觉得常何不会有这样的才能。

常何也是个光明磊落的人，直言并不是自己所写，而是门客马周所写，并称赞马周每每和他交谈，无不以忠孝为宗旨。

李世民一听有这等人才，当时就下令召见马周。想不到第一次见面，两人就相谈甚欢，李世民当即任命马周为门下省值班侍奉。李世民曾经说过：“我对马周，一会儿看不到便要思念他。”

能清楚地看到一个人的才能，并把这个人放在合适的位置上，这是领导者应该具备的基本能力。然而，在当代中小企业中，能够正确使用人才的领导者并不是很多，许多时候并不是因为企业缺少人才，而是因为企业缺少发现人才的能力。

企业领导者必须要深入了解身边的能人，了解这些人的脾气、秉性，当领导者对这些人足够了解的时候，才能清楚这些人的需求究竟是什么，能在最恰当的时候给予最好的满足，从而稳固企业自身。

了解一个能人的秉性，不仅有助于企业发展，还能让领导者具备应对企业风险的能力。尤其是对于中小企业来说，许多企业创业半途而废，往往都是因为领导者与身边的合伙人出现分歧，最终导致整个企业失败。

如果企业领导者能了解身边能人的秉性，那么当出现矛盾的时候，领导者就能第一时间掌握主动权，正所谓知己知彼，百战百胜。

三国时，蜀国丞相诸葛亮错用马谡，失街亭后只有2500名军士驻守在西城县。有一天，哨兵飞马来报："司马懿引大军15万，往西城蜂拥而来！"这时，诸葛亮身边无一员大将，只有一班文官。

众官员听得这个消息，个个大惊失色。诸葛亮登上城头，果然尘土冲天，魏军分路往西城县杀来。诸葛亮当即传令道："将旌旗全部隐藏起来，军士们各守卫在城上巡哨的岗棚，如有随便出入城门及高声讲话者，杀！大开四个城门，每个城门用20个军士，扮作百姓，打扫街道。魏兵到时，不可乱动，我自有计谋对付。”

传令下去后，诸葛亮披鹤氅，戴纶巾，引两个小童携带一张琴，来到城头上，凭栏而坐，焚香操琴演奏。

魏兵的前哨急忙将这个情况报告司马懿。司马懿立刻命令军队停止前进，自己飞马向前观望。果然见诸葛亮在城楼上，笑容可掬，焚香弹琴，左面一个少年，手捧宝剑，右面也有一个少年，手执麈尾。

城门内外，仅有二十余百姓，低头打扫，旁若无人。司马懿看后怀疑城中有重兵，连忙指挥部队撤退。

司马昭问司马懿：“莫非诸葛亮没有多少兵力，故意这样的？父亲为什么要退兵呢？”司马懿板着脸说：“诸葛亮平时一向十分谨慎，从不冒险。今天大开城门，必定有重兵埋伏。我们若是冲进去，一定中计。你们懂得什么？还不快退！”

诸葛亮见魏军远去，哈哈大笑起来。众官员问他说：“司马懿是魏国的名将，今统率15万精兵来到这里，见了丞相，慌忙撤退，这是什么原因呢？”诸葛亮说：“他料定我平生谨慎，从不冒险，见我们这样镇定，怀疑有重兵埋伏，所以退去。我并非有意冒险，只因为不得不这样啊！”

大家敬佩地说：“丞相的计谋，鬼神也不能预料啊。如果我们来指挥，必定会弃城而走了。”诸葛亮说：“我们只有2500人，如果弃城而走，必定走不远，不是很快就会被敌人追上吗？”诸葛亮知己知彼，用计谋吓退司马懿，保住了城池。

诸葛亮深知司马懿的心思，在最关键的时刻保住了城池。而这一切都源于诸葛亮对司马懿的了解，只有熟悉一个人的时候，才能更好地应对。

企业中，领导者只有对能人有深刻了解之后，才能更好地让能人发挥作用。若要了解一个人，需要从日常小事做起，比如观察一个人的行为习惯，从他的习惯中判断此人拥有怎样的性格、适合做什么事情。

战国时期的纵横家张仪，他性格圆滑、擅长游说，第一次见秦王就以优秀的口才让秦王对他刮目相看，秦王立即封他为相国。秦王很清楚，这种善于游说的人从事外交工作最合适，派遣张仪游说列国，不动一刀一枪便轻松获得魏国大面积土地。

企业经营亦是如此，领导者若要使用一个人的才能，必然要先去了解这个人，让他们去做擅长的事情，这件事才有可能做好。此外，领导者还要懂得“防守”之道，让能人处于可控范围之内，以免给企业造成损失。

适度放纵能人的行为，学会接受失败

如果以一个能人的视角来看待企业的话，那么他进入企业最想得到的是什么？答案基本是一致的，他最想得到的是一个机会，一个展现自我能力的机会。

在当代不少中小企业中，企业领导者总是“不放心”，一件事交给一个员工去做，总是一而再，再而三地叮嘱，生怕员工把事情搞砸。结果，越是害怕，越是把员工盯得紧，员工就越容易把事情搞砸。

最终的结果就可想而知，员工做错事，领导会对员工批评教育，有些领导会发怒，导致员工失去工作积极性，员工变得越来越平庸，领导越来越忙碌。

长此以往，企业就形成一种恶性循环。领导不敢将工作完全交付给员工，员工无法得到自主性的工作，就无法展现自身的能力。越是这样，领导者就越觉得企业缺少人才，越是缺少人才就越担忧，最终严重影响企业发展。

在本书之中，已经再三强调，领导者要深入了解企业中的能人，了解他们的秉性、能力、性格等诸多方面。只有十分清楚了解一个人的时候，领导者才会放心把一件事交给这人去做。

即便这件事没有做好，那么领导者依然需要一定的格局，站在一个更高的角度去看待事情。别怕员工出错，只要员工能及时汲取教训，那么就可以再给他一个机会，从而激发员工动力，将平庸的员工慢慢培养成人才，再将人才升华为能人。

三国时期，赤壁一战，曹军大败。曹操领着残兵败将狼狈逃命，一路上连遭伏兵劫杀，最后只剩三百余骑奔往华容道去。

曹操带着一帮残兵败将四处逃窜，走了一段时间后，曹操坐在马上哈哈大笑。手下的将士不解，便问道："主公，你怎么突然发笑？"曹操说："我是在笑周瑜和诸葛亮，要是他们能在这里设一支伏兵，我们就只能束手就擒了！"

曹操的话还没说完，四周响起火炮声，大将关羽带着一队人马出现。曹军看见对面是关羽，早就吓得瘫软在地上。此时谋士程昱说："关羽一向傲上而不忍下，欺强而不凌弱，恩怨分明，信义素著。丞相旧日待他有恩，今日须是亲自求情，方可脱得此难。"

曹操觉得此话很有道理，毕竟以前曹操对关羽有过恩情。再者说，关羽是一个重感情的人，现在曹操处于弱势，关羽若是在此时出手，恐怕也不符合他的性格。

于是，曹操催马来到关羽面前，说道："关将军，我今天兵败，走到这里已经是走投无路，希望将军看在往日的情分上，放过我的士兵。"

关羽本身就受命于诸葛亮，在此堵截曹操。此情此景，他心里十分不是滋味。曹操再次说道："将军可还记得过五关斩六将的事吗？"此话一出，关羽彻底心软。

关羽置诸葛亮的命令于不顾，也不听手下人的意见，让大家四散让开，为曹操让出一条出路。曹操趁此带着残兵败将离开华容道，返回大本营。

关羽放走曹操，对于刘备来说是一个很大的损失。但是刘备却并未责备关羽，因为刘备清楚关羽的能力，也更清楚他的秉性，自赤壁一战后，关羽作战更加勇猛，为蜀国立下汗马功劳。

企业发展亦是如此，对于中小企业而言，当企业处于发展阶段的时候，需要的是更多人的智慧与力量。

如果领导者一味地紧盯着企业内每一个人才，那么就会严重束缚大家的自主思考能力。试想一下，在一家企业中，所有人都长期处于“不敢做、怕做错”的环境下，那么这样的企业还会有发展空间吗?

大多时候，领导者需要“放纵”企业内的能人，让他们多说一说自己的想法，尝试去做一些工作以外的事情。只有不断地激发能人的自主创新能力，企业才能有活力。

当然，并不是毫无节制的鼓励企业内部人员去尝试创新，凡事都需要有一个尺度。领导者鼓励能人创新的前提条件是：即便把一件事做错，所带来的后果在企业可承受范围之内。

只有在这个前提条件下，企业领导者对能人的“放任”才是最有效的。否则，当能人犯下惊天大错，甚至企业已经无力承受这个错误所带来的后果时，企业所面对的是生死存亡的境遇，这种过度的放任就毫无意义可言。

英国著名的喜剧演员、编剧、电影制作人约翰·克里斯曾经说过一段非常深刻的话："在不容许犯错误的组织里，你会看到两类适得其反的行为。首先，因为错误是'不好的'，所以如果犯错误的是高层的人，那么从这些错误反馈回来的信息必须要被忽视或者被选择性地重新解释，这样高层的那些人才能假装没有错误发生。因此，这些错误不会得到纠正。其次，如果犯错误的是组织下层的人，那么这些错误就会被掩盖。"

约翰·克里斯告诉我们，如果我们过多地强调"错误"的消极性，特别是企业高层管理者容不得下属犯错误，那么企业自上而下，大家都会"合起伙来"掩盖错误。甚至当发生危害企业财产和员工生命的事故时，大家都会隐瞒不报或虚假上报，这就像历史上的蔡桓公讳疾忌医，最终的代价是丢掉了自己的生命。

身为企业管理者，有必要认识到一点：如果不允许下属犯错误，那么错误将会一直存在下去，甚至会引发更大的错误，这对于一个企业的生存和发展来说是十分可怕的。相反，如果允许下属犯错，宽容下属的合理错误，帮助下属从错误中吸取教训，那么错误就会成为一种有益于未来的投资。这一点在世界诸多企业都有经典的案例。

1984 年，微软公司推出了 Excel 软件，可是由于其中一个错误而导致公司经济损失惨重，该产品经理担心被公司解雇，于是硬着头皮找到老板解释此事。没想到老板对他说："今天你让公司损失了 2500 万，希望你明天能表现得更好一点。"如今，"勇于尝试，必有所得"已经成为微软的一种风气，而当年那位产品经理——杰克·雷克斯，已经成为微软公司的顶级人物之一。

在美国IBM公司也有类似的故事，据说IBM有个员工工作失误，造成了1000万美元的损失，他怀着惴惴不安的心情找到老板小沃森："我是不是该卷铺盖走人了?"小沃森说："你疯啦?我们刚刚为你交了1000万美元的学费，你想我们会让这么一大笔资产从公司流失掉吗?"

石油大王约翰·洛克菲勒的一位生意合伙人爱德华·贝佛由于一时大意，在南美经营的一桩生意出了差错，使公司一夜之间损失了近百万美元。几乎所有的人都认为贝佛会被洛克菲勒责骂一顿，但是洛克菲勒并没有这么做，他只是对贝佛说："恭喜你保全了我们剩余的60%的投资，棒极了，我们没有办法做到每次都那么幸运。"此后，贝佛在工作中加倍努力，为公司创造了巨大的经济效益。

小沃森、洛克菲勒，这些世界顶级企业家在面对员工的错误时，不约而同地选择了宽容，他们知道，犯错是正常的，只有让员工从错误中吸取教训，员工才能进步。

正是他们的宽容赢得了下属的忠心和努力，最终为企业带来了源源不断的收益。由此可见，这些企业家是多么的英明，他们之所以把公司经营得如此成功，与他们允许员工犯错是分不开的。

任何人都难免会犯错，作为管理者，要做的是对员工的错误进行深入具体的分析：哪些错误可以允许，可以原谅，哪些错误是不能饶恕、必须杜绝的。对于"合理"的错误，如员工因能力不足、经验欠缺，导致在探索与创新中犯了错误，管理者一定要原谅和宽

容，并引导员工从错误中寻找原因、吸取教训，不断进步。

现实中，有些管理者不允许员工犯错，认为员工犯错会增加企业的成本。殊不知，员工因害怕犯错而变得不敢探索，不敢创新，总是跟在别人后面亦步亦趋，这样工就很难有创造性。正确的态度是允许犯“合理”的错误，这样员工才敢于接手探索性、挑战性强的工作，在“吃一堑”中“长一智”，不断总结经验和教训，逐步走向成熟。

有位美国记者问稻盛和夫：“为什么京都半导体会如此成功？”稻盛和夫说：“因为我们从来不因为员工失败而处罚他们。如果一个员工在某项工作中犯错了、遭遇失败了，我们会立刻给他另一项任务……虽然前一个计划失败了，但是那个员工还是从中学到不少，并可以凭借过去的经验再向前迈进。”

与“合理”的错误不同，有些错误是不能允许的，例如员工明显违规犯法或主观恶意、屡教不改等。至于员工犯了错误不承认，还千方百计地隐藏、推诿，这是错上加错，更加不可以原谅。面对员工的这种错误，管理者必须严厉地处罚和打击，这样才能避免员工放纵、不负责任，给企业造成不可挽回的损失。

第4章

经营人才（下）：荣辱与共

“双轨制”人才法

时代在变，经营环境在变，30 年前，如果有人开一家餐馆，那么可能只需要一个手艺高超的厨师，这家餐馆的生意就会源源不断。

然而如今已是信息高度发达的时代，不仅需要手艺高超的厨师，还需要强有力的营销策略。只有营销与餐馆口味并存，才能保证这家餐馆顺利发展下去。

正因为时代已经改变，传统的经营方法也需要改进。试想一下，一个厨艺高超的人，虽然能为餐馆提供稳定的口味，但是他能否为餐馆带来可观的客人流量？总不能要求厨师去做营销吧？

因此，对于当代企业领导者来说，不仅需要“厨艺高超的人”，也同样需要“营销高手”。企业内需要多类型的人才，才能保证企业能够应对和适应当下的社会环境。

中小企业不要奢望获得“全能型”人才，因为任何一个全能型人才，都需要漫长时间的培养和锻炼。大多数中小企业不具备培养人才的条件，那么对于中小企业来说，“双轨制”人才经营更符合企业实际情况。

“双轨制”人才经营指，企业内部将人才一分为二，把有想法、有创新、有动能的人才划分成为一部分；把有干劲、有冲劲、有动

力的人才划分为另外一部分。两种人才呈现互补状态，以不同的形式管理两种人才，才能完善企业人才池。

秦昭襄王派使者通知赵惠文王，希望在黄河外的渑池进行友好会晤。赵王一开始不想赴会，廉颇、蔺相如建议道："大王如果不去，恐怕会令我国显得懦弱而胆怯。"赵王于是同意前往渑池，并让蔺相如随行。

廉颇率兵护送赵惠文王一行到边境后，与赵惠文王告别，并提议道："若无异常，大王此行全程不会超过三十天，若三十天后您还不能回国，请允许我们立太子为赵王，以断绝秦国借机勒索的企图。"赵王同意。

渑池相会，秦昭襄王与赵惠文王饮酒，其间秦王请赵惠文王表演鼓瑟，赵王照办了。蔺相如看到秦王这样侮辱赵王，非常生气，他走到秦王面前，也请秦王表演击缶，秦王却不愿意。蔺相如见状，厉声道："我们距离在五步之内，您不答应，我就与您同归于尽。"

秦王左右护卫本想上前杀死蔺相如，却在蔺相如怒目呵斥之下惊得不敢动手。秦王只好很不情愿地敲了一下缶。直到酒宴结束，秦国始终不敢对赵国提出非分之求。由于赵国在赴约之前已经有所戒备和部署，秦国终究未敢轻举妄动。

赵惠文王回国后，以蔺相如为上卿，地位在大将廉颇之上。廉颇对蔺相如的职位高于自己感到愤愤不平，他说："我作为赵国大将，有攻城野战之功。蔺相如原来只是底层之人，只因能言善辩，便居我之上，这实在让我感到羞耻！"并扬言："我要是碰到蔺相如，非羞辱他一番不可！”

蔺相如听说后，便尽量避免与廉颇见面，既不在朝廷上和廉颇争排序，还经常在路上回避廉颇的车驾。

对此，蔺相如的门客们都引以为耻。蔺相如对门客们说：“你们认为廉将军的威严比得上秦王吗？”门客们回答说：“比不上。”蔺相如又问：“秦王威势那么大，我都敢在他的朝廷上斥责他，羞辱他的群臣，难道我还单单怕廉将军吗！我考虑的是，强大的秦国因为忌惮廉将军和我蔺相如，才不敢大举进犯赵国，倘若我们两虎相争，那必然有一方会受到伤害。我之所以处处避让廉将军，是因为把个人的私仇放在了国家利益的后面啊！”

蔺相如的话很快便传到廉颇耳里，这让廉颇感到十分惭愧。为表歉意，廉颇赤膊负荆，专程到蔺相如府上请罪。两人尽释前嫌，从此结为生死之交。

廉颇是赵国的武将，擅长作战，而蔺相如则是文官，擅长治理国家。赵国在廉颇和蔺相如的合力之下，国力一度强盛。

赵国的兴盛源于“将相和”，衰败源于赵国无将无相。一个企业的兴盛往往也源自“将相和”，在一个企业中，有负责做决策的能人，有负责执行的能人，只有这两种人默契配合，企业才能快速发展。

一个简单的例子，一家销售型企业，老板将一位很有干劲的老员工提拔为销售总监，又把一位想法思路很多的老员工提拔为产品总监。如此一来，当产品总监做出一份产品方案后，销售总监就去执行落地。

在老板眼中，产品总监与销售总监是相辅相成的存在，二者缺一不可。如果只有产品，没有销售，那么再好的产品卖不出去，对于企业来说就是损失。反之，如果销售很厉害，但缺少好的产品，那么企业也无法长久生存。

古代君王有文臣武将，当代企业领导者也同样需要“文臣武将”，因为人无完人，任何人都有他突出的一面，也有缺失的一面，必须互为补充。作为企业领导者，只要发挥人才突出的优势，加以合理利用，对于人才、对于企业来说都是最佳的选择。

华为善于招揽人才、赏识人才、重视人才。因为对于华为来说，无论是技术创新还是管理创新，最需要的都是人才。

很多企业家都会对新员工进行培训，却很少有人会像华为这样，在员工身上投资这么大。因为华为很清楚，任何投资或许都有风险，但唯独对人才的投资是稳赚不赔的。在这种思想的引导下，2005年，华为成功建造了一所专为华为服务的华为大学。

华为大学占地面积27.5万平方米，机房覆盖面积高达9000平方米，另外，还拥有100多间教室和500多个办公座位，可以同时容纳2000多名员工进行职前培训。华为大学不仅对华为员工开放，同时还面向各类客户，随时接受客户的参观和指导。

现如今，华为大学的员工培训已经形成了一个相对完善的培训体系，包括新员工培训、生产培训、技术培训、专业培训、营销培训和管理培训等六大培训系统。一流的授课教师加上一流的授业技术，配上一流的教学设备和一流的学习环境，可以说，华为的员工培训是企业的重中之重。

依靠强大的师资力量和完善的培训体系，华为大学每年都会为企业培养很多新鲜的血液，让企业内部永远充满着活力和斗志。

市场竞争越来越激烈，很多企业为了能够激发自己的人力资源，往往在新员工培训不到一个月甚至一周的时间就要求员工上任，导致员工对企业的归属感都不够，经常发生员工离职或跳槽的情况，企业人才流失速度加快。

为了避免这种情况的发生，也为了员工能够更好更快地了解企业和岗位，对于刚刚进入华为的新员工来说，必须完成入职前的 180 天培训课程。在华为高层看来，员工是否能够为企业创造价值，在很大程度上取决于员工在这 180 天培训中的表现。

无论新老员工，只要存在不足，华为都会为他们进行培训和指导。在华为，员工培训是企业的基本政策，是每个人都必须贯彻执行的。

多数中小企业不具备自主培养人才的能力，那么对于中小企业来说“双轨制”人才法实用性更强。既然无法大规模地培养人才，那么就在企业内划分，依据员工的不同特点，采取不同的方式，使人才发挥最大价值。

这种方式不仅对企业有益，对于人才自身而言更有利。因为，企业能清楚地看到员工的长处，并加以磨砺，这个人才可能依靠自身优势，在企业中做出一番事业，也成就了自己。

“备胎制”人才法

目前，许多大公司都把挖掘人才的工作提前到大学毕业生择业之前，甚至更早。这些公司大多建有自己的人才储备库，对新人的成绩、能力和行为进行综合分析，以备将来使用。

大公司对人才的重视程度要远远超出中小企业，这与公司的规模、财力无关，而与领导者对人才的认知有关。大公司更注重建设自己的人才库，储备可用人才。

大多数中小企业由于自身条件不足，无法适用这种高规格的人才储备模式，但是中小企业对人才的需求也是同样迫切的。那么如何解决人才储备问题？就需要应用更适合中小企业的人才储备法——“备胎制”。

对于中小企业而言，人才“备胎制”指，在企业内部现有人才的基础之上，以人才培养人才。用企业内优秀的人才，去引导、培养有潜力的人才，当企业面对困境的时候，这两种人才就能及时发挥作用。

举一个简单的例子，一家以图书出版为主的文化公司，公司内有一个主编，一个副主编，七八个编辑人员。每个人的分工都非常明确，这样的分工能让工作变得更加高效，从而确保整个公司的效益。

结果，这家公司遇到突变，主编和副主编相继离开。一时之间，老板无法找到能负责主编和副主编工作的人员。即便在公司内部的七八个编辑中挑选，也没能有一个人胜任。

试想一下，如果在日常工作中，能给主编和副主编传递培养接班人的思想，那么副主编就会想着升任主编之后的事情，而主编就会想着升任公司副总之后的事情，以此为动力，就会为公司培养出“备胎”人才。

中小企业可谓时刻面临着发展危机，人才的培养与储备可谓重中之重。企业领导者只有牢牢团结和凝聚企业内的能人，在企业遇到困难的时候，才能够依靠这些能人渡过难关。

来看一则寓言故事：

森林中生活着一群狮子，以狮王为首的家族在这片森林中已经延续了上百年，而此时的狮王早已年老体衰，无法支撑庞大的家族。

此时，狮群所面临的危险变得更加巨大，因为在森林的北部有一群野狼，一直想占据狮群的领土。

这一日，老狮王决定在临死之前彻底消灭盘踞在北部的野狼。他把自己最看重的大儿子叫来，说道：“你从小就展现出勇猛的能力，这么多年以来，经历过无数战争，而这些战争并没有打败你，反而让你变得更加强壮！”

大儿子听完此番话，内心十分高兴。因为大儿子知道狮王的日子已经不多，既然狮王如此重视自己，那么在狮王死后，这个王位就是自己的。想到这里，大儿子说道："父亲，我愿意为整个狮群征战，保护整个狮群的安全！"

狮王很欣慰地点点头，说道："既然如此，那么我想让你去平息盘踞在北方的野狼，在我有生之年希望你能彻底把他们打败！"

如果战胜北方的野狼，如此巨大的功绩，再加上狮王对大儿子的赞赏，那么大儿子的王位是很稳定了。于是，大儿子十分坚定地说道："父亲，我愿意出征，一举将北方的野狼赶出去。"

几日之后，老狮王为自己的儿子送行。狮王的小儿子也来了，由于小儿子天生体弱多病，一直也没有什么功绩，十分不受狮王的喜爱。眼下，老狮王碍于面子，才带着他一起送别大儿子。

临行前，小儿子来到大儿子面前，十分担忧地说道："哥哥，北方野狼数目众多，而且在北方盘踞多年，你此去一定要小心，步步为营才对。"大儿子此时气势高涨，根本就听不进去，反而讥讽地说道："懦弱的人终究是懦弱，就连说话的语气都低人三分！"

半月之后，一头浑身是伤的狮子士兵回来禀报，他们进入北方野狼的地盘后，由于求胜心切，中了敌人的埋伏，整个狮子军队覆灭了！此时野狼已经全部出动，准备一举消灭整个狮群。

老狮王闻此消息，十分心痛，但是眼下最大的威胁是野狼的进攻。于是狮王召集部下，想选出一个能征善战的狮子，与北方的野狼做最后的生死之斗！

此时，小儿子站出来，说道："父亲，我愿意出征。如果我成功了，那么整个狮群都能活下来。如果我失败了，那么最后的这一场战争就以我们整个狮群灭亡而告终。"

老狮王此时已经无人可用，只能孤注一掷。结果，经过几天激烈的战斗，小儿子胜利归来。狮王十分高兴，但同时又十分羞愧，他想到以前总是小看小儿子，然而在关键时刻却是小儿子救了整个狮群。

狮王对着小儿子说道："是我一直小看了你，这是父亲的过错。在父亲死后，你一定要多加呵护你的子孙后代，看清楚他们每一个人的实力，这是保全整个狮群最好的办法。"

这是一则很有趣的寓言故事，在现实生活中类似于"小儿子"这样的人有很多。就拿我们身边的人来说，有不少人在一家公司上班的时候可能默默无闻，然而当跳槽到另外一家公司的时候，却会大有作为。

其实，并不是人本身能力不足，只是企业领导者没有发现人才的能力而已。许多中小企业并不缺拥有一技之长的人才，只是领导者对他们忽视了，导致他们一直无法发挥自身长处。

好比三国时期的陆逊，他在吴国一直处于默默无闻的状态，当蜀军攻打吴国的时候，陆逊的才能被孙权发掘，任命他为大都督。陆逊凭借自身的军事才能与蜀军不断周旋，最终以一把大火烧毁蜀军八百里连营，获得胜利。

因此，作为企业领导者，不仅要重视企业内现有人才的能力，更要用心发掘那些默默无闻的潜在人才。再以恰当的形式对这些人进行培养，如此一来，当企业遇到危机的时候，这些人很可能成为"救命稻草"。

企业领导者千万不要把鸡蛋放在一个篮子里，对待人才亦是如此。中小企业规模尚小，但是绝对不能单单依靠一两个核心人才而存活。需要不断地发展人才“备胎”，不断为将来可能出现的危机做准备。

企业领导者只有时刻准备着、处处准备着，才能在企业遇到危机的时候，抵御外部风险。而这种抵御风险的能力，全都来自企业日常经营中对人才的培养与使用，让企业在何时都不缺少人才。

磨砺性格，改变本性

不论是人才“双轨制”还是“备胎制”，其核心作用都是让人才更好地为企业服务。那么作为企业领导者，若想要全面掌控人才，除了这些主观手段之外，还需要从内在增加修养。

尤其是对于一些有着特殊才华的能人，这些人往往都具备很明显的性格特征，而且这些性格特征很难在短时间内得到改变，甚至从始至终都不会变。如果企业领导者遇到这样的人，该如何去应对呢？

在不少中小企业中，领导者也会遇到颇有性格的能人，起初领导者往往能够“迁就”这些能人，但是随着时间的推移，领导者逐渐感到“疲惫”，甚至对能人产生反感情绪，最终导致能人的离开，给企业带来不小的损失。

其实，这与人的本性有着密切的关系，一个富有才华的人通常有着超出常人的作为，必然也有着异于常人的性格。

作为企业领导者，无法要求能人去改变什么，与其让别人改变，倒不如改变自己来得实在一些。既然选择做企业，领导者就应该把自己当作一个“大水壶”，不仅能容纳河水，也必须能容纳海水。

领导者的改变要由内到外，从自身的修为、格局、境界开始改变，当内心世界发生改变之后，所做出的行为就会改变。

比如越王勾践，在他继承王位之初，听不进任何人的意见，做事独断独行，一副天不怕地不怕的样子。即便后来被吴王打败，被迫成为奴隶之后，他依旧不肯低头认输，在范蠡的不断劝说之下，他想到越国的百姓，想到自己的国家，其内心发生巨大转变，从而才有了卧薪尝胆的历史典故。

我们再来看一则发生在日本的小故事：

日本经联会前会长土光敏夫，是一位地位崇高、受人尊敬的企业家。土光敏夫在1965年曾出任东芝电器社长。

当时的东芝人才济济，但由于组织太庞大，层次过多，管理不善，员工作风松散，导致公司绩效下滑。土光接掌之后，立刻提出“一般员工要比以前多用三倍的脑，董事则要十倍，我本人则有过之而无不及”的口号，来重建东芝。

他的口头禅是“以身作则最具说服力”。他每天提早半小时上班，并空出上午七点半至八点半的一小时，邀请员工与他一起共同讨论公司的问题。土光为了杜绝浪费，还借着一次参观的机会给东芝的董事们上了一课。

有一天，东芝的一位董事想参观一艘名叫“出光丸”的巨型油轮。由于土光已看过九次，所以事先说好由他带路。那一天是假日，他们约好在“樱木町”车站的门口会合。

土光准时到达，董事们乘公司的车随后赶到。董事们说：“社长先生，抱歉让您久等了。我们就搭您的车前往参观吧！”董事以为土光也是乘公司的专车来的。土光面无表情地说：“我并没坐公司的轿车，我们去搭电车吧！”

董事们当场愣住，羞愧得无地自容。这件事立刻传遍了整个公司，公司上上下下立刻心生警惕，不敢再随意浪费公司的物品。由于土光以身作则点点滴滴的努力，东芝的情况逐渐好转。

试想一下，以当时土光敏夫在企业的地位，如果他强制要求下属去做某一件事的话，下属必然言听计从。但是，下属做事情却未必发自内心。

长此以往，即便大家都在口头承诺勤俭节约，但所做的也仅仅是表面文章，只是为了应付土光敏夫的要求而已。

但是，土光敏夫却用自己的行动为整个东芝上了一堂课，一个简单的乘坐电车行为，让整个公司的员工深深地感到敬佩，达到真正意义上的上行下效的作用。

再来看一则历史故事：

汉文帝去慰劳周亚夫的军队，到军营前却吃了闭门羹，这着实让皇帝感到难堪。但是汉文帝不仅没有处罚周亚夫，反而称赞他，重用他。

周亚夫是丞相周勃的儿子，周勃随刘邦起兵，屡立战功，被封为绛侯。周勃死后，周亚夫继周勃之嗣，被封为条侯。汉文帝后元六年（前 158 年），匈奴大规模侵入汉朝边境。

汉文帝任命宗正刘礼、祝兹侯徐厉、河内郡守周亚夫为将军，分别驻军于霸上、棘门（今陕西咸阳市东北）、细柳（今陕西咸阳市西南）。不久，汉文帝亲自去慰劳军队。

到了霸上和棘门两地军营，汉文帝都是长驱直入，将军及其属下骑着马迎来送往。接着汉文帝来到细柳军营，只见官兵披挂整齐，戒备森严。

汉文帝的先行卫队到了营门，通告说皇帝马上到来。守营门的将官回答说，将军有令，军中只听将军之令，不听天子之诏。把他们拦在营门之外。不久，汉文帝驾到，同样不给面子。

汉文帝只好派使者拿着符节传达他的诏令，说是要进营劳军。周亚夫这才传令打开军门。守卫营门的官兵告知：将军规定，军营中不准车马奔驰。于是汉文帝只好让车马慢慢行走。

到了中军大帐前，只见周亚夫手持兵器，长长地作了一揖，说盔甲在身的将士，不能跪拜，只能以军礼参见。汉文帝为之动容，神情严肃地俯身靠在车前横木上以表尊敬。劳军礼仪完毕后，汉文帝便离开军营。

出了军营大门，大臣们都惊诧万分，汉文帝说周亚夫才是真正的将军。刚才到霸上、棘门的军营，如同儿戏一般，敌人若来偷袭肯定会俘虏他们。像周亚夫那样军纪严整，谁又能够侵犯他呢？

一个多月以后，三支军队撤防，汉文帝任命周亚夫做中尉官，负责京城的治安。汉文帝临终时嘱咐他的儿子刘启（汉景帝）：国家遇有危难，可令周亚夫率兵迎敌。汉景帝即位后，任命周亚夫为车骑将军。

吴楚七国之乱爆发后，汉景帝即遵其父遗嘱，任周亚夫为太尉，统率36位将军东击吴楚。周亚夫设防固守，以避吴、楚大军锋芒。

吴、楚攻梁国（汉文帝的次子、汉景帝的同母弟刘武被封为梁孝王，都睢阳，即今河南商丘），梁军大败，屡次向周亚夫求援，周按兵不动。

梁孝王上书汉景帝，汉景帝派使者前往，下令周亚夫救梁，周仍坚壁不出。梁军只得死战，最后击退了吴、楚之兵。吴、楚转攻周亚夫军，周仍坚守不战。吴、楚兵士疲惫，欲速战速决，乃以声东击西的办法袭击周亚夫军营，结果被周识破。

周率大军出击，吴、楚之军大败，吴王等或被杀，或自杀，其他诸国也被打败，七国之乱被平定。

此后，周亚夫升任丞相。其性执拗，与汉景帝意见不合，屡有争执。梁孝王恨周亚夫，常在太后处说他的短处。后来有人告发他的儿子盗买皇家武器以作其父之陪葬品，周亚夫被牵连入狱，愤而绝食，五天后吐血而死。

在汉文帝时期，周亚夫的脾气性格得到汉文帝的包容，而汉文帝也启用周亚夫平息战乱，为国家安定做出巨大贡献。可是，如此一个富有能力的人，在汉景帝在位期间却没有善终。

原因只有一点，虽然周亚夫有很高的才能，但是汉景帝却没有容纳人才的心胸和格局，最终汉景帝还是间接杀死了周亚夫，一代名将就落得这样一个结局。

皇帝是古代社会最高权力的代表，就连皇帝都无法改变富有性格的能人，那么放到当今社会，领导者又怎么可能改变企业内有性格的能人呢？

既然无法去改变别人，那么唯一的选择就是领导者改变自己。不断磨砺自己的性格，改变自己的本性，以最宽厚的心胸去接纳和使用能人，才是一个真正意义上的优秀领导者。

从 0 到 1 的改变源自企业领导者自身

晋朝大臣傅玄是个品学兼优的人，为人正派，很受皇帝敬重，曾受邀做太子的老师，皇帝请求他不仅教太子如何做学问，更重要的是教太子如何做人，将来如何做个好皇帝。

太子府里的人很多，除了宫女、太监外还有大批官员，各式各样的人都有，他们大都为讨好太子，以求将来太子登基赏他们一官半职。

当时太子年纪尚小，喜欢玩耍，不好读书，在傅玄来之前，也请了几位老师，可是这些老师不敢严格要求，太子想玩就放他出去玩，偶尔太子还以捉弄老师为乐。

而太子身边的太监、侍从们就成为太子的“忠实”拥护者，他想干什么就干什么。傅玄来了以后，在功课上严格要求太子，可是太子贪玩的心还是没有收回来，老师一走就又胡闹起来。

身边人几乎没有人敢劝阻太子，事事听从他的安排。傅玄几次来上课的时候发现太子在玩耍，身边的人总是唯太子马首是瞻，一味地奉承他。

这一切令傅玄十分忧虑，一天，傅玄给太子讲课的时候讲道：“要想做一个好人，做一个好皇帝，一定要接近正派的人。如果常接近朱砂，就一定被染红；而常接近墨水就会被染黑，对自己一定要严格要求，行为要端正，只有这样，周围的人才会跟你学，正派的人才会聚拢到你的身边。譬如，声音清亮，回声就一定甜美，自己站得直，影子就一定不会斜。”

太子听不太明白，问傅玄到底想要说什么。傅玄解释说：“您如果接近正人君子，那么符合道义的话就会听得多，自己的行为就会逐渐符合规范和准则。倘若您接近小人，那就犹如进入卖鲍鱼的店一样，时间久了，您就闻不到兰花的香味了。”

太子听后，陷入了沉思，想想自己平时不学无术，只知道任性玩耍，而身边却没有一个人敢像老师一样直言劝诫，心中不由地感叹自己的确错了。

皇帝听说这件事，很欣赏傅玄说的那段话，就让人把这些话写在屏风上，放在太子房中，让他每天读一遍，时刻提醒自己，勉励自己。

潜移默化的影响会在不知不觉中改变一个人，就好比傅玄对太子的教诲一般。也正因为太子有傅玄这样品学兼优，为人正派的老师，才能在日后成就一番事业。

几年前小区内第一家超市开业时吸引了大量客流，整个超市的效益十分可观。但是，超市老板却是一个很吝啬的人，他总觉得员工赚得多，自己赚得少。

所以，在超市收益越来越高，员工赚钱越来越多的时候，老板改变了员工的工资标准，把员工的绩效降低了。尽管如此，超市的生意依旧很火爆，毕竟一家独大的生意很好做。

一段时间后，超市老板发现小区里的人经常在晚上的时候来超市，这些人什么都不买，就在超市瞎逛。老板仔细观察后发现，原来是因为外面天气炎热，大家都来超市里吹空调。

超市老板觉得自己“吃亏”，于是就在每天6点后关闭超市内空调。渐渐地，来超市吹空调的人少了，老板很开心，觉得自己占了便宜。

一个月后，这家超市倒闭，老板欠了一身债。因为小区内又开了一家新超市，大家都去那家超市购物、避暑，再也没人来这家超市消费了。

超市老板从最初的好生意，一点一滴地“变坏”，虽然看起来都是不起眼的小事，但是时间久了，就会形成不可控制的灾难，直到超市倒闭。

不论是做人还是做事，从好的方向往坏的方向发展很容易，或许只需要短短几个月的时间，但是一个人、一个企业，若想变好，就需要长时间的努力，一点一滴地变好。

任何事物，从0到1都是一个很艰难的跨越。比如，一个十恶不赦的坏人，如果要他做第一件好事，是非常艰难的。但是，一旦他做了，那么此后这个坏人可能会变好。

企业亦是如此，如果老板是一个吝啬的人，若想让他改变，是一件非常艰难的事。但是，只要让他大方一次，并且看到效果，那么他就会朝着好的方向发展。

企业的老板如果能做出从0到1的改变，那么他手下的员工就会跟随老板的改变而改变。当企业内部大环境形成一种风气的时候，员工必然会潜移默化地受到影响，关键就在于企业领导者如何创造这种风气。

如果企业领导者能够摆正自己的位置，不断地改变自己，完成从 0 到 1 的突破，那么，企业也会在潜移默化中逐渐改变，尽管这个过程是漫长而艰难的，但只要坚持不懈，那么企业就会得到本质上的发展。

再比如，企业内一位能人性格固执，从不听取别人的意见，只要企业领导者言传身教，积极听取下属的意见，为大家做出表率，长此以往，再固执的人也会改变。

一荣俱荣，别让能人寒心

企业领导者之所以要不断地招揽人才，使用人才，甚至不惜一切代价地挖掘人才，其目的是为什么？答案当然只有一个，那就是希望企业能得到更好的发展。

企业有了发展，那些跟随企业领导者的人才们又能获得什么回报呢？这是一个关键性的问题。因为，在不少中小企业中，领导者们专注于企业和自身的发展，却忽略了最重要的一点——人才发展空间。

有许多这样的例子，一家企业在创立初期，老板为了维持企业发展，向员工许下诸多承诺。但是，当企业发展稳定之后，老板却没有兑现当年的承诺，导致工作多年的员工心寒，从而离开了企业。

这样的例子在现实社会中比比皆是。老板的言而无信，使得越来越多的年轻人更加现实，再也不接受老板“画大饼”，反而针锋相对地要看到实际利益，否则就不会去努力工作。

那些只能同患难、无法共富贵的企业领导者们，虽然在短期内的确积累下了财富，但却不能长久。因为，如此品性的领导者，在他身边追随的人会越来越少，尤其是那些有性格的能人。当领导者身边的追随者越来越少的时候，那么也是企业走向衰败的时候。

战国时期，吴起是一位可以和白起、廉颇、李牧、王翦相提并论的名将。吴起著有《吴子兵法》传于世，与兵圣孙武并称“孙吴”。

在魏国担任将领期间，吴起创建了精锐的魏武卒。正是凭借着精锐的魏武卒，魏国得以成为战国初期的霸主，而吴起也凭借和秦国等诸侯国的交战，迎来自己的巅峰。

吴起在担任魏国西河郡郡守的时候，因为屡次击败秦国，颇有威望。魏武侯即位后，一开始任命田文为相国，这让一直想当相国的吴起非常失望，乃至感到“不悦”。在田文之后，公叔痤接任了相国一职，这让吴起更加不满了。

吴起的功劳在整个魏国都无人能比，如此高功已经引起小人的妒忌。魏国大臣公叔痤就在魏武侯面前陷害吴起，逐渐引起魏武侯的猜忌，认为吴起对魏国并无忠心。

吴起看清了自己的处境，为避免日后遭受小人的迫害，吴起只能离开魏国，投奔楚国。楚悼王任命吴起为宛城太守，一年后升任令尹。令尹是楚国在春秋战国时代的最高官衔，可谓一人之下，万人之上，相当于魏国等诸侯国的相国一职。

由此，吴起在魏国多年都没能染指的相国一职，在楚国一年就位居此职，这也说明吴起的才能获得了楚悼王的认可。

吴起，作为武将一生几乎没有败绩，在成为楚国令尹后，吴起发起了“吴起变法”。经过吴起变法后的楚国国力强大，向南攻打百越，将楚国疆域扩展到洞庭湖、苍梧郡一带。公元前 381 年，吴起率领楚国大军和魏国交手，此战，吴起亲手击败了魏国大军。

一个为国家立下赫赫战功的人，因为没有获得应有的职位，最终选择投靠敌对国家，历史上这种事情有许多，比如伍子胥、文种、范蠡等，都是对自己国家的君主失望后，选择效忠于更贤明的君主。

在当代企业中，这样的例子也屡见不鲜。尤其是在中小企业中，这种情况更为常见。比如，一个小公司经营得非常好，但是老板却一直不给懂技术的师傅涨工资。最终导致师傅离职，去往隔壁一家新公司，慢慢地，这家公司效益越来越差，而那家公司却越来越好。

直到公司倒闭，老板依旧没有想明白，为什么会出现这种情况。他还觉得自己没有拖欠员工一分钱工资，员工为什么要离职？还要跟自己对着干？如果换个角度来看，那么就会出现另外一番场景。

员工收入高了，公司就会有大发展，如此简单的道理，偏偏有许多老板不明白。归其原因，还是老板的格局太小了，拥有大格局的老板，因为懂得老板与员工一荣俱荣，一损俱损的道理。

小李在一家室内设计公司的品宣部工作，他的日常任务是运营公司对外宣传的事项，部门一共有6个员工，外加一个部门领导。

公司实行“阿米巴”管理模式，即以部门为单位，各自制定目标，自负盈亏。小李的领导对他们要求非常严格，有时候甚至会因为一篇文章的标点符号而大发雷霆。不仅如此，许多时候为了增加部门收益，领导都要求他们加班。

长期的高压工作环境，让6个人都对部门领导产生排斥，大家认为这个领导太过刁钻，一点也不近人情。于是，小李和其他几个人经常跟领导对着干。

几个月之后，公司召开全体会议，董事长亲自发话，撤销品宣部领导职务。小李几人得知这个消息后，十分开心，心中期盼的事情终于发生。

但是，整整一个星期，品宣部都没有任何新领导来。反而公司决定放弃品宣部这个部门。支付给小李等人薪酬后，也宣布整个品宣部解散。

这个消息让小李很吃惊，此时他才意识到自己一直抱怨的领导，其实跟自己本身就站在同一战线上。站在公司的角度来看，是整个品宣部出现了问题。

在许多时候，企业领导者无法看到自己与员工的真正关系，总是认为自己花钱聘用员工，与员工之间是简单的劳动关系。事实上，领导者与员工的关系更像是鱼和水的关系，水里有鱼，水才变得活起来，鱼依靠水，才能活得更自在。

在中小企业中，当企业处于稳定发展阶段，而且企业自身具备一定经济实力的时候，领导者要清楚地看到自己与员工的真实关系，鼓励员工，那么员工就会更加努力，企业才会发展得更好。

不论是大企业，还是小企业，人永远是最重要的，而富有才华的能人更需要格外被重视。一家企业从小到大发展并不容易，但是从强盛走向衰败却是眨眼之间的事情。别让企业内的人才因为领导者不重视而心寒，领导者要让自己的格局不断变大，企业才能不断做大。

为能人更新目标，使企业保持活力

美国著名心理学家马斯洛指出：人类价值体系存在两类不同的需要，一类是沿生物谱系上升方向逐渐变弱的本能或冲动，称为低级需要和生理需要；另一类是随生物进化而逐渐显现的潜能或需要，称为高级需要。

马斯洛从人的本性上分析出人类需求的两个不同层次，他将人类高级需求又详细划分出不同阶段。当人类产生一个需求之后，只有在得到满足后，这个需求才会被平息，但与此同时另外一个更高级的需求就会出现。

这一观点在企业中体现得更为明显，老板与员工可以看作是一个合作关系。员工想从企业中获得利益，而企业需要依靠员工发展，互相之间的需求促成合作关系，从而维持企业发展。

随着社会环境和企业自身的不断变化，员工的需求在得到满足后，就会出现更高级的需求。比如，一名员工初入企业时，工资是 3000 元，工作两年后，随着他的工作经验、能力增加，那么他已经不满足于 3000 元的工资，而是需要更多的报酬。

此时，如果企业领导者没有意识到员工需求的改变，就会导致员工内心出现负面情绪。当员工的这种需求长时间无法满足的时候，就会对企业产生排斥心理，最终与企业结束合作关系。

刘邦是汉室王朝的开拓者,在他的身边有许多非常厉害的能人,谋士张良就是其中一位。

对于刘邦的整体创业团队来说，张良出身贵族的身份，让他在整个团队中显得高人一等。但是，随着韩国被灭，张良的贵族身份也得不到认同。此时正赶上全国反抗秦朝的浪潮，农民起义不断，张良缺少领导力，始终无法形成有影响力的团队，于是他准备找人搭伙。张良投靠别的势力时，在途中遇到了刘邦。

张良是一个出身贵族的谋士，而刘邦虽出身低微，却具有天然的领导力，也就是主角光环，所以张良与刘邦是互相看对眼了。乱世之中，能互相看对眼是不容易的，那就不走了，张良加入了刘邦的创业团队。

尽管张良加入了刘邦的团队，但心中还有个韩国，所以说此时张良是具有双重目标的——灭秦与复韩。

作为刘邦团队的谋士，同时又是起义军韩王的丞相，等于张良的人事关系属于韩国，但主要却在刘邦那里做事。

起义军大会之后，刘邦和项羽抢跑关中的比赛号角正式吹响。刘邦军队先进入关中之后，他们都傻了，这些从沛县的底层起来的乌合之众，被秦王宫的金银财宝吸引了，连刘邦也情不自禁。虽然大部分人被眼前的财富所迷惑，但张良作为谋士，一再提醒刘邦时刻保持清醒。

刘邦进入秦宫，那里的宫室、帐幕、狗马、贵重的宝物、美女数以千计，刘邦就想留下住在宫里。樊哙劝谏刘邦出去居住，刘邦不听。张良说："秦朝正因暴虐无道，所以沛公才能够来到这里，替天下铲除凶残的暴政，应从清廉朴素为本。现在刚刚入秦都，就要安享其乐，这正是人们所说的‘助桀为虐’。况且‘忠言逆耳利于行，良药苦口利于病’，希望沛公能听进樊哙的意见。”

在张良的提醒下，刘邦想起来自己还要追逐更高的目标，再加上虽然他们先入关中，但这场比赛从一开始就不公平，因为刘邦势力明显不如项羽。

所以刘邦在张良的劝诫下做了几件事：

封秦宫：纳樊哙、张良谏，封秦重宝财物府库。

军霸上：沛公乃还军霸上。

这几件事做完，关中百姓的心已经被刘邦所收复。也是从这一刻开始刘邦和项羽开始分道扬镳，争夺天下。

鸿门宴之后，刘邦来到巴蜀之地，封为汉王。张良又送刘邦一计——明修栈道，此后又谋划出许多机会，为刘邦一统天下做出巨大贡献。

刘邦一统天下后，大肆封赏，选了三个最应该封赏的人，一是萧何，二是韩信，三是张良，也就是“汉初三杰”。

萧何是行政管理，韩信是军事统帅，而张良是运筹帷幄。三人在不同方面发挥着作用，但三人面对封赏时却不一样。

封赏对比：

萧何：高祖以萧何功最盛，封为酂侯，所食邑多。

韩信：汉五年正月，徙齐王信为楚王，都下邳。

张良有言：“臣原封留足矣，不敢当三万户。”乃封张良为留侯，与萧何等俱封。

对比三人会发现，韩信是要官要赏赐，萧何是欣然接受没有拒绝，唯独张良拒绝三万户的赐封。

刘邦开始创业时，张良就是参谋的角色，而且是刘邦团队中不可或缺的角色，创业成功后，治天下需要靠萧何这样的人，谋士的角色就淡化了，而张良从封赏那一刻开始就淡化在刘邦身边的影响。

刘邦得天下后，张良主动隐退。因为张良知道此时的刘邦并不需要自己，如果还赖在刘邦身边，必然招致杀身之祸。也正是因为看透这一点，张良成为汉初三杰中唯一存活的人，而韩信、萧何都被刘邦所杀。

刘邦的终极目标就是统一天下，而张良很清楚刘邦的想法。在刘邦起初反抗秦朝的时候，张良扮演着谋士的角色，为刘邦争取到一些属于自己的势力。当刘邦与项羽争夺天下的时候，张良的目标也随之改变，再次帮助刘邦战胜项羽。

可以说，在张良的一生中，他的目标时刻都在更新，直到他帮助刘邦完成一统天下的大目标时，才真正做完所有的任务。而明智的张良能看到刘邦的心思，主动选择离开刘邦，获得善终。

韩信和萧何则不同，虽然韩信和萧何都是一路跟随刘邦打天下的人，但是当刘邦一统天下的目标完成后，他们二人并未看到刘邦的下一个目标，那就是要天下变得稳定。若想天下稳定，刘邦必然不能容忍手握重兵的韩信，也就出现了吕后杀死韩信的戏码。

在当代社会中，刘邦与韩信、萧何、张良这样的戏码时常都会上演。尤其在企业中，当企业内能人完成领导者定下的一个目标后，能人会获得一定的成就感。

如果长期让这些能人沉浸在成就感中，就会让他们的意志堕落，甚至失去前进的动力。最终导致此前非常有价值的能人变得平庸，甚至给企业带来负面作用。

然而，很少有企业领导者能清楚地认清这一现场背后的原因，多数领导者只能看到那些能人逐渐变得平庸的过程，却看不到内在核心。

究其根源，问题还是出在领导者自身。因为领导者没有给能人更新目标，让短暂的成功长期沉浸在能人身上，如此一来，成功的光环将能人的力量束缚住，出现能人变得平庸的现象。

因此，领导者不仅要懂得识别能人，还要懂得如何正确用人。学会不断为能人更新目标，让能人时刻保持干劲，企业才有发展动力。

第 5 章

实战训练（上）：应对突如其来的人才危机

意识到“能人”的重要，就是改变之时

中国有句古话叫“良禽择木而栖”，形容优秀的人会选择能施展自己才能的单位或者好领导。事实上，当代人才对企业的要求已经越来越高，多数人在选择企业的时候，都会慎重考虑，这也是对企业的一种考验。

在中小企业中，很多企业领导者都在抱怨找不到人才，有时候甚至为了挖掘人才而不惜付出很多的精力。但是大多时候都无法达到预期效果，领导者花费很大精力招揽人才，却往往难以留住人才。

为什么会出现这种现象？其实原因只有一点，是企业或领导者还不够优秀。也正是基于这一原因，有些企业领导者虽然意识到缺少人才，但却很难找到人才。通常，这种时候说明企业是急切需要发展的时候。

然而，之所以找不到人才，除了企业缺少识别人才的能力之外，更多的时候是由于企业自身还不够优秀。如果我们的企业也十分优秀，还会缺少人才吗？当然不会！不仅不会缺少人才，甚至我们还可以在满足企业自身需求之外，建立一个强大的备用人才库。

因此，当企业领导者意识到人才的重要性的时候，就是企业要开始改变自身的时候。“找人才”和“吸引人才”的区别是巨大的，

找来的人往往具备太多不稳定因素，说不好什么时候就会离开企业。而吸引来的人才往往更具备稳定性，对企业的忠诚度更高一些。

通常，我们也只看到了一个光芒四射的领袖人物，向来都忽略了他背后有多少忠实的追随者。领袖人物以自己独特的人格魅力，吸引追随者，引领追随者，朝着共同的目标前进。

你能影响多少人，你就有多大成就。相信这句话大家都会认可。所以，我们不赞成劳神费力去“招”人，而是呼吁大家去“吸”人。

有一家企业，每年春节，都会为员工买火车票，安排专车送员工到火车站，回家团圆。

在2005年年末，像往年一样，公司给每位回家的员工买好火车票，送往火车站。

从公司出发时，集团领导发现有位员工的行李特别多，就问他为什么带这么多行李，员工说：“我要把所有行李都带回家，明年我不打算来了。”集团领导想了想说：“感谢你为公司的发展所做的贡献，祝你一路顺风，有更好的发展前景。”

春节刚过，公司领导看到他又来了，禁不住好奇地问他，为什么回来。这位员工说：“我在好几家公司待过，感受了不同的企业文化，但从来没有感受到像咱公司这样把员工当自己的家人，每年春节在深更半夜，还接送我们上火车，回家过团圆年，就冲这一点，我决定回来了。”

作为企业领导者，如果还在抱怨企业没有人才，如果还在四处寻找人才的话，那么不妨冷静下来，仔细看看自己究竟是怎样的一个企业？有没有吸引人才的优势。

当今社会中，尤其是中小企业几乎遍地都是，提供了太多的选择机会。如果我们的企业不具备一定的优势，是很难吸引到优秀人才的。

与其苦苦去寻找人才，倒不如反思一下自己，改变一下自己，让自己的企业变得优秀，如此一来企业还会为缺少人才而苦恼吗？

隋末唐初，李世民不断征战，为唐朝的建立打下坚实的基础。然而，此时李世民身边几乎没有什么优秀的人才，随着他个人名誉的不断传播，很多人都慕名而来。

其中，像秦琼、程咬金、尉迟恭等名将，都是在半路追随了李世民。当时天下混乱，贤明的君主少之又少，李世民的声誉不断传播，给这些大将的印象也就极为深刻。

也正是由于这一点，李世民身边聚集的人才越来越多，以至于最后争夺皇位的时候，他身边的这些人才为他出谋划策，最终助他坐上了皇帝的宝座。如果从商业角度来看，李世民的皇位完全是依靠身边的贤能之人而取得的。

但是我们要清楚地看到，李世民之所以能招揽如此之多的人才，与他自身的人格魅力密不可分。李渊起兵初期，李世民的为人处世就深得人心，在李渊建立大唐称帝后，李世民虽然封为秦王，但他的贤名远超出李渊。正因为此，那些优秀的贤臣更愿意追随李世民，更愿意帮助他获得皇位。

这种“良禽择木而栖”的规律放到现在依旧适用，尤其对于企业领导者而言更为重要。如果一个企业领导者自身就是平庸之辈的话，那些优秀的人才怎么可能愿意屈居在一个庸才手下工作？

道理很简单，但是能看透的人却很少，许多领导者依旧在苦苦寻找人才，却不知道如何提高自身，让自己变得更优秀。现实很残酷，只有领导者自身足够优秀，在他身边才会出现一批十分优秀的人才。

所以，作为企业领导者要时刻修炼自己，即便不能在短时间让企业变得优秀，也一定坚持让自己变得更优秀。

牵动利益，势必动摇人心

东汉末年，董卓权倾朝野实行恐怖统治，各地诸侯纷纷起义，袁绍、袁术兄弟率十八路诸侯讨伐董卓，胜利后，兄弟二人却变成了仇敌，这其中发生了什么呢？

这两个人的地位是不同的，袁术是家中的第二个儿子，是正室所生，袁绍是女仆之子，不是嫡出的。这种情况下，袁术非常鄙视袁绍。他们因此相互欺骗，互相陷害。因为袁术不赞成袁绍拥立新皇帝的提议，兄弟反目，那时，袁术已经派他的表弟孙坚先去把豫州占领下来。

当袁术派孙坚进攻董卓时，袁绍却派出周昂，摆明就是和他对着干，并率军进攻阳城，阳城是孙坚所在州的中心。

袁绍的行为直接导致两兄弟彻底分裂，东汉晚期，曹操势力崛起，在解决了袁术、吕布和张绣这些势力之后，曹操正式跟袁绍摊牌，并发动官渡之战。结果，东汉晚期最有权势的两兄弟都被曹操打败，因为他们都害怕对方强大，没有团结起来，最后葬送了自己。

袁绍与袁术的争斗，更像是一场“鹬蚌相争，渔翁得利”的戏份，而导致俩兄弟争斗的关键就是利益。利益能让任何人一起合作共赢，同样也能让人反目成仇，这就是利益的利害之处。

在企业中同样如此，不管企业如何发展，不管企业领导者如何优秀，都不要试图去损害属于企业人才的利益。

举个简单的例子，有一家规模不算小的企业，为了能适应当前环境，领导者引进一套最新的管理制度。这套制度详细规划了员工的行为准则，同时也更系统化地改进了工作流程。

新的管理制度出现，员工在第一时间可能难以接受，甚至会有抵触情绪。尽管如此，这家企业的员工并没有人离职，因为企业为每位员工提高了5%的薪资，让员工心理平衡。

要想让员工接受新的制度，那么就要给员工符合新制度的利益，只有管理制度和员工利益平衡的时候，制度才能顺利实施。

战国时期的孙膑和庞涓，他们都是鬼谷子的徒弟，后庞涓受魏王邀请出任大将军一职，成为魏国家喻户晓的人物，拥有享不尽的荣华富贵。但他却高兴不起来，因为他心里很清楚孙膑的才能比他高，一旦孙膑得势，必定会影响他的前途。

庞涓假意邀请孙膑下山，并承诺魏王会给他高官厚禄，事实上庞涓只想把孙膑骗出来，找个借口杀掉。等孙膑来到魏国后，就被官兵以“通敌”之罪逮捕，受尽酷刑。

为了保全性命，孙膑不得不装疯卖傻，嘴里说着别人听不懂的胡话，做着常人难以理解的行为。得知孙膑疯掉的消息，庞涓立即来到孙膑面前，仔细观察一番，发现孙膑可能是真的疯掉了，对他的看管才松懈下来。

历经万难，孙膑从庞涓手中逃至齐国成为军师，协助齐国大将田忌两次击败庞涓，最终在马陵之战中采用诱敌深入的策略将庞涓杀死。

如果把这种关系放大来看，那么企业领导者要时刻清楚一件事：不管企业发展到多大，对企业中的能人都要时刻保持利益平衡，甚至给予能人的利益要超出他们的预期。

我们都清楚华为、格力拥有很多能人，我们也都不断在学习这些优秀的企业。但事实上，不管是怎样的模式，其核心依旧要落在利益上。或许我们只看到那些优秀企业光辉的一面，却不知道那些为优秀企业创造价值的人才，他们的薪酬要远远高出同行业很多。

作为企业领导者，不要指望单单依靠感情拉近人心，感情可以讲，但要适度。没有人喜欢只谈感情不谈钱的领导，更多人愿意追随能为自己带来利益的领导。

来看一则古希腊寓言故事：

从前，有个商人遇到一头快要饿死的驴子，驴子哭着对商人说："求求您，救救我吧！随便给我一点吃的就行，求求您了！"商人并没有立即给驴子食物，反问："我给你食物的话，你拿什么回报我？"

驴子立即说道："我有力气，可以帮您托运货物！"商人很开心，拿出食物递给驴子，等驴子恢复体力后，便带着驴子回到家里。

第二天，商人带着驴子去购买粗布，驴子为了感谢商人的救命之恩便多驮了两匹粗布。一路上，人们都在称赞商人，说他有一头健壮的驴子，驮起的货物比其他驴子要多。

第三天，商人又带着驴子去驮粗布，这一次商人故意多放了几匹粗布，驴子感觉背上十分沉重，便对商人说：“主人，货物太重了，我根本驮不动！”商人有些不高兴，说道：“忘记我对你的救命之恩了吗？如果没有我，你已经死掉很长时间了，说不定现在你的尸体都被野狗吃光了！”

驴子心里虽然委屈，但想起商人的救命之恩，只好硬着头皮驮起货物，很吃力地把货物运回家。当驴子回到窝棚，发现商人给他的食物少了一半，驴子很不解地问：“主人，为什么给我的食物变少了？我今天太累了，应该多吃一些才对！”

商人假装难过，说道：“驴子呀，咱们驮的货物太少了，我现在没有钱给你买更多的食物，等明天咱们多驮一些货物，有了钱就给你更多的食物！”驴子心里虽然很气愤，但碍于商人的救命之恩，还是忍了下来。

第四天，商人又带着驴子去驮粗布，这一次比前两次驮的所有货物都要重。驴子问商人：“主人，这一次能够卖足够的钱吧？给我的食物会不会变多？”商人满口答应，并且承诺一定会多给驴子食物。

路上商人心里一直在盘算，自己的驴子比别人的驴子多驮出一倍的货物，但是吃的食物却比其他驴子少一半，这样算下来的话，那不久之后就能成为当地最富有的人了！商人想到这些事情后，脸上不由得露出笑容。

驴子回到窝棚后，发现这一次的食物比昨天还少，于是问商人：“主人，为什么今天的食物比昨天还少？”商人有些不耐烦地说：“今天回来得太晚，卖食物的人都走光了，能买到这些食物已经很不容易了！”说完就转头离开。

第五天，驴子照常跟着商人去驮粗布，这一次驴子主动要求多驮一些，商人很高兴，把驴子背上的货物摞得高高的，开心地带着驴子回家。路过一条小河的时候，驴子对商人说:“主人，河水太深了，你爬到我的背上吧，我驮你过河！”

商人没有犹豫，费力地爬到驴子背上，摇摇晃晃来到河中心。驴子对商人说：“主人，我没有力气了，恐怕不能驮你过河了！”驴子话刚说完，便倒在河中央，商人和驴子很快被河水淹没，消失得无影无踪。

不为眼前利益所惑，控制全局

人才可以在个人利益面前斤斤计较，但是企业领导者却不能这样做。因为企业领导者所肩负的使命是把企业做好，领导者必然要站在制高点，看得应该更加长远才对。

举个简单的例子，一位老板招聘员工，如果要招聘一个十分优秀的人，需要支付 8000 元，而如果招聘两个普通的人，一共需要支付 6000 元。

此时，这位老板这样想：花更少的钱，能招到两个人，两个人总比一个人的力量大。于是，花费 6000 元招聘两个人来工作。结果，几个月之后，老板发现这两个人根本无法胜任这份工作，不仅效率低，而且难以管理。

于是，老板吸取教训，花费高价再找到一个优秀的人。如此一来，对于老板来说，不仅浪费掉几个月的时间，还多花出不少钱。

这个例子虽然看起来有些荒唐，但在许多中小企业中都经常出现。记得几年前有一条新闻，说一家网络公司的技术员，要求老板给涨 500 元的工资。结果老板觉得自己吃亏，死活不涨。

技术员一气之下离职，留下一堆烂摊子。最后老板迫于无奈，请求技术员回公司帮忙。结果技术员一开口就明码标价，老板不得不多花出更多钱。眼里只看到眼前的利益、被眼前利益所困的领导者，终究还会因利益而失败。

任何企业的领导者，都要以更加长远的目光看待问题，以更加智慧的目光看待利益。只有这样，才能不受利益的困扰，将利益变成工具，一个能让企业发展的工具。

古时候，在今山东省邹城市一带有一个邾国。这个国家将士的战袍，一直用帛为原料。

而用帛缝制的战袍不结实，有个名叫公息忌的臣属向邾君建议说："做战袍还是以丝绳做原料为好，战袍耐用的关键之一在于缝制必须严实。由于帛本身不大结实，我们只需一半的力气就可以把它撕开。如果我们先把丝绳织成布，再用丝绳布制作战袍，即使你用尽全身力气去撕它，也不能撕破。"

邾君觉得公息忌的话很有道理，但是担心一时找不到这种原料，因此对公息忌说："缝制战袍的人上哪儿去弄那么多的丝绳布呢？"公息忌回答说："只要说是国君想用丝绳布，老百姓还有生产不出来的道理吗？"

邾君说："好，就按你的想法去办吧！"随后邾君下令全国各地的官府立即督促工匠改用丝绳布做战袍。

公息忌知道邾君的政令很快就要在各地施行起来，所以叫自己家里的人动手去搓丝绳。

一些人因为公息忌在君王面前露了脸而妒忌他，看到公息忌家里的人又走在别人前面搓起丝绳来了，于是借故到处中伤他说："公息忌之所以要大家用丝绳布制作战袍，是因为他家里的人都擅长制作丝绳！"

郑君听了这种说法以后很不高兴。他马上又下了一道命令，要求各地立即停止丝绳布的生产，还是按老规矩用帛做战袍。

结果，战争爆发的时候，郑国的士兵被打得丢盔弃甲，身上的战袍轻而易举就被撕碎，导致士兵战斗力大大下降，整个郑国也随之灭亡。

公息忌是一个富有智谋的人，他一心为国家的利益着想，甚至为了给国家制造出上好的丝绳，要求自己的家人也参与进来。但是，这一点却引起一些奸臣的妒忌，认为公息忌侵害到他们的利益，对他加以陷害。

而郑君更是一个无法看清楚现实的君主，制造丝绳不仅能为百姓增加收入，还能让自己的士兵提高战斗力。一件有益无害的事情，在经奸臣挑拨后，却变成一件坏事。

对于企业而言，一个企业领导者，如果没有高瞻远瞩的目光，如果没有站位于利益之上的能力，那么他很难把控企业的全局。只有真正将利益看透彻的领导者，才能掌控企业的全局。

范蠡本是楚国的一介平民，因不满楚国政治黑暗，非贵族不得入仕，而与文种一起投奔越王，被拜为大夫。到越国不久，越王不听二人劝谏，贸然与吴国开战，兵败被围。

危机中范蠡献计，使越王留得性命。后来，他又与文种一同制定灭吴九计，帮助越王灭掉吴国，称霸中原。范蠡与文种便自然成为越国最大的功臣，被尊为上将军，高官显位，荣华富贵，自不待言。

就在这功成名就之时，范蠡却毅然向越王辞行，越王为了挽留范蠡，先是承诺富贵，继而威胁，然而范蠡最终还是辞掉了高官厚禄，将家产全部充公，离开了越国。这就是范蠡第一次散尽家财。

离开越国的范蠡，先是来到齐国，改名叫鸱夷子皮。这个古怪的名字，指的是当时的一种大皮囊，范蠡的用意很明白：人，有时就要像这种皮囊一样，混沌能容。

在齐国，他亲自率领家人在海边辛苦劳作，治理产业。他们垦荒种地生产粮食，还利用海边的渔业盐业资源，开展商业贸易。经过全家人辛勤劳作，只用了几年时间，就积累了数十万家产。

齐王听说了他的才干，便派人请他做齐国的宰相。而范蠡却喟然感叹道："治家理财，有千金之富，又有宰相的官职找上门来，这些看似幸运的事情，对于我这样的布衣百姓而言都是些不祥的征兆啊。"

他归还了齐王的相印，邀来穷苦乡人，把数十万的家财尽数分给他们，只留下些便于携带的珠玉，作为日后经商的资本。散尽家财后，他连夜走小道离开齐国。这是他第二次主动从事业的巅峰激流勇退。

后来，范蠡又迁居到陶(今山东定陶)，再次改名换姓，自称朱公，人称陶朱公，在陶地他率领家人重新创业，不久便再次成为当地首富，财产远远超过在齐国的时候。

据史书记载，在他从商的十九年中，几次积攒了数以千计的黄金。"天下言富者，皆称陶朱公"，达到了富可敌国的程度，为当时天下首富。

范蠡曾经“三掷千金”，三次散尽家财，又三次重新发家，就是放在今天这个时代，也是个奇迹！古人有“为富不仁，为仁不富”的说法，但范蠡却算得上既富且仁了。

司马迁曾评论他是“富好行德”。他富裕之后，没有像其他有钱人那样购田地，建城堡，而是取之于民，用之于民。当周围的民众遇到灾害的时候，他就把自己的钱财拿出来布施。

有一年，天下大旱，几乎颗粒无收，范蠡除了保留自己的生活必需，把自己的全部财产拿出来布施给国人。亿万家产，一日散尽。

谁知道，这次散财之后不到几年光景，他再次积累起了万贯家产，速度之快，现代人炒股票恐怕都比不了。但是，范蠡的善举并没有因此止步，当灾害出现的时候，他再次把全部家产布施了，这样的布施一连有三次之多。

范蠡因为善于致富而又乐于施财济众，所以被世人奉为财神！为了表示对他人格的仰慕，后来做生意的人就把他的画像贴挂起来，以他为榜样。可是，随着时代的推移，慢慢地大家不知道陶朱公是谁了，只晓得他是财神，礼拜财神也不是为了学布施，而是想从他这里求发财。

有句话叫作“财聚人散，财散人聚”，说的就是这个道理，经营企业眼里不能只有钱财，要想把企业做大需要更大的格局。

我们可以去看一下那些优秀的企业，其创始人占的股权比例少之又少，甚至很多创始人的股权不足1%，因为他们很清楚经营企业的本质就是经营人，而经营人的本质就是利益，保障员工的利益，企业才能获得更大的利益。

时刻保持人才危机感

当一个企业拥有足够的人才，并且进入稳定发展时，也是企业领导者最容易麻痹大意之时。

企业领导者在创业时，总是抱着必胜的决心去努力工作，通过多年的不断努力与坚持，终于将企业带入发展正轨，此时领导者内心会有无比的成就感、满足感。往往在这个时候，企业就会出现意想不到的问题，甚至出现灭顶之灾。也正是因为这一点，中国的中小企业平均寿命只有短短的2.5年，这些企业大多已经度过最艰难的创业期，却死在企业稳定期。

中国有句话叫作“生于忧患，死于安乐”，不管是做企业，还是做一件事，时刻都要保持高度警惕的心态。当前社会发展如此迅速，随时都可能出现致命的危险，只有时刻保持警惕，才能走得更远、更稳。

如同当年的诺基亚一样，当智能手机时代已经拉开帷幕的时候，诺基亚依旧沉浸在自己的辉煌战绩中。结果，短短几年的时间，曾经不可一世的诺基亚已经没落，只能从手机市场上退出。

武则天，中国历史上唯一一位女皇帝，能在等级森严、崇尚血统与武力的男权社会中获得21年独掌天下的无上权力，并在延续前唐繁荣稳定的前提下，为开创盛唐局面奠定了坚实基础，其睿智与胆识必定有超出常人之处。

重视、爱惜人才，是武则天执政的一大特色，在稳定社会方面发挥出不可小觑的作用。

光宅元年（684年），徐敬业踞扬州（今江苏扬州）起兵反抗武则天，到处散发骆宾王撰写的《代徐敬业讨伐武瞾檄》，骆宾王在檄文中用极其恶毒的语言把武则天骂得一无是处，武则天看后非但没有发火，反而感叹其文采飞扬，赞扬骆宾王"人有如是才，而使之流落不偶乎！"认为这是"宰相之过"。

清朝诗人丘逢甲在《题骆宾王集》诗中，赞叹武则天的表现："凤阁鸾台宰相忙，此才意令落蛮荒。若将文字论知己，惟有当时武媚娘。"

又如，有一次武则天驾临洛阳龙门，令从官赋诗，左史东方虬诗先成，武则天赏赐他一件锦袍。不一会儿宋之问诗成，武则天看其文采意境更好，便"夺虬锦袍以赏之"。这段"夺袍以赐"的佳话，不仅表现出武则天有过人的诗文鉴赏力，更可以看出武则天爱惜人才之甚。

武则天用人，主要是通过完善、发展科举制度来培养和选拔人才。此前的科举制度分常举与制举两种：常举是经常举行的考试选官制度，主要有进士、明经、明法、明书、明算、秀才等科目；制举是皇帝临时特诏的科举考试，不常进行。

武则天不仅增加了常举的难度、制举的次数，而且于载初元年（690年）2月14日在神都洛阳创立了殿试。又于长安二年（702年）

春正月，在重返长安大明宫期间“初设武举”。

从此，在应试的群体中，除云集大批饱学之士，还涌动着许多骁勇将材，足见武则天时期科举制度的蓬勃发展。

武则天用人任官，赏善罚恶十分明显。首先能够破格用人，甚至鼓励有才能者自荐为官。她量才授职，进贤才、退不肖亦十分果断。

正是因为她善于用人，当时唐朝的国力强盛，子民生活富足，也为后来的开元盛世奠定了强大的物质基础。

武则天已经取得天下，并且继承了唐朝的强盛。如此盛世局面，她依旧在不断笼络人才、使用人才。因为武则天能清楚地看到人才对于国家的作用，只有更多的人才为国家出力，唐朝才会强盛，她的皇位才会稳定。

企业亦是如此，不管企业发展到任何阶段，作为企业领导者都要时刻保持人才危机感。企业在有条件的时候，可以建立企业人才库，为企业储备优秀的人才，当企业遇到危机的时候，此时的人才会发挥巨大作用。

我们来看一则寓言故事：

非洲草原是一片十分肥沃的土地，在这片草原上生活着一群善于奔跑的羚羊，有一只刚出生的小羚羊，他一直跟随羚羊妈妈生活，总觉得日子过得无忧无虑。

有一天，羚羊妈妈把所有的孩子都召集起来，语重心长地说道：“从今天开始，你们必须学会奔跑，我每天都会监督你们，如果谁跑得最慢，那么就没有饭吃。”

小羚羊们十分不解，草原上到处是食物，即便不奔跑，躺在地上都饿不死。为什么羚羊妈妈非要大家努力奔跑呢。虽然心中疑惑，但是大家依旧遵守羚羊妈妈的话，开始努力学习奔跑。

与此同时，在草原的另一头，猎豹妈妈带着四只小猎豹也在学习奔跑。由于小猎豹很年幼，没有奔跑的经验，经常遭到猎豹妈妈的责备。猎豹妈妈的教育方式和羚羊妈妈一样，凡是跑最后一名的小猎豹，晚上不准吃饭。

一年后，四只小猎豹已经成年，开始出门捕猎。当看到羚羊的时候，它们拼命奔跑过去，每只猎豹都成功捕捉到一只羚羊。

羚羊妈妈带着剩余的小羚羊仓皇逃命，等到安全之后，小羚羊说道：“妈妈，我终于知道您为什么要让我们学习奔跑技能了！虽然我们丰衣足食，但是却容易被猎豹吃掉，学会奔跑，是为了躲避猎豹。”羚羊妈妈点点头。

四只小猎豹回到家后，对猎豹妈妈说道：“妈妈，我们终于明白为什么要拼命奔跑了！因为羚羊跑得很快，如果我们不拼命奔跑，就会挨饿。”猎豹妈妈看着地上的羚羊，满意地点点头。

做企业同样也要学会不断“奔跑”，在企业创立初期的时候，要跑在同行前面；当企业进入稳定时期，也要学会“奔跑”，以应对日新月异的社会环境。

做企业，如履薄冰，一步走错，满盘皆输。因此，企业不管处于什么时期，都要拥有危机感。要有人才危机感、市场危机感、社会危机感等等，只有这样，企业才能不断前进，才能在竞争激烈的市场中得以生存。

让“能人”时刻保持危机感

有一位美国商业记者，曾经做过一个十分有趣的采访。记者来到一家美国工厂，向一线工人提问：“如果你的工厂在一个月后就会倒闭，那么你会怎么做？”工人们回答：“我会利用这一个月的时间，寻找下一家工厂。”

记者带着同样的问题采访工厂中层领导，这些领导者们的回答也很一致，说：“如果真的会倒闭，我可能需要一份新的工作，当然我还会怀念眼前的这份工作。”

接着又带着同样的问题，采访工厂内的十位高级管理人员，这些人的回答也很一致，他们的意思是这样的：“如果一个月后工厂将要倒闭，那么我会在这一个月的时间内想尽一切办法阻止这件事发生。如果还是不可避免地发生了，或许我们可以从头再来。”

一个简单的小测试，却能反映出问题的本质。在一个企业中，处于基层的员工，他们很少站在企业角度思考问题，对于他们来说，如果企业遇到风险，他们只是换一个不同的工作环境而已。

对于中层管理人员来说，他们对企业有着一定的感情，在一定程度上会从企业的大局看待问题。

对于高层管理人员来说，他们已经和企业融为一体，在他们的思想里，企业发展的好与坏已经关系到他们的切身利益。当企业遇到危机的时候，这些人会不惜一切地挽救，愿意与企业共存亡。

作为企业领导者，无法要求企业内的每一个员工都时刻保持危机感，但是却能设身处地地与企业内的能人站在统一战线上。当企业内的能人与领导者的思想同频时，那么领导者的所想、所思就是企业能人的所想、所思。

让企业中重要的核心人员保持危机感，是一个企业能够稳定发展的关键因素之一。也是在企业真正遇到危机的时候，拯救企业的后援。如果企业中的能人在面临危机的时候也“树倒猢狲散”，那么企业必然会彻底失败。

在商场上，一个优秀的企业家，他第一要知道谁是竞争对手；第二要知道竞争力在哪里；第三要知道用什么方式战胜竞争对手。因此，一个具有效率、具有竞争力、具有生命力的企业，在某种程度上首先要感谢竞争对手。

康熙大帝在执政60周年之际，特举行“千叟宴”以示庆祝。在宴会上，康熙大帝敬了三杯酒：第一杯酒敬孝庄皇太后，感谢孝庄辅佐他登上皇位，一统江山。

第二杯酒敬众大臣和天下万民，感谢众臣齐心协力，尽忠朝廷，万民俯首农桑，天下昌盛。

康熙端起第三杯酒说：“这杯酒敬朕的敌人，吴三桂、郑经、噶尔丹、还有鳌拜。”宴会上众大臣目瞪口呆。康熙接着说：“是他们逼着朕建立了丰功伟绩。没有他们，就没有今天的朕！”

康熙给“敌人”敬酒的故事告诉我们：对手往往会使你感到危机四伏、如履薄冰、不敢懈怠从而迫使你练好内功，强大自己，并想方设法在“斗争”中战胜对手。

在市场经济竞争激烈的今天，企业要生存和发展，就应该有危机意识，时刻保持危机感和紧迫感。

凡有大作为的企业，一定是始终保持市场警醒的企业。微软经常挂在嘴边的一句话是“微软离破产只有18个月”。华为集团也总在为企业“制造紧张气氛”。华为有一篇著名的文章——《华为的冬天》。文章通篇在讲“危机”；在讲企业要“居安思危”；在讲企业的和平年代越长，“泰坦尼克”号沉没的灾难到来的可能性越大……

正是因为华为集团时刻保持危机感，时刻保持竞争态势，始终瞄准国外一流电信设备供应企业作为自己的追求目标和竞争对手。与欧洲最大的电信制造商西门子在其“家门口”展开竞争，取得了可喜的成绩。

生于忧患，死于安乐。如果你不想被对手打败，不想被市场竞争淘汰，就要居安思危，危机长存，并做好准备，微笑着迎接一切挑战。向你的对手敬杯酒，感谢他们给了你磨炼自己、成就自己的机会。

让“能人”保持危机感可以这样做：

①不时提醒你的员工，企业可能会倒闭，他们可能会失去工作。这样可以激励他们尽其所能，不至于怠慢企业和工作。如果员工无

论业绩多么差都能高枕无忧，结果就会造成一种“无所谓”的企业文化。

任何企业中都存在“无所谓”文化，员工无所事事，却认为企业“欠”着他们的，因为管理层创造了一种“应得权利”的文化。在“无所谓”文化中，员工更注重行动而不是结果。

②当成功概率达50%时，人们取得成功的动力最大。换句话说，如果人们追求的目标或接手的任务具有挑战性，但仍有极大可能成功时，人们追求目标或接手任务的动力最大。

③要引导人们走出“无所谓”文化，一定要让他们明白当今的经济现状中潜伏着不尽的威胁：客户可能流失，企业可能倒闭，员工可能失业。

④要说服那些充满恐惧的员工获取安全感的最好途径是帮助企业实现最为关键的目标。没有成功，就没有企业，也就没有工作。

人才危机是企业最大的危机

本书将“人才”和“能人”做了本质上的区别，对于企业而言，能支撑企业稳定发展的人员可以统称为人才，而那些能够为企业发展带来创新、活力的人则称之为“能人”。

对企业自身而言，管理企业人才本身就是一件难事。诸多经济学者在 20 世纪 50 年代就开始对企业管理进行深入研究，而直到如今，企业管理体系虽然有系统性的内容，但一直处于不断研究、升级阶段。

因为管理的本质就是人与人之间的关系，社会在改变，人的思想、行为都在不断地变化，没有哪一个管理模式可以长期适用于不同类型的企业。正因为如此，企业管理才会不断地出现新问题，人们才会不断地去解决新问题。这个过程本身就是管理进阶的一个必然阶段。

几乎在所有的研究中，人才流失是长期困扰企业的共同问题，任何一家企业都无法避免人才的流失，而直到如今也没有更好的办法去解决这个问题。只能通过不断地完善与实践，有效地减少人才流失的现象。

当然，对于中小企业而言，人才流失的现象尤为严重，其原因是因为中小企业自身处于发展阶段，企业实力尚不足够，无法留住人才。

然而，在人才流失现象中，最大的危机是企业内“能人”的流失。要清楚，中小企业自身最需要的是发展，而支撑中小企业发展的核心人物就是企业内的能人，这些人一旦离开企业，那么由此带来的损失是巨大的。

三国时期，刘备凭借个人魅力招揽了大批人才，比如关羽、张飞、诸葛亮、赵云、马超等，强大的人才团队帮助刘备建立蜀汉江山。自刘备去世后，蜀汉内部开始出现严重的人才危机，能独当一面的人才寥寥无几。

蜀国偌大的国土，众多的子民，为什么走到无人可用的地步？并非蜀国没有人才，而是没有发掘人才的能力，很多优秀人才被蜀国埋没，最后才落得无人可用的境地，也间接导致蜀国灭亡的结局。

第一个被蜀国抛弃的人便是李严，刘备在世的时候，李严率几千人马便平息了上万人的叛军，行动果断，领兵才能卓越。刘备去世后，李严逐渐被蜀国边缘化，成了一名押运粮草的小官，最终官职被罢免。

第二个被蜀国抛弃的人便是魏延，单论他的军事才能已经能与关羽、张飞相媲美，官职也一路升到汉中太守。魏延带兵有方、善于用计，但他思想比较前卫，不在乎繁文缛节，也正是这一点让蜀国认为魏延是一个胆大妄为、不可控制的人。

基于这一点，蜀国军师诸葛亮对魏延一直有防备，为了不让辛苦打下的江山落到旁人手中，诸葛亮提前准备好杀死魏延的计划，在诸葛亮死后，魏延随之被杀害。

第三个是彭漾，此人才高八斗，但恃才自傲，脾气刚直不阿。刘备在世的时候，很多人举荐彭漾，因此便得到刘备重用。后因诸葛亮对他有偏见，一直没有得到建功立业的机会。

胸怀大志而不得施展，这让彭漾颇为气氛，口中不免有抱怨之言。在与同样不得志的马超喝酒时，因酒后失言被关进监狱，他在狱中做出深刻检讨，并希望能给他一条活路，但最终也没有逃出被杀害的结局。

最后一个是刘封，20岁的时候就展现出惊人的军事才能，先后参与了攻灭刘璋、夏侯渊的战役，所过之地战无不克。过人的才能深受刘备喜爱，在益州平定之后，刘封被升至副军中郎将。

建安二十四年（219年）末，关羽围襄樊，多次要求刘封和孟达派兵相助，但被刘封和孟达以上庸三郡占领不久，不敢轻易离开为由拒绝。关羽战败后，刘备因此怪罪于刘封、孟达二人。

刘封回到成都后，刘备责备他不救援关羽。诸葛亮考虑到刘封刚烈勇猛，刘备死后难以制服驾驭，于是劝刘备借此机会除掉他。于是刘备赐死刘封，让他自尽。

蜀汉后期，出现“蜀国无大将，廖化做先锋”的尴尬局面，蜀国人才流失严重，再也无力抵抗魏国，最终落得个被灭国的结局。

人才是支撑国家发展的基石，同样也是支撑企业发展的基石，在创业期需要各类人才的帮助，当进入强盛期的时候，更要时刻保持人才危机意识，一旦失去对人才识别、培养、使用的能力，

再强大的企业最终都会衰败。

长期的研究表明，中小企业能人流失的现象主要由以下几方面因素导致：

1. 制定一堆愚蠢的规则。

公司当然需要规章制度，但万不可制定目光短浅、马马虎虎的规章制度，妄图以此建立秩序。无论是过分严格的考勤制度，还是克扣员工的加班费，甚至只是几条多余的规定，都可能把人逼疯。

2. 无差别对待员工。

一视同仁的方法虽然适用于学校教育，却不宜用在职场上。对于优秀员工而言，这意味着不管自己表现多么好，待遇都和只会打卡上下班的平庸之人无差。

3. 容忍员工的不良表现。

据说，一支爵士乐队的水平取决于其最差的乐手，无论其他乐手多么优秀，观众听到的都是最差乐手的演奏，在职场上也是如此。

若公司丝毫不处罚表现差的员工，他们就会拖累其他员工的表现，尤其是出色的员工。如果管理者情商不足，不能有效处理不良表现的问题，这类情况就会发生。

4. 对员工的成绩没有肯定。

管理者容易低估表扬的力量，尤其易低估极度需要激励的优秀员工的作用。人人都爱荣誉，勤勤恳恳、全身心投入工作的员工尤甚，奖励个人的贡献，这说明管理者予以了重视。

管理者需要与员工沟通，找出他们各自喜好的奖励方式，用以嘉奖他们良好的工作表现。

5. 不关心员工。

超过半数员工离职的原因是与上司关系不佳。聪明的公司会确保其管理者做到既专业又不乏人情味。

这类管理者会为员工取得的成功感到自豪，理解员工的难处，同时也会让员工接受各种挑战，哪怕这个过程会痛苦。

如果老板从不真正关心员工，那么其手下的人员流动就会比较高。没有人愿意将每天的 8 个多小时奉献给只知发号施令、只关心业绩的老板。

6. 不为员工描述公司的发展蓝图。

不停地给员工分配任务，这样做似乎效率很高。然而，对于优秀员工而言，不清楚公司的蓝图，可能成为他们离职的主要原因。

优秀员工愿意承担更大的工作量，是因为真心在意自己的工作，但这些工作必须有价值。

他们如果不清楚价值何在，就会产生疏离感，觉得漫无方向，他们就会去别处寻找价值。

7. 员工无法追求自己的爱好。

谷歌公司规定员工要投入至少 20% 的时间去做“自认为最有益于谷歌的事”。这些兴趣爱好的项目催生了优秀的谷歌产品，如谷歌邮箱和广告联盟，但其最大的作用是培养了高度专注的谷歌员工。

才能出众的员工往往满怀热忱，让这些员工有机会追求自己的爱好，可以提高他们的工作效率和对工作的满意度，但很多管理者却把员工的工作范围限制在一个小空间里。

这类管理者担忧，如果让员工扩大注意力范围，追求自己的兴趣爱好，他们的工作效率就会降低。这种担忧纯属多余。

研究表明，如果员工能够在工作中追求自己的爱好，其大脑会一直处于兴奋状态，而此时的效率是正常效率的五倍。

8. 工作毫无乐趣。

如果员工工作得很无聊，这就是管理者的问题。员工不愉快，就无法全身心投入到工作当中。

乐趣是抵抗“电力减弱”的主要力量。好公司都会清楚一点：让员工适当放松很重要。例如，谷歌公司竭尽所能让工作变得有趣，如免费用餐、保龄球场和健身课程等。

谷歌这样做的意图很简单：如果工作很有趣，员工不仅会表现得更好，而且会愿意工作更长时间，甚至会以此作为长久的事业。

总而言之，面对员工流动问题，管理者往往怨天尤人，却忽略了问题的症结所在——员工其实并不是离职，而是离开老板，离开公司。

第6章

实战训练（中）：打造属于企业独一无二的人才

构建企业文化，以“道”制胜

20世纪80年代，美国哈佛大学教育研究学院的教授特伦斯·迪尔和麦肯锡咨询公司顾问艾伦·肯尼迪率先提出“企业文化理论”，并将此理论编著成一本名为《企业文化——企业生存的习俗和礼仪》的书籍，该书上市后引起世界轰动，由此企业文化正式形成一套先进的管理体系。

随着中西方企业的不断发展，越来越多的企业家开始注重企业文化的重要性。直到当代，企业文化已经成为企业发展过程中不可或缺的一部分，而企业文化所展现出的力量，早已得到人们的认可。

或许有人会问，企业文化究竟有什么作用？企业文化究竟是什么东西？其实答案很简单，企业文化是一种既看不见也摸不到的事物，但是它又确实存在于企业中，这种文化通常需要长时间的积累与升华，它所展现的力量，要远远超出直接人为管理的效果。

提及企业文化，那么日本可谓深厚，在整个日本国内，百年企业有22000家，并且还拥有7家千年企业，存在最长的企业已经拥有1400多年的历史。反观我们中国的企业，能算得上百年企业的数量不足百家。

企业经营历史时间短暂，在排除社会环境因素之后，与企业自身的文化息息相关。当前大多数企业领导者已经认识到文化的重要性，也在不断地为企业输入富有动能的文化因素，而这些文化对企业产生的最明显结果就是让企业保持高度凝聚力，从而在企业遇到危机的时候，能够很好地存活下去。

当然，在整个企业文化体系中，文化与人之间是息息相关的。有一个好的企业文化，人才就拥有较高的动能，而作为企业领导者，则能依靠企业文化，协调企业内人才关系，从而更好地掌控企业中的优秀人才。

利用文化掌控能人，对于企业领导者来说是一种更加“高明”的手段，而且效果是更加明显的。以文化为基础，更能获得员工的忠诚度，甚至在许多时候要远远超出“物质驱动人才”的作用。

西汉初期，由于社会经济遭到严重破坏，统治阶级所面临的主要任务是恢复生产，稳定封建统治秩序。

因此，在政治上主张无为而治，经济上实行轻徭薄赋，在思想上主张清静无为和刑名之学的黄老学说受到重视。当时，五经博士仅为具官待问，在政治上并未得到重用。

汉武帝继位之后，社会经济已经得到很大的恢复和发展，但北方匈奴对汉朝的威胁依旧不可小视。汉武帝一心想要做一番大事，但当时的社会思想根本无法符合汉武帝的要求。汉武帝对“无为而治”的思想极度排斥。

此时，在汉武帝手下有一名叫董仲舒的大臣，他向汉武帝进谏，并提出“罢黜百家，独尊儒术”的思想。董仲舒的意见得到汉武帝的赏识，很快一场轰轰烈烈的思想运动便拉开帷幕。

儒家取代了道家的统治地位。建元元年(前140年)武帝继位后，丞相卫绾奏言："所举贤良，或治申、商、韩非、苏秦、张仪之言，乱国政，请皆罢。"得到汉武帝的同意。太尉窦婴、丞相田蚡还荐举儒生王臧为郎中令，赵绾为御史大夫，褒扬儒术，贬斥道家，鼓动汉武帝实行政治改革，甚至建议不向窦太后奏事。

窦太后对此不满，于建元二年罢逐王臧、赵绾，太尉、丞相也因此被免职。建元六年，窦太后死后，儒家势力再度崛起。元光元年（前134年）汉武帝召集各地贤良方正文学之士到长安，亲自策问。

董仲舒在对策中指出，春秋大一统是"天地之常经，古今之通义"，现在师异道，人异论，百家之言宗旨各不相同，统治思想不一致，法制数变，百家无所适从。

他建议："诸不在六艺之科孔子之术者，皆绝其道，勿使并地。"董仲舒指出的适应政治上大一统的思想统治策略，很受汉武帝赏识。与此同时，元朔五年(前124年)，布衣出身的儒生公孙弘擢居相位。

同年，汉武帝又批准为博士官置弟子员50人，根据成绩高下补郎中文学掌故，吏有通一艺者则选拔担任重要职务。此后，公卿、大夫、士吏都为文学之士，通晓儒家经典成为做官食禄的主要条件。

治狱官吏张汤、杜周，迎合汉武帝的需要，也主张以《春秋》决狱，用儒术附会粉饰法律。儒术完全成为封建王朝的统治思想，而道家等诸子学说则遭到贬黜。

汉武帝"独尊儒术，罢黜百家"有其时代特点。他推崇的儒术，已吸收了法家、道家、阴阳家等各种不同学派的一些思想，与孔孟为代表的先秦儒家思想有所不同。

汉武帝把儒术与刑名法术相结合，形成了“霸王道杂之”的统治手段，对后世影响颇为深远。从此，儒家思想成为我国封建时代的正统思想。

汉武帝是历史中有雄才大略的皇帝之一，一生之中所做的功绩世人有目共睹。如此有作为的一个皇帝，若当年没有“罢黜百家，独尊儒术”的思想改革，也难以成就一番大事。

显而易见，一个企业的发展，也是依靠企业文化的支撑。企业的管理制度更像是“术”，以显而易见的形式对企业进行优化，能够在极短时间内取得效果，而企业文化更像是“道”，需要不断地沉淀与塑造，一旦形成企业文化，就会伴随企业而存在，并时刻为企业服务。

有位女士在逛美国一家百货公司时，在进口处看见有一堆鞋子，旁边的标价牌上写着：“超级特价，只付一折即可穿走”。

她拿起一双鞋子，原价 70 美元的一双充满光泽的红色皮鞋只要 7 美元，这简直让人不敢相信。她试了试觉得质轻皮软，外观也完美无瑕。

她把鞋捧在胸前，赶忙呼唤服务小姐，服务小姐微笑地走过来：“您喜欢这双鞋？正好配您的红外套！”“能不能再让我看一下？”

她把鞋交给服务小姐，担心地问：“有什么问题吗？价钱不对吗？”

那位服务小姐赶紧安慰说：“不，不！别担心，我只是要确认一下是不是这两只鞋。嗯，确实是！”“什么叫两只鞋，明明是一双啊？”她迷惑不解地问。

那位服务小姐诚实地说：“既然您这么中意，而且打算买了，我一定要把事情的真相告诉您。”服务小姐解释：“非常抱歉！我必须让您明白，它们真的不是一双鞋，而且相同皮质，尺寸一样，款式也相同的两只鞋，虽然颜色几乎一样，但还是有点色差，我们不知道是否以前卖错了，或是顾客弄错了，剩下的左右两只正好凑成一双，我们不能欺骗顾客，免得您回去以后发现真相而后悔，您可以再选别的鞋子！”

真挚的一席话，哪有不让人心软的！何况，穿鞋走路，又不是让人蹲着仔细对比两边色泽。她心里越想越得意，除下定决心买那“两只”外，又买了几双鞋，时过多年，那双鞋仍是她的最爱。

当朋友夸赞那双鞋时，她总是不厌其烦地诉说那个动人的故事。每次她到纽约时，总要抽空到那家百货公司捧回几双鞋。

什么样的环境造就什么样的人，什么样的企业文化，造就什么样的人才。

企业领导利用文化掌控人才，对于企业来说是上策。因为，创业初期的时候，领导者可能利用物质满足人才需求。但是，随着人才能力的不断增长，他的需求也在不断扩大。

直到有一天，当企业内的人才已经不再重视物质的时候，那么企业领导者该如何控制人才呢？唯一的答案只有企业文化。能凌驾于物质之上的力量也只有文化，企业终究会不断发展，人才的需求终究会变化，只有文化能真正地俘获人心。

让影响力永远占据上风

唐朝，中国最强盛最富有影响力的朝代之一，万国来朝、文化政治军事空前繁荣昌盛。有着“贞观之治”“贞观遗风”“开元盛世”，三代领导人的苦心经营，造就了一个空前盛世和第一位女帝！

说到唐朝，尤其是盛唐，总能感受到它雍容华美的大气，海纳百川的开明，礼尚往来的文明和从容不迫的自信。

熙熙攘攘的长安，各国商贾名流你来我往，络绎不绝；丝绸之路的驼铃，伴着商队的风尘仆仆，清脆而悠扬；远方的海面上，各色商船浩浩荡荡。

北灭突厥，西平三十六国，东平高丽，南定百越，四方臣服，“天可汗”即出；礼尚往来，海纳百川，各国遣唐使竞相来访，礼仪之邦声名远播。东瀛的奈良、高丽的汉城（今首尔），对长安从文化到建筑，争相钦慕，影响流传至今，“唐人”之名今犹在。

外国人在唐朝为官的就有几千人，其中我们熟悉的比如日本人阿倍仲麻吕，做到节度使；波斯人阿罗汉，武则天时期入朝为官，封金城郡开国公，上柱国。还有为数众多的日本人、突厥人、开罗人、大食（阿拉伯）人、波斯人等。

所以，一个国家是否强大，要综合各方面，唯有强于天下诸国的盛世，天下贤人愿来，国家又有信心唯才任用。

至今人们念念不忘的“汉风唐韵”，表明了对汉唐强盛时代的向往与怀念。

唐朝统治者是胡汉结合后裔，本身对于华夏与蛮夷之界限较为模糊。唐朝皇帝除了是中原王朝皇帝，还是各民族的“天可汗”，显示出唐朝对于自身国家强大、国民富裕的强烈自信。

盛唐在世界范围内的影响力是空前绝后的，如此强大的影响力为盛唐带来更多的人才和机会，外族纷纷前来盛唐朝拜，不仅带来先进的技术，同时也带来各自独特的文化。世界文化大交融，从而造就了盛唐在文化、经济、军事等方面的强盛。

一个国家具备强大的影响力后，会变得更加强盛富足；一个企业具备影响力的时候，那么企业就会变得更加强大。当企业发展到一定程度，那么作为企业领导者必然需要塑造个人影响力，当企业领导者的个人影响力不断变大的时候，就会为企业带来正向效应。

当然，领导者的影响能为企业带来的效益有许多方面，对于企业人才而言时，领导影响力所展现的能量是更加巨大的。

20 世纪 90 年代中期，美国有一家生产冰激凌的企业，老板叫威尔。随着企业不断扩大规模，威尔也一跃成为百万富翁。

有一次，威尔手下的一名叫皮尔斯的总经理被合作公司投诉，皮尔斯拿了对方 4 万美元的回扣。

这件事让威尔格外愤怒，他立即下令，撤销皮尔斯总经理的职务，并请皮尔斯离开自己的企业。

威尔的决定刚刚公布，同行业的HR便纷纷向皮尔斯抛出橄榄枝。有几家公司甚至开出年薪100万美元的高额报酬聘请他。但却被皮尔斯一一拒绝，这些公司很不理解，为什么皮尔斯宁愿选择在家待业，也不愿意接受如此高薪的邀请。

几个月之后，同行公司挖掘皮尔斯的消息传到威尔耳中。威尔听到这件事后心中很疑惑，于是，他亲自找到皮尔斯，说出自己心中的疑惑："你在我的公司，年薪只有40万美元，为什么别人花100万美元请你，你都要拒绝呢？"

皮尔斯似乎早就预料到威尔会问自己，他淡定地看着威尔，低声说道："14年前，那时候您什么都没有，而我也什么都没有。我第一次去您的冰激凌店，您能给我的只有25美元的工资。"

威尔点点头，说道："是的，我记得。那是在我的第一家冰激凌店开业的时候，你是第一个进入店里的员工。"

皮尔斯接着说："不知您是否还记得，在我工作一周后，我妻子病倒了。那时候我很穷，没有办法带她去医院。您得知这件事之后，把店里所有的现金都给了我，一共是268美元。"

皮尔斯的话说完，威尔顿时明白了，眼中不禁泛起泪水。对于威尔来说，这样一件小事，早已被14年光阴所磨灭，他早已忘记。但是对于皮尔斯来说，却是一件足够感动天地的大事。

威尔站起身，对着皮尔斯深深的鞠躬，说道："我希望明天一早，能和你在总经理办公室一起喝咖啡。"皮尔斯恳切地点点头。

多年后，威尔已经退休，皮尔斯成为这家冰激凌公司的领导者。

如今这家冰激凌公司，已经成为全球著名的大型企业。

当一个人的影响力足够强大的时候，是任何金钱所无法撼动的。正如故事里的皮尔斯一样，宁愿放弃年薪 100 万美元的工作，也要跟随威尔一起。

塑造个人影响力，是企业领导的必修课。因为，在许多时候，金钱的力量无法带给企业发展，更多时候需要依靠的是领导者的影响力。

抛弃无关紧要的消耗，找准重点

如果把影响力看作一件漫长而持久的事情，那么这个过程不仅需要领导者的坚持不懈，更需要企业的不断成熟与发展。

然而,许多中小企业对发展的需求要远远超出对影响力的需求。许多企业领导者更看重立竿见影的效果。也因此，在大多数中小企业中，领导者往往将管理制度放在第一位，将影响力放在其次。

然而，在实际操作中，中小企业因为管理经验不足，领导者自身影响力不足等诸多因素，往往将大量的精力、财力浪费掉，许多时候不仅无法达到管理企业的目标，反而导致企业越管理越混乱的局面。

其实，导致这一现状的原因只有一点，就是企业领导者过度盲目追求管理，却忽视了企业最突出的问题。若想更好地管理企业，必须找到问题症结，减少不必要的消耗。

在中小企业中，领导者需要找到企业的重点人才，也就是能够左右企业发展的能人。对重点人才进行重点管理，把企业内的重点人才管理好，那么企业就会具备发展活力。

早在创业之初，曹操就非常重视网罗人才，建都许昌之后，又一再下达“求贤令”，以朝廷的名义招贤纳士，试图把散落在民间的人才都聚集起来。

在选择人才的标准上，曹操以其政治家的独特气魄，一反过去以门阀和名气取人的传统标准，主张不拘一格，“唯才是举”。

著名的《八月令》明确提出要起用那些“负污辱之名、见笑之行，或不仁不孝，而有治国用兵之术”的人才，这是对以门阀品第为唯一标准的传统人事制度的一次猛烈冲击。

对于曹操“识拔奇才，不拘微贱；随能任使，皆获其用”的选才标准，连宋代保守派政治家司马光也给予了积极的评价。

曹操在创业之初，需要人才帮助打天下时，他可以虚心纳士，和刘备、孙权一样对有用之才极尽礼遇。曹操厚待刘备、关羽尽人皆知，其实他给予自己重要的谋臣将士的优待远在刘、关二人之上。

尤为难得的是，曹操在创业之初能用度外之人，即对有用的人才做到不计前嫌，即使是仇敌也不念旧恶，不加报复，表现了一个政治家的博大胸怀和恢宏大度。

例如官渡之战后，发现许多“许下及军中人”与袁绍暗通的书信，有人提出要查清之后收而杀之，曹操却说：“当绍之强，孤亦不能自保，况他人乎？”遂命“皆焚之”。

又如陈琳，原是袁绍的部下，曾为其起草讨曹檄文，直骂到曹操祖宗三代。但归附曹操之后，仍然受到重用，并未遭受报复。

再如张绣，与曹操有杀子之仇。但张绣归降后，曹操不计前嫌，仍拜他为扬武将军，并结为儿女亲家。官渡之战中，张绣力战有功，后又击破袁谭，曹操论功行赏，增邑二千户，其他“诸将未有满千户者”。

然而，曹操对于人才的恩惠、友谊和礼遇、宽大等都直接服务于其政治目的，他的目的很明确，笼络人心让人才为其所用。一旦达不到这个目的，或者过去倚仗的人对其产生了异心，那么就毫不留情地加以剔除。

曹操智囊团的首席人物荀彧的遭遇就很能说明问题，他“弃绍从操”之后，在政治方面给予曹操很大的支持，曹操也与他颇为投缘，甚至称赞其为“吾子房也”。此后荀彧与曹操的政治主张发生冲突，最终被曹操逼迫自杀。

因此，将曹操对人才既任用又猜疑的态度比照起来看，他在人才问题上奉行的其实是实用主义的方针。

为了建立统一天下的霸主事业，他重视人才、礼遇人才，表现了他有囊括英才的雄才大略和容纳人才的恢宏大度。

曹操重视人才，同时也在不断地招揽人才。不管曹操怎样对待人才，但他的核心目的始终没有改变，那就是利用人才帮他一统天下。凡是能帮助曹操一统天下的人，他都不问出身，不问门第，一律接受。

反观我们当代的一些企业，大多数领导者将人才引入企业之后，都会以所谓的公司制度来要求人才。

比如，一家以销售为主的小公司，在招聘到一个很有业务能力的销售员后，便以公司制度开始要求。每日打卡，每日开会，每日总结等一系列烦琐的程序，结果没过几天这个销售人员主动离职，这家公司又开始不断地招聘。

为什么会出现这种情况？因为这家公司缺少识别人才的能力，更缺少管理人才的能力。对于普通员工而言，所谓的管理制度能起到约束作用，但是对于富有性格的能人而言，所谓的制度会起到相反的作用。

能人之所以被称为能人，必然是有过人之处，对于这种人，就需要企业领导者对症下药，找准重点，以更符合实际的方式对人才进行培养，而不是千篇一律地使用一套管理制度。

格局决定结局

作为企业领导者，能看到人才对企业的作用，也能看到企业对人才的影响。在许多时候，企业对人才的影响，要远大于人才自身的能力。一个人能否真正在企业中展现能力，许多时候都取决于企业怎样做。

记得曾经有这样一则新闻，一个快餐店的伙计，在制作快餐的时候尝试了一种新的搭配形式,结果这件事被他的直属领导得知，以违反店规的理由将小伙计辞退。

不久之后，小伙计去另一家快餐店工作，由于小伙子新颖的快餐搭配形式，为这家店带来很好的收益。第一家快餐店的老板得知这个消息后，只剩下后悔。

我们可以仔细思考一个问题，为什么同样的一个小伙计，在不同的店铺所发挥的作用却是天壤之别？或许可以归结到店铺用人问题，又或许归结到店铺制度问题。但是不管怎样，最终的结果已经无法改变。

事实上，在当今的中小企业中，类似于这样的问题是很多的。也是让不少企业领导者感到头疼的难题，许多企业领导者根本搞不清楚为什么会出现这种情况。实际上与领导者自身的格局有些很大的关系。

如果第一家快餐店的老板是个有格局的人，当他的下属犯错的时候，能给予容忍。家而久之，这家快餐店就会形成一种企业文化，那么在当小伙计犯错（尝试新的搭配形式）时，对于小伙计来说是多一次尝试，一旦成功，就会为快餐店带来可观的效益。

春秋时，楚庄王有一次和群臣宴饮，当时是晚上，大殿里点着灯，正当大家酒喝得酣畅之际，突然灯烛灭了。

这时楚庄王身边的美姬"啊"地叫一声，楚庄王问："怎么回事啊？"美姬对楚庄王说："大王，刚才有人非礼我。那人趁着烛灭，牵拉我的衣襟，我扯断了他帽子上的系缨，现在还拿着，赶快点灯，抓住这个断缨的人。"

楚庄王听后说："是我赏赐大家喝酒，酒喝多了，有人难免会出格，没啥大不了的。"于是命令左右："今天大家和我一起喝酒，如果不扯断系缨，说明他没有尽欢。"群臣马上都扯断系缨而激情饮酒，尽欢而散。

过了三年，楚晋开战。一位将军常常冲在前边，勇猛无比，战斗胜利后，楚庄王感到惊奇，忍不住问他："我平时对你并没有特别恩惠，你打仗时为何这样卖力呢？"将军答曰："我就是那天夜里被扯断了系缨的人。"

还有另外一则故事：春秋时秦穆公的一匹良马被岐下三百多个乡下人偷着宰杀吃掉了，秦国的官吏捕捉到他们，打算严加惩处。

秦穆公说：我不能因为一条牲畜就使三百多人受到伤害，听说吃了良马肉，如果不喝酒，对身体会有害，赏他们酒喝，然后全放了吧。后来，秦国和晋国在韩原交战，这三百多人闻讯后都奔赴战场帮助秦军。

正巧看见秦穆公的战车陷入重围，形势十分险恶，这群人便高举武器，争先恐后地冲上去与晋军死战，以报答穆公的食马之恩。晋军的包围被冲散，秦穆公终于脱险。

从楚庄王和秦穆公的故事可以看出，宽容是实现管理员工心智的最有效的方法。许多企业家由于心胸不够开阔，对小事斤斤计较，过于苛责员工，致使好的员工流失，不能建立一支高效和忠诚于企业的员工队伍，这样的企业家是成就不了伟大企业的。

西方管理工作大师德鲁克在谈到企业家的修炼时说："有效的管理工作者在用人所长的同时，必须容忍人之所短。"

优秀的员工有时缺点也很突出，衡量一名员工的好坏，不能拿一些平常的小事情来考量，要综合分析和判断一名员工是否优秀，允许员工犯一些小错，有时给员工一个改错的机会，员工会给企业家一个惊喜的。

企业的竞争其实某种程度是企业家的心胸大小的竞争，纵观古今，凡是成就霸业的英雄都是心胸宽广的大丈夫，都是对部下持有宽容心的大度之人，在管理工作中，格局很重要，修炼格局是企业家的必修课。

企业领导者的格局决定着企业的发展，更影响着企业内人才的走向。一个优秀的企业领导者，能够带领出优秀的人才，尤其对于中小企业来说，企业领导者将现有人才培养成为优秀人才，对于企业来说是一件好事。

在人才使用上，企业领导者更要展现出自身的格局，不管是怎么样的人才，都有其缺点，而那些富有能力的人，其缺点往往更为突出。对于这类人，企业领导者应该综合衡量，把目光放长远，认清这类人才的未来价值。

第7章

实战训练（下）：“因材施教”经营人才

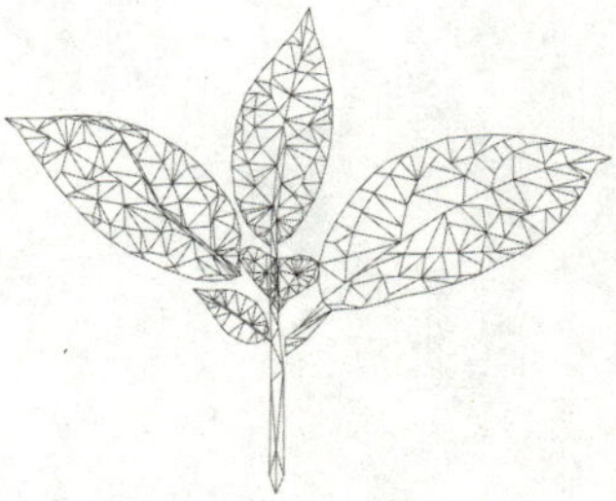

影响导致改变，改变产生价值

人的脾气和性格与其生活的环境密不可分，一旦形成后是很难改变的。因此，企业领导者在使用人才的时候，不要试图去改变人才的性格，应该“因材施教”，以更加灵活的方式应对不同性格的人才。

三国时期的蜀国，在诸葛亮去世后任用蒋琬主持朝政。他的属下有个叫杨戏的，性格孤僻，讷于言语，蒋琬与他说话，他也是只应不答。

有人看不惯，在蒋琬面前嘀咕说：“杨戏这人对您如此怠慢，太不像话了！”蒋琬坦然一笑，说：“人嘛，都有各自的脾气秉性。让杨戏当面说赞扬我的话，那可不是他的本性；让他当着众人的面说我的不是，他会觉得我下不来台。所以，他只好不作声了。其实，这正是他为人的可贵之处。”

面对性格孤僻的杨戏，蒋琬的做法可谓上策，不仅保全了杨戏善于进谏的长处，又展现出自己的胸怀。如此一来，一件看似不可解决的事情，最终却得到超出想象的结果。

曹操在宛城时曾下了一道极其严厉的命令：全军将士，一律不得践踏庄稼，违令者斩！

将士们都知道曹操一向军令如山，令出必行。所以大家都小心谨慎，唯恐犯了军纪。操练、行军经过庄稼地旁边时，总是小心翼翼的。甚至有些将士看到路旁有倒伏的庄稼，还会过去把它扶起来。

有一次，曹操率领士兵们去打仗。经过麦田时，不巧从路旁的草丛里飞出几只麻雀，惊了曹操的马；马儿嘶叫着狂奔起来，跑进了附近的麦子地。等曹操使劲勒住马时，地里的麦子已经被踩倒了一大片。

看到眼前的情景，曹操把随行执法官叫了来，要求治自己践踏麦田的罪行。官员很是为难："怎么能给丞相治罪呢？"曹操说："我亲口说的话都不遵守，还会有谁心甘情愿地遵守呢？一个不守信用的人，怎么能统领成千上万的士兵呢？"随即抽出腰间的佩剑要自刎，众人连忙拦住。

这时，大臣郭嘉走上前说："古书《春秋》上说，法不加于尊。丞相统领大军，重任在身，怎么能自杀呢？"

于是曹操沉思了很久说："如今我肩负着天子交给我的重要任务，那就暂且免去一死吧。但是，我不能说话不算话，犯了错误就应该受罚。"

于是，他用剑割断自己的头发，并传令三军：丞相践踏麦田，本该斩首示众，因肩负重任，所以割发替罪。自此以后，曹操的军队再也没有出现过践踏农民庄家的事件。

"上行下效"是一个优秀企业必备的文化，在当前中小企业中，领导者们也十分注重这种文化氛围。有些企业领导为了达到这一目标，严格要求自己，力求为员工树立一个好的榜样。

对于企业中那些富有性格的能人，有些领导者更是煞费苦心，以各种形式和手段试图改变这些人。但是最终收到的效果却微乎其微，因为一味地直面教导、批评，是根本无法改变一个人的。

在很多时候，潜移默化的影响要远大于直白的教导。好比一个工作经常马马虎虎的员工，总是犯一些小错误，他的直属领导再三批评，甚至拿出“出错罚款”的制度来约束，但是依旧还是不断地犯错。直到这位员工看到他的领导为了改正他的小错误忙碌到深夜，才从内心深处真正开始改变，在日后的工作中他都尽心尽力，犯错的次数明显变少。

当一个人的内心深处没有正确认知的时候，不管怎样的批评和制度，都无法很好地改变他的行为。

在一家销售公司中有个“神人”，之所以叫作“神人”，是因为这个人能力非常突出，但是却与公司格格不入。从来不参加集体活动，更不遵守公司制度，甚至会经常“玩消失”。

老板对这个人很无奈，甚至可以说他违反了整个公司的规则，影响到整个公司的管理工作。于是，老板召开一次会议，专门探讨如何管理这个“神人”，甚至有开除他的想法。

有一名副总提出意见，要求老板早上迎接每一位员工，并为大家送上一天的祝福，还要参加销售团队的集体活动，并坚持一个月。

老板听到这个建议后，拍手称赞，认为这是一个非常好的建议。但是其余的副总们却一头雾水，不知道究竟是怎么回事。尽管如此，这个计划还是落实下来，整整一个月，老板都和销售人员们打成一片。

一个月后，副总汇报了整个销售的情况，所有人都变得更加有动力，而那位“神人”也变得愿意融入集体之中，再没有出现不合群的现象。

事实上，在许多中小企业中都存在各种各样的管理问题，尤其对于人才的管理，是让诸多领导者感到头疼的事情。有时候，领导者为了管理好企业内的人才，不惜花费巨大精力去学习管理知识。

其实，再好的管理系统也无法摆脱管理的核心，那就是人与人之间的关系。与其以各种强硬的制度和手段去要求员工，倒不如让自己成为员工的榜样，用自己的能力去影响员工，从而达到上行下效的目的。

心悦诚服才是结果

企业管理人才的目的只有一个,就是让人才在企业中产生价值。至于用怎样的手段管理，只是达到目的的一个过程而已。对于企业领导者来说，过程并不重要，结果才是重要的。

领导者要清楚地认识到管理本质，任何有效的管理都不是为了管理而管理，而是有目的性、有针对性的管理。

顶级的管理能让员工心悦诚服，并且能显著提高企业效益；中级的管理仅仅能让企业中一部分人死心塌地，保证企业的稳定发展；低级的管理是纯粹为了管理而存在的管理，不仅无法达到管理的目的，甚至会成为阻碍企业发展的绊脚石。

刘备死后，刘禅即帝位，史称汉后主。可刘禅是一个只知享乐、不思进取的昏君，朝廷上的事情无论大小，都由诸葛亮来处理。

刘备生前想要复兴汉室的重任就落在诸葛亮的身上了，诸葛亮对刘备忠心耿耿，一心要把蜀国治理好，没想到这时南中地区却发生了动乱。

蜀国将近一半的土地丢失了，这让诸葛亮心急如焚、寝食难安。但是蜀主刘备刚刚去世，新即位的后主刘禅还年幼不懂事，人心不稳定，所以不宜在这个时候大举出兵。

由于时机不成熟，诸葛亮对叛众只是进行了安抚，并没有兴兵征讨。诸葛亮积极派遣使者前往东吴，与东吴重新修复友好关系，先稳住一头；同时他又鼓励生产，大力发展经济，积蓄粮食，训练军队。过了两年，等百姓生活比较安定了，粮食充足了，一切都稳定下来时，诸葛亮才正式决定平定南中。

魏文帝黄初六年（225年）三月，诸葛亮率领大军出发。参军马谡送诸葛亮出城，一直送了一百多里。临别的时候，诸葛亮握着马谡的手，诚恳地望着他说："你我认识这么多年了。今天我要远征，你还有什么话要嘱咐我吗？"

马谡说："南中人叛乱有很多年了，他们依仗地形险要，我们很难征服。即使我们这一次派大军把他们征服了，他们以后还是要反叛的。您不久还要发动大军北伐征讨魏国，他们如果知道了，必定会趁着我们内部兵力空虚，加快叛乱。我听说用兵的办法，攻心是主要的，攻城是次要的。丞相这次南征，一定要叫南人输得心服口服，诚心诚意地归顺我们，只有这样我们才能够一劳永逸。"

马谡的一番话说到诸葛亮的心坎里去了，他不禁连连点头说："你真不愧是我的参军呀，我正是这么想的，我这次出兵的目的不是要将他们斩尽杀绝，而是要他们心悦诚服地归顺，以后不再叛乱，为北伐打下坚实的基础。"

就这样，诸葛亮率领大军一路南下，节节胜利。诸葛亮乘机派大将李恢、马忠分两路进攻，不到半个月就平定了南中各郡的叛乱。

但是事情还远没有结束。南中酋长孟获收集了雍闿的残余部队，继续反抗蜀兵。诸葛亮得知孟获不但作战骁勇，而且在南中很有威望。他想起了临别前马谡的话，一定要让孟获输得心服口服，将他争取过来。

于是，诸葛亮制订了周密的作战计划，他下令任何人不得杀害孟获，只许活捉。善用计谋的诸葛亮很快就将孟获活捉了，南兵被打得四处逃散。士兵们将孟获押送过来，诸葛亮定睛一看，只见孟获双目圆睁，炯炯有神，果然是条硬朗的好汉，不禁对他产生了好感。

孟获心想自己已经是俘虏了，横竖也是一死，没什么大不了的。正想着，诸葛亮走到跟前，将他身上的绳索松开了。孟获正感到惊异，听见诸葛亮说："孟将军，我们一块出去走走吧，也让你见识一下我们的军营和阵容。"

孟获跟随诸葛亮走出，在大营外兜了好大一圈。诸葛亮问孟获说："你看我们的军队怎么样？"

孟获冷笑说："也不过如此。我只是以前不了解你们，才中了你们的计，如果你放我回去，我们再交战，我就服了你们。"

诸葛亮哈哈大笑道；"既然这样，那你就回去好好准备吧！"孟获回到自己的大营，重整旗鼓，准备再次进攻蜀军。他本来就是一个有勇无谋的武夫，哪里是诸葛亮的对手。就这样，孟获一次次被诸葛亮活捉，一次次又被他释放了，反反复复捉了又放，放了又捉，前后一共经历 7 次。

到了第七次的时候，孟获终于输得心服口服了，因为他不只是佩服诸葛亮的过人智慧，也被诸葛亮那宽广的胸怀所折服。诸葛亮以为他还不心服，准备再放他走，只见他扑通跪倒在自己的跟前，流着眼泪说：“丞相七擒七纵，不与我一般见识，我打心眼里敬服。从此以后，我们南中一心一意归顺朝廷，决不再造反了。”诸葛亮高兴得赶紧将他扶起来。

孟获回去后，就劝说其他各部落归顺蜀汉，南中地区的叛乱终于被平定了，诸葛亮也得以一面积蓄财富，一面训练军队，集中精力大举北伐。

让人才心悦诚服的五个建议。

1. 立场坚定，有正气。

领导者是一个企业的主心骨，也是主导企业文化的第一人。所以，领导者一定要具备正气，这样才能带出拥有正气的团队，企业必然富有正能量。

领导者需要有坚定的立场，不能“朝令夕改”。比如一家企业，领导者承诺给员工更多的报酬，等员工卖力工作后，老板却将之前的承诺抛之脑后。

一次两次的“失信”，员工可能会容忍，但是如果老板总是不守承诺，时常动摇企业规则，市场“说风就是雨”。必然会失去员工对他的信任，企业何谈发展？

2. 公平正义，心要正。

公平是一个理想状态，处理事务其实很难做到绝对的公平。尤其在企业中，公平的体现并不是指薪酬、奖励、资源……而是企业领导者内心的公平心态。企业领导者内心公平，就会不计前嫌使用有过错的人才，能听进不同的反对意见，以正心对待问题。

这种“心正”就是领导者的“心明”，表现为领导者能明事理辨是非，按基本的客观规律办事，心中永远有盏指引团队方向的明灯。每位员工都希望有全局意识、高瞻远瞩的领导者给予自己工作上的指导，跟随领导不断成长和提高。

3. 敢于担当。

这里的担当不仅指体力、勇气上的担当，对于领导者而言，担当更多的指领导者的责任担当。

企业出现问题，领导者第一个出来担当责任，那么对于整个企业来说都是一种正向能量。如果，企业出现问题后，领导者第一个推脱责任，并开始追究责任，那么就会在企业内形成“不敢做，怕担责”的氛围。

当一个企业，所有人都害怕担当责任的时候，企业如何发展？任何一个强大的企业，都是在不断犯错中成长起来的。如果企业领导者连基本责任担当都不具备，那么他的企业必然不会做大。

4. 大公无私。

这里的大公无私并不是指领导者有多“大方”，而是强调领导者的心境需要宽阔。千万不要以为领导者就是企业中最有权威的人，认为自己可以在企业中为所欲为，抬抬手就批评员工，拍拍脑门就敢做决定。

越是领导者越要带头遵循游戏规则，越要制定科学规范的制度，并身体力行地带头实践。领导者应是制度的最坚决的捍卫者，甚至领导者是以捍卫制度的执行来体现管理的强势，这种强势必须是公平、公正、大公无私的。

5. 不令而行，正身。

领导者的言行影响着其在下属心目中是强势还是弱势，正所谓“其身正，不令而行；其身不正，虽令不从”。

一个身正的领导者，一定是对自己要求最严格的人！他要身先士卒做表率，言行一致做榜样。一位行得正做事端的领导者，会在员工中具有强大的号召力和凝聚力，这样的领导者带队，会令行禁止，步调一致，执行力强。

不要试图改变能人的性格

经营人才就如同一场漫长的旅行，有春暖花开，有夏日炎炎，有秋高气爽，更有寒冬萧瑟。在天气炎热的时候，我们要懂得乘凉避暑，在冷风飕飕的时候，我们更要懂得穿衣保暖。

每一个人都有不同的性格，正如“龙生九子，各不相同”。任何企业领导者都不要试图去改变一个能人的性格，而是要让自身变得有格局，有胸怀，容纳能人的性格。

当一个优秀的领导者，能够容纳形形色色人的时候，就说明这位领导者已经具备大格局、大胸怀。而从古至今，凡是成就大事业的人，必然都是拥有大格局、大胸怀的人。

儒家学派创始人孔子有诸多弟子，其中有一个弟子秉性吝啬。有一次孔子出游，正好赶上下雨，此时正巧走到这个弟子门前。孔子的学生想进去借一把伞，却被孔子阻止。

学生们不解，孔子这样说道：“我知道这个学生的秉性，如果我去借伞，他碍于师父的面子，必然会借给我，但是心里却不痛快。与其如此，倒不如淋雨得好。”

孔子一生都在努力培养自己的学生，但当他遇到秉性吝啬的学生时，宁愿淋雨。孔子深知无法改变一个人的性格，所以才不愿意去打扰他。

管仲，春秋时期著名的政治家、军事家。

有一天，管仲对鲍叔牙说：“据我分析，齐襄公去世后肯定是他的两个兄弟中的一个即位，不如我们分开一人辅佐一个，将来肯定有一人能飞黄腾达。”鲍叔牙也觉得管仲的话很有道理。

从此，管仲当了公子纠的老师，鲍叔牙做了公子小白的老师。在齐襄公死后，只有公子纠和公子小白有资格继承王位，而朝中偏向公子小白的人居多，于是他们暗中派人去请公子小白回来登基。

为了确保公子纠能登上皇位，鲁国公派管仲带一队兵马前去拦截公子小白。经过日夜马不停蹄地追赶，终于追上了公子小白的车队。

管仲知道鲍叔牙肯定也在，他现在来杀公子小白肯定会陷入不仁不义的局面。于是他就想把公子小白劝回去。劝说还没多时，鲍叔牙就来了，他对管仲说：“我知道你的用意，你也别费心思了，赶紧去忙自己的事吧。”管仲看到此也不再劝说，但在临走前回身一箭射在了公子小白身上。

他以为这一箭射死了公子小白，于是快马加鞭赶回去把这个消息告诉了公子纠，公子纠听到后以为万事大吉，于是摆宴提前庆祝自己登基。

但事与愿违，管仲这一箭并没射死公子小白，只射中了他的衣带钩。公子小白也聪明得很，他怕管仲再补一箭，于是自己咬破舌头，吐出鲜血，倒地假死。

等到管仲走远，公子小白立马起身换了衣服，带着随从快马加鞭抄小路回了齐国。就这样公子小白即位，他就是历史上有名的齐桓公。

齐桓公掌权后念管仲是天下奇才，于是将其重用，齐桓公的个人能力远远比不上秦穆公、楚襄王等人，主要是他在人才的使用上能做到“不拘一格，唯才是举”。

管仲曾向齐桓公说过影响霸业的用人之道：“不知贤，害霸；知贤而不用，害霸；用而不任，害霸；任而复以小人参之，害霸。”

齐桓公把国事都托付给管仲处理，而管仲也没有辜负齐桓公所托，把国家治理得井井有条。

在齐桓公眼中能看到管仲的才能，他想要的结果很简单，那就是让齐国走向强盛，管仲有治理国家的才能，齐桓公有识别贤才的目光，这样才会出现齐桓公重用管仲的局面。

然而，在当前社会中，有许多创业合伙人最终散伙，也有更多企业能人跳槽离开。许多人把这一结果归结为性格不合。事实上，导致散伙往往是因为占据主导地位的一方想完全控制另一方。

在中小企业中，领导者往往希望企业中的能人按照自己的心思去工作，甚至不遗余力地要求能人怎样做事，甚至想彻底改变能人的行为方式。

事实上，这样的管理模式大可不必，只要结果符合领导者的预期，其他完全可以忽略不计。

从本质入手，从内心开始

管理是一件难事，管理能人更是一件难上加难的事。有很多领导者为此而感到头疼，自身的企业内有能人，但总是不服从管理，总是有自己的想法。而企业的发展又离不开这些能人，最后形成“打也打不得，骂也骂不得”的尴尬局面。

当企业出现这种局面的时候，领导者就应该好好反思一下自己了。问一问自己：“你真的了解这些能人吗？了解他们内心的真实想法吗？”如果无法回答这个问题，那么此时领导者就应该花一点时间，去真正了解他们。

有许多领导整日忙于工作，以为抓住了“事”就抓住了“人”，实际上是本末倒置。

吉姆·柯林斯在《从优秀到卓越》一书中曾经提到过“先人后事”的观点，他认为领导是从“造人”而不是“做事”开始的。作为一个领导，越是处于高层，越应该把更多的精力放在“人”上，而不是“事”上。你只有把“人”看明白了，你才可以把“事”放心地交给他。

要了解下属，你需要掌握三种方法：“聊一聊”“看一看”“验一验”。

从士兵成长起来的拿破仑非常注重和士兵在一起“闲聊”。只要看到有士兵聚在一起聊天，他就会凑上去和大家一起聊，士兵们聊什么，他就跟着聊什么。在聊天的过程中，他也总是忘不了问他们家乡和妻儿的一些情况。

他爱做的一件事便是在军营中巡视，向遇见的军官致意，并和对方聊一聊他所知道的这名军官曾经参与过的战役。

你要想了解自己的下属，你就需要放下身段，经常走到员工面前，像拉家常一样问下属几个问题。不要期望在一天内就能够了解你的下属，而是要长期主动地找下属“聊一聊”，聊对方感兴趣的问题，聊你关心的问题。你只有走近下属，下属才会走近你。

除了“聊一聊”我们还要“看一看”下属是如何开展工作的，特别是如何完成一些从未“经历”的工作，从中我们可以看到下属内在的潜质。

我们可以通过业绩评价、会议发言、请示、汇报等途径，了解他们的态度和业绩，了解他们有什么样的长处和短处等。

杰克·韦尔奇曾经在他的自传中比较详细地介绍了被称为“活力曲线”的绩效评价制度。这个制度的基本构想就是要求每位领导都要对他领导的团队成员进行工作业绩评价，并且规定“对每个人都要找出他或她的长处和短处，取得的成绩以及需要改进的地方”。

有一次，华尔街日报记者就员工激励的一些问题采访杰克·韦尔奇，他掏出了一个大笔记本让记者看，上面画满了图表，图表上写着许多人的名字，反映每个部门每个员工的情况。

韦尔奇说，这是一个动态的评估，通过这个评估我清楚每个人更适合在什么位置，朝什么方向发展。

无独有偶，曾国藩也有这样的一个“笔记本”。办团练的时候，他每日都要分别召见数位哨一级的军官，从作战经历、家庭情况，以至形容面相上进行考察，并在日记中把自己的“观察”记录下来。

做了两江总督以后，他开始为所有需要召见的人建立档案，考察他们的业绩，并对每个人做一些特殊的标记。画圈的是可以重用的人，画两个圈的是属于最好的人，画三角的需要继续考察，如果画了个“×”，那么这个人就不能再用了。

我们为什么能够比较容易地选拔出优秀的运动员？就是因为现场竞技给了我们认识运动员能力和潜质的机会。所以，要认识你的下属，简单的方法就是看一看他是如何完成你交给的任务。

一个优秀的领导应该是一个经验丰富的教练员，他知道如何训练自己的下属，更知道如何把那些表现优秀的下属选拔出来。

仅仅“聊一聊”“看一看”还不能让我们真正去读懂自己的下属，我们还需要“验一验”。这是因为每个人都有他的两面性，我们看到的往往是一个人愿意展示给大家的一面，你要想看到另一面就需知道他们在“关键时刻”会做出什么样的抉择。

很多优秀的领导在这个问题上都有自己独到的经验和做法。有一位企业家在创业初期为了快速地甄别一个人，就抓一大把钱让他去办事，看他回来怎么报账。

根据报账方式基本就可以把人分为三种类型，一种稀里糊涂的，做事比较快，但不好管理；一种规规矩矩的，做事认真仔细，这种人值得信任；还有一种回来贴了一堆发票，但你会发现发票里有很多猫腻，这类人需要小心提防。

还有一位企业家每年都要面试几百个本科生，有的时候，他会说“所有你想要的工作这都没有了，但是我现在有两个卫生间没人打扫，你愿不愿干？”几乎所有的学生都拒绝了。

这位企业家事后说：“他们在拒绝打扫两个卫生间的时候，丢失了一个非常重要的机会。我让大学毕业生去打扫两个厕所，很明显是对他们的考验。”

有一位老领导曾经这样说，你要了解一个人，你只需和他在一起做三件事就可以了，与他喝一次酒，与他打一次扑克，与他出一次差。当一个人身处放松的环境中，特别是身处“私我”情绪中的时候，是很容易表现出自己真性情的。

稻盛和夫就喜欢在喝酒的时候注意观察那些有“情绪”表现的下属，然后主动过去敬杯酒，这样就很容易听到下属“酒后吐真言”了。

当然，要真正地认识自己的下属，不仅仅是技巧、方法的问题，还与领导个人丰富的人生阅历有关，特别是对人性有自己深刻的理解。否则，我们对下属的认识只会停留在表面层次上，不可能真正地认识一个人。

领导者只有真正的走进能人的世界，用心去感受能人的内心，才能彻底了解他们。而只有足够了解一个人的时候，才可能充分地去使用这个人的才能，从而避免出现“散伙”的危机。真正的领导者，往往都是从事物本质入手，从用心了解能人开始的。

学会把控人才，无为而治

本书在前几章中，已经从利益、企业文化、影响力、格局等方面阐述了人才与领导者之间的关系，其核心目的是让领导者能够很好地把控人才，让人才在企业中发挥应有的价值，加速企业发展。

然而，领导者对人才的掌控并不是一朝一夕的事情，需要领导者自身能力的不断提高，也更需要人才对企业的不离不弃。当一个领导者的自身境界已经到达一定高度的时候，那么他完全可以做到对人才的把控，甚至可以无为而治。

无为而治指领导者不过多干预,极大限度地展现人才的创造力、创新力，在企业内部形成一套自动运转的体系，使得企业能保持高度的动能和持续发展的能力。

如果一家企业的老板，总是觉得下属不如自己，一直盯着下属做事，生怕出错。长此以往，即便下属再有能力，也会被磨平。

要清楚，不管怎么样的人才，都不是天生就会做事情的，所谓的人才都是通过不断地磨砺与犯错而成熟起来的。对人才要有适度的把控，容忍小错，及时阻止人才犯大错。

美国 EDS 公司（电子数据系统公司）成立以来就不断招募人

才，他们一直是全球领先的信息技术公司，每年营业额高达数百亿美元。

然而到了20世纪90年代，公司却显出疲态，甚至开始出现入不敷出的局面。为了挽救公司，他们于1998年请来了素有“企业手术师”之称的查德·艾·布朗来担任公司的CEO。

布朗上任后发现，公司出现今天的局面并非偶然，第一是随着网络技术的发展，竞争已经进入了前所未有的白热化；第二是公司员工长期享受着“唯我独尊”的优越感，在工作中几乎毫无进取心。

第一个问题是布朗没法改变的，他能改变的只有第二个问题——对企业自身开刀！可是在这家老公司里，很多工作都没有具体标准，怎么开刀呢？

布朗先是招募了一批精兵强将到各部门，表面上看公司好像更臃肿了，但其实布朗是以他们为参照标准开始筛选员工。在这批精兵强将的影响下，员工们出现了两批人：一批是能跟上步伐的，另一批则被远远地抛在了后面。

一切明了之后，布朗把后面这批员工清理出公司，结果公司一下子就呈现出“部门多而员工少”的有趣局面。紧接着，布朗很快开始“手术”的第二步：拆分不必要的部门。

在精简部门上，布朗采用的是“化支出为奖励”的手法。比如，一个部门原先每月要消耗公司10万美元，那么他就拿出一半的开支作为奖励，将这个部门的工作移交给其他部门，虽然工作量增加，但员工们却更有积极性，臃肿的公司也很快就得到了有效“瘦身”。

此时的EDS公司看似已经病愈，但布朗并没有停止“愈后用药”。通过日常工作，布朗又把员工们分为“挑战者”和“安分者”两类，第一类员工时刻都充满活力，敢于面对困难和解决问题，布朗就让他们负责具有开发性的工作，创造新能量；第二类虽然没有很强的挑战精神，但却能用比较好的效率待在一个岗位上安心工作，于是布朗就将他们安排在一些没有挑战性的岗位上，并以一定的标准作参照，以优胜劣汰法对员工做出筛选，而这种筛选的本质其实就是对效率的保障。

这样一来，EDS公司的每个员工都在发挥着自己的作用，整个公司没有一个岗位或员工是可有可无的，每个员工都像是一个特定零件在尽其所能地运转，公司不仅减轻了自身负担，而且业务量也猛然增加。

3年后，EDS公司的营业额就反弹回了300亿美元，这是一个让人想都不敢想的神话！

“一味地吸纳人才不是真正的重视人才，真正的重视人才是知人善用并且不断激发他们的进取心，让每一个可有可无的‘员工’都变成不可或缺的‘人才’，结果就会使员工和公司双重受益，这样的公司想不进步都难！”当年，布朗在接受美国《名利场》杂志采访时这样表示。

企业领导者对人才的把控能力，决定着一个企业的发展能力。就好比刘邦当年使用韩信、萧何、张良，从而战胜项羽，夺得天下。反观项羽，身边仅有一个范增，但他还不听范增的谏言，最终导致失败。

单论个人能力，刘邦远远比不上项羽，但是最后的胜利者却是刘邦。原因很简单，因为刘邦善于使用人才，能够激发人才的个人能力，从而为自己创造更大的价值。而项羽却没有使用人才的能力，依靠自身的力量，终究难成霸业。

一个人的能力再大，也是有限的，不可能做出超过自身能力的事情。企业领导者时刻都要清楚，做企业并不是一个人的事情，需要一个强有力的人才团队，而企业领导者的任务是如何更好地使用人才，而不是单凭自身的蛮力往前冲。

企业领导者可以不懂技术，可以不懂市场，但一定要懂得使用人才，并且把人才放到合适的位置，让人才的价值最大化，这才是一个领导者应该做的事情。

下篇

PART THREE

战略

战略制定者要在所取信息的广度和深度之间作出某种权衡。

他就像一只在捉兔子的鹰，鹰必须飞得足够高，才能以广阔的视野发现猎物，同时它又必须飞得足够低，以便看清细节，瞄准目标进行攻击。

不断地进行这种权衡正是战略制定者的任务，一种不可由他人代理的任务。

第8章

领导者应有的人才战略

利益原则：长久保持核心人才的动能

2013年一部电影《中国合伙人》上映，故事讲述三个青年合伙创业的故事，最终的结尾以散伙告终。虽然是一部电影，但从中却能看到当代企业的最大矛盾——利益。起初，三个人因利益走到一起，最终也因利益而散伙。

综观当前的中小企业，有太多因为利益产生分歧而失败的案例。如果把利益缩放到一个企业中，那么领导者与员工之间的利益平衡，是保证企业稳定发展的核心要素。

如何正确对待利益原则，决定着领导者能否真正使用好人才。

1. 领导者与员工是利益共同体。

在一个企业中，领导者和员工更像是一个利益共同体。员工有利益，领导者才会有利益，企业才会有发展。

举个例子：一个企业里，某员工自主做了一个项目，领导十分赞同此项目，并约定项目完成后给予员工20%的提成。

当项目结束后，领导核算利益的时候，发现尽管只有20%的提成，但员工依旧能拿走接近60万元。

该领导认为，自己花钱雇用员工，那么员工就有义务为企业创造价值。既如此，那为什么还要多花费60万去给员工？于是，领导想尽一切办法将这位员工排挤出公司，上演了一出“卸磨杀驴”的戏码。

领导又招聘一位负责此项目的人接替这项工作，一年之后，这个项目以失败告终。因为新来的负责人只是抱着打工的心态工作，项目能不能完成是公司的事情，与自身无关。

最终，老板出于无奈，只能终止这个项目。

身为企业领导者，要清楚地认识到企业的利益原则——员工创造的价值越大，员工得到的利益越多，而企业获得利益也会变得更多。

2. 核心人才理应获得更多利益。

核心人才对于企业来说是非常重要的，一个企业的发展和运营，永远离不开核心人才。

历朝历代，君王在成就一番事业之后，对他身边的功臣都大加封赏。比如刘邦打败项羽建立汉朝之后，对身边的功臣大大赏赐。

道理很简单，如果没有这群核心人才，刘邦就得不到天下。既然刘邦取得天下，就必然会重重赏赐这些人。一来是为了回报人才的多年付出，二来是为了稳固人心，让他们在日后有更大作为。

古代的君王与如今的企业领导十分相似，很多企业在艰苦创业阶段，会以情感激励员工，当企业有足够的财力后，领导者会给员工更丰厚的回报。

当然，每个人对企业的贡献不一样，“论功行赏”已经成为共识。

明智的领导者，在分配利益的时候，对于那些在企业中占据核心地位的人，不仅给予他们预期的利益，往往会多出一些。原因很简单，就是为了更好地笼络人心，激发核心人才的创造力。

3. 懂得和员工讲利益，不要谈感情。

有一位知名企业家，曾经说过这样一句话：“不要和普通员工讲奉献，要和他们谈工资。”这句话其实很有道理，试想一下，企业中的一个普通员工为什么来到企业？只是因为利益而已。

员工希望在企业中获得报酬，而领导者则希望员工为企业带来应有的价值，两者之间的最直接关系就是利益。

不要跟员工讲奉献、忠诚、感情，如果企业给到员工的利益不足，那么员工转身就会离开。对于大多数员工来说，任何一个企业都差不多，哪家给的报酬高，就为哪家工作。

适变原则：应势而变，因才而变

有这样一则十分有趣的故事：

在一片广阔的草原上，突然发生火灾并迅速蔓延到整个绿地。聪明的狮子和猫头鹰见势不妙，飞奔而逃；无情的大火吞噬着蟑螂、蜘蛛，以及飞不远的苍蝇和蝉，一群蚂蚁也被大火包围。

来自四面八方的蚂蚁突然迅速聚集，抱成一团向河边滚去。外层的蚂蚁被活活烧死，但直到烧焦它们也不离开自己的岗位，一直坚守着冲向河流，大部分蚂蚁却因此获救。

狮子看到蚂蚁的举动，很是感动，它认为蚂蚁虽然弱小，但是它们拥有庞大的群体，当这个群体协同合作的时候，就爆发出惊人的力量。

于是，它决定组织这个蚂蚁团队，建设新的家园。不负狮子的厚望，蚂蚁团队工作勤奋，而且卓有成效。然而，看着这群没有监管都卖力肯干的蚂蚁，狮子却突发奇想：要是再派一个人来监管它们，是不是绩效更高？就这样，自以为是的狮子公开招聘监管员。

一向喜欢舞文弄墨的蟑螂爬出来毛遂自荐担当此任。很快它就得到狮子的赏识，因为它的报告做得非常漂亮。随后，蟑螂又推行了一个新的管理工具——打卡计时系统，同时提出增设一名秘书，专职负责帮助记录和填写报告……

于是，蜘蛛以秘书名义应聘上岗。除了规定的岗位职责之外，她还保管所有的员工档案，并负责监听所有进出电话。因为蟑螂的出色报告，让狮子在股东面前荣光不少，于是，它要求蟑螂用图表描述生产率和分析趋势变化，让它好在董事会上再表现表现。

老板的信任大增了蟑螂的信心。一不做二不休，蟑螂决定增加预算，购置一台电脑和激光打印机，并委任死党苍蝇担任信息中心主任，专门管理这些设备和业务。

然而，曾经是很有生产力和快乐工作的蚂蚁，恨透了这些耗费它们太多时间的文书作业和会议。工作的满意度下降，工作的积极性自然大不如从前。

见此，狮子决定设立一个蚂蚁团队的负责人，提名谁来担纲呢？这让狮子绞尽了脑汁。聪明的狮子最终决定采取新的招聘方式——竞争上岗。几番搏杀，蝉终于脱颖而出。

既然蝉已是部门负责人了，当然应该有一点领导的样子。于是，它也像狮子一样，为自己的办公室置办了电脑和地毯。

从此，原来充满活力的蚂蚁团队再也听不到笑声，到处都是垂头丧气的哀怨。

于是，在蝉的极力建议下，它们组织调查。在审查完蚂蚁团队的所有费用后，狮子发现生产力正在急剧下降。不得已，狮子重金请来猫头鹰做管理顾问，寻求新的解决之道。

3个月后，猫头鹰提出一份咨询报告。它抱出好几本被装订成册的打印文件，结论是："部门成员人数过多……"还没等看完咨询报告，狮子就头大了，当即决定裁员。大家猜猜，狮子会先裁谁呢？

没错，当然是蚂蚁啦。原因很简单：“发现蚂蚁缺乏做事的动机，并且态度消极。”

在这个故事中，很明显能看到蚂蚁是一个很优秀的团队，如此优秀的团队最终为什么会解散？其中的道理引人深思。

如果我们拥有一个像蚂蚁一样的团队，那么我们应该如何去管理？相信很多人都会觉得蚂蚁团队已经很优秀了，像这样的团队，根本不需要刻意地管理，只需要对他们给予适当的奖励，这支团队就能爆发出惊人的力量。

事实上，在很多当代企业中，都有优秀的人才，但是企业自身的条条框框已经将人才困住，使他们难以施展拳脚。

有一家企业，一位新员工入职后，向他的主管提出三条建议：第一条是取消公司每日总结，改成每周总结；第二条是简化烦琐的审批流程，做到“谁负责谁批准”；第三条是淡化“领导”风气，营造人人平等的氛围。

建议刚送达主管，就被驳回，这位新员工还被主管狠狠训斥一顿。自此以后，他再也没有提出任何意见，即便看到公司存在的问题，他依旧不闻不问。

一年后，公司老板召开高层会议，主要探讨公司内耗高，员工效率低下的问题。经过几天的研究和探讨，制定三条改进办法，而这些办法正是一年前那位新员工提出的三条建议。

企业发展过程其实就是一个不断变化的过程，企业受内外因素影响而不断改变，才会呈现出发展的迹象。

对于企业内人才而言，企业更应该学会适变，这里的适变是对人才使用的灵活性。当企业懂得使用人才的时候，那么企业内人人都是人才。

把企业变成“人才平台”

企业无论规模大小，要发展，离不开人才。要找到人才、留住人才、合理使用人才，必须建立行之有效的人才管理机制和人才运行机制，这样企业才能拥有越来越多的人才，才能在激烈的市场竞争中立于不败之地。

人才作为知识的创造者和载体，已成为生产力要素中最活跃、最重要的因素，企业生产经营的每一个环节都是以人为中心，人的能力大小、素质高低直接影响工作的质量和效果。

因此，人才已成为企业发展的决定性因素，伴随着劳动人事管理向人力资源管理的转变，人们已经深刻认识到人作为一种最宝贵的资源需要发掘和合理使用。因此，企业必须要懂得发掘人才，留住人才，并且在恰当的时候搭建人才平台。

1. 提供人才发展的良好空间。

企业对人才的培养包括对员工技能、素质、潜力、忠诚等诸多方面，此外还要建立员工对企业的信心，这样员工才能长期效力于企业。

与此同时，采取有效的激励措施，提供良好的工作环境和合适的工作岗位以及合理的工资待遇，为人才创造施展才华的用武之地，这样才能吸引人才，稳定人才。

按照美国社会心理学家马斯洛的需求层次理论，人的最高层次需求是自我实现，自我实现就是体现自我价值，并且得到社会的承认。我们企业的人本理念是：员工强盛企业，企业成就员工，人才理念是：人人是人才，个个有舞台，这就为我们的人才搭建了施展才能的平台。

当代年轻人最突出的特点是具有强烈的表现欲望，他们想在企业中展现自我，从而体现出自身价值。当企业能够满足他们的需求时，那么这些年轻人就会对企业充满信心，并且在企业中有强烈的归属感。

2. 合理科学地选聘、使用人才。

成熟的企业，必须有一套科学的人才选聘制度和选聘程序，随着改革的不断深入，企业选人机制日益科学规范。人才的选聘，已成为企业用人的主要途径，在人才的选聘上，要坚持能力适合的原则，不求最佳，但求实用，为企业所需。

要坚持德才兼备的原则，不唯职称，不唯学历，不唯资历，不唯身份，不拘一格选人才，尤其要采取多种途径选聘企业紧缺的实用人才，如优秀管理人员、技术尖子、学科带头人、技术工人等。

企业既要会选人，又要会用人。因此在人才的配备上要科学，要符合企业的发展实际，要坚持结构合理的原则，既不能搞“一刀切”，也不能搞“清一色”，要实行老、中、青三结合的原则进行人才组合，建立不同层次文化程度，不同性格特征的人才组合结构。

3. 构建科学的人才培养体制。

人才培养的关键在于学习，在培养人才之前，企业需要首先建立学习型企业。在构建学习型企业的过程中，企业要发挥组织和引导作用，既要激励个人学习，也要组织团队学习，既要激发员工学习的兴趣，又要为员工创造学习的环境和条件。

要逐步建立员工的学习激励机制和学习竞争机制，使工作学习化，学习工作化，通过构建学习型组织，提高团队的学习能力，在这个过程中培养和造就智能型人才。

企业要着力提升人才的创新能力，创新是企业发展的关键。没有创新，企业就没有生命力，企业要在提高各类人才思想政治素质和履行岗位职责的基础上，重点培养人才的创新精神，开发人才的创新能力。

围绕创新能力建设，企业要从不断发展的实际出发，改革教育培训内容、方法和机制，通过大力开展“技术论坛”“技术创新”“管理论坛”“职工论坛”“技术革新”等活动，培养大批创新型人才。

4. 营造人才成长的良好氛围。

企业自身有怎样的环境，那么员工就会是怎样的人。

在企业中要树立“尊重知识、重视人才”的氛围，让员工能够切身感受到企业对人才的重视程度。如此一来，那些本身并不是很优秀的员工，在这样的氛围带动下，就会展现出超常的学习能力，努力让自身变得更加优秀。

营造人才成长的自然环境，要用科学的发展观看待人才，整合人力资源，遵循人才开发、人才成长的客观规律，对人才既要严格要求，也要悉心照顾，既要鼓励创新，又要允许失败，这样才能实现人才的可持续发展。

营造人才建功的创业环境，除了要用适当的物质待遇来吸引人才，更需要用伟大的事业和美好的发展前景来凝聚人才，创造良好的人才创业环境，包括事业发展环境、个人实现自我环境和竞争环境，使人才在良好的环境中，始终保持乐观向上的创业激情，与时俱进，大胆探索，以良好的精神状态和工作业绩推进企业的健康发展。

营造人才留恋的文化环境，优秀的企业文化具有激励人、吸引人、凝聚人和引导人的作用，具有催人奋进的核心价值观和可以大胆创新的企业精神，可以激发员工的斗志，增强员工的创业进取精神，要大力营造“尊重知识、尊重人才”的企业氛围，让人才在企业里感到有地位、受尊重、有作为、有前途，这样人才才会留恋企业，才会热爱企业，才会对企业“贴心”，才能矢志不渝地为企业贡献力量。

稳固内部人才，吸引外部人才

只有当企业拥有“人才平台”后，才能很好地留住人。在人才眼中，这样的企业就如同一个“家”，人才具有强烈的归属感。

企业内部人才具备较高稳定性，能有效促进企业发展，此时的企业对人才的需求会显得更加迫切,不仅要提高内部人才的能力，更需要吸引外部更为优秀的人才。

战国时期，魏国是第一个崛起的诸侯国，“三家分晋”后依靠西门豹、李悝、吴起、乐羊等人迅速强大起来。再加上魏文侯、魏武侯两代国君的辛苦经营，魏国已是名副其实的霸主国。

魏惠王继位初期，一个叫卫鞅的人为魏国的国力和公叔痤的名声所推崇，来到魏国并拜入公叔痤门下，做了一个小小的左庶子。公叔痤深知卫鞅是治国大才，便多次向魏惠王推荐卫鞅，却被魏惠王婉拒。

卫鞅看到魏惠王并非贤君，于是便离开魏国投奔秦国，得到秦孝公的赏识后开启“商鞅变法”，秦国迅速强大起来，多次打败不可一世的魏国，夺回陇西之地，与魏国争夺霸主之位。

张仪本出生于魏国，跟随鬼谷子学成之后想效力魏国，结果不仅没有得到魏惠王的赏识，还被当作“盗贼”抓捕，侥幸逃过一劫后，张仪果断选择离开魏国，直奔国力日渐强盛的秦国。

张仪来到秦国立刻被封为相国，凭借他出色的外交才能，让秦国彻底控制河西之地，后又使用“连横”之策，大大削弱了魏国的实力，让魏国再无力与秦抗衡，只能沦为秦国的“小弟”。

在失去卫鞅、张仪后，魏国彻底失去霸主国的地位，影响力也消失殆尽，一些有志之士看到魏国的衰败都不愿再去魏国效力，纷纷前往国力强盛的秦国。魏惠王深知魏国已经无才可用，想去招揽人才却已失去了招纳人才的资本。

在魏惠王一筹莫展的时候，公孙衍前来投靠。魏惠王很开心，但当他得知公孙衍是从秦国而来的时候，内心对公孙衍已经排斥。但迫于魏国现状，魏惠王不得不“死马当活马医”，暂时使用公孙衍，试图依靠公孙衍让魏国再次强大起来。

公孙衍向魏惠王提出“合纵”之策，希望能游说其他诸侯国，联合起来一同削弱秦国的力量，等秦国被打败之后，在逐一击败其他诸侯国，使魏国再次成为霸主国。

魏惠王采纳公孙衍的策略，联合其他诸侯国围攻秦国，公孙衍已带兵攻入汉中之地，而魏惠王却听信奸人谗言迟迟不予增援，导致合纵之策彻底失败，魏国再也没有能力与秦国抗衡，彻底沦落为弱小国。

古往今来，一个国家的兴盛是由于其对人才的渴望，再加上举国上下对人才的尊重，才让这些人才为国家开疆扩土，国家才会日渐强大。

一个企业的兴盛也是对人才的渴望与重视，企业不仅要培养内部人才，还要通过自身影响力不断吸引外部人才。“内部人才＋外部人才”的正向循环能维持企业不断发展，二者缺一不可。

企业自身条件是决定企业能否吸引外部人才的关键，那么企业如何打造富有吸引力的自身条件呢？

1. 物质激励，利益共享。

企业与员工本身就是一个利益共同体，员工得利益，企业才会有效益。

因此，企业需要明确企业内利益分配原则，让能干、肯干、多干的人获得更多的收益，以此激励员工积极向上，为企业创造价值。

比如我们熟悉的格力、华为、小米、福耀等，这些企业给予员工的利益要远超出同行。正是因为如此，许多社会上很优秀的人才，才会愿意进入这类企业。

2. 建立精神激励机制。

物质激励是基础，当一个企业足够强大，人才辈出的时候，那么就需要更高一层的激励——精神激励。

物质是人的基本需求，当物质需求满足的时候，那么人就会产生更高层次，即所谓的精神需求。

因此，企业不仅需要做好物质激励，还需要做好精神激励。

企业管理者对高层次人才的尊敬、信赖，适时给予表扬和赞赏都能让其在精神上感受到价值的认同，从而使他们树立与企业发展同步的理想、价值观、行为准则，以归属感带动自觉性、主动性参与企业发展。

3. 建立灵活的人才竞争机制。

针对人才流动、流失现象，要建立科学、合理、公正、公平、择优的人才机制。这里既要有效益标准又要有绩效考评，还需与晋升、培训、薪酬奖励挂钩。

同时结合参照弗鲁姆的职业期望理论——择业动机=职业效价，以及帕森斯职业——人匹配理论，对企业内部和外部环境的人才流动建立开放的制度体系，以职务晋升、津贴倾斜、高薪、重奖等政策，激发人才潜力，在互动的竞争中加快岗位轮换、吐故纳新，加大考评力度，让人才从心理上、精神上兴奋起来，在与企业同呼吸共命运中实现自身的利益和价值。

4. 给年轻人足够的晋升机会。

年轻人才精力充沛、接受能力强，只要能提当重任，就要不失时机地给他们压担子。

同时眼光向内，对企业内好学上进、自学成才的员工也要给予展示才能的机会，做到英雄不问出处，让自家地里的珍珠发光。

5. 大胆起用有争议的人才。

世上没有两片相同的树叶，同样也没有两个完全相同的人，恃才傲物是人才的特点，传统人事管理常把这些人置之一旁。

过去的评测仅凭感觉、印象、三言两语或蜻蜓点水的调查了解就轻易下结论，更有管理者完全以个人的好恶取舍人才，一些有棱角的人被打入冷宫。起用恪守正道、为人正直、作风正派的争议人才对企业的发展是有益的。

企业自身能够做到“唯才是举”，那么对外就会形成很好的人才口碑，当一套完整的企业人才系统出现的时候，企业自身已经具备吸引人才的优势，从而能够很好地接纳外部人才。

建立“人才学校”

俗话说得好：“一个人要生存靠自己，要发展靠别人”，我们可以延伸一下——“企业生存靠老板，企业发展靠团队”。

团队是由人组成的，而且大多是普通人（现成的人才毕竟是少数的），企业领导者所做的管理就是要激发一个平凡人做出不平凡的事情来，从而产生高绩效。

当前社会处于高速发展阶段，市场竞争已经白热化，凡是在这场竞争中处于劣势的企业，势必都会被市场淘汰。

在三十多年前，如果一家企业拥有一批优秀的人才，那么这家企业至少在很长一段时间内将会处于领先地位。而如今，市场环境早已改变，以往的经验已经成为当下企业发展的阻力。

一队商人想要去沙漠的另一端做生意，但他们都没有穿越沙漠的经验，必须去当地寻找一个富有经验的向导才行。

商队来到沙漠边缘的小镇，看到许多自称向导的人，有年轻的小伙子、中年大叔、老者，每个人都说自己有丰富的穿行经验，保证带领商队穿越沙漠。

但队长却不太放心，他认为年轻的小伙子并不可靠，他们年纪太小，恐怕不具备穿行沙漠的经验；中年大叔看起来倒是挺可靠，但又担心进入沙漠之后中年大叔趁火打劫；老者说话稳重，应该富有穿行经验，但年纪太大了，若是半路出现意外，那商队就会被困沙漠。

一名队员似乎看出队长的忧虑，说道："应该聘请富有经验的老者，我想他能带我们穿越沙漠。"另外一名队员说："我看应该找年轻小伙子，他们富有活力。"又一名队员说："还是选中年大叔吧，他不但有经验，还有强壮的身体，即便遇到危险也能带我们离开沙漠。"

队长思索一番后雇用了中年大叔，商队刚进入沙漠便遇到沙尘暴，强大的风力改变了沙漠原有的样貌，当沙尘暴平息之后，商队失去了方向。中年大叔对商队说："我从未经历过沙尘暴，现在无法辨别方向，没有办法为你们带路了，我看你们还是回去找富有经验的老者吧，他能带你们出去！"

队长只好带着大家原路返回，找来老者当向导。当他们进入沙漠后，一群野狼将商队团团围住，老者说道："我年纪大了，没办法跟野狼对抗，你们想要穿行沙漠，还需要多找些年轻力壮的小伙子才行！"

于是商队再次返回到小镇上，队长找到年轻的小伙子当向导，当队伍再次进入沙漠的时候，先是遇到沙尘暴，后来又遇到野狼，这些危险都被年轻的小伙子化解，队长觉得自己终于找对人了，应该可以顺利穿越沙漠。

当小伙子带着商队来到沙漠中心的时候，天空下起大雪，一瞬间整个沙漠变成白茫茫一片，再也分不清东南西北。小伙子对商队说："老者有穿越大雪的经验，中年大叔有开拓冰雪的体魄，现在他们两个都没在，我自己没办法做这些事情。”

听完此话，队长十分懊悔，如果当初分别雇用三个人做向导，那就不会惧怕沙尘暴、野狼、冰雪，而现在商队被困在沙漠中心，根本没办法返回，想要再次去雇用老者和中年大叔是不可能的事情，难道只能在这里等死吗？

想到这些，队长懊悔地对小伙子说道：“你们三个人都有自己的本领，而我却目光短浅，低估了沙漠的力量。如今单独依靠你的本领已经没办法走出沙漠，我所能做的只有听天由命！”

就这样，商队和年轻的小伙子被困在沙漠中，漫天的风雪逐渐掩盖他们的身体。当暴风雪停止后，沙漠又一次恢复了平静，再也看不到商队和小伙子的影子，一切似乎都没有发生过一样。

想要让企业获得可持续发展，企业领导者必须改变用人标准，根据当前市场环境和人才素质，使用更加符合企业发展的人才。只有这样，才能让企业在如此复杂的市场环境下保持竞争力。

企业拥有实用型人才的四个建议：

1. 搞清楚企业需要什么样的人才。

企业需要怎样的人才，其实就是企业选择人才的标准。企业所处行业不同、性质不同，所需要的人才自然不会相同。

在一个山村里，有一位智者，村子里的人遇到什么难事都去请教他。有一天，村子里一个顽皮的小孩，双手各拿着一只麻雀，跑过来找到了这位智者，问：“你猜两只麻雀哪一只是活的哪一只是死的？”

智者沉思了片刻说，我说是死的吧，你一放手，麻雀就飞了，我说是活的吧，你的双手一用力麻雀就会被你捏死，正确的答案就在你的手里。

从这个简单的故事中，我们就可以感悟到，对于企业来说，没有最好的，只有适合不适合；适合自己企业的人才，就是最好的人才。

在当前社会中，并不缺少人才。企业之所以感觉“招人难”，是因为没有找到适合自己企业的人才。由于企业发展阶段、行业特性、竞争环境、发展前景等诸多因素，导致企业在不同阶段所需的人才也不尽相同。

因此，企业在寻找人才的时候，不要力求完美。衡量一个人是否是人才，需要企业依据自身的发展需求判断，大多数人才是需要企业的自身培养。所以，企业应该把重点精力放在培养人才上。

2. 企业对人才的需求在不断改变。

对于企业来说，“人才”究竟是什么？其实人才是一个动态的概念，是有时间性，随着时间的推移，今天的人才可能会成为明天企业发展的“包袱”。

因此，不管是对于人才个人来说，还是对于企业来说，学习是保持持续进步的重要因素。时刻保持学习的态度，才能在激烈的环境中得以生存，才能让企业在变化莫测的市场中处于不败之地。

所以构建人才培养体系是企业成熟和壮大的很重要的一项工作。

只有企业拥有了人才造血功能，企业才不会因为发展太快、竞争加剧、环境变化等因素，造成人才匮乏、人才过期等现象，如2004年1月，TCL并购法国汤姆逊公司，TCL的人才战略是“先搭台，后吸引人才”，兼并后就出现了国际市场运营人才储备不足的问题，最终导致并购失败。

企业没有战略的人才储备，就不可能有长远的发展。所以，伴随着企业动态人才的不断需求，企业需要构建一个培养人才的平台，为企业的再次腾飞做好充足的储备。

3. 企业需要建立人才培养体系。

企业人才培养体系，是根据潜在人才成长阶段（职业生涯）和岗位职责的不同，而构建的人才培养体系。就像我们传统的教育一样，一年级学一年级的课程，二年级学二年级的课程……到初中才开设物理、化学等课程。

只不过传统教育是根据学生对知识的接受和理解程度的不同（兴趣等因素），而逐渐将学习的知识系统化和细分化（如高中又分为文科和理科，到大学分类会更加细分），这就是传统的教育体系。那么我们企业的人才培养体系又应该如何构建?

首先，我们要先弄明白员工的成长阶段，知识结构达到什么地步，这样才能够根据不同发展阶段，给予不同指导和相对应的个性化培训。

新员工进入企业一般会经历四个阶段，融入期—成长期—矛盾期—收获期，为了让大家更加清楚地明晰员工的四个阶段，在这里以种地需经历的四个阶段：播种—耕耘（浇水、施肥等）—拔草—收获来类比。

首先，先来看看播种阶段，就像我们新员工刚刚进入一家企业一样，新的环境、新的同事、新的岗位、新的起点，同时也带来了新的希望和目标，这个阶段是也新员工的融入期，让自己的目标和企业（或团队）的战略目标达成一致，真正成为组织的一员。

融入期关键是要让员工有一种归属感，给他规划好在企业中的成长路线,这个成长路线的方向最好要和员工的职业生涯相匹配，这样才能更好地激发员工工作的主动性和创造性。

总之，在这一阶段，企业要给员工一个主动工作的理由，不但是物质上，还要有精神方面锻炼、成长的机会，我们在以后会谈到，单纯的物质激励和单纯的精神激励都不是好政策，只有物质和精神的结合才是激励员工自发工作的有效方法。

接下来是第二个阶段耕耘期，员工在播种期，播下了梦想，播下了希望，接下来员工就要对自己的梦想和希望的达成，而不断地付出。员工的梦想和希望就像是一个稚嫩的孩子，需要不断地呵护、不断地培养，才会不断地成长。

在这里要说明的是，员工针对梦想主要的职责是耕耘，企业（管理者）针对员工的梦想主要是提供平台和指引方向，员工的梦想只有在正确的道路上不断地茁壮成长。

企业的管理者经常会犯这样的错误，员工刚进入的时候非常重视，经常性的沟通、关怀，但过了一段时间，管理者就进入了疲劳期，潜在意识里认为，我付出了这么多，而收效甚微，怀疑是不是选错人了，是不是应该招聘几个比较成熟的员工等想法。

第三个阶段拔草期，在企业中经常会发生这样的现象，刚入职两三个月的新员工（销售人员），往往比进入公司两三年的老员工业绩好，这种现象的出现，问题主要是出在拔草的阶段。

大家一起来思考一下，新员工有了梦想，然后为梦想的实现不断地付出，结果就会出现两种情况。

第一种情况付出和收获达到了平衡；第二种情况就是付出和收获不对等。第一种情况我们自不必谈，更多员工会产生第二种的心理，专业知识和专业技能掌握了，沟通技巧没问题，反而绩效没有之前好，只有一种原因，就是员工的心态出现问题了。

针对以上出现的现象，企业管理者就要迅速地采取措施：

①让员工意识到问题的重要性，让员工认识到这种现象对自己和企业的危害，让员工自我调节。

②一定时间内，如果员工自己不能及时调整心态，我们只有采取其他方式。

如果不能及时解决这种问题，站在员工的角度来看，自己之前的辛苦付出，都会因为内心的杂草丛生，而付之东流。

站在企业的角度，如果问题不能及时解决，这种员工（有才能、心态不好）就像一棵种在企业心脏的杂草，会不断蔓延，企业最终也会被感染。

4. 企业管理者需要有基本的管理素质。

作为一个管理者，需要具备很多能力，比如团队建设、沟通技巧、员工激励、绩效管理等能力，在此我们先来谈一谈，管理者应具备的基本管理素质：

①耐心：一个新人，适应自己新岗位一般需要 3 ~ 6 个月的时间，成长为一个企业实战型的成熟人才，大概需要1 ~ 2年的时间，因此管理者应该有足够的耐心。

②以绩效为导向：作为一个优秀的管理者，首先应该具备提升企业绩效的能力。利润是企业的命脉，而绩效又是企业利润的保证，提升员工的绩效就成为管理者首要职责。

提升企业的绩效，首先要提升员工的绩效，作为管理者，应该学会倾听员工内心的声音，和下属的真正需求，而不是按部就班地按照自己的方法去培养。

③影响力：管理不是一味地用权来管，作为一个优秀的管理者，我们还要具备超凡的影响力，这样影响就会无处不在，从而帮助我们管理方方面面。

可复制人才战略

对于企业领导者来说，从 0 到 1 是突破，从 1 到 100 就是模式的复制与完善。让一个企业领导者改变原有的行为方式去影响企业内的人才，本身就是一件艰难的事情，不仅对领导者，甚至对整个企业都是一个巨大的挑战。

但是，当企业完成从 0 到 1 的突破后，接下来需要做的就是让 1 变成 100，变成 1000，甚至变成 10000。若达到这一目的，核心只有两个字——复制。

复制人才，复制培养人才的模式，复制企业一切优秀的制度。

有人曾这样评价爱迪生:“他是一个伟大的发明家,同时也是一位出色的商人，但却不是一个真正的企业家。”因为，真正的企业家要懂得商业战略，人才战略，而其中人才战略又是企业的第一战略。

只有企业领导者把焦点和时间专注在人上，不仅懂得选人，同时也会育人，源源不断地进行人才复制，只有这样，领导者身边才能拥有源源不断的人才，企业才会持续发展。

在世人的印象中，马谡这个人名和街亭这个地名紧紧地捆在了一起。失了街亭，丢了性命，误了大事。

人们从这个典故里看到的，往往是读书人好空论而不切实际，结果一败涂地。诚如明人李贽所说："马谡妄自尊大，一味糊涂，一味自是，及至魏兵围定，莫展一筹，待救兵而已。极以今时说大话秀才，平时议论凿凿可听，孙、吴莫及也，及至临事，惟有缩颈吐舌而已。真可发一大噱也。"

其实，街亭之败，是诸葛亮人才培养的失败。刘备在世时并不看好马谡，还专门对诸葛亮作了交代。但面临街亭之战，他忘了六年前刘备的嘱咐，放弃赵云与姜维，偏偏点了马谡的将。

诸葛亮知道马谡聪明，但马谡太聪明了。他发现街亭这个地方不适合长时间坚守，也许是想要反证刘备对他"不可大用"的评价不足为信，也许是考虑到兵种优势的问题。总之，他没有遵照诸葛亮的战前部署，也没有听从王平的建议，反而相中了南山，这个地方更为易守难攻，可以占据制高点。

面对平坦开阔又无驻军的街亭，魏军是不敢贸然前进的，因为前面有诸葛亮布好的伏兵——张休、李盛。魏军若进，马谡从山上冲下，则魏军腹背受敌。

马谡发现南山之后，早已将诸葛亮的嘱咐抛之脑后，不仅没有按照诸葛亮的部署去实施，反而一意孤行地去南山上布防。最终的结果是导致街亭丢失，从而让诸葛亮的北伐大业毁之一炬。

马谡并不是一个庸才，更不是一个笨蛋。否则以诸葛亮的聪明才智，是绝对不会重用马谡的。那么，诸葛亮为什么要派马谡去镇守街亭呢？

其实原因很简单，第一是源于马谡追随诸葛亮多年，对诸葛亮的脾气秉性非常了解，许多时候能与诸葛亮想到一块。第二是由于诸葛亮没有看清楚马谡的真实能力，一味地过度爱护和包容，让马谡变得浮躁，从而违背命令，导致最终的失败。

如果把失街亭的整件事仔细分析来看，会发现马谡的失败是必然的。在马谡之前，诸葛亮从未培养过任何一个人才，对于诸葛亮来说，培养马谡是第一次尝试，也是对他自身的一次挑战。很显然，在诸葛亮的这次培养人才事件，最终是以失败告终的。

其实，在当代企业中，并不缺少人才，反而缺少培养人才的体系和机制。如果一个企业内没有良好的人才培育系统，那么即便企业能找到优秀的人才，却无法留住这些人才。

因此，企业在完善的人才培养体系中，还要具备更高一层的能力，那就是人才复制。将人才战略上升为企业战略，将人才可复制模式上升为人才可复制战略级别。当企业对人才足够重视的时候，企业必然已经具备长久发展的基础。

企业人才复制战略包含诸多方面，具体措施如下：

1. 复制思维。

在一个企业中，老板的思维主宰着企业的一切。当高管思维与老板思维同步的时候，那么企业具备积极向上的发展活力，当员工思维与高管思维同步的时候，那么企业具体事务的落实将会变得很顺畅，企业将具备强有力的发展基础。

当然，这种情况是理想化的，因为没有哪个中小企业能将所有人的思维同步起来，更没有哪个企业能做到把人的思维统一化。

因此，对于中小企业而言，我们不能要求把所有人思维都统一化，但是企业老板与核心人员（能人）的思维必须同步。因为，当老板思维与能人思维同步的时候，企业发展会变得顺畅，当老板思维与能人思维逆反的时候，企业发展处处都会受阻。

中小企业若想保持发展活力，就需要企业老板不断地将企业内能人的思维同步化，让能人认同老板的思维、观念、愿景……

统一思维的方式是多种多样的，以学习而言，老板需要不断学习，那么能人也需要不断学习。当老板与能人的学习内容一致时，这时候就很容易产生共鸣，从而形成思维上的统一。

2. 复制能力。

草原上有一只小鼹鼠，在它很小的时候，妈妈就要求它不断地挖洞。小鼹鼠很纳闷，明明自己家已经有许多洞穴，为什么还要不断挖洞呢？

小鼹鼠很不情愿，但是又不能违抗妈妈的命令，只能“照猫画虎”般挖了又挖。虽然看起来它在挖洞，但是内心之中却很是不情愿，如同工具人一样，仅仅是为了挖洞而挖洞。

几年之后，鼹鼠妈妈去世，留下小鼹鼠独自生活。有一天，一只雄鹰不断地在天空中盘旋，小鼹鼠害怕极了，但是看见自己有许多洞穴，心里还是有一些安慰，毕竟雄鹰无法抓到藏在洞穴之下的鼹鼠。

小鼹鼠很庆幸，幸好当年妈妈不断地教自己挖洞。如今遇见雄鹰后，自己才有藏身之处。然而，就在小鼹鼠胡思乱想的时候，只感觉身体蓦地疼痛起来，下一刻已经被雄鹰锋利的爪子牢牢抓住。

此时，小鼹鼠十分后悔，它真正理解到鼹鼠妈妈的用意，不断挖洞，是为了在遇到雄鹰的时候，能够快速把洞穴挖得更深，只有足够深的洞穴，才能真正避开雄鹰的攻击。

如果小鼹鼠具备鼹鼠妈妈的挖洞能力，还会被雄鹰抓走吗?

这个道理很适用于企业，尤其对于中小企业来说，老板往往是一个企业的核心，随着企业的发展，老板无法做到事必躬亲时，企业内就会出现各种各样的问题。甚至会出现这种情况：企业发展得越来越大，老板的工作越来越忙，而企业员工却越来越闲。

企业一旦想做大，就需要老板站在更高层面上思考问题，去考虑企业的发展战略、模式、前景等。老板并不会分身之术，此时，必须让员工学会复制自己的能力。

老板可以使用物质、荣誉、晋升等诸多形式，让员工不断成长，只有让员工成长，老板才能脱身去做更重要的事情。

3. 复制模式。

对于中小企业而言，复制思维、复制能力是一件很困难的事情。因为这两项内容，不仅需要漫长的时间去实践，更需要企业领导者的智慧与远见。

若想让企业在短时间内具备人才复制系统，最简单、最直接的办法就是建立复制模式，复制优秀企业的人才模式，包括人才招聘、培养、使用等诸多方面。

这种复制并不是机械性的单纯复制，需要企业领导者根据自身企业的特点，在复制过程中不断完善和改进。只有符合企业发展的模式，才是值得复制的模式。

北京有一家以销售装修材料为主的企业，企业规模不算大，有30多位销售人员，同时还有一些后勤人员。

这家企业的老板，在一次学习中听说了“阿米巴”模式，心中顿时有了一个很有魄力的想法：把自己的企业变成“阿米巴”模式，刺激员工更好地工作。

这位老板有很强的执行力，回到企业后，立刻实行阿米巴模式。这一消息让整个公司的人都格外兴奋，大家都觉得如此一来，那么打工就不再是为老板，而是真正意义上为自己打工。

但两个月后，这位老板取消了“阿米巴”模式。

原来，企业使用“阿米巴”模式后，大家的确拥有超前的工作积极性，但随之而来的弊端也凸显出来，企业内出现利益矛盾，员工之间因为争抢客户变得极度不和谐。

短短两个月的时间，整个公司内的氛围已经变味，大家脸上挂着笑容，背后却以各种手段去坑害别人的客户，产生许多不正当竞争行为，甚至导致一些高管人员出现离职的情况。

一种优秀的企业模式，并不一定适用于所有企业。企业领导者在复制商业模式上，需要分清什么是“精华”，什么是“糟粕”。

不管怎样优秀的模式，只要对自身企业发展不利，都属于“糟粕”，需要及时剔除。凡是对企业发展有利，都属于“精华”，需要不断地升级使用。

企业领导者需要拥有自己的主观判断，不同行业、不同性质的企业模式，并不一定会适用自身企业，即便行业一致、性质一致，也不一定适用。因为每个企业的发展阶段不同，所处环境不同，所需要的模式必然不会相同。

身为企业领导者，不仅需要很好地把控企业发展方向，还要很好地分辨什么是符合企业发展的模式。只有符合企业自身的模式，对于企业而言，才是真正意义上的好模式。

当今时代并不缺少人才，甚至可以说，如今的时代已经呈现“人才溢出”的情况。企业不缺人才，真正缺少的是发掘人才、使用人才、培养人才的能力，企业领导者缺少的是心胸、格局、境界。

总而言之，企业需要不断地完善自身企业系统（人才系统、战略系统、管理系统等），对于领导者而言，需要不断完善自身的能力（领导者格局、境界等）。

参考文献

[1] 古代时期的历史小故事 [EB/OL].[2021-09-25].https://wenku.baidu.com/vie/.

[2] 萧何简介 [EB/OL].[2012-09-27]http://www.guoxuemeng.com/.

[3] 物以类聚，人以群分 [EB/OL].（2012-06-03）.[2021-10-02].http://www.exam58.com/.

[4] 射箭能手纪昌 [EB/OL].（2006-05-18）.[2021-10-05].https://zhidao.baidu.com/question/7438895.

[5] 真正格局大的人，往往有一个特征 [EB/OL].（2021-08-14）.[2021-10-10].https://www.58how.com.

[6] 人生大品格 [EB/OL].（2014-05-24）.[2021-10-12].https://www.doc88.com/.

[7] 成大事者需要有大格局 [EB/OL].（2021-07-21）.[2021-10-12].https://tongxiehui.net/.

[8] 星尘讲故事 . 良禽择木而栖 [EB/OL].（2020-10-19）.[2021-10-14].https://www.163.com/dy/article/FPARDAQ90543H9IT.html.

[9] 赠人玫瑰，手有余香 . 三国典故空城计 [EB/OL].（2019-11-19）.[2021-10-17].https://www.xuexila.com/yu/diangu/c203101.html.

[10] 允许下属合理犯错 [EB/OL].[2021-10-17].https://wenku.baidu.com/view/6adfeab025284b73f242336c1eb91a37f0113292.html.

[11] 企业薪酬绩效通 . 人才是第一生产力 [EB/OL].（2020-12-16）.[2021-10-18].https://zhuanlan.zhihu.com/p/337386521.

[12] 以身作则最有说服力 [EB/OL].（2019-10-28）.[2021-10-20].https://www.sohu.com/a/350140063_120138103.

[13] 周亚夫细柳营 [EB/OL].（2021-02-02）.[2021-10--22].https://www.yebaike.com/24/202102/2967542.html.

[14] 百度百科 . 张良 [EB/OL].[2021-10-22].https://baike.sogou.com/v94388.htm?fromTitle=%E5%BC%A0%E8%89%AF&ch=frombaikevr.

[15] 珍贵文档屋 . 人才不是招聘来的，是吸引来的 [EB/OL].（2015-02-17）.[2021-10-23].https://www.doc88.com/p-8866249414095.html.

[16] 袁绍袁术为何成为仇人 [EB/OL].（2020-07-30）.[2021-10-24].http://www.qulishi.com/article/202007/425292.html.

[17] 搜狗百科 . 郏君为甲 [EB/OL].[2021-10-25].https://baike.sogou.com/v72637856.htm?fromTitle=%E9%82%BE%E5%90%9B%E4%B8%BA%E7%94%B2.

[18] 范蠡三次散尽家财 [EB/OL].（2016-03-15）.[2021-10-25].http://www.qulishi.com/article/202203/594281.html.

[19] “女皇”武则天为什么能执掌天下：重视爱惜人才 [EB/OL].（2017-06-26）.[2021-10-26].http://www.qulishi.com/news/201706/225429.html.

[20] 罢黜百家，独尊儒术 [EB/OL].（2015-03-24）.[2021-10-29].https://www.doc88.com/p-0911488917557.html.

[21] 历史百家汇 . 曹操的雄才大略 [EB/OL].（2020-01-10）.[2021-10-29].https://www.sohu.com/a/365778881_717847.

[22] 容忍他人的过失 [EB/OL].（2018-02-01）.[2021-10-29].https://xuexi.zqnf.com/357561.htm.

[23] 文明青岛 . 削发代首 [EB/OL].（2017-08-04）.[2021-11-01].https://www.sohu.com/a/162255752_99960371.

[24] 搜狗百科 . 七擒孟获 [EB/OL].[2021-11-01].https://baike.sogou.com/v251526.htm?fromTitle=%E4%B8%83%E6%93%92%E5%AD%9F%E8%8E%B7&ch=frombaikevr.

[25] 江小鹏 . 管鲍之交 [EB/OL].（2021-01-03）.[2021-11-01].https://www.sohu.com/a/444311094_120986535.

[26] 把员工变成人才 [EB/OL].（2020-09-01）.[2021-11-02].https://www.ruiwen.com/

zuowen/zheligushi/1614425.html.

[27] 蚂蚁军团故事 [EB/OL].（2017-08-20）.[2021-11-02].https://max.book118.com/html/2017/0627/118512605.shtm.

[28] 360 文库 . 卡尼曼和前景理论 [EB/OL].[2021-03-18]. https://wenku.so.com/d/8aae25abc8ddbc38a72ded7b250babfd.

[29] 稻盛和夫：勇气才是真正的领导力源泉 [EB/OL].（2020-04-08）. https://www.sohu.com/a/386385378_209400.

[30] 维弗雷多・帕累托 . 省时省力的二八法则 [M]. 太原：山西教育出版社，2010.

[31] 彼得・德鲁克 . 卓有成效的管理者 [M]. 北京：机械工业出版社，2009.

[32] 特伦斯・迪尔，艾伦・肯尼迪 . 企业文化——企业生存的习俗和礼仪 [M]. 北京：中国人民大学出版社，2008.

[33] 吉姆・柯林斯 . 从优秀到卓越 [M]. 北京：中信出版社，2019.

[34] 杰克・韦尔奇 . 杰克・韦尔奇自传 [M]. 北京：中信出版社，2004.